초판 인쇄 | 2009년 8월 5일
15쇄 발행 | 2014년 8월 15일

저　　　자 | 백지원
발 행 인 | 안광용
발 행 처 | ㈜진명출판사
등　　　록 | 제10-959호 (1994년 4월 4일)
주　　　소 | 서울시 마포구 양화로 156, 1601호(동교동, LG팰리스빌딩)
전　　　화 | 02) 3143-1336 / FAX 02) 3143-1053
홈 페 이 지 | http://www.jinmyong.com
이 메 일 | book@jinmyong.com
마 케 팅 | 이애자, 조경현

정가 **15,000**원

세계 최강 해군국 조선과
　세계 최강 육군국 일본의 격돌

청장 백지원

💀 (주)진명출판사

역사만큼 재미있는 학문은 없다. 우리는 지혜의 보고인 역사를 통하여 과거에 일어났던 수많은 사건들과 인물들을 접하게 되고, 그 사건의 처리 과정과 결말을 보면서 현재의 문제를 해결할 지혜를 얻고 또 미래를 예측할 수 있다. 그러나 문제는 어느 나라 역사건 왜곡과 윤색, 심지어는 조작이 있다는 점이다. 누구나 부끄러운 부분은 감추고, 작은 자랑은 크게 부풀리고 싶은 것이 인지상정이기 때문이다.

거기다 역사는 정의, 불의와 상관없이 승자에 의하여 쓰여지며 패자의 항변은 어디에도 없다. 승자는 자신이 저지른 모든 잘못을 합리화시키고 정당화하려 시도하기 때문에 역사는 쓰여지는 순간부터 왜곡되게 마련이다.

또 다른 역사 왜곡의 심각한 문제는 수많은 멍청한 독자들이 치부가 가감 없이 기록된 역사의 진실을 보기를 원치 않고 치부가 윤색되고 감추어진, 그렇게 조작되고 상품화된 역사를 보면서 만족해 한다는 것이다. 아니 그러려면 소설을 보지 역사 책은 왜 보서?

이에 따라 책을 쓰는 역사학자들은 의도적으로 역사의 치부를 감추고, 대중 역시 치부 보기를 원치 않아 역사학자와 영합하고 있다. 이렇게 둘은 역사 왜곡의 주범이자 공범이며, 이렇게 왜곡된 역사는 굴절된 거울과 같아 우리는 거기서 아무런 교훈도 얻을 수 없다.

좌우간 필자는 첫 번째 사서인《백성 편에서 쓴 조선왕조실록, 왕을 참하라》를 출간한 후, 덮어놓았던 역사의 치부를 까발렸다는 죄로, 왜곡되고 포장된 역사에 세뇌되고 길들여진 수많은 딱한 군상들로부터 출간 초장에 별 쌍욕을 다 들어야 했다. 실상 필자의 사서 집필은 우리 역사의 진실을 찾아가려는 노력의 일환인데, 이러한 시도에 격려는 커녕 알지도 못하면서 '기존 역사에 딴지를 건다'는 식으로 시비를 거는 것은 무식의 표출에 다름 아닌 것이다.

다행히 시일이 지나면서 필자의 용기를 인정하고 격려해주는 인텔리 네티즌들도 적지 않아 한국의 장래가 꼭 어두운 것만은 아니라는 생각이 들었다.

이 책은 필자의 두 번째 저술인데, 《왕을 참하라》보다 10배쯤의 욕먹을 각오를 하고 썼다. 왜냐하면 우리나라 역사의 가장 심각한 왜곡이자 한민족의 정말 쪽팔리는 두 전쟁 중 하나인 조일전쟁(임진왜란)의 실상을 싸그리 들추어낸 데다가, 지금까지 금기시되어 왔던 이순신 장군의 해전 연승 신화의 거품을 모조리 제거했고, 성웅 이순신의 포장을 벗겨내어 인간 이순신으로 복원시켜 놓았기 때문이다. 사실 이 부분은 대단히 예민한 부분이어서, 필자는 이 책을 쓰면서도 상당한 고뇌를 해야 했다.

우리나라 사람들이 가지고 있는 보편적인 역사 인식을 한꺼번에 무너뜨리는 것이 과연 지금 할 필요가 있는 일인가? 한국인 대부분에게 우상이나 다름 없는 이순신 장군에게 씌워놓은 성웅의 포장을 벗겨내어 인간으로 복원시키면서 그 과정을 냉정하고 공정하게 썼다고 자부할 수 있는가? 독자들의 반응을 염두에 두지 않고 이런 모든 감추어진 사실들을 소신 그대로 밝힐 용기가 있는가? 라는 문제들이 필자를 괴롭혔다. 결국 결론은 필자가 탐구한 대로, 그리고 있었던 사실 그대로를 밝혀야 되겠다,였다. 이미 칼은 《왕을 참하라》에서 빼든 것이다.

조선시대에 임진왜란이란 없었다.

조선이 개국한 지 딱 200년째인 1592년에 있었던 사건은 임진왜란이 아니라, 17세기부터 20세기 초까지 근대 수백 년 간 동양에서 일어났던 전쟁 중 가장 대규모이자 격렬했던 동아시아 국제전인 조일전쟁이었다.

이 전쟁에는 3개국에서 50만 명이 넘는 대병력이 투입되었고, 현대전에서 쓰이는 거의 모든 첨단무기가 동원되었으며, 전쟁의 결과로 20만 명 이상의 전사자가 생겼고, 희생된 조선인 총수는 거의 2백만 명에 이른, 참혹하기 짝이 없었던 대전쟁이었다.

이 전쟁은 한국전쟁(육이오전쟁)과 함께 우리나라 역사상 있었던 전쟁 중 가장 큰 두 개의 전쟁 중 하나인데, 이런 대전쟁에 대한 명칭을 왜란이라 함은 말이 안 된다. 이 전쟁의 모든 정확한 정황은 전쟁의 참혹한 결과에 책임을 져야 하는 자들과 그 계승자들에 의해서 모조리 왜곡되었다.

역사 왜곡이 얼마나 웃기는가 보자.

필자도 마찬가지지만 중년 이상의 독자들이 학교 다닐 때 배운 임진왜란은, 조선에 쳐들어온 일본군의 신무기인 조총이 조선군의 주무기인 활과는 상대가 안 되는 첨단무기라 조선은 그냥 붙는 대로 깨질 수밖에 없었고, 그렇게 망해가는 나라를 이순신 장군이 해전에서 연승함으로써 살려냈으며, 해전의 가장 큰 공은 거북선이 세웠다고 배웠을 것이다. 그래서 임진왜란 하면 이순신, 이순신 하면 거북선의 등식이 성립된 것이다.

그런데 위의 설명 중 약 절반은 사실이 아니다.

조선이 초장에 박살난 원인은 전쟁이 일어날 것을 뻔히 알면서도 애써 골치아픈 현실을 외면하고 아무런 대비도 하지않은 무능한 임금 선조(조선 14대)와 당파 싸움에 코를 쳐박은 한심한 신료들 때문이었다. 조일전쟁이 일어나자마자 비겁하기 짝이 없었던 선조는 두 달 만에 의주까지 도망쳐 명에 망명을 빌었다. 냉정하게 얘기해서 그렇게 아사리판이었던 조선을 살린 것은 명의 원군과 각지에서 일어난 의병의 기의(起義) 그리고 이순신 장군의 해전 승리 등 세 가지 원인이 복합적으로 작용한 결과였다.

그런데 지금까지 이렇게 사실이 아닌 역사를 가르칠 수밖에 없었던 이유는, 당시의 통치자인 비겁한 소인배 선조나 당쟁으로 썩어빠진 관료들의 계승자들이 전쟁이 끝난 후 그들에게 면죄부를 주어야 했고, 또한 그들의 후손이 아니라고 우기기 어려운, 딱한 우리 자신들의 쪽팔림을 덮어두기 위해서였다.

우리나라 사람들의 역사 인식을 결정하는 고교 교과서나 한 권짜리 한국사 등을 한번 보시기 바란다.

거기에 실려있는 조일전쟁사는 역사라 볼 수 없고 그저 초등학생들을 위한 동화 수준이다. 필자가 가지고 있는 두 권의 책(2009년판 교육인적자원부 발행 《고등학교 국사》, 2003년판 전국역사교사모임

저《살아있는 한국사 교과서》) 모두 임진왜란에 한 쪽 반 내지 두 쪽 정도를 할애했는데, 물론 주어진 분량이 한정되어 있는 것을 이해 못하는 것은 아니지만, 내용이 엉성한 것은 말할 것도 없고 전쟁 당시 사용되었던 화기나 함포는 둘째 치고, 전쟁의 원인, 전개, 결과 등에 대해서는 단 한 마디도 언급이 없어, 도대체 이렇게 가르쳐서 학생들이 뭘 배우나 하는 한심한 생각을 지울 수 없었다.

필자는 수많은 자료를 섭렵한 끝에 조일전쟁사를 진상에 가깝도록 복원할 수 있었다. 특히 최초로 시도한 양국 해전의 정밀 분석과 이순신 장군의 우상 이미지 파괴, 인간 복원 작업, 그리고 별 볼일 없었던 거북선의 활약 등. 글쎄, 꽤 많은 독자들이 아마 필자를 패죽이려고 달려들지 모르나, 어차피 언제고 누구라도 해야 할 작업이었다. 그리고 다행히 필자는 국내가 아닌 해외에서 이 글을 쓴다.

많은 사람들이 마음속에 우상을 가지고 있고, 그 우상의 이미지가 깨어질 때 허탈감과 상실감을 맛보게 된다.

예를 들어 동양 사람 모두가 너무나 잘 아는 나관중의《삼국지연의》의 제갈공명 같은 경우다. 수많은《삼국지》애독자의 우상인 제갈공명을 신산의 전략가가 아니라 그냥 탁월한 행정가라고 얘기하면 아마 난리를 죽일 것이다.

《삼국지연의》, 보통 우리가 '삼국지'라고 부르는 이 책은 역사서가 아니라 역사소설이다. 즉, 팩션(팩트+픽션)인 것이다. 근데《삼국지》를 읽은 대부분의 독자들은《삼국지》의 사건 전개와 인물 묘사를 역사적 사실로 받아들인다.

거기에 나오는 제갈공명의 능력은 사람이 아니라 신에 가깝다.

전투 시 적군 지휘관의 전략에 대한 독심술은 신산이라고밖에 표현할 수 없는 데다, 적벽대전 때는 기도로 동남풍을 불러 화공으로 위의 83만 대군을 박살내고(83만 대군은 사실이 아니고 그저 한 20만 정도의 병력이었다), 남만 정벌 때는 칠금칠종으로 남만왕 맹획의 목을 주머니 속의 물건 꺼내듯 했으며, 하물며 수명을 연장하기 위하여 북두칠성에게 빌어서 연장되기 직전 위연의 실수로 수포로 돌아간다. 즉 제갈량은 마술사 중에서도 고수에 드는 것이다.

많은 독자들이 《삼국지》가 소설인지 역사서인지에 대한 관심은 없고, 그냥 제갈공명의 비할 데 없이 뛰어난 기재에 환호하고, 관우, 장비, 조자룡의 용맹에 카타르시스를 느낀다. 그러나 《삼국지》의 내용 중 약 절반은 사실이고 약 절반은 허구라는 것을 알아야 한다. 즉 등장 인물들은 거의 역사적 인물들이나, 물론 모두 다는 아니다, 그 인물들에 대한 묘사나 사건 전개 그리고 전쟁에 대한 서술 등은 대부분 허구인 것이다.

더구나 제갈공명과 동시대에 살았던 역사가인 서진의 진수가 쓴 정사 《삼국지》에는 제갈공명보다 뛰어난 인물들이 여럿 등장한다. 예를 들면 위의 곽가, 가후, 사마의 등이 모두 제갈량보다 뛰어난 인물들이며, 오의 주유 또한 제갈량보다 하수가 아니었다.

적벽대전에서 제갈량이 동남풍을 불러 화공으로 조조의 함대를 박살냈다는 것은 완전 소설이고, 하물며 위군 함대에 전염병이 창궐하여 할 수 없이 조조 자신이 자신의 함대에 불을 질렀다는 기록도 있다. 이와 같은 경우는 조일전쟁 때 조선 수군에서도 있었다. 《삼국지》의 하일라이트인 적벽대전은 사실 정사에는 몇 줄밖에 기록이 없는데 그렇게 화려한 전쟁이 된 것은 나관중이 스토리를 기차게 창작했기 때문이다.

제갈량의 뛰어난 업적 중의 하나로 꼽히는 남만 정벌도 마찬가지다. 정사에는 그냥 "언제 언제 제갈량이 남만을 정벌했다"라는 기록 한두 줄만 있고, 맹획이라는 이름은 어디에도 없으며, 전투에 관한 기록도 물론 없다.

제갈량이 직접 군사를 지휘한 전투는 유비가 육손이 이끄는 동오군에게 대패하고 백제성에서 죽은 뒤인, 《삼국지》거의 마지막 장면에 나오는 기산육출(촉이 위를 치기 위하여 기산에 여섯 번 진출한 것)인데, 위의 장군 사마의의 선방에 막혀 결국 이기지도 못하고 명을 재촉하고 말았으나, 사마의는 위를 멸하고 진을 세울 초석을 놓았다.

실상 제갈량은 뛰어난 전략가라기보다는 탁월한 행정가였다. 그러나 제갈량이 후세 인들로부터 그토록 대단한 평가를 받는 이유는, 그가 삼국 중에서도 가장 허약한 왕조인 촉나라의 승상으로 드문 충신이었고, 또 강대한 위를 대적하여 꽤 오래 버텼다는 점 때문이다.

근데 웃기는 것은, 책방에 가보면 《유비의 용병술》이라든가, 《제갈공명의 전략》등 《삼국지》에 관한 여러 책을 쉽게 볼 수 있다는 것이다. 그런데 이런 책들이 정사를 바탕으로 쓰여진 것이 아니라 소설을 바탕으로 용병, 전략 어쩌구 하니 얼마나 웃기는가. 어쨌거나 진실을 모르다가 알게 되어, 거의 신의 경지에 있다고 믿었던 인물이 평범한 우리와 비슷하거나 약간 나은 인간의 수준으로 복원되면 허탈감이 크다.

해전 연승 신화로 포장된 이순신 장군의 경우도 마찬가지다. 이 책은 아마 최초로 23전 23연승, 또는 24전 24연승으로 알려진 이순신 장군의 해전 연승 신화를 하나씩 추적하여 그 거품을 제거했고, 성웅 이순신을 인간 이순신으로 복원해 놓았다.

그러나 그렇다고 필자가 이순신 장군을 폄하하는 것은 결코 아니다. 이순신 장군은 육군의 을지문덕 장군과 함께 우리나라 역사상 가장 뛰어난 장군이자 조일전쟁의 영웅임에는 틀림없으나, 단지 현대에 들어서서 그에게 덧씌워진 우상의 더께들을 이제는 벗겨낼 때가 되었다고 필자는 믿는 바다.

영웅이 되는 데 수많은 전투를 치러서 거기서 모조리 이길 필요는 없다. 여러 전투 중에서 국면의 판세를 바꿀 만한 중요한 전투를 한 번 이기면 되는 것이지, 전투라고 할 수도 없는 자질구레한 충돌에서 여러 번 이겼다고 그것을 과대 포장할 필요는 없는 것이다.

한나라 유방도 초의 항우에게 맨날 깨지다가 회하전투에서 한 번 이김으로써 한나라를 세웠고, 도쿠가와 이에야스도 뻑하면 깨지다가 세키가하라전투에서 승리함으로써 265년의 도쿠가와 막부를 열었다.

또 19세기 초 영-프 해전인 트라팔가르해전에서 단 한 번 크게 이긴 영국의 넬슨은 그 전투의 승리로 영국민 모두의 영원한 영웅이 되었고, 20세기 초 러일전쟁의 쓰시마해전에서 승리한 도고 헤이하찌로 제독도 역시 단 한 번의 큰 해전에서 승리하여 일본의 국민적 영웅이 되었으며, 이순신 장군도 세계해전사에 길이 남을 만한 대해전인 명량해전에서 극적으로 승리함으로써 우리 곁에 구국의 명장으로 남아 있는 것이다.

　　필자는 소설인 연속극을 보면서 역사 지식을 얻는다고 생각하는 수많은 딱한 민중들과, 유감스럽게도 너무 많다, 역사에 관심을 가지고 있으나 쉽고 재미있게 읽을 수 있으면서도 깊이가 있는 대중 역사서를 찾기 쉽지 않은 대한민국 보통 국민들을 위하여, 좀 더 쉽고 재미있게 읽을 수 있으면서도 다양한 역사의 진실에 접근할 수 있는 전혀 새로운 스타일의 역사서들을 쓰고 싶었다.
　　이렇게 역사의 진실에 접근하기 위하여 그간 가리어졌던 치부를 모조리 들추어내다 보니 특정한 왕, 인물에 대한 비판을 피할 수 없게 되었다. 이러한 필자의 집필 의도는 역사의 진실에 접근하려는 학문적 시도이지, 본서에서 거론된 인물의 후손이나 해당 문중에 누를 끼치기 위함이 아님을 독자들은 직시하시기 바란다. 필자의 비판은 역사적 사건이 일어났을 당시에 그 사건과 직접적인 관련이 있었던 인물에 한하며, 그의 후손이나 소속된 문중과는 아무 상관이 없음을 명백히 밝혀둔다.
　　이렇게 새로운 시각으로 역사를 재해석한 필자의 저서를 읽고, 중·고교에서 역사를 가르치는 선생님들이 새로운 역사 인식을 갖게 되었으면 좋겠다. 대한민국 보통 국민들이 갖고 있는 역사 인식은 대개 고교 국사 교과서에서 배우는 것으로 결정된다. 그런데 소략인 교과서만 가지고는 역사를 제대로 가르칠 수 없기 때문에 역사 선생님들은 대학에서 역사를 전공한 후에도 가르치는 과정에서 수많은 역사서들을 참고하게 되는데, 이들 역사서에도 역시 수많은 왜곡과 조작이 있다는 것을 인식하시기 바란다.

필자는 역사를 공부하면서 사서의 행간에 남아 있는 패자의 항변들을 찾아내어 진실의 편린들을 모았다. 승자에 의하여 쓰여진 역사가 아니라 실제 당시 일어났던 역사적 사실을 재구성하려고 노력했으며, 가능하면 일반 교양인들이 부담 없이 읽을 수 있을 만큼의 분량으로 쓰되, 쉽고 재미있게 쓰기 위하여 노력했다. 필자 자신 쓸데없이 중후하거나 지루한 문체는 딱 질색이기 때문이다.

필자는 사서를 고조선사부터 조선사까지 모두 썼으나, 그 중에서 먼저 우리에게 친숙한, 그러나 가장 많이 왜곡된 조선사의 진실을 밝히기 위하여 조선사부터 출간하고 있으며, 이 책이 두 번째 출간이다.

사실 이 책은 필자의 《백성 편에서 쓴 조선왕조실록, 왕을 참하라》의 별책이다. 필자는 조선통사인 《왕을 참하라》에서 세계에서 가장 악랄했던 조선의 신분제도를 깊이 있게 탐구했으며, 위선의 표본인 양반을 철저히 해부했고, 그들끼리의 더러운 권력 싸움인 당쟁의 내면을 파헤쳤으며, 훈민정음 창제의 비화를 추적했다. 또 조일전쟁의 진실을 캐내기 위하여 많은 노력을 기울였고 많은 지면을 할애했다.

그리고 제법 많은 성과를 거두었다고 자부한다.

《왕을 참하라》를 탈고한 후 필자의 가장 큰 고민은 책의 부피와 권수였다. 책이 너무 두껍거나, 권수가 여럿이면 아무리 좋은 책도 손이 잘 가지 않는다는 것을 필자는 경험을 통해서 잘 알고 있다. 우선 돈이 많이 드는 것이다. 그래서 책의 부피를 줄이려고 부단히 노력했으나, 꼭 알아야 할 중요한 사건, 인물만 다루어도 거의 1,500쪽에 가까웠다. 더 뺄 데가 없었다. 할 수 없이 조선통사인《왕을 참하라》약 950쪽을 상하 두 권으로 편집하여 먼저 출간하고, 별도로 500쪽에 달하는 조일전쟁사를《세계 최강 해군국 조선과 세계 최강 육군국 일본의 격돌, 조일전쟁》이란 제목으로 별책을 만들 수밖에 없었다.

실제로 조일전쟁 당시 일본 육군은 세계 최강이었고, 조선 해군 역시 세계 최강이었다. 이 책에는 최초로 밝혀지는 조일전쟁의 진상 뿐만 아니라, 전쟁 전후에 출현한 일본의 세 전쟁 영웅인 오다 노부나가, 도요토미 히데요시, 도쿠가와 이에야스 그리고 미야모토 무사시의 약식 평전도 실어서, 독자들이 조일전쟁에 대한 이해의 폭을 넓힐 수 있게 했다.

필자의 저서는 물론 필자의 독창적인 작품이 아니다. 수많은 선배 제현들의 노력의 결실을 섭렵한 후 이를 집대성하여 가장 진실에 가깝게, 그리고 평이하고 재미있게 그리고 새로운 시각으로 재구성했을 뿐이다. 이 책의 영광은 그간 수많은 이순신 장군 관련 서책과 임진왜란사를 쓰신 선후배 제현들의 것이다. 《왕을 참하라》와 함께 이

책을 집필하면서 참고한 책이 하도 많아(모두 200권 정도되는 듯하며, 조일전쟁의 집필에만 참고한 책 명단은 뒤 참고문헌 목록에 실었다) 참고한 책의 저자들에게 일일이 양해를 구하지 못한 점을 용서하시기 바란다.

필자는 조선사 외에도 고조선사, 열국시대사, 고려사, 중국사, 서양사 등의 원고를 집필 중에 있다. 필자의 원고가 완성되기까지 미국 LA의 역사클럽인 그라나다클럽 회원들과 클럽 리더인 송수일 박사 부부의 정성 어린 후원이 있었으며, 또 어렵게 출판을 결정하신 진명출판사에 지면을 빌어 감사를 드린다.

아, 마지막으로 필자의 첫 번째 저서인 《왕을 참하라》에 보내주신 독자들의 뜨거운 성원에 머리숙여 감사드리는 바다.

2009년 7월   백지원

제
1
장

조선과 일본 그리고 전쟁

1. 전쟁의 개요와 재조명

　　우리나라 역사에서 가장 심각하게 왜곡된 역사가 바로 조일전쟁
사다.

　　조선 개국 200년째이자 선조(조선 14대) 25년인 1592년(임진년) 4
월에 발발하여 1598년(무술년) 11월까지 무려 7년이나 끌어 임진왜란
이라고 불려온 조일전쟁은, 우리가 교과서에서 배운 대로 침공군 일본
의 신식 무기인 조총과 조선의 구시대 무기인 활의 단순한 대결이 아
니라, 일본, 조선, 명나라 삼국이 거의 50만이 넘는 대병력을 투입했으
며, 동양 근대사에서 20세기 초 러일전쟁이 일어나기 이전까지 300여
년 동안 일어났던 전쟁 중 가장 규모가 컸던 동아시아 국제전이었다.

　　또 이 전쟁은 현대 화약병기의 초보 수준인, 당시 모든 종류의 첨
단 화약무기가 총동원되었던 현대전에 가까운 격렬한 전쟁이었다. 당
시 조선의 화약무기로는 대포, 박격포, 로켓포, 함포, 기관총, 소총, 권
총, 작열탄, 수류탄, 지뢰 등 없는 것이 없었다.

　　이 전쟁은 동아시아에서 일어난 두 번째 국제전으로, 동아시아 최
초의 국제전은 이 전쟁보다 거의 천 년 전, 7세기 후반인 660년에 백제

와 신라, 당, 왜국 등 4개국 사이에서 벌어졌다. 나당연합군의 공격으로 백제가 망하게 되자 왜에서는 400여 척의 함선에 2만 7천의 원병을 파병하여 백제를 구원하려 했으나, 왜의 수군이 당의 수군에게 대패하는 바람에 무위로 돌아가고 백제는 멸망하고 말았다.

그런데 필자가 학교 다닐 당시 이런 대전쟁을, '왜인들이 일으킨 난을 진압했다'는 의미인 '임진왜란'이라고 이름을 붙여 축소 왜곡된 대로 가르쳤다.

이는 당시 뻔히 일어날 전쟁을 미리 방비도 못 하고 또 막상 전쟁이 터졌을 때 제대로 대처도 못 해 나라가 풍비박산나고 숱한 백성들이 죽거나 참혹한 세월을 보내게 한 데 대한 전적인 책임이 있는 등신 같은 임금 선조와 썩어빠진 조정 신료들에게 면죄부를 주고, 전쟁 초기의 패배 내지는 막심한 피해를 어쩔 수 없었다는 식으로 합리화시키기 위한 유치하기 짝이 없는 의도라고 볼 수밖에 없다.

조일전쟁은, 동서양을 통틀어서 역사상 가장 문을 숭배하고 가장 무를 천시하여 허약해빠졌던 조선과, 120여 년 간의 내전인 전국시대를 거치면서 동서양을 통틀어 가장 무를 숭배하여 최강의 무력을 자랑하던 일본의 격돌이었다. 조선을 침공했던 일본 육군은 당시 전 세계에서 가장 용맹하고 기율이 엄정하며 무장이 잘 된 군대로 세계 최강의 육군이었고, 조선 육군은 오합지졸이란 말 그대로 세계 최약체로 평가받을 만했지만, 조선은 다행히 세계 최강의 해군을 보유하고 있었다. 조일전쟁은 세계 최강의 육군을 보유한 일본이 세계 최강의 해군을 보유한 조선을 침공한 전쟁이었던 것이다.

근데 많은 독자들이 일본이 해양국가이니 당연히 해군이 강할 것이고, 우리나라는 당연히 육군이 강할 것이라고 거꾸로 생각하고 있다. 그건 요새 얘기고, 당시 일본은 전국시대 120여 년 동안 해전을 치른 적은 몇 번 없이 계속해서 육전을 했고, 우리는 육전이 거의 없이 고려 때부터 왜구들의 침략을 방비하면서 성장한 수군이 막강했다.

일본애들은 막상 조선을 쳐들어올 때까지 다른 정보는 다 가지고 있었으나, 조선 수군이 그렇게 막강한 줄은 전혀 모르고 있어서 해전에 대한 전략은커녕 해전을 할 것이라는 생각조차도 하지 않았고, 그저 조선 조정이 팍삭 썩었다는 것만 잘 알고 있었기 때문에 애초부터 조선 점령을 아주 우습게 보고 있었다.

사실 이 전쟁은 일본이 다른 나라를 침공한 최초의 전쟁이었는데 하필 그게 조선이었다. 하기야 제일 가까우니까.

당시 조선이 얼마나 한심한 나라였는고 하니, 전쟁이 터진 지 겨우 20일 만에 별 저항도 못 해보고 수도인 한양이 점령당했는데, 이는 세계전쟁사에 유례가 없는, 정말로 쪽팔리는 일이었다.

왜냐하면 일 침공군이 부산에서 서울까지 20일 만에 도착했다는 것은, 당시 일반 여행자들이 별 문제 없이 그저 슬슬 걸어서 주파하는 시간과 같았기 때문이다. 즉 오는 도중 걸리적거리는 것이 거의 없었다는 스토리다.

거기다 한술 더 떠서 조일전쟁이 끝나고 한 세대가 지난, 약 40여 년 후에 일어난 조청전쟁(병자호란) 때는 수도가 점령당하는데 단지 닷새밖에 걸리지 않았으니, 조선은 누구랑 붙기만 하면 그냥 터지는 동네북이었다. 이렇게 정신 못 차린 조선은 조일전쟁 때나 조청전쟁 때, 아니면 역모로 진작 망했어야 될 한심한 나라였다. 애새끼라도 오기가 있으면, 딴 애에게 얻어터졌을 경우 이를 갈면서 태권도 도장이나 합기도 도장을 찾게 마련이다. 근데 한 나라가 다른 나라에게 침공을 당해 나라가 거덜나고 백성들이 어육이 되어 '불구대천지수'의 관계가 되었으면 '와신상담', '절치부심'을 해서 그 원한을 갚아야 옳지 어떻게 그냥 쳐먹고 놀다가 조청전쟁 때 또 거지가 되냐?

이렇게 조선은 그 참혹했던 조일전쟁에서 결국 아무런 교훈도 얻지 못하고 대비도 전혀 하지 않아, 인구 800~900만이나 되는 나라가 겨우 인구 50~60만의 '후금에게 손 한번 못 써보고 깨져서 항복한 후 평소에 개돼지로 알던 후금의 속국이 되었으니, 한심한 정도를 넘어 참으로 불쌍한 나라가 조선이었다.

거기다 참으로 아쉬운 것이, 조일전쟁이 끝나고 선조가 죽은 다음 뒤를 이어 즉위한 광해군(조선 15대)이 강력한 개혁을 추진하고 국방에 진력한 데다, 명청 등거리외교를 펼쳐서 전후 조선이 안정을 되찾는 데 크게 기여했고, 조금만 더 시일이 지나면 조일전쟁의 상처를 치유하고 새나라로 거듭날 희망이 있었다.

그런데 그 판에 권력에 눈이 먼 개 같은 서인들의 쿠데타가 성공하여 광해군이 쫓겨나고 선조보다 한술 더 뜬 전형적인 등신이자 우유부단의 대명사인 인조(조선 16대)가 즉위하는 바람에 개혁이고 나발이고 다 날아가버리고 삼전도에서 청태종(청 2대)에게 세 번 절하고, 아홉 번 머리를 땅에 부딪치는 삼배구고두를 해가며 항복하는 치욕을 자초했으며, 그 이후 조선은 완전히 몰락의 길로 들어섰다.

조일전쟁의 전장터가 된 조선의 국토는 엄청나게 피폐해졌다. 전쟁 중 인구의 거의 4분의 1에 해당되는 200여 만 명이 전사 또는 아사, 병사했으며 전투에서의 전사자만도 거의 20여 만 명에 달했고, 약 10만 명 내외의 포로들이 일본으로 끌려갔다.

전후 일본에서는 전쟁 당사자였던 히데요시 가가 멸문되고 도쿠가와 막부가 섰으며, 파병했던 명은 몇 십 년 후에 청에게 망하고 말았는데, 등신 같은 조선만 멀쩡했다.

이제 조일전쟁사를 재조명하면서 먼저 전쟁의 명칭부터 바로 잡아야 하며, 개전 당시 조선과 일본 양국의 정확한 상황과 전력 비교,

전쟁 초반 조선군이 연패한 원인, 당시 임금인 선조와 이순신, 원균, 권율, 정기룡, 곽재우, 유성룡 등 주요 인물들의 행적과 그에 따른 재평가 그리고 이순신의 해전 연승의 신화와 행주대첩의 진상, 의병들의 활약상 등 수많은 사건들이 새롭게 조명되어야 할 것이다.

지금까지 우리는 전쟁의 명칭을 '임진왜란', 명에서는 '만력의 역' 또는 '위안차오셴(원조선)', 일본에서는 '분로쿠 게이초의 역'이라 불렀다. 특이하게도 유성룡은 저서《징비록》에서 조일전쟁을 '번리지전'(울타리전쟁)이라 했다. 즉 명나라 요동 땅의 울타리인 조선이 치르는 전쟁이란 의미였다.

조일전쟁사는《선조실록》과《선조수정실록》그리고 이순신 장군이 전쟁이 발발하던 해로부터 끝날 때까지 직접 쓴 일기인《난중일기》(아산 현충사에 보존되어 있으며 국보 67호),《임진장초》《임진잡록》《징비록》《서애집》《이충무공행장》《이충무공전서》《백사집》등 자료가 풍부하여 거의 정확하게 재조명할 수 있다. 특히《이충무공전서》는 이순신 장군을 흠모하던 정조(조선 22대)가 직접 비용을 부담하여 발간한 서책이다.

일본 측에서도 자료가 다양하여 서신이나 명령서, 또 일기나 자서전 및 회고록, 다이묘의 전기, 개인 문집 등이 있고, 명조에도《명실록》이 있다. 일본 측 기록 중에서도《조선정벌기》《태합기》《구로다가보》《청정기》《조선일일기》《정한록》등이 전하며, 희귀하게도 16세기에 일본에서 포교하다 사망한 포르투갈의 예수회 선교사 루이스 프로이스가 쓴 일본사에도 상당량의 조일전쟁의 정보가 전해지고 있다.

루이스는 1563년 일본에 도착하여 조일전쟁 종전 직전인 1597년 나가사키에서 사망할 때까지 30여 년 간 일본에 체류하면서 조일전쟁을 몸소 겪은 인물이다.

이제 이 모든 사료들을 검토, 분석하면서 조일전쟁 당시를 재조명하여 역사의 진실을 밝히고자 한다.

2. 조선 침략의 동기와 실패의 원인

일본의 조선 침공으로 시작된 조일전쟁의 가장 직접적인 원인은 미천하기 짝이 없는 집안 출신인 도요토미 히데요시가 일본 전국을 통일한 후 간이 배 밖으로 나와, 내친 김에 명과 조선을 정벌하여 이름을 만세에 남기려는 허황된 꿈을 꾼 데다, 전국을 통일하는 과정에서 수많은 수하 영주들에게 포상으로 약속한 토지가 부족하자 그들에게 나누어줄 땅을 더 확보하기 위함이었다.

또 백여 년 간 계속된 내전으로 전쟁이 일상화된 무사들의 넘치는 전쟁 욕구를 해소해주는 대안으로 명과 조선을 접수하고자 그 길목인 조선부터 침공한 것이다.

거기다 조선, 중국 무역으로 막대한 경제적 이익을 얻어온 일본에 대하여, 1510년 삼포왜란과 이어 을묘왜변이 일어나자 조선은 일본과의 무역량을 절반으로 줄였고, 중국은 왜구의 침공이 잦자 아예 해금(금수) 정책을 실시해 국교와 무역을 단절했다. 이래저래 손을 봐야 되는 시점에 다다른 것이다.

히데요시는 조선과 명을 정복하여 지배한 다음 인도까지 정복하여, 당시로서는 전세계를 정복할 꿈을 꾸었던 과대망상증 환자였다. 그럴 수밖에 없는 것이, 아무것도 볼 것 없는 쩨지게 가난하고 미천한 집안 출신으로 입신하여 한 나라의 최고 통치자가 될 정도로 큰 성공을 거두었으니 도대체 뵈는 게 없었던 것이다. 역사상 이런 미천한 출신으로 한 나라를 거머쥔 인물은, 거지 땡중 출신 명태조 주원장과, 동네 양아치 출신 한고조 유방이 있다.

히데요시가 명을 치기 위해서는 일단 조선을 먼저 쳐야 했으며, 조선 침공은 아주 괜찮은 아이디어였다. 어차피 전쟁을 벌이면 수많은 군소 영주들과 병사들이 전사할 테니, 영주가 전사하면 그에게 내려준 봉지를 도로 챙기면 되고, 다행히 영주가 잘 싸워서 죽지 않고 공을 세우면 건진 땅을 나누어 주면 되는 것이었다.

이러한 일본의 침공이 좌절된 원인은 첫째, 일본이 투입한 병력 20만 명 가지고 점령하기에는 조선이 그렇게 만만한 나라가 아니었다. 아무리 썩어빠진 나라라 하나 그래도 200년을 버텨온 저력이 있는 데다가, 땅 넓이가 22만 평방킬로미터나 되는데 침공 병력이 너무 적었던 것이다. 필자의 소견으로는, 당시 일본이 조선을 점령하려면 최소한 투입했던 침공군 병력의 두 배인 40만 명 정도를 투입했어야 가능했던 것으로 보이는데, 당시 일본의 인구는 약 2천만 정도로 추산되나, 히데요시가 동원할 수 있었던 전 병력은 본국 대기군까지 합쳐서 30만 명 정도였으니 애초에 조선 정복은 불가능한 꿈이었다.

둘째, 조선 국토를 거의 점령하면서 보급선이 길게 늘어서고, 의병들이 각지에서 일어나자 보급선을 지키기 위해 일군은 수송로 요로에 적지 않은 병력을 남길 수밖에 없어 시간이 지날수록 전투력이 약화되었다. 일군은 군량로의 확보를 위하여 투입한 병력의 거의 3분의 1 내지 4분의 1에 달하는 5만 명 이상을 수송로 경비로 남겨야 했다.

히데요시의 치명적인 오판 중에 하나가 바로 조선 의병의 기의였다. 조선 조정이 썩어빠지고 지방 수령의 수탈이 악랄하기 짝이 없으니, 일군이 쳐들어가면 모두 두 손 들고 나와서 환영할 줄 알았는데 그게 아니었던 것이다. 물론 일부 의병들은 나라를 위하여 기의했으나 대부분의 의병은 자기 집을 지키고 또 향촌을 지키기 위하여 기의했다.

　의병의 기의로 일군의 전력이 길바닥에 새는 것과는 반대로 오합지졸이었던 조선군은 북쪽으로 쫓기다 보니 점점 밀집 형태가 되어가는 데다 실전 경험도 조금씩 쌓여서 점점 강군이 되어갔다. 또 전쟁 발발 다음 해부터는 일제보다 성능이 더 우수한 조총을 대량 생산해서 실전 배치함으로써 무장에서 소화기는 대등해지고 중화기는 비교할 수 없는 우위를 점하게 되었다.

　셋째, 부산 지역을 제외한 서남해의 제해권을 가지고 있던 조선 수군이 일 수군의 서해 해상 진격로와 보급로를 봉쇄하는 바람에 곡창인 전라도 공략이 불가능해져서 수륙병진작전에 큰 차질이 생겼고, 이후 해로의 보급로를 포기하고 군수품 수송을 육상에만 의존할 수밖에 없어 극심한 군수품 부족에 시달리게 되었다.

　넷째, 그리고 거의 10만에 달하는 명군의 대거 파병이 있었기 때문이었다.

　자 그럼, 앞에서 살펴본 일본의 조선 침공 실패의 원인 중 어느 것이 가장 비중이 컸을까?

　독자들 입장을 생각하면 백 번 이순신 장군의 해전 연승이 나라를 구했다고 해야 한다. 또 지금 중국의 역사 왜곡 작업인 동북공정이 거의 마무리된 상황에서 한국인들이 중국에게 반감을 가지고 있느니만큼 명의 원병도 일군과 마찬가지로 백성들에 대한 수탈만 있었고, 전투에는 소극적이라 별 도움이 안 되었다고 해야 한다. 그런데 정말 그랬을까?

　냉정하게 비중을 따져보면 먼저, 1592년 12월에 파병된 명군 4만 3천은 평양성 탈환 작전에서 고니시 유키나가군에게 결정적인 타격을 가하여 평양성을 탈환함으로써 그 때부터 일군의 사기가 급전 직하되어 평양은 물론 결국 한양도 버리고 남으로 도주하도록 만든 계기가 되었다. 그 작전은 명의 원병 중에서도 수많은 최신식 대포를 보유했던 남병인 절강병이 없었다면 불가능했던 작전이었다. 실제로 조명연합군의 공격 이전에 조선군이 단독으로 몇 번이나 평양성을 공략했으나 성은 까딱도 하지 않았다.

조선 조정이 의주까지 도망쳐서 나라의 흥망이 조석에 달렸던 형편에서 결정적인 전쟁의 터닝 포인트는 평양성 탈환이었던 것이다. 물론 명군은 엄청난 군량미를 소비했고 민폐가 대단했던 것도 사실이며, 평양성 탈환 이 외에는 별 큰 공을 세우지도 못했으나, 거의 10만에 달하는 명군이 조선에 원병으로 파병되어 조일전쟁이 끝날 때까지 조선군과 합동 작전을 펼침으로써 육해군 전력 증강에 결정적으로 기여한 것은 절대로 가볍게 평가할 수 없다.

그 다음 의병의 활약을 보자. 의병의 기의는 북진하는 일군의 바짓가랑이를 물고 늘어져 군수품 운반을 방해함으로써 일군을 군수품 부족에 시달리게 했고, 또 병력의 거의 3, 4분의 1가량을 수송로 안전 확보에 투입케함으로써 일군의 전력 약화에 크게 기여했다. 더구나 단독으로 아니면 관군과 합세하여 합동작전을 펼쳐서, 크고 작은 전투에서 수많은 일군을 살상했다.

이순신 장군의 해전 연승과 거북선의 활약은 어떠했을까? 이순신 장군은 해전에서 연승하여 일 수군의 서해 진출을 좌절시킴으로써 일군이 애초에 계획했던 한양이나 평양으로의 수륙병진작전을 포기하게 했고, 군수품 수송을 단지 육상로에만 의존케 만듦으로써 일군의 전력 약화에 크게 기여했다. 또 당시 유일한 군량 보급지였던 전라도에 대한 일군의 공략 기도를 봉쇄함으로써 조선군이 어려운 중에서도 전쟁을 수행할 수 있도록 했다. 고바야카와 다카가게(소조천융경)의 전라도에 대한 육상 공격은 웅치·이치 전투에서 곽재우, 권율군에 의해 격퇴되었고, 해상 공격 시도는 한산도해전의 패전으로 무위로 돌아갔다.

또 이순신 장군은 조정의 지원이 거의 없는 상태에서 전쟁이 소강상태에 들어서자 둔전을 일구고 해산물과 소금을 생산하여 군량을 자체 확충함으로써 수군 전력 제고에 진력한 공을 빼놓을 수 없다.

그러나 이순신 장군이 처음 승리한 해전인 옥포해전은 일군의 한양 점령 후에 벌어진 것으로 일군이 한양에 무혈입성하는 데 별 영향을 미치지 못했으며, 또 일군이 이후 본격적으로 해전을 기피하게 된 한산도해전도 일군의 평양 점령 거의 한 달 뒤에 일어나서 일군이 제2 수도 평양을 점령하는 데 역시 아무런 영향도 끼치지 못했다.

당시 전국 최대의 군량 집결지였던 평양을 점령한 일군은 등신 선조가 도망갈 때 태워버리지 못한, 평양 주둔 일군의 일 년분 식량에 해당하는 군량미 10여 만 석을 확보함으로써 평양에 주둔하고 있는 동안 서해로의 해로가 막혀 있었어도 군량미 조달에 아무런 문제가 없었다.

이순신 장군이 구국의 명장이 된 것은 제1차 조일전쟁에서의 옥포해전이나 한산도해전의 승리보다도, 제2차 조일전쟁(정유재란) 때 일어난 명량해전에서 승리했기 때문이다.

물론 이순신 장군의 해전 연승을 폄하하는 것은 아니나, 조일전쟁에서 조선이 침공군인 일본애들을 제 나라로 돌려보낸 데는 앞에서 얘기한 세 가지 원인이 복합적으로 작용했다는 것을 냉정하게 인식해야 한다. 또 뒤에 자세히 언급하지만 거북선은 말만 요란했지 실상 별 볼일이 없는 배였다.

앞에서 얘기한 원인 외에 조선의 맹추위가 일본군 전력을 약화시키는 데 크게 기여한 것도 빼놓을 수 없다. 봄에 조선을 침공하면서 히데요시는 겨울이 되기 전에 조선을 식사할 생각이었다. 그래서 따뜻한 나라에서 살던 일본군 병사들은 그냥 평소에 입던 티셔츠만 입은 채 조선을 침공했기 때문에 추위가 닥쳐오면서 의병의 공격 때문에 군수품 보급이 제대로 안 되어 숱하게 얼어죽었다.

결국 잔머리 히데요시가 조선 침공 계획을 세울 때 온갖 대비를 다 한다고 머리를 굴렸으나 우선, 투입 병력이 너무 적었던 데다, 가장 큰 오산은 바로 의병의 기의와 조선 수군의 전력을 계산에 넣지 않은 것이었으며, 또 명이 그런 대군을 조선에 파병하리라고는 생각지 못했다. 이러한 오판 때문에 전쟁 초반 약 6개월 정도 승승장구하던 일군은 6개월이 지나고 겨울이 시작되면서부터 기세가 꺾여 차츰 밀리기 시작했던 것이다.

실제로 전후 일본에서 조일전쟁의 패인 분석에 나선 결과, 패인을 조선 수군과 의병 때문이었다고 결론지었다.

3. 전쟁 발발 시 조선의 상황과 군 체제

전쟁 발발 당시 조선은 개국 후 200년 간 북방에서는 여진족, 서남해에서는 왜구와 잦은 충돌이 있었으나 모두 국지 전투였고, 한 번도 본격적인 전쟁을 치러본 일이 없었다. 또 성리학을 국가 이념으로 삼고 있어 쓸데없이 명분만 앞세우고 말만 많은 데다가 허례허식만 찾는 문관들이 모든 결정을 좌지우지하고 있었으며, 상대적으로 무관은 천대받아 국가적인 위기대처 능력이 전무한 형편이었다.

당시 조선이란 나라가 얼마나 한심한 나라였는고 하니, 애새끼가 글을 공부하면 마루에 앉히고, 무를 공부하면 마당에 앉혔댔다.

좌우간 조선은 그 거지 같은 성리학(주자학) 때문에 망했다. 주자학의 본산인 중국에서는 그 때 이미 한물 간 학문인 주자학을 조선은 그냥 주체사상으로 삼고 망할 때까지 애비 말보다도 더 극진히 모시는 바람에 허례허식, 한 푼의 값어치도 없는 현실과 동떨어진 고담준론, 위선 등이 판쳤다.

그럼으로써 이론과 현실 사이의 엄청난 괴리가 생겼으며, 이를 해결할 개혁, 역동성, 진취성 그리고 새로운 문물에 대한 학문적 호기심은 모조리 사문난적, 오랑캐 문물 수용 등으로 비판받아 조선이 망할 때까지 발붙일 데가 없었으니, 조선의 멸망에 가장 크게 기여한 것이 바로 조선의 국체 이념인 성리학과 더러운 권력 싸움인 당쟁이었다.

성리학이 끼친 폐해는 크고도 깊었다.

오죽하면 전쟁 중에 상을 당하면 집으로 돌아가 시묘살이를 해야 했고, 왕이나 왕비의 제삿날도 국기일이라 하여 공무를 보지 않았다. 무슨 빌어먹을 나라가 전쟁 중에 먼저 죽은 수많은 왕과 왕비의 기일을 모두 지켜서 그 날은 전투를 하지 않았으니, 이런 형편에서 전쟁에서 이기면 그게 잘못된 것이었다.

이순신 장군도 전쟁 중 모친상을 당해서 3년 간 시묘살이를 해야 했으나, 선조의 특명으로 이를 하지 않았고, 이는 두고두고 이순신의 마음을 아프게 했다.

거기다 개국 초부터 지켜온 숭문천무의 전통 때문에 막상 전쟁이 났을 때, 전쟁이 무엇인지 전략이 무엇인지 쥐뿔도 모르는 문관들이 모든 군 지휘권을 장악하고 대부분의 전쟁을 지휘했다.

고구려시대 때, 중국의 강력한 통일 국가였던 수·당이 전력을 기울였어도 정복하지 못했던 역사를 가지고 있는 나라가 일본이 쳐들어왔을 때 단 한 대도 맞받아치지 못하고 의주까지 도망쳐서 나라의 운명이 풍전등화가 된 지경을 보고 명나라 장수들은 크게 놀랐다.

그들이 원군으로 파병되어 조선에 들어와보고서 더 놀란 것은, 조선이 허약해빠진 것은 둘째고 같이 전략을 숙의해서 합동작전을 펼쳐야 할 군 지휘관들이 모조리 전투에 대해서는 아무것도 모르는 문관들인 것이었다. 어이가 없어진 명의 장수들은 자신들이 작전권을 가지고 조선군과 합동으로 일군과 싸움을 하면서도, 어째서 조선이 이 꼴이 되었는지에 대한 연구에 한참이었고, 나름대로 연구한 개선책을 선조에게 보냈으나, 그 멍청이에게서는 아무것도 기대할 것이 없었다.

더더욱 한심한 것은 장군이란 것들이 직위만 있고 직책이 없어 녹봉도 못 받는 데다가 휘하 병력도 없었다. 즉 대부분의 장군들이 소장이다 중장이다 하고 별만 달았지, 사단장이니 군단장이니 하는 직책이 없었고 데리고 있는 부하들도 없었던 것이다.

군사들도 훈련을 받아본 적이 없고 또 병기가 제대로 없거나 모두 녹슬어 쓸모가 없어진 것들 뿐이라, 이건 도저히 군대라고 할 수 없는 형편이었고, 그런 오합지졸이나마 몇 명이나 되는지 아는 인간이 하나도 없었다.

이런 조선의 한심한 상황에 비하여 일본은 120여 년 간의 내전에서 잘 훈련되고 잘 무장된 세계 최강의 정예 육군과, 조선과 명을 침공하기 위하여 수 년 간 철저히 준비를 한 전쟁 지도부가 있어 두 나라의 전력은 애초에 비교가 되지 않았다.

당시 일본의 조총 생산량이 유럽 전체의 조총 생산량과 맞먹었을 정도였으니 일본 육군의 무장 수준과 파워가 어느 정도였는지 짐작할 수 있겠다. 하이구, 이 판에 수군마저 시원찮았더라면 조선은 한일병합 300년도 더 전에 일본 땅이 될 뻔했다.

당시 조선의 육군 체제는 진관체제에서 제승방략체제로 바뀌어 있었으나, 이는 대규모 전쟁에 대비하기에는 효용성이 크게 떨어지는 군 체제였다. 진관체제란 전국 각지의 요충지에 진을 설치하고 군대를 주둔시켜 적을 방어케 하는, 말하자면 지역 방어, 진지 방어 개념의

군 배치 전략인데, 전쟁도 없는 데다 군정의 해이로 상주 병력이 몇 명인지 알고 있는 진장은 거의 없었다.

이 방어체제의 문제는 병력이 요새마다 소규모로 배치되어 있어, 대군이 쳐들어오는 경우 차례로 무너질 위험이 다분한 군 배치 체제였다.

그래서 제승방략체제로 바꾼 것인데, 이 체제는 전쟁이 일어났을 때 군사를 분산시키지 않고 한 곳에 집결시켰다가 조정에서 내려온 장수의 지휘를 받아 전장으로 이동하여 적을 막는 병력 운용 체제다. 군사를 한 곳에 집결시킨다는 얘기는, 그간 전쟁이 없었기 때문에 평소에는 집에 가서 농사를 짓고 있던 장정들을 전쟁이 터졌을 때 불러모아 한 곳에 집결시킨다는 얘기다.

그런데 이 체제 역시 군정이 썩어빠지다 보니 막상 전쟁이 터지고나자 겁먹은 군졸들이 모조리 도망쳐버려 병력이 모이지도 않았고, 더구나 지휘하러 한양에서 내려간 장수와 현지 병사들간의 신뢰감과 유대감이 전혀 없어 장졸일체의 시너지 효과를 기대할 수도 없는, 역시 별 볼일이 없는 군 운용 체제였다.

더 근본적인 문제는 어느 체제건 전쟁을 한 번도 경험해 보지 않아 모든 전략 전술을 탁상공론으로만 결정한 데다, 전쟁의 총지휘관을 문신이 맡고 있었으니, 이런 전력 이런 지휘관 가지고 전쟁을 이기면 그게 잘못된 것이다.

육군 체제는 이렇게 개판이었으나, 그나마 수군 체제는 16세기 초 을묘왜변이 일어난 명종(조선 13대) 때부터 전력이 강화되고 함선이 대형화된 왜구에 대항하기 위하여 소선 위주에서 대선주의(大船主義)로 바꾸어 함포를 장착한 강력한 판옥선을 개발해서 실전 배치함으로써 판옥선이 조선 수군의 주 전함이 되어 있었다. 판옥선은 소나무 원목으로 만들어진 크고 튼튼한 선체에다, 막강한 함포 수십 문이 장착되어 있는 당시 세계 최강 수준의 전력을 지닌 전함이었다. 아이러니컬하게도 일본 침공에서 조선을 지키는 데 크게 공헌한 조선 수군의 성장에 침공 일군의 대선배들인 왜구들이 결정적인 기여를 한 것이다.

물론 병력 운용도 중요하고 장비도 중요하지만 정작 문제는 평화가 오래 계속되어서 전쟁 경험이 있는 쓸 만한 장수가 하나도 없다는 것이었다. 전쟁에서 지휘관이 얼마나 중요한가 아시지? 아무리 강군이라 할지라도 시원치 않은 지휘관이 판세를 잘못 판단하여 오판을 내리면 그 전쟁을 이길 수 없는 것이다. 중국의 초한전쟁 때 항우와 한신을 생각해보면 되겠다.

군사들은 16세부터 60세까지 징병제를 실시하여 윤번제로 징집했으나 군역제도의 부패가 극에 달해 지휘관들이 군포를 받아먹고 현역을 면제해 주는 일이 비일비재해서, 실제 보유 병력과 장부상의 병력에 큰 차이가 있었다.

이에 조정에서는 병역의무자로 하여금 현역 복무 대신 아예 포를 바치게 하고, 조정이 이를 거두어 병력이 필요한 곳에 돈을 주고 필요한 병력을 고용하는 제도를 시행하여 '군적수포제'라 했다.

그러니 웬만하면 포를 바치고 병역에서 빠졌고, 군포를 바칠 돈이 없는 자들은 모두 도망다녔다. 또 그렇게 해서 받은 군포는 중간에서 많은 양이 착복되었고 위로 간 군포들도 원래의 목적을 위하여 쓰이지 않고 다른 용도로 써버리는 바람에 현지의 현역병이라는 것들은 돈 없고 불쌍한 노인네들이나 헐벗은 애새끼들뿐이었다.

국방이 이런 식으로 개판이니 막상 전쟁이 났는 데도 조선 조정에서는 전국에서 동원할 수 있는 아군 병력이 얼마인지도 모르는 한심한 상황이 벌어졌던 것이다.

거기다 전쟁 초반에 일군의 주 침공로인 경상도 각 지역의 군 지휘관들이 방어는커녕 거의 모두 뒤도 안 돌아다보고 튀는 바람에 도대체 쳐들어온 병력이 얼마나 되는지 알지도 못한 채 우왕좌왕 했고, 임금인 선조도 북으로 도망치기만 바빴다.

즉 조선은 나라의 운명을 결정짓는 대규모 전쟁이 발발했는 데도 불구하고 한참 동안이나 아군과 적군의 전력도 모르고 전쟁을 했다. 아니, 전쟁을 한 것이 아니라 도망을 했다.

당시 조선 인구가 대략 8~9백만 정도로 추정되는데, 그 중 반 정도는 양민이었고 약 반 정도는 노비와 천민 그리고 서얼들이었다. 무를 천시하던 조선에서 귀한 양반집 자제는 천한 일인 병역이 면제되었고, 짐승들인 노비와 천민은 자연 병역 의무가 없다 보니 병역은 모조리 양민들 몫이었다. 그래도 조선 초에는 한 20~30만 정도의 병력을 보유했었으나, 평화가 오래 계속되고 무능한 것들이 왕이라고 버티고 있으면서 나라가 다 썩어버려 전쟁에 대한 방비 태세가 전혀 되어 있지 않았다.

또 전쟁 발발 당시 쓸만하다고 인정되는 장군이라고는 신립과 이일 정도가 있었는데, 이들은 필부지용만 있고 제대로 된 전략이나 전술도 하나 모르는 한심한 인간들이었다.

자, 이러니 무능하고 비겁한 임금과 한 번도 실전을 경험해보지 못해 제대로 된 전술 하나 없이 우왕좌왕하는 장군들과 신료들, 훈련이라고는 한 번도 받아보지 못하고 겁만 많은 오합지졸의 군사들, 썩어빠진 지방 수령과 아전의 수탈에 시달려 나라에 대한 원망만 있고 애국심이라고는 쥐뿔도 찾아볼 수 없는 백성들, 아무리 봐도 당시 나라를 지킬 인물이 없었다.

그래도 조선이 아직 망할 때가 되지 않아서인지 명에서는 대규모 원병을 보냈고, 육지에서는 의병들이, 바다에서는 이순신 장군이 일군의 침공을 저지함으로써 그나마 국토를 보존할 수 있었다. 조선이 국토를 보전한 것은 순전히 위의 세 가지 덕분이었다. 삼위일체가 여기서도 빛을 발한다.

　전쟁이 진행되면서 조선 조정은 재정이 파탄나자 매관매직에 착수하여 돈이나 쌀, 포 심지어는 쇠를 바쳐도 종이나 서얼이 과거를 볼 수 있었고, 천역을 벗어날 수 있었으며, 양반이 될 수 있었다. 조선 초부터 굳게 지켜온 신분 질서가 무너지기 시작한 것이다.

　이 관행은 전후에도 사라지지 않아 조정에서 돈이 필요하면 찍어내는 공명첩(이름을 비운 임명장), 면천첩, 면역첩, 서얼허통첩 등이 서양의 면죄부와 마찬가지로 수천, 수만 장이 팔렸으며, 재물의 액수에 따라 벼슬의 높낮이가 정해졌고, 그것이 팔리는 양만큼 백성들의 기름은 쥐어짜졌다.

　전쟁 동안 농사를 짓지 못하고 유랑민이 된 백성들은 먹을 것이 없어 숱하게 굶어죽었다. 멀건 대낮에 사람을 죽여 인육을 먹는 지경이 되니 여자와 아이들은 감히 바깥 출입을 하지 못했다. 굶어죽은 시체가 곳곳에 즐비하였고, 사람들은 그것까지도 고기붙이라 여겨 다투어 닥쳐들어 뜯어먹는 아귀다툼이 벌어졌다. 살을 다 뜯으면 사골까지 끓여서 그 국물을 마셔댔고 아비, 어미가 병으로 죽은 자식을 삶아 먹었으며, 자식들은 부모의 고기를 뜯었다. 조일전쟁은 이다지도 참혹했던 것이다. 소중화고 예의지국이고 주접 떨어 봐야 다 먹고난 이후의 썰이었다.

　전쟁을 치르는 동안 일본군은 10만 명 가까운 조선인 포로들을 저희 나라로 잡아갔다(정확한 통계는 없으며, 당시의 포로가 15만 명이라는 설도 있다). 그들은 조선인 포로를 잡아다가 종으로 부리거나 노예 상인에게 팔았는데, 그 포로들 가운데는 수백 명의 도공들도 섞여 있었으며, 이들로 인해 일본의 도자기 문화가 꽃피우게 되었다.

　포로도 초장에는 걸리는 대로 끌어갔으나, 좀 지나다 보니 그냥 아무나 끌어가는 것보다는 뭘 좀 아는 인간들을 잡아가는 것이 훨씬 경제적이라는 것을 깨달았다. 이렇게 해서 노예로 끌려간 조선인들은 일본 전국, 아시아뿐만 아니라 포르투갈 노예상인들에게까지 팔려 유럽으로 흘러갔다.

그런데 이렇게 남의 나라 백성을 노예로 잡아가는 배가 포구를 떠날 때 필사적으로 그 배에 타려고 바다에 뛰어드는 사람들이 있었다. 바로 조선 땅에서는 짐승만도 못한 대우를 받고 사는 천민들이었다.

'어디 간들 이 개 같은 세상만 못하랴'라고 생각하는 천민들은 일군의 포로선을 타더라도 이 지긋지긋한 땅과 인연을 끊으려 했던 것이다. 일본 기록에는 조선인 도공들 중에서도 자원해서 일본으로 건너간 도공이 꽤 된다고 기록되어 있다. 일본만이 아니었다. 전쟁이 끝나고 명군이 철수할 때도 고향을 버리고 명군을 따라 명나라로 간 조선인도 수천 명에 달할 정도였으니, 바로 이것이 세계에서 가장 악랄했던 조선의 신분차별 제도가 빚어낸 비극이었다.

조일전쟁 당시 명의 황제는 20대인 젊은 만력제(신종, 1573~1620)였는데 그는 별로 똑똑하지는 못했지만 그나마 명의 전력을 제고하려는 노력을 아끼지 않은 황제였다. 만력제 치세 시에 세 번의 원정이 있었는데 만력제는 이를 모두 성공적으로 마무리했다.

첫 번째 원정은 중국 서북 변경인 닝샤(영하)에서 일어난 10만이 넘는 몽골의 대규모 반란 때인데 요동의 이여송이 출병하여 진압했다. 두 번째 원정은 조선에 파병한 것이었고, 세 번째는 서남방에서 일어난 묘족의 반란 때로 모두 성공적으로 진압했다.

조일전쟁이 일어났을 때 명의 파병이 늦었던 것은 바로 명의 대군이 닝샤의 몽골인의 반란을 진압하기 위하여 출전 중이었던 데다, 수 년 동안 계속된 군사 작전으로 재정 상태가 악화되어 있었고 또 흥

년으로 계속된 기근 때문에 요동지방의 곡가가 뛰어올라 군량을 마련하기가 어려웠기 때문이었다.

어쨌든 이랬던 만력제가 늙으면서 간신과 환관을 가까이 하고 황음에 빠져 간신들이 국정을 농단하고 당쟁이 치열해짐으로써 명은 멸망을 재촉하게 되었다.

어쨌거나 명은 자신의 나라가 전쟁터가 되면 안 된다는 절박함때문에 조선에 원병을 보냈으나 거기에는 작전상의 문제도 포함되어있었다. 만약에 조선이 일군에게 점령당하고 명의 영토인 요동이 전쟁터가 되면, 요동은 조선과 달리 험준한 방어 지형이 아니라 광활한평원이라는 데 문제가 있었다. 즉 조선의 험준한 지형을 이용하면 수만 명의 병력으로도 방어가 충분한 것을 광활한 요동을 지키려면 수십만 명의 병력이 필요한 것으로 계산이 나온 것이다. 그러니 당연히 돈이 덜 드는 쪽을 택해야 했다. 조선으로의 파병은 이러한 경제적인 문제도 있었으니, 이제 육이오전쟁 때 어째서 중공군이 개입했는지 감이잡히시겠네.

4. 조일전쟁과 육이오전쟁(한국전쟁) 비교

우리나라 역사상 가장 큰 두 전쟁이었던 조일전쟁과 육이오전쟁은 둘 다 우리 민족 최대의 비극이었다.

묘한 것은 육이오전쟁이 조일전쟁과 여러 면에서 많이 닮았다는것이다. 물론 전쟁의 성격은, 조일전쟁은 침략자가 일본인 동아시아국제전이었고, 육이오전쟁은 북한이 쳐들어온 내전이었다. 그러나 두전쟁 모두 강대국이 개입했거나, 또는 강대국을 등에 업고 한반도에서 전쟁을 벌여 백성 모두는 거지가 되고 국토는 박살난 전쟁이었다. 또 두 정부는 모두 전쟁에 대한 대비가 사전에 전혀 없었다.

전쟁이 발발하고 초반전에서 불리해지자 두 최고 지도자는 똑같이 도망치기 바빴다. 초반전에는 전세가 엄청 불리하여 거의 모든 국토를 점령당해서 망국 직전까지 갔으나, 이후 강대국이 개입하여 겨우 판세를 역전시킬 수 있었다.

또 막상 휴전협상(강화회담)이 시작되자 당사자인 우리는 끼어들지도 못하고 모든 것을 저희들끼리 결정하고 말았으며, 전후 배상도 한 푼 없었고 포로들도 제대로 돌려받지 못했다. 두 전쟁은 아주 비슷했으며, 둘 다 우리 민족사에 있어서 정말로 한심하고 쪽팔리는 전쟁들이었다.

"국군이 공산군을 물리쳐 북으로 진격하고 있으니 안심하고 각자 생업에 종사하라"는 이승만 대통령의 말만 믿고 피란을 떠나지 않았던 사람들은 적의 점령하에 놓여 많은 사람이 처형당했고, 많은 사람이 납북되었다. 그러나 정작 라디오 방송을 한 대통령 자신은 방송을 하기 전날 밤 이미 서울을 빠져나가 남쪽으로 도망쳤고, 그 방송은 대전에서 한 것이었다. 선조는 방송도 하지 않고 도망쳤다.

후에 유엔군의 개입으로 전세가 역전되어 서울이 탈환된 후 서울에 들어온 대통령은 자신의 잘못에 대한 사과나 반성은 전혀 하지 않고 오히려 서울이 북한군 점령하에 있었던 기간 동안 북한군에 협조한 사람들에 대한 처벌에만 열을 올렸다.

전쟁 중에 당시 국방부장관이던 신성모는 부산에 배를 띄워놓고 있었다. 부산마저 적에게 함락되면 일본으로 튈 생각이었던 것이다. 거기에 반해 육이오전쟁 중에 미 8군사령관이었던 밴플리트 장군의 아들은 전투기 조종사로 참전했다가 전사했고, 모택동의 아들도 중공군으로 참전했다가 전사했다.

조선과 일본의 지배층도 좋은 비교가 된다.

러일전쟁을 승리로 이끈 일본군 총사령관 노기가 함대를 이끌고 시모노세키 항구로 들어올 때, 수많은 일본의 어머니들이 부두로 몰려갔다. 일본이 비록 전쟁에서 승리하기는 했으나 전사자가 너무 많아 자식을 잃은 어머니들이 노기 장군에게 항의하기 위해서였다. 그러나 전사한 아들 셋의 유골을 안고 내리는 노기 사령관을 보고는 모두가 통곡하여 부두가 울음바다가 되었다고 한다. 노블리제 오블리주라고 하던가? 그 노기는 나중에 할복하여 생을 마감한다.

일본과 조선 두 나라 사이의 개항 시기에 별 차이가 없었음에도 불구하고 일본이 세계적인 강자로 떠오를 수 있었던 배경에는 이렇게 기득권층의 철저했던 도덕적 책임감이 있었고, 조선이 망한 배경에는 책임감은커녕 전쟁이 나면 뒤도 안 돌아보고 도망친 등신 같은 임금과 나라야 망하건 말건 권력욕에 정신 없고, 재물 욕심에 환장한 썩어빠진 관료들만 있었기 때문이었다.

5. 전쟁의 결과

조일전쟁의 결과를 보자.

도대체 조일전쟁의 승자는 누구인가? 침략했던 일본은 투입 병력의 절반 이상을 잃은 채 목표를 달성하지 못하고 퇴각했다. 단지 약탈품과 적지 않은 포로를 챙겼지만, 조선 침략을 결정했던 히데요시는 병사하고 그의 집안은 도쿠가와에 의하여 멸문되었다.

그러면 조선이 이긴 전쟁인가? 조선은 전쟁의 결과로 국토는 박살나고 수많은 문화재가 소실되었으며, 백성은 수백만이 죽어 인구가 거의 3분의 2로 줄어들었고, 수만 명의 포로가 일본에 잡혀갔으나 전후 땡전 한 푼도 배상을 받지 못했다.

명나라는? 명은 조일전쟁에 개입한 후인 40여 년 만에 청에게 멸망했다. 물론 망할 때가 되었으니까 망한 것이지 꼭 조일전쟁에 개입했다고 망한 것은 아니지만, 사실 궁한 판에 막대한 재정 지출과 전력 소모로 타격은 적지 않았다.

결론적으로 조일전쟁은 승자도 패자도 없었던 전쟁으로 참전 당사국 세 나라가 모두 피해가 컸으나, 그 중 조선은 깨박살이 났다.

그러나 그 후 조선을 이끌어간 무능한 왕들과 나라야 망하건 말건 제 배때기, 제 새끼들, 제 당파만 생각하는 한심한 양반이란 것들이, 아니 이거 얘기하다보니까 요새 한국의 국회의원 얘기 아냐?, 이렇게 비참한 전쟁의 교훈에서 아무것도 배우지 못하고 박터지는 권력 싸움에만 몰두하다가, 다시 한 세대가 지난 40여 년 후에 조청전쟁(병자호란)에서 청과 제대로 붙어보지도 못하고 박살난 후 임금이 타국의 임금에게 삼배구고두하고 항복하는 수치를 당하게 한다.

정말 싸가지라고는 눈곱만큼도 없는 것들.

6. 전후 조선에 들어온 먹을거리들, 고추와 담배

조일전쟁 이후에 조선의 먹을거리에 많은 변화가 생겼다.

새로운 음식이 일인들을 통하여 조선에 들어왔는데 대표적인 음식이 고추(왜겨자, 남번초)와 담배다. 그 외에도 고구마, 감자, 토마토(남만시, 일년감), 호박 등과 찹쌀, 보리, 차조, 밀, 메밀, 귀리, 수수, 옥수수, 콩, 팥, 녹두, 완두, 검정깨 등도 조일전쟁 이후에 조선에 들어왔다.

빵도 조일전쟁 이후에 들어온 음식이다. 빵은 우리말이 아니고 스페인어 pan을 '빵'이라 발음한 것이다. 이러고 보니 조일전쟁 전에 조선 사람들은 뭘 먹고 살았는지 궁금하다.

아이러니컬하게도 수많은 인명이 살상된 조일전쟁이 계기가 되어 구황식품인 감자, 고구마, 호박 등이 조선에 전래되어서 이후 많은 사람들을 기근에서 살렸다.

특히 고추는 멕시코가 원산지로 16세기 초 남미를 정복한 스페인을 통해 1542년 포르투갈 상인이 일본에 전해준 것이 조일전쟁을 통해 한반도에 전래되어, 그간 백김치, 백깍두기만 먹던 한민족이 비로소 제대로 된 김치, 깍두기를 먹게 되었다. 근데 요새 같은 김치는 김치를 담그는 배추가 옛날 배추가 아니고 19세기 후반에 개량된 배추라니, 우리가 지금 먹는 스타일의 김치는 겨우 백 년 전부터 먹기 시작한 것이다.

필자가 초고를 거의 끝마친 상태였을 때, 신문에 귀가, 아니 눈이 번쩍 뜨일 기사가 등장했다. 고추가 조일전쟁 이전에도 이미 조선에 있었다는 기사다. 한국식품연구원 권대영 박사팀과 한국학 중앙연구원 정경란 책임연구원이, 한국식품연구원이 2009년 2월 18일 발간한 계간 《한맛, 한얼》에서 고추가 조일전쟁 이전에 이미 있었다는 설을 주장한 것이다.

이들의 새로운 주장에 따르면 세종(조선 4대) 때 발간된 《향약집성방》과 세조(조선 7대) 때 간행된 《식료찬요》에 고추장을 뜻하는 '초장'이란 단어가 나온다는 것이다. 여기에 나오는 '초'가 지금 우리가 먹는 고추를 의미하는지가 관건인 모양인데, 이 분들이 그 문제를 15년 전부터 연구했다니, 명확한 결과가 나올 때까지 필자는 입다물고 있는 것이 현명하겠다.

요새 김치를 숙성시키는 냉장고인 김치냉장고가 인기를 끌고 있다. 아마 김치냉장고 원조의 상표 이름이 '딤채'라고 기억하는데, 딤채란 16세기 초반에 김치를 부르던 이름이었다. '딤채'가 '김채'가 되었다가 '김치'가 되었다.

역시 아메리카가 원산지인 담배도 1618년 광해군(조선 15대)대에 들어 왔다. 담배는 남령초, 담박괴라 불렸는데, 원어는 스페인어 따바꼬(tabaco)다. 이 따바꼬를 처음에는 담파고라고 불렀고, 이후 남초, 왜초, 연초, 남령초라고 부르다가 순수한 우리말인 담배가 되었다. 여송연이라는 이름은 당시 스페인 식민지였던 필리핀의 루손(여송)을 담배의 원산지로 잘못 알아 붙여진 이름이다. 조선 말기에 거기서 생산된 시가도 들어왔는데, 시가 값이 얼마나 비쌌는지, 시가 서너 통이면 소 한 마리 값이었다.

18세기부터 담배는 귀한 분 앞에서는 피우지 못하게 되었고, 길거리에서도 함부로 피울 수 없었다. 그리고 처음 담배가 수입되었을 때는 담뱃대의 길이가 길지 않았다. 그러나 18세기 풍속도에 그려져 있는 담뱃대를 보면 사람 앉은 키보다도 더 길어서 팔이 닿지 않아 담뱃불을 자신이 붙이지 못하고 꼭 시종을 불러 붙이게 했다. 멍청한 양반이란 것들이 담뱃대는 길이가 길수록, 그리고 도포 소매는 코끼리 넓적다리가 드나들 만큼 넓을수록 자신의 신분이 높아지는 것으로 착각했기 때문이었다.

담배는 1909년 일본애들이 연초세법을 정하여 나라에서 세금을 수취하다가, 1921년 식민지시대에 연초전매령을 내려 본격적으로 국가독점물품으로 지정한 것이 지금까지 내려왔다.

담배는 수입된 지 5~10년이 지나자 폭발적인 인기를 얻어 전국에 퍼졌으며, 오래 피우면 해가 되는 것을 알면서도 끊으려고 해도 끝내 끊지 못하니 요망한 풀이라 하였다.

17세기 조선에 표류했다 본국으로 돌아간 하멜은 《하멜 표류기》

에 "지금 조선 사람들 사이에서 담배가 매우 유행하여 어린아이들도 네댓 살부터 피우기 시작한다. 남자나 여자를 막론하고 누구나 피워댄다"라고 기록하였다. 일본은 1607년 금연령을 내려 담배 피우는 것을 막았고, 청나라도 1638년 "담배를 피우는 자는 사형에 처한다"라고 공포하여 강력히 금연을 추진했으나, 조선만 담배를 피우도록 허용해서 지금까지도 남자, 여자, 애, 어른 가리지 않고 모두 피우는 담배 천국이 되었다.

담배가 전래되고 처음에는 여자들이나 아이들도 아무 앞에서나 담배를 마음대로 피웠다. 그러나 지금은 담배를 어른들 앞에서는 삼간다. 담배가 급속도로 퍼진 광해군(조선 15대) 때 스토리다. 담배를 피우지 않는 광해군이 조회를 하는데 대신들이 모조리 담배를 피워대 근정전에 연기가 꽉 차게 되었다. 연기 때문에 기침하다 신경질이 난 광해군이 담배 끄라고 소리질렀다. 그 뒤부터 대신들은 담배를 몰래 피우게 되었으며, 이런 관습이 전해 내려와 어른 앞에서는 담배를 피우지 않는 전통이 생겼다. 조선시대에도 담배의 별칭은 '식후제일미' 였다.

7. 전쟁 발발 시 일본인과 조선인 비교

일본의 남자들은 대, 소 두 개의 검을 차고 다녔다. 대검은 적을 살상하는 데 쓰고 소검은 명예를 잃었을 때 할복하기 위한 자살의 검이었다.

일본인들은 전통적으로 공적과 명예 그리고 의협심을 매우 숭상했다. 사실 지금도 일본인들은 대개 성실하고 정직하며, 남에게 절대

폐를 끼치지 않는다. 그래서 그들은 어딜 가나 세계의 일등국민 소리를 듣고 있다. 우리는 언제 그렇게 싸가지 있는 국민이 되려나?

사무라이들은 의리와 약속 그리고 명예를 지키기 위해 스스로 할복하는 일을 두려워하지 않았으며, 할복이야말로 무사가 지켜야 할 마지막 명예라고 생각했다.

일본의 사무라이는 무예 자체가 직업이자 가업이었다.

조선에서 '사'는 선비를 가리키지만 일본에서 '사'는 사무라이를 가리켰다. 조선의 통치법이 예를 통한 교화라면, 일본의 통치법은 무를 통한 무단통치였다.

이런 일본인들에게 침공을 당했을 당시 조선 조정은 연일 당파를 이루어 원수가 되어서 서로 죽고 죽이는 싸움질을 계속하고 있었다. 그래도 유능한 인물들이 좀 있긴 했으나, 등신 같은 선조는 그들을 품을 그릇이 되지 못했고, 대부분의 관리들은 무능하고 부패했으며, 군사들은 규율도 없고 훈련도 받지 않은 오합지졸들로서 전투에는 거의 쓸모가 없었고, 백성들은 나라에 대하여 아무 애정도 없었다.

히데요시는 이러한 조선의 정세를 보고 받고, 이렇게 기강이 없고 썩어빠진 나라쯤이야 해장 한 잔 할 동안이면 접수할 수 있을 것이라고 생각하고 침공했는데, 생각지도 않은 의병이 도처에서 일어나고 명이 참전하면서 일본이 투입한 20만의 병력 가지고는 조선 점령이 불가능하다는 것을 뒤늦게 깨달았다.

그 밖에도 일본군의 강적은 조선의 추운 날씨였고, 더구나 본국에서 겪지 못했던 전염병이 만연하고 사망자가 속출하여 전력이 크게 약화되었다.

더구나 그들의 신무기인 조총은 야간에는 별 위력을 발휘하지 못했고, 또 비가 오거나 장마 때는 거의 쓸모가 없었으며, 전쟁 다음 해부터 조선군에서도 조총을 대량 생산하여 실전 배치함으로써 무기에서의 우위도 지킬 수 없었다.

그러나 일군은 막강한 군대였다. 조선군이건 명군이건 일단 일군과 육박전이 붙으면 붙자마자 튀는 경우가 대부분이었다. 전국시대를 거치면서 일인들은 어렸을 때부터 검도 도장에 안 다닌 놈이 없어 칼싸움에 도사인 데다, 주위에서 툭하면 배에 칼을 꽂고 긋는 것을 보고 자라왔기 때문에 죽음을 두려워하지 않아 싸울 때 전혀 겁이 없었다. 전후 조선이고 명이고 일군의 막강함을 체험했기에, 국제 정세가 골치 아플 때 그들의 병력 원조를 받을 연구까지 했었다.

육박전에서의 전력을 비교하면, 당시 일본군 하나가 조선군 다섯 이상을 당할 수 있었을 것으로 추정된다. 글쎄, 냉정하게 얘기하면 열 명까지도 가능하지 않았을까? 단병접전으로 붙으면 일본애들은 어렸을 때부터 칼질을 해왔기 때문에 창, 칼 싸움에 달인인데, 미야모도 무사시 아시지?, 조선 병사들은 무조건 도망쳤다. 칼이나 창 싸움을 별로 해 본 적이 없었고, 무기라고는 활만 만져보았기 때문이었다. 조선은 당시 무과 시험에서도 창, 칼 시범을 아예 빼거나 아니면 아주 낮은 점수를 주었다.

평소 무를 숭상하여 목숨을 초개같이 여기고 항상 칼을 휴대하고 다니다가 걸핏하면 칼질을 하며, 전쟁에서 죽는 것을 영광으로 아는 일본 사무라이와, 목숨을 귀하게 알고 칼질 자체를 천하게 여겨 무기라고는 활만 만져봤던 조선 군사들이 단병접전에서 일군에게 깨지는 것은 당연했다.

그래서 일정 거리를 두고 활이나 총으로 싸울 때는 제법 용감하던 조선 병사들이 일단 저항선이 무너지고 일군이 육박해오면 뒤도 안돌아보고 그냥 도망쳤던 것이다.

일본애들 독한 것은 할복하는 것을 보면 안다. 조선 사람은 겁이 많아 할복하는 방식으로는 절대로 자살을 못 한다. 전투가 벌어졌을 때 조선 병사들이 할 수 있었던 일은 활 쏘기와 도망이 다였던 것이다.

따뜻한 남쪽의 기후에 길들여진 일본군에게 조선의 추위가 얼마나 매서운 복병이었는지 일군 병사 요시노 진고자에몬의 일기를 잠깐 보자. "그 밤은 더욱 추웠다. 북풍이 무섭게 불어 한기가 살갗을 에며 뼛속까지 스며들어 인간의 지각을 모두 빼앗아 갈 듯했다. 동상에 걸린 병사들은 활을 지팡이 삼아 짚고 나무 막대 같은 다리를 몽유병자처럼 질질 끌고갔다. 그렇게라도 움직여야 했다. 그렇지 않으면 굶어죽거나 얼어죽는다. 번연한 죽음이 길가에서 커다란 아가리를 벌리고 기다리고 있었다." 이렇듯 추위는 일군의 무서운 적이었다. 전투에서 죽고, 병에 걸려죽고, 굶어죽고, 얼어죽고, 도망치다가 조선 백성들에게 맞아죽고, 일본군 전력은 날이 갈수록 약화되었다.

전쟁 발발 당시 조선의 지방 수령이나 군 지휘관들은 모조리 문관이었다. 감사, 부사, 목사, 현령, 현감, 체찰사, 도원수, 순변사, 초토사, 초유사, 어사 등 모든 관직은 문관들이 독차지했다. 이렇게 전쟁에 대하여 거의 무지한 문관들이 무관들을 하인 부리듯 했기 때문에 전쟁은 더 어려워졌다.

이 때문에 말만 명군과의 합동작전이지 명의 장수들은 전쟁에 대해서 아무것도 모르는 조선의 문관들을 상대로 전략이나 전술 토론을 할 수가 없어서 일방적으로 통고만 한 수준이었고, 조선의 지휘관들은 잘 알지도 못하니 토도 달지도 못하고 그냥 명 장수들이 시키는 대로 해야 했다.

그나마 독자적으로 전쟁에 대비하고 군비를 충실히 한 장수는 수군 장수인 이순신과 이억기가 거의 유이했다. 그리하여 전쟁이 터진 후 육전에서 연전연패한 것에 비하여 해전에서는 여러 번 승리했던 것이다.

세월이 지나면서도 문관 우위의 정치제도는 바뀌지 않았으나, 문신 위주 체제에 대한 반성론이 대두했고, 명분만 거창하고 전쟁에서 무기력했던 조선의 정체이념인 성리학에 대응하여 정조(조선 22대)시대에 실학사상이 일어났다.

그러나 잠깐이나마 구세주처럼 등장했던 실학도 정치 이념으로 뿌리를 내리지는 못 하고, 정조 사후 묻혀진 학문이 되고 말아, 나락으로 굴러떨어지는 조선을 구원할 길은 어디에도 없었다.

전쟁 다음 해부터 조선군도 일본군으로부터 노획하거나 획득한 조총을 본떠서 항왜인으로 하여금 제작케 했으며, 그들에게서 조총 전술을 배웠다. 또 육박전에 약하다는 반성으로 훈련도감을 설치하여 칼과 창 쓰는 법을 군사들에게 가르치기 시작했다.

8. 일 수군의 원조 왜구와 본거지 대마도

삼국시대부터 쳐들어오기 시작하여 약탈과 살인, 방화를 일삼았으며, 특히 고려 말, 조선 초에 수백 번을 침략해서 엄청 속썩이던 일 수군의 원조 왜구들은 대마도의 해적들일까? 아니면 일본의 정규군일까?

일본 해적인 '왜구'라는 말은 그들이 처음 고려에 쳐들어온 때인 13세기 초경부터 쓰이기 시작했다. 삼국시대 이후 왜구가 우리나라에 다시 본격적으로 침입한 때는 14세기 중반 고려 충정왕(고려 30대) 때인 1350년경이다.

이 때는 일본의 가마쿠라 막부가 쇠퇴하던 시기였는데, 중앙집권 체제가 제대로 수립되어 있지 않아 정정이 불안하고 통치력이 전국 곳

곳에 미치지 못했을 때였다. 이런 틈을 탄 왜구들은 주로 대마도에서 출항했고, 대마도는 돌로 된 척박한 섬이라 언제나 식량이 모자랐다. 그래서 왜구는 모자라는 식량을 약탈하러 고려를 침공했던 것이며, 그래서 침공 지역도 주로 쌀을 보관해두는 조창이 있는 곳이었다.

왜구의 침입이 잦아지자 고려 조정은 왜구들의 표적인 조창을 내륙으로 옮겼고 이에 따라 왜구들도 내륙으로 들어오게 되었다. 왜구들이 노린 것은 식량뿐만이 아니었다. 그들은 내륙으로 들어와 수많은 포로들을 잡아갔다. 잡혀간 포로들은 팔리거나 배의 노군으로 일해야 했는데, 고려사를 살펴보면 잡혀간 포로 수가 모두 3만여 명에 이르렀다고 한다. 이는 조일전쟁 때 포로 수의 거의 3분의 1에 해당한다.

또 왜구들은 고려의 문화재도 탐을 내, 수많은 고려의 문화재가 약탈당했다. 고려의 불화나 불경, 불상 등은 지금 세계적인 문화유산들인데, 불화의 경우 현존하는 100여 점 중 일본에 90여 점이 있을 정도다. 이 망할 새끼들은 조일전쟁 이전에도 우리나라를 침범하여 엄청 건져갔던 것이다.

14세기 일본은 가마쿠라 막부의 후반기로, 천황가가 둘로 분열된 남북조 혼란기였다. 이 혼란기에 힘에서 밀려난 무사 집단이 대마도로 건너와 재기를 다짐하고 있었는데, 대마도는 그들의 식량을 공급할 여력이 없었으며, 천상 식량을 가장 가까운 고려에서 약탈해서 공급하는 수밖에 없었다. 결론적으로 고려를 침공한 왜구는 해적이 아니라 본토 무사들과 대마도 왜구들과의 연합세력이었던 것이다. 후에 이러한 왜구들은 전국이 통일되면서 각 지역의 다이묘(영주)의 수하로 들어가 일 수군의 토대가 된다.

당시 원나라(몽골)의 부마국(駙馬國)이자 반식민지로 전락한 고려에는 수군이 없었다. 이런 고려의 정세와 지리를 잘 알고 있었던 왜구들은 고려의 허술한 해안 방어망을 뚫고 침공해서 그들이 필요한 식량과 군수물자를 약탈하고 포로를 잡아가 모자라는 식량과 인력을 보충했다.

이러한 왜구의 침공을 바다에서 격퇴하기 위하여 원이 쇠퇴하던 시기인 14세기 후반 고려 공민왕(고려 31대)대부터 수군을 양성하기 시작했고, 1377년 우왕 (고려 32대) 때 최무선이 화약무기를 개발하여 배에 함포를 설치한 세계 최초의 현대식 전함을 건조하게 되면서 고려 수군의 전투력은 막강해졌다.

고려 때 왜구의 침입 중 가장 규모가 컸던 것이 1380년 우왕 때 500여 척의 선단이 금강 하구인 진포에 쳐들어왔을 때다. 왜구의 대선단은 상륙하여 쌀과 재물을 약탈하고, 고려인들을 포로로 잡아 배에 잔뜩 실어놓고 있었다. 이 500척의 선단에는 약 2만 정도의 왜구가 승선했던 것으로 보이며, 보병과 기병이 섞여 있었다. 이렇게 보병, 기병 혼성여단에다 완전무장한 장수를 보면, 왜구는 해적이 아니라 일본 정규군이라고 볼 수 있겠다.

이 진포대첩에서 최무선이 40여 척의 고려 수군 전함을 지휘하여 왜구의 선박 500여 척을 화공으로 궤멸시켰다. 당시 해전에서 화약무기를 보유한 고려 수군과 활과 창칼밖에 없던 왜구와의 해전의 전력 비율이 12대 1이었던 것을 기억하라.

이 진포해전이 세계 최초로 함포가 사용된 해전이며, 서양에서 함포가 사용된 해전은 이로부터 약 200년 후인 1571년 레판토해전에서다.

전함과 일반 함선과의 싸움의 승패는 수의 문제가 아니라 포의 보유 여부가 결정하는 것이다. 예를 들어 전쟁 중에, 함포로 무장한 군함이 지나던 수상한 수송선을 검문하겠다고 세우면 수송선의 선원들이 비록 호신용으로 권총이나 라이플총을 소지하고 있다 하더라도 검문에 불응하고 반항할 것인가? 아마 쩍소리 못 하고 손을 든 채 검문에 응할 것이다. 그렇지 않으면 적선으로 간주되어 함포 사격을 받아 바로 격침될 것이기 때문이다. 바로 조일전쟁 때 조선 수군과 일본 수군 사이에서의 상황이 이랬다.

고려 전함의 공격으로 모든 배가 침몰하여 돌아갈 길이 막혀 육지에 상륙한 왜구들의 대부대를 이성계가 황산대첩 (1380)에서 전멸시키고 말을 1,600필이나 빼앗는 대승을 거둠으로써 왜구의 세력은 결정적인 타격을 받아 약화되었다.

이렇게 이성계는 여러 차례 왜구 박멸의 공으로 전국구 스타가 되었고, 그 인기가 나중에 반란을 일으켜 고려를 멸망시키고 조선 왕조를 세우는 밑받침이 된다.

이 때부터 왜구에 자신감을 갖게 된 조선 조정은 왜구를 회유하거나 응징하면서 100년 이상 주도권을 쥐게 된다. 그러다가 16세기 초 중종(조선 11대) 때 삼포왜란(1510)이 일어났고, 이후 빈번한 왜란의 결과로 조선 조정은 일본과의 무역량을 절반으로 줄였으며, 이는 후에 조일전쟁의 단초의 하나가 된다.

도쿄대학 사료편찬소에 보관된, 왜구의 모습을 그린 〈왜구도권〉을 보면 왜구들은 머리를 틀어올리고 아랫도리를 벗은 채 칼이나 창을 들고 있고, 장수들은 견고한 갑옷에다 쇠투구나 쇠면구를 써서 화살이 들어갈 데가 없었다.

왜구들은 대부분 보병이었으나, 장수들은 말을 타고 싸웠다.

고려 말 이성계가 왜구와 싸워 대승한 황산전투에서 왜구의 장수는 아지발도였는데, 십대 소년이었으나 용맹하기 짝이 없는데다 온몸을 갑옷으로 싸고 보호대를 둘렀으며 쇠면구까지 써서 도저히 화살이 들어갈 데가 없었다.

그렇게 중무장을 하고 전장을 무인지경같이 내닫는 것이 딱 삼국지의 마초 같았다. 이를 보고 있던 이성계가 의제 이지란(퉁두란)에게 말하기를 "내가 활을 쏘아 투구를 벗길 테니 네가 대기하고 있다가 아지발도의 투구가 벗겨지거든 얼굴을 쏘아라" 하고는 활을 당겨 아지발도의 투구끈을 쏘아 맞추었다. 달리는 말에서 쏘아 말 위에 있던 아지발도의 투구끈을 맞추었다는 것인데, 좀 보탠 느낌이 들기는 하지만, 어쨌든 그 바람에 투구가 벗겨지자 이지란이 아지발도의 얼굴을 쏘아 죽여 그 전투를 대승할 수 있었다 한다.

왜구들의 본거지인 대마도는 어떤 섬인가?

사실 대마도는 일본보다도 우리나라에 훨씬 가깝고, 또 우리나라 땅이 될 수도 있었던 섬인데, 조선 조정에서 대마도의 가치를 너무 우습게 본 바람에 일본놈들이 식사한 땅이다. 대마도는 부산과 일본 후쿠오까 사이의 대한해협에 있는 섬이다. 넓이가 714평방킬로미터로 제주도보다는 작으나 거제도보다는 훨씬 큰 섬이다. 부산에서 단지 50km쯤 떨어져 있고 일본에서는 그 3배의 거리인 147km나 떨어져 있으며, 현재 약 4만여 명의 주민이 거주하고 있다.

대부분 바위로 이루어진 섬이라 농사지을 땅이 거의 없어 옛날부터 왜구의 소굴이었고, 고려시대부터 조선시대에 걸쳐 우리나라 조정에서는 연간 몇 백 석씩 구호미를 지급하여 섬사람들의 양식 문제 해결에 일조했다. 보태주지 않으면 수시로 강도로 돌변하기 때문이었다.

하도 왜구들이 설쳐서 고려 때부터 세 번에 걸쳐 대마도를 정벌한 일이 있으나 거의 언제나 골치아픈 섬인 데다, 주민들은 주로 왜인이 살고 있었고, 먹을 것도 나지 않아 우리나라 영토로 귀속시킬 생각을 하지 않고 내버려 두었다.

사실 일본이 독도를 자기네 영토라고 우기는 근거보다 우리가 대마도를 우리네 영토라고 우길 근거가 훨씬 더 많다. 세종대왕(조선 4대) 때 《조선왕조실록》에는 "대마도는 우리나라와 더불어 물 하나를 서로 바라보며 우리의 품안에 있거늘"이라고 기록되었고, 조일전쟁 때 영의정 유성룡은 "쓰시마의 태수 소오 모리나가(종성장)는 대대로 섬을 지키며 우리나라를 섬겨왔다"라고 《징비록》에 기록했다.

왜구들이 계속 귀찮게 굴자, 세종대인 1419년 조선은 이종무를 사령관으로 227척의 군선과 병력 1만 7천 명을 동원하여 남해와 서해에 출몰하던 왜구들의 본거지인 대마도를 정벌토록 했다. 대마도주의 항복을 받은 데다 풍랑이 두려웠던 이종무가 바로 귀환했기 때문에 기대만큼 큰 성과는 거두지 못했으나, 이후로도 대마도는 조선에 명줄을 대고 살았던 섬이었고, 조일전쟁 전까지만해도 일본령이 아니었다. 이렇게 조선에서 가까운 데다, 먹을 것까지 매년 대주었던 대마도에 조선 조정은 식민을 하지 않고 포기하여 대마도를 잃었던 것이다.

당시 조선이라는 나라는 사농공상의 신분 질서가 세계에서 가장 잘 지켜지던 나라였기에, 천하지대본인 농사를 지을 땅도 없고 또 살고 있는 주민들도 농사를 짓지 않고 천업인 어업에 종사하거나 강도질을 해서 먹고사는 대마도에 도통 정이 붙지 않았던 것이다.

대마도는 히데요시가 조선을 침공하기 전까지는 일본 본토의 직접적인 지배를 받지 않고 일본과 조선 사이에서 눈치로 먹고살던 땅이었는데, 히데요시가 일본 전국을 통일하자 더 버티기 힘들어 그 밑으로 들어가서 그 때부터 실질적인 일본 땅이 된다.

대마도의 영주는 '소오'씨 가문이 13세기 후반부터 16세기 말 조일전쟁 당시까지 수백 년 간을 세습해왔는데, 이는 13세기 후반에 여몽연합군이 일본을 침공했을 때 대마도의 토호이던 소오씨가 방어에 나서서 용감하게 싸우다 전사한 데 대한 막부의 보상이었다.

2005년 마산시의회는 당시 이종무가 출정에 나선 6월 19일을 '대마도의 날'로 지정하는 조례를 통과시켰다.

9. 조선군과 일본군의 병력과 무기 비교

개전 시 양국의 병력을 보면, 조선군은 대략 5~10만 정도의 오합지졸과 의병이 방어에 나섰다. 정확한 숫자는 아무도 모른다. 전쟁이 길어지면서 조선군은 실전 경험이 조금씩 쌓여갔으며 병력도 늘어나, 가장 많은 병력을 보유했을 때가 약 20만 명을 상회했다. 일본은 침공 시의 병력이 15만 명이었으며, 이후 증원군을 투입하여 역시 가장 많은 병력을 보유했을 때가 약 20만에 달해, 서로의 병력에는 별 차이가 없었다.

무기면에 있어서는 조선 육군은 각종 대포, 로켓포, 박격포, 수동식 기관총, 작열탄, 수류탄(질려탄), 지뢰 등 중화기와 소총인 승자총통, 권총인 세총통 그리고 활과 편전을 보유하고 있어 중화기면에서는 일본군보다 압도적으로 우세했으나, 일 육군의 최신 무기인 조총이 조선군의 활이나 개인 화기인 승자총통보다 성능면에서 뛰어나 소화기면에서는 열세였다. 그러나 전쟁 다음 해부터 조선도 조총을 자체 제작하고 실전에 배치해서 대등한 화력을 갖게 되었다. 병사들의 자질을 보면 조선의 병사들은 칼, 창 등의 무기 사용에 아주 미숙하여 일군에 비해 질이 크게 떨어졌다.

대신 조선 수군은 척당 20문 내외의 강력한 함포를 장착한 세계 최강 전력의 전함인 판옥선을 다수 보유하고 있었으며, 판옥선 한 척은 일 함선 5~10척의 전력을 상쇄할 수 있는 것으로 간주되었다. 조선 수군의 주 전략은 함포 사격이었으나, 일 수군은 전함이 없이 수송선과 지휘선만을 보유하고 있어, 일 수군이 쓸 수 있는 전략은 선상 육박전뿐이었다.

실상 일 수군은 수군이 아니었다. 그들은 일본에서 수군으로 훈련받거나 해전을 경험한 일도 거의 없었고, 일부 장수나 병사가 왜구로서 도적질한 경험밖에 없었다. 더욱이 조선 수군의 전력에 대해서는 아무것도 모르는 상태로, 침공할 당시 조선 수군과 해전을 해야 한다는 생각도 없었고 해전의 전략 전술이랄 것이 아무것도 없었다.

사실 해전에서는 막강한 함포를 장착한 전함을 보유한 조선 수군이 수송선 함대인 일 수군에게 질 이유가 없었다. 그러나 일 육군은 당시 세계 최강의 정예 보병으로 군기가 엄정했고, 부대별로 10~20% 정도의 조총병을 보유했으며, 칼과 창술에는 모두 달인들이었고, 대부분의 부대 지휘관은 자신이 거주하는 곳의 영주였기 때문에 병사들의 충성심도 매우 강한 편이었다.

10. 조선군의 화기

동양 최초의 대포에 관한 기록은 11세기부터 있었으나, 조선 최초의 대포는 14세기 후반 고려 우왕(고려 32대) 때인 1377년 최무선에 의해서 개발되었다. 고려는 화약을 개발한 최무선의 건의에 따라 화통도감을 설치하고 본격적인 화기 생산에 들어갔다.

유럽에서도 비슷한 시기인 14세기 중반에 프랑스에서 대포가 발명되었으나, 조선 대포가 주조해서 만든 반면 유럽제 대포는 철판포로, 우리 대포보다 성능이 형편 없었다. 걔네들의 대포는 철판을 둥글게 만 다음 용접한 후 쇠테로 조인 것이어서 화약 폭발력을 감당 못해 포격 도중 뻑하면 파열되었다.

유럽에 주조대포는 15세기에 들어서서 등장했으며 그때서야 비로소 탄환도 석탄 대신 철탄을 사용하게 되었고, 16세기에 들어서서야 포병전이 전개되기 시작하였다.

더구나 함포를 장착한 전함이 출현하여 함포 사격으로 해전을 치른 것은 조일전쟁이 발발하기 21년 전인 1571년 유럽의 신성동맹 함대와 오스만 투르크와의 지중해 쟁패전인 레판토해전이 처음이었다. 이에 반해 고려의 최무선은 유럽보다 거의 200년 전인 1377년에 함포를 장착한 전함을 개발하여 왜구의 배 수백 척을 해전에서 격침시켰다. 고려 수군의 창건은 고려 후기 원의 식민지 시대를 벗어난 공민왕(고려 31대) 때부터 시작되어 우왕대에 이르러 최무선이 화기를 개발함으로써 본격화되었다.

　　조선시대에 들어서서도 왜구에 대항하기 위하여 수군 양성에 진력하여 태종(조선 3대) 때 거북선을 비롯한 함선 4백여 척을 보유했었고, 세종 때에 들어서는 5만여 명의 수군을 보유하게 되었으며 함선도 8백여 척으로 증강되었다. 당시의 전함은 대맹선, 중맹선, 소맹선으로 각각 80명에서 40명까지 승선할 수 있는 별로 크지 않은 규모의 배였다.

　　조선의 화약무기 발전은 태종대에 시작되었으며, 세종대에 들어서서는 대대적으로 개발되고 생산되어 전국 요새에 2만 문 이상의 포가 실전 배치되었으며, 당시 조선의 화약무기 발달 수준은 세계 최정상급이었다. 15세기 중반 여진의 침공에 대비하여 북방에 모두 1,650문의 대포가 배치되었으며, 조선 전역에 배치된 현자총통만 1만 문에 이르렀다. 15세기 초인 당시 전세계에서 대포를 수만 문씩 보유하고 있던 나라는 조선이 유일했다.

　　이 때 세종의 세자였던 문종(조선 5대)이 화차를 개발하여 전국에 367량을 실전 배치했으며, 이들 화포의 규격과 제조 방법 그리고 사격 요령을 정리하여《총통등록》이란 책으로 편찬했다.

　　1448년 간행된《총통등록》은 현재 전해지지 않으나, 1454년 편찬된《세종실록》권 133 '오례군례서례', '총통도'와 1474년 편찬된《국조오례서례》권 4 '군례', '병기도설'에 모두 38종의 각종 무기가 그림과 함께 규격 등이 상세히 기술되어 있어 오늘날까지 전해지고 있다. 세종은 애민뿐만 아니라 국방까지도 반석 위에 올려놓음으로써 왕으로는 더 이상 잘할 수 없는 명군이었던 것이다.

조일전쟁 당시 조선의 소화기로는 승자총통이 있었는데, 승자총통은 비록 조총에 비해 사거리는 길었으나, 조총이 자동식 점화장치인데 비해 수동식 점화장치였고, 개머리판이 없어서 조준 사격을 할 수 없어 조총에 비해 성능이 매우 떨어졌다.

그러나 전쟁이 진행되면서 조선군은 노획한 조총 이 외에도 항왜장 사야가가 조총 제작을 지도하여 조총 제작이 시작되었고, 또 이순신 휘하의 군관 정사준이 조총 제작을 맡아 제작한 정철로 만든 조총을 실전에서 사용했는데 일군의 조총에 비해 성능이 매우 우수했으며, 1차 조일전쟁 후반에 실전 배치되었다. 이 때부터 소화기는 양군의 화력이 비슷하고 중화기는 조선이 압도적으로 우세해, 조선군에게 유리한 국면이 전개되기 시작했다.

해전에서는 쌍방의 함선 숫자가 비슷할 경우, 일 함선에 비하여 상대가 안 될 정도로 우수한 함포가 장착된 막강한 조선 전함의 위력 때문에, 양군의 전투는 조선 수군인 어른이 일 수군인 어린아이의 팔목을 비트는 상황이나 다름 없었다.

일 수군이 조선 수군을 당적하려면 최소한 5~10배의 함선을 투입해야 했는데, 실제 그러한 유형의 전투가 벌어졌던 경우는 조일전쟁 중 칠천량해전과 명량해전 두 번뿐으로, 칠천량해전에서는 일 수군이거의 5대 1의 함선의 우세 속에 육군과 합동작전을 벌여 승리했고, 명량해전에서는 일 수군이 함선 수로는 10배의 우위였으나 이순신 장군의 탁월한 지휘력과 울돌목의 조류에 휘말려 대패했다. 사실 조일전쟁의 해전에서 일 수군은 조선 수군의 함포 사격을 무서워하여 해전을 기피하고 도망만 다녔고, 이러한 실상을 전해 들은 히데요시는 일 수군에게 조선 수군과의 해전을 피하도록 명령했다.

당시 조선군의 화약무기 체제는 중화기 중심으로 오늘날 군에서 사용되고 있는 무기가 거의 모두 망라되어 있었다. 단지 지금 무기에 비하여 초보적인 수준으로 성능만 떨어질 뿐, 거의 모든 종류의 화기가 다 있었던 것이다. 이러한 화기들은 국립박물관과 육군박물관 그리고 각 대학 박물관에 원형이 대부분 보존되어 있다.

조일전쟁 당시 사용된 조선의 화기 종류를 상세히 살펴보자.

(1) 각종 총통(대포)

천자, 지자, 현자, 황자총통이 있었으며, 길이는 1~2m 정도였고, 무게는 80kg에서 300kg까지 다양한 모델의 대포를 보유하고 있었다. 초대형 화살인 대장군전과 무쇠 철환을 쏠 수 있었고 사거리는 대포에 따라 600m에서 4km까지 다양했다.

(2) 불랑기포

조일전쟁 때 명군이 가지고온 최신식 대포다.

15세기 초 중국 남부지방에 상륙한 포르투갈 상인들이 중국에 불랑기포를 전했다. 불랑기란 당시 회교도들이 서양 사람들을 통틀어 부르던 프랑크라는 말의 한자 표기다. 이 때부터 중국인들은 서양사람들을 불랑기라 통칭하고 그들이 전해준 대포도 불랑기라 불렀다. 불랑기포는 15세기 말부터 16세기에 걸쳐 유행하던 후장식 대포로 연속 사격이 가능했으며, 포가 위에 탑재되어 포의 회전 및 발사각을 조절하면서 조준사격을 할 수 있었고 사정거리도 긴 편이었다.

명에서는 이 불랑기포 수천 문을 제작해 실전 배치했으며, 누르하치가 명의 국경인 산해관 근처 영원성을 공격할 때 명장 원숭환이 이 불랑기포로 후금군을 포격하여 누르하치는 이 전투에서 입은 부상으로 사망했다.

조선의 대포에 비하여 불랑기포의 장점은 발사 간격이 매우 짧고, 포신에 가늠자와 가늠쇠가 붙어 있어 명중률이 높았으며, 화약 소모량도 적었다.

이 불랑기포는 1593년 1월 명의 원병이 조선에 파병되어, 조명연합군이 평양성을 공격할 때 조선에 처음 선을 보였다. 명군은 평양성을 방어하고 있던 일군을 공격하기 위하여 명에서 가져온 홍이포, 호준포, 위원포, 불랑기포 등 사정거리가 길고 파괴력이 강한 대포들을 사정거리에 따라 배치하고 집중 포격하여, 포가 없던 일군은 막대한 사상자를 내고 평양성을 포기했던 것이다.

평양성을 탈환한 후 이덕형은 선조에게 다음과 같이 보고했다. "명나라는 불랑기, 호준포, 멸로포 등을 사용했고, 성에서 5리쯤 떨어진 곳에서 여러 포를 일제히 발사하니 소리가 하늘을 진동하는 듯했는데 이윽고 불빛이 하늘에 치솟으며 모든 왜적이 붉고 흰 깃발을 들고 나오다가 쓰러졌습니다"라고 하며 명 대포의 위력에 감탄했다.

또 이항복도 "성을 방어하거나 수전을 하는 데는 대포가 유용한데, 우리나라의 천자, 지자 같은 대포는 지나치게 크고 화약도 지나치게 많이 소요되나 포탄이 곧게 나가지 않는다" 하고는 크기도 작고 화약 소모도 적은 불랑기가 전투에서 효용성이 높다는 것을 강조했다. 이후 불랑기는 조선에도 도입되어 전함에도 장착되었으며, 거북선에도 장착된 기록이 있다.

그런데 이후 조선이 얼마나 나태하고 정신 빠졌는고 하니, 17세기 중반 조청전쟁이 끝나고 조선이 청국의 속국으로 전락하면서 19세기 말 조선이 멸망할 때까지 거의 250여 년 동안 전쟁의 위협이 없자 임금서부터 모두 전쟁을 잊고 살아 전혀 무기 개발에 힘쓰지 않았다. 그러다가 신미양요(1871) 때 서양 선이 침입하자 이에 대응하여 발사한 대포가 300년 전

모델인 불랑기와 홍이포였으니, 사정거리가 짧아 단 한 발도 배 근처에 못 가고 바다 위에 떨어졌고, 서양 선에서 쏘는 대포는 조선 대포의 사정거리의 열 배도 넘는 데다 정확도도 뛰어나 쏘는 대로 조선군 진지는 박살이 났다. 거기다 포탄도 조선의 대포 포탄은 그냥 쇳덩어리였으나, 서양 대포의 포탄은 떨어져서 터지는 작열탄으로 도무지 상대가 되지 않았다.

그 바람에 조선이라는 수백 년의 역사를 가진 나라가 겨우 몇 백 명의 해군을 태우고 나타난, 300톤도 안 되는 작은 배인 일본의 운양호를 감당할 수 없어 손 비비고 하자는 대로 불평등조약을 맺었던 것이다.

(3) 박격포(완구)

석탄과 철탄 그리고 작열탄인 진천뢰를 쏘는 화기로 오늘날의 박격포와 같고, 사거리는 300~400m 정도되었다. 성을 공격하거나 방어할 때 사용했으며, 대완구, 중완구가 있었다.

(4) 로켓포

최무선이 최초로 만들었으며 주화라 했다.

중국의 비창, 그리고 아랍, 이탈리아에 이어 세계 네 번째의 개발이었다. 대신기전, 산화신기전, 중 · 소신기전 등 네 가지 종류가 있었다. 지금도 당시의 설계도가 전해지고 있으며, 이는 세계 유일이다. 신기전은 대형 화살 끝에 분사 기능이 있는 약통을 장치하여 화살을 멀리까지 추진시키는 구조로 되어 있다.

대신기전과 중신기전은 약통의 머리 부분에 폭탄을 장치하여 적진에 떨어지면서 폭발하도록 되어 있고, 소신기전은 쇠촉만이 붙어 있어 날아가 꽂히게 되어 있다.

* 대신기전

몸체는 대나무로 길이 5.15m, 머리 부분에 종이로 만든 원통형 약통(엔진)이 부착되어 있는데 길이 68cm, 둘레 29cm이며, 약통에는 화약을 채우고 구멍을 뚫어 화염과 가스가 분출되도록 되어 있고, 몸체의 아래 부분에는 날개가 달려 있다. 약통의 앞에는 종이 폭탄인 발화통이 부착되어 적진에 떨어지면서 폭발했으며, 사거리는 약 1km이다. 선박과 성문 파괴용으로 쓰였다.

(5) 다연장 로켓포

세종(조선 4대) 때 문종(조선 5대)이 개발했으며, 승자총통을 묶어 신기전을 한꺼번에 100발씩 발사하도록 만들었다. 구조는 후에 개량된 수동식 기관총과 비슷한 구조로 철환을 쏘는 대신 화살인 신기전을 발사하는 화기다.

(6) 비격진천뢰(작열탄)

선조 때 군기시의 화포장 이장손이 개발했으며, 손으로 던지거나 대완구 또는 중완구로 쏘는 작열탄이다.

지름 21cm, 둘레 68cm, 무게 22~23kg 정도의 쇠공 속에 철편과 화약을 섞어 넣은 뒤 약선을 꽂아놓고 대완구나 중완구로 발사하면 약선이 타들어가 화약에 불이 붙어 폭발한다. 당시 모든 대포에서 쏘는 탄환은 날아가서 터지는 것이 아니라 신관 장치가 없어 그냥 날아가서 함선을 부수거나 성벽을 부수는 용도였다.

19세기 초 나폴레옹이 트라팔가르 해전에서 사용한 함포의 포탄도 터지지 않는 그냥 쇳덩어리였다. 왜냐하면 당시까지도 사거리, 도화선 길이, 비행시간 등을 정확히 맞출 수 있는 기술이 없었기 때문이었다. 이 기술이 개발되어 날아가 터지는 포탄이 보편화된 것은 19세기 중반에 들어서였다.

그러나 당시 손으로 던지거나 포로 쏘는 포탄 중 비격진천뢰는 유일하게 발사하면 날아가 떨어지면서 폭발하는 작열탄으로, 포에 넣어 쏘면 500보(600m) 내지 600보를 날아가 터졌다. 비격진천뢰는 박진이 경주성을 탈환할 때 위력을 발휘했으며, 그 때 그 위력에 놀란 일본군이 남긴 기록이 있다.

"적진에서 괴물체가 날아와 땅에 떨어져 우리 군사들이 빙 둘러서 구경하고 있는데 이것이 갑자기 폭발하자(도화선 심지가 비행 거리에 비해 약간 길었나보다) 소리가 천지를 흔들고 철편이 별가루같이 흩어져 맞은 자는 즉사하고 맞지 않은 자는 폭풍에 날아 갔다. 기이하고 놀라서 서생포로 돌아왔다." 비격진천뢰는 적진에 떨어졌을 때 대략 한 발에 수십 명을 살상할 수 있는 위력을 지니고 있었던 것이다.

비격진천뢰는 경주성전투뿐 아니라 1차 진주성전투에서도 사용되었고, 행주산성전투에서도 사용되어 일군의 공격을 퇴치할 수 있었다. 이순신 장군은 해전에서도 비격진천뢰를 사용했다.

원래 진천뢰는 12세기 말 중국의 금나라에서 개발되었다. 초기에는 도자기로 된 용기 안에 화약을 넣어서 사용했으나 뒤에 철 용기로 바뀌었고, 여우 사냥에 사용해 엄청난 폭발 소리로 여우를 기절시켜 잡았다는 기록이 있다. 이 대형 수류탄이 다시 실전에서 사용된 것은 그로부터 300여 년이 더 지난 20세기 초 러일전쟁 때였다. 비격진천뢰는 2003년 6월 창녕의 화왕산성 유적 발굴 시 발굴되어 원형 그대로 보존되어 있고, 그 외 5점 정도의 유물이 보존되어 있다.

(7) 수류탄(질려탄)

나무로 깎은 둥근 통 속에 뾰죽한 질려(마름쇠, 쇠파편)와 화약 그리고 쑥잎을 섞어 넣은 뒤 심지를 꽂아놓고 뚜껑을 닫은 다음 불을 붙여 적

진에 던지면 화약에 불이 붙어 쇠파편으로 인마를 살상하는 무기다. 대 ·
중 · 소 질려탄이 있었고, 크기는 대형이 지름 30~35cm 정도였다.

(8) 지뢰(지화)

조일전쟁 당시에 사용되었던 소형 지뢰인 지화 말고도 조일전쟁 직
후에 개발된 파진포라는 대형 지뢰가 있었다. 파진포는 1612년 광해군(조
선 15대) 때 호서지방의 조천종이란 사람이 만들었다. 파진포는 주철을
100여 근 사용해 만드는 대형 지뢰로 몸체와 폭발 장치, 화약으로 구성되
어 있다.

당시 병조에서 이 무기를 시험해 본 결과 연기와 화염이 공중에 가득
했으며, 불덩이가 땅 위에 닿으면서 산을 절반쯤 불태웠고, 비록 수천 명
의 군사일지라도 한 발의 파진포로 모두 살상될 정도로 성능이 뛰어났다
했다. 특히 크기가 가마솥 정도로 무겁지도 않고 그리 크지도 않아 말 한
마리로도 운반이 가능했으며, 적의 진입로에 묻어놓고 사용하기에 매우
간편한 화기였다.

1625년에는 심종직에 의하여 지뢰포가 개발되었고, 《화포식언해》와
《고사신서》에는 쇄마탄이라는 지뢰에 대한 기록도 실려 있다. 이처럼 조
선에서는 다양한 화기가 개발되었다는 기록이 있는데, 어째서 이런 가공
할 무기를 조청전쟁 때 사용하지 않았지?

(9) 승자총통

1575년부터 1578년까지 전라좌수사와 경상병사를 지낸 김지가 개발
한 조선군의 대표적인 소화기이나 개머리판이 없어서 조준사격을 할 수
없었던 소총이었다. 승자총통은 길이가 약 60cm, 구경이 2.7mm로 주물
을 부어 만들었다. 주물의 재료는 구리와 주석 그리고 아연으로, 승자총통
은 쇠로 만든 총이 아니고, 청동으로 만든 총이었던 것이며, 안쪽 반지름

1.9cm, 바깥 지름 3.5cm, 무게 2.9kg으로 보병이 휴대했다. 철환 15개 또는 피령목전이라는 화살을 쏠 수 있었고, 사거리는 500~600m 정도였다. 이 승자총통은 1583년 여진족장 니탕개의 난 진압과 1588년 여진 정벌 때 큰 효력을 발휘했다는 기록이 있으나, 이는 여진족에 화기가 없었기 때문이었다.

승자총통은 일군의 조총과 비교했을 때 비록 사거리는 길었으나, 발사 간격이 길고 조준사격이 불가능해서 성능이 떨어지는 바람에 조일전쟁 때 별 위력을 발휘하지 못했다. 승자총통은 차승자총통, 소승자총통, 중승자총통, 대승자총통, 별승자총통이 있다. 이 중 소승자총통에는 가늠쇠와 가늠자가 있어 유일하게 조준사격이 가능했던 총기다.

그러나 승자총통류는 모두 화약선 심지에 직접 불을 붙이는 지화식인데 반하여, 조총은 격발 장치가 있어 방아쇠를 당기면 용두에 끼워져 있는 화승이 화약에 불을 붙여줌으로써 탄환이 발사되는 화승식이었기 때문에 승자총통보다는 훨씬 성능이 우수했다. 조일전쟁 초기에 조선군 소형화기의 주종이었던 승자총통의 유물은 우리나라에 약 70정, 일본에 10여정이 전한다.

(10) 수동식 기관총(화차)

전라도 소모사 변이중이 개발했으며, 승자총통 여러 자루를 한데 묶어 도화선으로 연결함으로써 수동식 기관총을 만들었다.

수레 위에 사각 나무틀을 만들어 총이 한 줄에 10자루씩 5줄이 들어가도록 구멍을 뚫어 50자루를 장치한 다음 뒤를 도화선으로 연결했다. 승자총통 한 자루에 철환을 15발씩 쏠 수 있었으므로 50자루면 한꺼번에 750발씩 발사할 수 있었다.

행주산성전투에서 권율이 이 화차 수십 량으로 한꺼번에 수만 발씩의 엄청난 화력을 퍼부어 3만 일본군을 3천 수성군이 물리칠 수 있었던 것이다. 이 수동식 기관총은 박진이 경주성을 탈환하는 데도 위력을 떨쳤고, 수군이 해전에서 사용하기도 했다. 물론 피령전(화살)도 쏠 수 있었다.

(11) 조선식 권총

세계 최초의 권총은 조선에서 개발된 것으로 보인다.

철포가 너무 긴 데다 무거워서 기병들이 쓰기에 불편하자 휴대하기 쉬운 가볍고 작은 기병용 총이 개발되기 시작했으며, 이것이 바로 권총이다. 요새는 초소형 권총이 개발되어 22구경 말고도 정보부원이나 테러리스트들이 쓰는 볼펜 권총이 있다. 우리나라의 화기 개발은 14세기 말과 15세기 초를 지나면서 세계 최첨단 화약무기 국가 반열에 들었으며, 이런 전통이 세계 최초의 권총을 개발하는 바탕이 되었을 것이다.

전체 길이가 14cm, 구경 0.9cm인 이 초소형 권총의 이름은 세총통이다. 근데 이 권총의 문제는 자루가 없는 것이다. 그럼 어떻게 잡고 쏘았을까? 세총통은 자루가 없는 대신 쇠집게와 같은 철흠자가 따로 있어, 이것으로 총신을 잡고 쏘았다.

이 세총통은 세종(조선 4대) 때 여진 토벌을 위하여 제작된 여러 화기 중의 하나로 기병용 권총이었다. 즉 총신과 손잡이가 분리된 권총이었던 것이다. 총탄이 장전되어 있는 세총통 여러 자루를 기마병들이 안장 밑에 넣어두고 다니다가 적을 만나면 하나씩 꺼내서 쏘았다 한다.

당시 사용된 세총통과 철흠자의 설계도는 1474년 간행된《국조오례의서례》와《병기도설》에 상세히 기록되어 있고, 당시에 제작된 유물이 육군박물관에 소장되어 있는데, 보물 854호로 지정되었다.

조선의 권총은 세총통만 있었던 것이 아니라 연발식 권총인 삼안총도 있었다. 삼안총, 삼혈총이라고 불리는 이 기병용 권총은 중국에서 16세기 전후에 개발되어 조일전쟁 중에 조선에 도입되었는데, 삼안총은 당시 일반 총들과 달리 연발총이었고 다관식 화기였다.

기존의 총들이 모두 하나의 총신을 가졌으나 삼안총은 총신이 세 개가 나란히 병렬로 겹쳐있기 때문에 삼안총이라 불린 것이다. 삼안총은 총열이 짧고 가늠쇠가 없어 사거리가 짧고 정확도가 떨어지는 단점이 있었으나, 제작이 쉽고 말 위에서 사용하기가 편해 기병용으로 널리 쓰였다. 삼안총의 구경은 10~19mm이며 전체 길이는 36~52cm로 현재 많은 유물이 남아 있으며, 국립경주박물관에 소장된 삼안총은 보물 884호로 지정되어 있다.

삼안총의 장점은 연발 사격뿐만 아니라 총신이 매우 짧고 가벼워 기병용으로 사용하기 편하다는 것이다. 1605년 순변사 이시언은 선조에게 "삼안총이 말 위에서 쓰기에 아주 좋으며 적을 두렵게 하는 데 도움이 된다"라고 보고했다. 조선 후기 정조(조선 22대) 때 간행된 무예 교범서인《무예도보통지》의 마상재에서도 바로 삼안총이 사용되었다.

삼안총은 조일전쟁 다음 해인 1593년부터 본격적으로 제조된 것으로 보이는데, 조총 제조는 숙련공 이외에는 제조하기가 어려워 대량 생산에 애로가 있었으나, 삼안총의 경우에는 제작이 쉬워 지방의 병사들에게 철물을 이용하여 제작케 하자는 비변사의 장계가《선조실록》에 실려 있다.

1595년 5월 선조는 승정원에 전교하여 "삼안총은 적을 방어하는 데 좋은 무기로, 익히지 않으면 안 된다. 입직하는 포수들은 다음 달부터 삼안총 쏘기를 연습하고 몇 차례 돌아가서 끝맺도록 하라"라는 말로 적극적으로 훈련에 임하도록 지시하고 있다. 이후 삼안총은 조선 말까지 널리 제작, 사용되었다. 조일전쟁 때 조선군은 조총뿐만 아니라 권총도 사용했던 것이다

(12) 불화살
해전 시 화공용 무기인 불화살은 화약과 유황을 혼합하여 잘 타게 만

든 가연성 물질을 작은 통에 집어넣고, 그것을 화살 끝에 묶고 불을 붙인 다음 목표를 향해 쏘는 것이다. 불화살은 살상 효과뿐만 아니라 성을 공격할 때와 선박을 화공하는 데도 큰 효과가 있었다.

(13) 글라이더

글라이더는 무기라고 할 수는 없으나, 조일전쟁 때 글라이더가 발명된 기록이 있어 인용, 수록한다. 글쎄, 라이트형제가 비행기를 만든 것은 1903년이니, 우리나라가 세계 최초로 비행기를 만든 것은 아닌지 모르겠다. 기록상 우리나라 최초의 비행기는 조일전쟁이 발발한 해인 1592년 출현했으며, 이를 '비거' 또는 '비차'라고 불렀다.

1592년 10월 일군 2만여 명이 진주성을 포위하고 공격하다가 진주목사 김시민이 이끄는 방어군 4천에게 격퇴되었다.(제1차 진주성전투)

당시 진주성에는 각종 화기가 배치되어 있었는데, 그 중 특이한 장비가 바로 '비거'다. 일본 측 기록인 《왜사기》에는 전라도 김제에 사는 정평구가 비거를 발명하여 진주성 전투에서 사용했다는 기록이 있다. 당시 조선군은 비거를 이용하여 포위된 성에서 외부와 연락을 취할 수 있었으며, 영남 고성에 갇혀 있던 성주도 비거를 이용하여 30리 밖으로 탈출했다고 한다. 이로 인해 일군의 작전에 차질이 있었다는 기록까지 있으니, 비거란 날틀은 틀림없이 있었던 것으로 추정된다.

그러나 아쉽게도 비거의 형태나 구조에 대한 상세한 기록은 없다. 또 이건 우리의 기록이 아니고 일본의 기록이지만, 일본 기록이라고 몽땅 소설은 아니다. 백제의 왕인 박사가 천자문을 일본에 전했다는 스토리도 우리 사서에는 없고 일본 사서에만 있는 것을 우리가 얻어다 가르치는 것이다.

우리 문헌에 비행기가 처음 등장한 때는 18세기 후반 신경준의 《여암전서》와 이규경의 《오주연문장전산고》이다. 조선 후기의 실학자였던 신경준의《여암전서》에도 임진왜란 때 김제 사람 정평구가 비행기를 만들었다는 기록이 있다.

또 이규경은 "강원도 원주 사람을 만났는데, 그는 비차에 관한 책을 소장하고 있거니와, 이 비차는 네 명을 태울 수 있으며 모양은 따오기와 같은 형태로 배를 두드리면 바람이 일어서 공중에 떠올라 능히 백 장(200m 정도)을 날 수 있는데, 양각풍이 불면 앞으로 나아갈 수 없고, 광풍이 불면 추락한다 하더라" 라고 기록했다.

몇 년 전 공군사관학교는 건국대학교 항공우주공학과 비거 복원팀과 공동으로 6개월 간의 연구를 통하여 우리나라 최초의 비행기인 비거를 2분의 1 크기로 복원 제작하여 일반에게 공개했으며, 2003년에는 《KBS 역사스페셜》팀과 건국대학교 비거 연구팀이 16세기 당시 활용 가능한 재료로 비거를 제작하여, 2003년 3월 4일 고도 20여 m에서 73m를 비행하는데 성공했다. 이 비거의 모형은 현재 공군박물관에 비치되어 있다.

아니 정평구가 비행기를 만든 후 수차례에 걸쳐 조정에 보고했으나 한 놈도 관심을 갖는 놈이 없어, 한 번 만들고 말았다는데, 좀 똑똑한 것들이 조선을 통치했으면 비행기는 우리나라에서 제일 먼저 만들었을 것이고, 달나라도 우리가 제일 먼저 갔을 것이다. 하나같이 멍청한 것들이 임금이라고 버티면서 밥만 축낸 바람에 조선은 19세기 말까지 비행기는커녕 바늘 하나도 못 만들 정도의 미개한 나라로 추락하고 말았다.

* 위 무기 해설은 양재숙 선생 저 《다시 쓰는 임진대전쟁》과 박재광 선생 저 《화염 조선》을 참고했음을 밝혀둔다.

11. 조선의 활과 편전

한반도 사람들은 옛날부터 활을 잘 쐈다. 한반도 지형이 강과 산이 많고 평야가 적어 전쟁이 일어나면 청야수성 전술이 가장 잘 먹혔기 때문이었다. 즉 외침이 있으면 관민이 동네를 비우고 모조리 성으로 들어가 농성을 하면서 싸우는 것이다. 이러다 보니 농성에 가장 적합한 무기인 활이 발달되었고 활 쏘는 실력이 출중했다.

그 반면에 칼과 창 등 각개 전투에 쓰이는 무기의 사용이 상대적으로 줄어들어, 만약 일군과 1대1로 붙으면 싸움이 안 되었을 정도로 실력이 형편 없었다. 활은 무관만 쏘는 것이 아니라 문관도 쏠 줄 알아야 했고, 왕들도 활 쏘는 법을 배워야 했다.

우리나라 역사상 신궁은 고구려를 세운 것으로 알려진 주몽과 조선의 태조 이성계 그리고 22대 왕인 정조다.

주몽이 어렸을 때, 8살 땐가, 방에 파리들이 벌떼같이 날아다니자 어머니인 유화부인에게 부탁하여 작은 활을 하나 만든 다음 날아다니는 파리를 겨냥하고 쏘아대니 파리들이 낙엽 떨어지듯 우수수 떨어졌다는, 파리박멸궁의 귀재였다.

이성계는 황산대첩(1380)에서 왜구의 장수 아지발도의 투구끈을 쏘아맞추어 투구를 벗김으로써 이지란으로 하여금 쏘아죽이게 했다는 왜구박멸궁의 대가였고, 정조는 50발을 쏘면 49발의 적중률을 자랑하는 엄청난 실력의 보유자였다. 요새 국궁 선수들에게 정조가 활을 쏜 것과 같은 조건에서 활 쏘기 테스트를 했더니, 정조의 실력 근처에 가는 선수가 단 한 명도 없었을 만큼 정조는 타고 난 신궁이었다.

고려, 조선시대의 활은 각궁(물소뿔로 만든 흑각궁)이었고, 화살은 이 활에 맞는 편전(아기살이라고 부르는 작은 화살)을 썼다. 편전은 대단히 위력적인 무기였다. 대나무통을 이용하여 길이 36cm짜리 짧은 화살을 쏘는데, 사정거리가 일반 활보다 훨씬 길고 직사로 날아가서 명중률이 매우 높았다.

거기다 편전은 활로만 쏘는 화살이 아니고 총구에 꽂아 화약의 힘으로도 쏘았기 때문에 사거리도 길고 관통력도 대단했다. 편전은 조선만의 비밀 병기였고, 그래서 타국에의 유출이나 기술 이전은 엄격히 금지되어 있었다. 편전은 조일전쟁 때 일군의 침공을 물리치는 데 다대한 공헌을 했다. 조선군이 사용했던 무기 중 화기를 빼고는 편전이 일등공신이었던 것이다.

거기에 비하여 일본 활은 물소뿔을 사용하지 않은 일반 목궁으로 사거리도 떨어지고 관통력도 약해 조선 활과 비교가 되지 않았다. 일 육군의 주무기는 활이 아니고 조총과 칼, 창이었으며, 특히 칼 쓰는 데는 모두 도사였다.

물소뿔은 편전을 쏘는 각궁을 만드는 데 꼭 필요한 재료였다. 그런데 명나라가 건국되고 나서부터 명에서는 조선에 물소뿔 공급을 거부했다. 말하자면 전략 물자를 타국에 줄 수 없다는 것이었다. 명에서 물소뿔 수출을 거부하자 조선은 한우뿔과 녹용까지도 활 재료로 활용해 보았으나 물소뿔로 만든 활의 성능을 따라갈 수 없었다. 마지막 방법으로 조선은 일본에 물소를 수출해 주도록 요청했고, 다행히 일본이 이를 응락하여 수십 마리의 물소가 조선으로 건너왔다.

그러나 비싼 돈을 들여 수입한 물소가 조선의 추운 겨울 기후에 적응을 못 해서 하나 둘씩 죽어자빠지자 조선은 허탈에 빠졌다. 그간 전쟁이 없었기에 다행이지 만약 이럴 때 전쟁이 일어났으면 큰일날 뻔했다. 그러다가 조일전쟁이 일어났다. 조일전쟁 칠 년이 끝나고 보니 아무래도 활보다는 조총이 더 나은 것 같아 조총 제작에 더 많은 관심을 기울이게 되었으며, 그 바람에 비싸게 수입한 물소들은 모조리 설렁탕 재료가 되고 말았다.

전통적인 조선의 활은 길이가 1.8m인 장궁으로 크고 강했으며, 화살 길이가 1.2m, 사거리가 140m 정도로 전쟁 당시 조총에 비해 성능이 그리 크게 뒤지지 않았다. 더구나 당시 화승총은 겨우 일 분에 두 발 정도 쏠 수 있었는데 활은 일 분에 네 발까지 쏠 수 있었다. 활과 화살의 길이를 볼 때 15세기 영-프 사이의 전쟁인 백년전쟁에서 명성을 떨쳤던 영국의 장궁과 사이즈가 비슷하다.

12. 일군의 신무기 조총

1510년 인도의 고아에 이어, 1516년 중국 서남단의 마카오에 식민기지를 건설한 포르투갈인이 1543년 일본 규슈의 다네가시마(종자도)에 나타나 조총과 탄약 및 제조법을 전수해 주었다. 조일전쟁이 일어나기 딱 50년 전이다.

1543년 8월 어느 날, 일본의 다네가시마섬에 웬 선박 한 척이 표류하다 해안에 닿았다. 이 선박은 양쯔강 하구의 영파로 가다가 해적선의 습격을 받은 데다 태풍까지 만나 표류하다가 다네가시마에 도착한 배였다.

하여간 일본놈들 수 났다. 얘네들이 도착하면서 조총이 전해지고 기독교까지 일본에 전해진 것이다. 즉, 막강한 신무기에다, 그 때까지 그냥 곧장 지옥행이었던 애들에게 천국에 갈 희망까지 전해진 것이다.

선박에는 100여 명의 선원과 세 명의 포르투갈인들이 타고 있었는데, 바로 개네들이 호신용 철포를 가지고 있었던 것이다. 일본애들이 처음 보는 이상한 쇠막대기가 무엇이냐고 묻자, 포르투갈애들은 씩

웃더니 시범을 보였다. 쇠막대기 끝에서 불이 튀어나오면서 천지를 울리는 굉음이 터져 나오자 구경하고 있던 일본애들은 모조리 뒤로 자빠져 엉덩방아를 찧었다.

발사 시범을 보고 확 가버린 다네가시마도의 도주 마사토키는 포르투갈인들에게 조총을 팔라고 졸랐다. 개네들이 안 판다고 버티자 마사토키는 당시로서는 엄청난 거금인 영락전(중국 명나라 화폐로 당시 국제적인 화폐) 2천 필을 주고 조총을 한 정 사서 조작법을 배운 뒤, 이를 카피하는 데 온 힘을 쏟았다.

포르투갈놈들은 저희 나라에 가면 구멍가게에서도 파는 흔해 터진 조총 한 자루에 일본놈이 이렇게 엄청난 돈을 주리라고는 생각지도 않고 있다가 뜻밖의 횡재로 단번에 팔자를 고치게 되자, 좀 안 되었는지 인심 쓰듯 총 한 자루를 더 주었다. 이렇게 해서 엄청 비싼 대가를 지불하고 손에 넣은 조총 두 자루를 카피해서 당시 험한 전국시대에 갈고 닦인 사무라이들을 무장시켜 일본 통일을 앞당겼고, 통일 후 남아도는 힘으로 조선을 침공하여 조일전쟁을 일으킨 것이니, 당시 포르투갈인들에 의하여 일본에 전해진 조총 두 자루가 동아시아 정세를 완전히 바꾸어 놓은 것이다.

조총은 '나는 새도 잡는다' 하여 조선군이 붙인 이름이고 일군은 뎃포(철포)라고 불렀는데, 원래 서양에서의 명칭도 철포였다. 조총의 최대 사거리는 200m 정도였고, 유효사거리는 100m쯤이었는데, 보통 50m쯤 접근해서야 발포를 시작했다. 총구의 안지름은 1.4cm와 1.8cm짜리가 있었고, 각각 무게 13.2g, 37.5g짜리 납탄을 쏘았으며, 총에 맞았을 때 치사율은 약 20% 내외였다.

병사들이 조총으로 무장함에 따라 기병 시대가 가고 보병이 우위에 서게 되었으며, 그 전까지 칼과 창으로 용맹을 뽐내던 여포 같은 만 부부당지용(萬夫不當之勇)의 맹장도 조총 한 방에 죽어 자빠지는 세상이 되었다.

후일 네고로의 승정이 다네가시마로 건너가 한 자루의 조총을 넘겨받아 대장장이에게 명하여 철포를 제작하기 시작했으며, 이로 인해 일본 최초의 철포 승병 부대인 네고로 승병 철포 부대가 탄생했다.

철포대는 저격수와 탄약병 또는 조수 등 2~3인이 한조가 되었으며, 저격수는 30발 분을 띠로 만들어 어깨에 걸쳤다. 저격수가 탄약병과 한조가 된 것은, 저격수가 총을 쏜 후 다시 발사할 때까지 걸리는 시간을 단축하기 위해서였다.

당시 조총은 발사할 때까지 몇 가지 단계를 거쳐야 했는데, 먼저 총구 속으로 적당량의 검은 화약을 부어놓고 납탄을 넣은 다음 꼬질대로 탄환을 쑤시고, 심지를 구멍 위로 끌어올린 다음 뚜껑을 열고 미세한 분말 화약을 화개에 올려놓는다. 그런 다음 뚜껑을 닫고 1cm 정도의 심지를 단단히 끼워 넣고 심지에 불이 꺼지지 않도록 입으로 불고, 조준하면서 화개를 열고 조용히 방아쇠를 당겨야 했다. 화승은 약 50cm 길이의, 30초 간 모기향처럼 천천히 타들어가는 특수한 섬유질의 끈으로 적과의 대결이 예상되면 각자는 화승에 불을 붙여 불씨를 나누어 갖는다. 철포대의 백전노장이 되면, 자신이 장전하여 쏠 경우 20~25초가 걸려 일 분에 2~3발 정도 쏠 수 있었으나, 시원찮은 병사는 일 분에 겨우 1~2발 정도만을 쏠 수 있었다.

당시 조총은 매우 비싸서 전국시대에도 철포대를 소유한 집단은 산지인 사이가와 네고로 그리고 오다 노부나가 정도였다. 서양에서도 화승총 1정의 가격이 600달러 정도였다니 엄청나게 비싼 무기였으나, 조선에서 대량 생산을 시작했을 때 조총 가격은 약 쌀 한 석 반에 해당되는 일곱 냥 정도였다.

일본이 자랑하는 천재 오다 노부나가는 일찍 철포에 눈을 떠, 있는 돈을 죄다 털어서 3천 명의 철포대를 양성하여 전국시대 최강의 기마군단이자 호적수였던 다케다 신겐의 무적의 기마군단을 시간차 연속 사격으로 궤멸시킬 수 있었다.

노부나가는 조총 부대를 양성하면서 새로운 전술을 개발했다. 즉 1분에 3발을 쏠 수 있도록 조총수 옆에 조수를 두어 조총수가 총을 쏘고 나면 장탄된 조총을 건네주는 일을 하는 것이다. 또 조총병들을 3열로 배치시켜 앞줄이 쏘고 앉으면 뒷줄이 쏘고, 뒷줄이 쏘고 앉으면 맨 마지막 줄이 쏘고 앉는 동안 장전을 끝낸 맨 앞줄이 일어나 다시 사격하는, 쉬지 않고 쏠 수 있는 연속 사격법을 개발했다. 이렇게 해서 3교대 밀집 조준 사격 전술이 탄생했으며 당시 일본군 조총부대는 병력면이나 화력면에서 전 세계 최강 집단이었다.

조선에 처음 들어온 조총은 조일전쟁 3년 전인 1589년 통신사가 일본에 갔다가 돌아오는 길에 쓰시마 성주 소오 요시토모에게서 받은 선물이었다. 그러나 조선 조정에서는 당시 최첨단 무기였던 조총에 별 관심이 없어, 통신사가 신무기인 조총을 바쳤을 때 멍청이 선조는 총을 한번 쓱 훑어보고는 군기시에 넣어두라고만 지시했을 뿐이었다. 하여간 머리 나쁘면 평생 고생이다.

그나마 유성룡이 조총의 성능이 걱정되어 신립에게 의견을 물은 결과 얼뜨기 신립은 잘 알지도 못하면서 "그게 쏠 때마다 맞는답니까?"라고 큰소리만 쳐서 조총에 대한 아무런 대비도 하지 않은 채 전쟁을 맞았다. 그래서 결국 신립은 북진하는 일군을 맞아 충주 탄금대에서 기병을 끌고 나갔다가 쏠 때마다 맞지 않는 조총에 의해 박살이 나고 자살 내지는 익사했던 것이다.

임금이나 장수들이 조금만 똑똑했어도 신무기의 성능을 시험해 본 뒤 본떠 제작해서 실전에 배치했을 것인데, 어째 모두가 하나 같이 돌인지.

전쟁이 시작된 지 16개월이 되는 1593년 8월부터 조선에서도 본격적으로 조총을 생산하기 시작했다. 조총을 감독하여 제작한 인물은 항왜인 사야가와 이순신의 군관 정사준이고, 정사준은 대장장이 이필종과 함께 일제 조총을 본떠서 개네들 것보다 성능이 더 나은 정철총통을 만들었다. 그 다음 달부터는 육군을 포함하여 전라도 전역에서 조총을 생산하기 시작하면서, 중화기에서 압도적으로 우세한 조선군이 소화기도 일군과 성능이 같은 개인 화기를 쓰게 되었다.

1595년 유성룡이 병기창의 제조라는 직책을 맡게 되면서부터 조총이 대량으로 생산되기 시작하여 거의 모든 조선군에 조총이 지급되었다. 근데 도대체 어느 인간이 조일전쟁 때 조선에는 일군의 조총에 대항할 만한 무기가 없어서 깨질 수밖에 없었다고 헛소리를 했냐? 이렇게 헛소리를 학교에서 가르친 이유는, 곧이곧대로 화기에서 압도적으로 유리한 데도 불구하고 전투에서 붙는 대로 일군에게 깨졌다고 가르치면 국민적으로 쪽팔려서 그랬던 것이다.

일본에도 물론 포가 있었다. 그들에게도 포르투갈에서 들여온 불랑기포가 있어 노부나가가 만든 6척의 철갑선에 3문씩 장착했다는 기록이 있으나, 조선을 침공할 때 일본군이 타고온 배는 전함이 아니어서 포가 장착되어 있지 않았다.

16세기에 노부나가가 적함의 철포 공격을 무력화시키기 위하여 만든 철갑선은 유럽의 철갑선보다 3백 년 정도 앞선 것이라 한다. 그러나 철갑을 두른 노부나가의 철갑선은 너무 무거워 행동이 둔한 데다 원양을 항해할 수 없는 연근해용 배로 건조되어 조일전쟁에 참전할 수 없었다.

말하자면 근해에 띄워놓고 바다에 떠있는 일종의 요새로 활용했던 것이지, 항해용으로 건조된 배가 아니었던 것이다. 그 무거운 철갑선을 제한된 공간 안에 있는 한정된 수의 노잡이들이 무슨 수로 움직일 수 있었겠는가? 이제 조선의 거북선이 왜 철갑선이 될 수 없는가 감 잡으셨지.

또 일본에는 화약무기로 수류탄 비슷한 투척 화염탄인 배락이 있었고, 지뢰도 있었다. 지뢰는 사방 1척, 높이 3척의 나무상자에 화약, 철편, 못 등을 넣고 불을 붙인 선향을 판자 뚜껑 뒤에 달아두는데, 그것을 밟으면 뚜껑이 부서지면서 선향의 불이 화약에 점화되어 폭발을 일으키도록 만들어졌다.

일본은 서양과의 만남에서 조총 이 외에도 천주교를 받아들였다. 당시 일본 전역에 200여 개의 교회가 있었으며, 신자가 15만을 헤아렸다. 일본군 선봉장인 고니시 유키나가와 모리 데루모토는 모두 세례 받은 독실한 천주교 신자여서 전쟁을 할 때 종군 신부까지 데리고 다닐 정도였으나, 도쿠가와 막부가 서면서 천주교는 금지되고 박해를 받게 된다.

13. 항왜인 사야가와 조선의 조총 생산

조일전쟁이 발발한 지 6개월쯤 지나자 이순신 장군은 해전에서 연승하고 있었고, 육전에서도 초기의 연속 패배를 딛고 조금씩 전황을 만회하고 있었다.

그래서 나라고 사업체고 발전하려면 필히 라이벌이 있어야 한다. 혼자 하면 다 해먹을 것 같지만 절대 그렇지 않다. 적대 또는 경쟁 상대가 있어야 언제나 적당한 긴장이 촉발되고 자기 계발에 박차를 가할 계기가 생겨나기 때문이다.

그런데 조선은 조청전쟁(병자호란)에서 깨지면서 청의 속국이 되는 바람에 이후 망할 때까지 거의 250년 간 적대 세력이 없어 고만고만한 것들끼리 국내에서 박 터지게 권력 싸움만 하다가 무기력하고 나태해진 채로 멸망했다. 조선이 멸망한 것은 조선 스스로가 쇠약하기 짝이 없는 자신을 더 이상 감당 못해서 망한 것이지, 꼭 일본애들 때문에 망했다고 볼 수는 없다. 당시 일본이 조선을 먹지 않았으면 어차피 딴 놈이 먹게 되어 있었다.

　　조일전쟁 때 쳐들어온 일본군 장수 중에 사야가가 있었다.

　　사야가는 한국의 문화를 흠모하여 스스로 투항한 자로서 (뭐 그랬다니까 그렇게 쓴 것인데, 사실 당시 일본에는 히데요시에게 반감을 가진 영주들이 지천이었다) 귀순한 후의 한국 이름은 김충선이며, 죽을 때까지 조선조에 충성을 다해 고위 관직에 오른 특이한 인물이다. 사야가는 장신에다 힘이 좋아 400~500근을 들 용력이 있었던 데다가 무술도 뛰어났다. 사야가는 일본에서도 교과서에 나올 정도로 유명한 역사적 인물이지만 일본 사서에는 나오지 않는다. 이것이 당연한 것이, 일본애들은 자기네가 보낸 침공군의 장수가 적국에 귀순하여 도리어 자기네 군대를 공격했다는 사실을 역사에 밝히고 싶지 않기 때문인 것이다.

　　하여간 어느 나라건 쪽팔리는 얘기는 역사에서 대부분 빼버린다.

　　일군의 중간 지휘관인 사야가가 귀순한 것도 매우 특이한 일이지만, 대부분 영주들로 구성된 작전참모나 사단장, 군단장 등은 어떤 어려운 상황이 닥쳐도 귀순할 수 없었다.

　　만약에 영주가 귀순하면 본국에 있는 영지와 봉록이 모조리 몰수되고 가문이 폐문되기 때문에 제 한 목숨을 바쳐서라도 가문의 명예를 지켜야했다. 일본애들은 원래 죽음에 대한 두려움이 별로 없었기 때문에 전투에서 목숨을 버리는 것은 본인의 영광이자 별로 어려운 일이 아니었다.

또 그들은 전투에서 매우 용감했다. 만약에 전투에서 비겁하게 미리 도망치거나 패하면 역시 영지를 몰수당하거나 삭감되기 때문에 가난을 대물림할 수밖에 없었다. 이렇게 일군은 상벌이 분명했기 때문에 지휘관과 병사 모두 용감하기 짝이 없었다.

이는 조선군 참모총장인 겁쟁이 도원수 김명원과 임진강 전투에서 박살난 돌머리 한응인 등에 대한 선조의 처분과 좋은 비교가 된다.

군의 사기를 올리는 데는 엄정한 상벌을 따를 것이 없다. 엄정한 상벌이야말로 전투에 전력을 다하게 되는 계기가 되기 때문이다. 그런데 등신 선조는 전쟁에서 도망만 다닌 비겁한 인물들을 하나도 처벌하지 않았고, 하기야 제가 제일 먼저 튀었으니까, 전쟁에서 공을 세운 무장들을 틈만 나면 역적으로 몰아 죽일 궁리만 했다. 공을 세워 뜨는 무장이 있으면 도망만 다닌 자신이 더 팔리기 때문이었다.

일본의 문호 시바 료따로는 사야가를 소재로 《한나라 기행》을 썼고, 그 외에도 하세가와 쓰토무의 《귀화한 침략병》, 고사카지로의 《바다의 가야금》 등 사야가를 묘사한 소설만도 여러 권이 나와 있다.

사야가는 《조선왕조실록》에도 간략히 언급되어 있으나, 무장이자 문인이기도 했던 사야가 자신이 남긴 문집인 《모화당문집》을 통하여 우리는 그의 삶의 궤적을 찾아볼 수 있다.

조선 침략 준비로 도요토미 히데요시에 의하여 일본 전역에 총동원령이 내려지자 사야가는 22살에 군에 입대하여 제2군 사령관 가또 기요마사(가등청정)의 우선봉으로 임명되었으며 휘하에 3,000명을 부하로 데리고 있던, 잘 나가던 장수였다. 그는 1592년 4월 조일전쟁이 일어난 바로 그 해 그 달에 경상도병마절도사 박진에게 귀순했다. 전쟁이 발발하자마자 귀순한 것은 그가 일본을 떠날 때부터 귀순을 결심하고 있었다는 증거가 된다.

사야가가 박진에게 보낸 투항서를 보자.

"임진년 4월 일본국 우선봉장 사야가는 삼가 목욕재계하고 머리 숙여 조선국 절도사 합하께 글을 올립니다. 이번에 일본이 이유 없이 군사를 일으키며 저를 선봉장으로 삼으매, 저의 소원인 조선에 한번 나가보고 싶은 생각으로 본의 아닌 선봉이 되어서 군사를 이끌고 본국 조선에 이른 것입니다. 다만 저의 소원은 이 나라의 예의 문물과 의관 풍속을 아름답게 여겨 예의의 나라에서 성인의 백성이 되고자 할 따름입니다." 이렇게 겉으로만 보는 조선의 예의는 엄청나다.

어쨌든 전쟁 초기에 귀순한 사야가는 곧바로 경상도 의병들과 힘을 합쳐 동래, 양산, 기장 등지에서 일군들과 전투를 벌였고 한 달 동안 여덟 차례나 승전보를 올리는 개가를 거둔다.

또 1597년 말 육전의 마지막 혈전이었던 울산성전투에 참전하여 김응서 장군의 선봉장으로 활약하면서 가또의 제1대를 전멸시키는 공을 세웠으며, 이로 인해 정 3품인 가선대부로 승진했다.

사야가는 조선의 소총인 승자총통이 일군의 조총에 비하여 성능이 떨어지는 것을 보고 경상도절도사에게 조총 제작을 건의해서 경상도 병영에서 조총을 제작케 하고 화약 만드는 법을 가르쳤다. 그리고 다음 해에는 철포대를 조직하고 부하 김계충 등을 통해서 전술을 교육시켰다.

조일전쟁이 발발한 다음 해인 1593년 3월부터 조선에서도 조총이 본격적으로 제작되기 시작했는데, 이순신의 《난중일기》에 조총 제작에 성공한 스토리가 기록되어 있다. 그런데 《모화당문집》에 실려 있는 이순신의 조총 개발에 관한 언급이 흥미롭다.

"하문하옵신 조총과 화포, 화약 만드는 법은 전번에 조정에서 내린 공문에 따라 벌써 각 진에 가르치는 중이옵니다. 바라옵건대, 총과 화약을 대량으로 만들어서 기필코 적병을 전멸시키시기를 밤낮으로 축원하옵니다." 이순신 장군은 자체 조총을 제작하면서 사야가에게 조언을 들었던 것이다.

조선군이 조총을 사용하게 되면서 전쟁 중에 치러진 과거시험에 조총 사격술이 포함되었으며, 본격적으로 포수를 양성하기 시작했다. 전쟁 다음 해에는 훈련도감이 설치되었으며 훈련도감에서는 좌우영을 두고 포수를 훈련시켜 조총부대를 만들었다. 그럼으로써 조선군의 보병 전술도 이전의 활 중심에서 총과 검 중심으로 바뀌게 되었다. 이렇게 빨리 조선군도 일군과 마찬가지로 조총을 사용하게 된 원인은 우수한 항왜인들의 공이었다. 또 훈련도감에서는 항왜인 중 검술이 뛰어난 자를 선발하여 교관으로 삼고 군사들에게 검술도 가르치기 시작했다.

사야가 말고도 항왜인으로서 큰 공을 세운 인물이 이순신 장군의 수군에 배속되어 있던 준사다. 준사는 명량대첩에서 일군 장수 마다시를 알아보고 이순신에게 귀띔하여 마다시의 기함을 공격하여 그를 죽이게 하는 데 큰 공을 세웠으며, 마다시의 목을 베어 돛대 높이 매달아 일군은 사기가 크게 떨어지고 조선군은 사기가 올라가, 전투를 좀 더 쉽게 이끌 수 있었다.

조일전쟁 당시 조선에 항복한 항왜인은 무려 1만 명이 넘었는데, 가장 고위급 장수가 사야가였고, 더구나 그는 일군의 철포부대 부대장 출신으로서 일급 조총 기술자였다.

조일전쟁에 참전했던 일군들이 모두 히데요시의 조선 침공에 동조한 것은 아니었다. 히데요시가 일본을 통일하는 과정에서 숱한 사람이 죽었고, 수많은 영주들이 영지를 몰수당했다. 이렇게 해서 히데요시에게 원한을 품은 자가 일본에도 지천이어서, 조일전쟁에 징병된 20만의 일군 중에서 억지로 끌려온 일인 병사들도 엄청 많았던 것이다. 사야가, 준사 이 외에도 항왜인들 중 고위 장수가 된 자가 많았으나, 조선의 국민 감정 때문에 출신을 숨기고 살아서 그들의 자세한 행적은 전해지지 않는다.

《선조실록》을 보자.

"항왜인들을 처음에는 깊고 외진 곳으로 들여보내기 위해 모두 서울로 올려보낸 다음 양계로 보냈습니다. 그런데 그 숫자가 너무 많아서 도로에서 전송할 때 폐해를 끼치는 것이 많을 뿐만 아니라 양계의 군읍은 한결같이 잔악하게 파괴되어 수많은 왜인들을 모두 그 곳으로 보낸다면 물력을 감당할 수 없습니다.

금후로는 항복해 오는 자들 중에서 재능이나 기예가 있고 공순하며 부릴 만한 자는 진중에 남게 하고, 나머지는 도검을 거둔 후에 한산도의 수군이 있는 곳으로 들여보내 여러 배에 나누어 두고 격군을 삼게 하며, 정상이 의심스러운 자가 있을 경우에는 장수들로 하여금 즉시 선처하게 하소서"라고 비변사가 건의하자 임금이 그 건의대로 따랐다.

사야가는 조선에 귀순한 후 조총의 제작법과 화약제조법 그리고 철포부대의 전술을 조선군에 전수했으며, 1·2차 조일전쟁 때 조선군으로 참전하여 큰 공을 세웠다. 2차 전쟁 말기 울산성전투에서 큰 공을 세운 사야가는 종 2품 가선대부가 되었으며(이순신 장군과 같은 품계다), 도원수 권율과 어사 한준겸이 주청하여 성명을 하사받고 자헌대부에 올랐다.

진주목사의 딸과 혼인한 사야가는 오랑캐의 침입으로 북방 변경이 시끄러워지자 자청하여 10년 간 국경 방위 임무에 진력했다. 임무를 마치고 돌아온 사야가는 정헌대부가 되었고, 인조(조선 16대) 2년 이괄의 난을 진압하는 관군에 참여하여 이괄의 부장 서아지를 잡아죽이는 공을 세웠으며, 후에 인조의 삼전도 굴욕을 전해 듣고 통곡해 마지않은 진짜 조선의 충신이었다.

그러나 그도 어쩔 수 없는 인간이기에 남풍이 불어올 때면 뒷산에 올라가 고향을 그리며 눈물지었다 한다. 사야가는 문장가로도 이름 높아 자신의 문집인《모화당문집》에 여러 글들을 남겨 놓았다. 그의 묘소는 대구 교외의 우륵동에 있고, 대구시 달성군에는 그의 후손이 약 4천 명 정도 살고 있으며, 우리나라 각지에 약 7천 명의 후손이 있다 한다.

사야가의 원명은 사이가 마고이치로로 추정되는데, 그의 고향인 기슈 사이가 지방은 일본 최대 규모의 이와세 천총 고분군이 있는 곳으로 한반도로부터 최고의 제철 기술자들이 이주해 살고 있던 곳이다. 가야나 백제 유민이었을, 이 제철 기술자들로부터 제철 기술이 연연히 전수되어서 조일전쟁 때 우수한 조총 생산지가 되었고 이에 따라 강력한 철포부대가 사이가에서 출현했던 것이다.

14. 일군에 항복한 항조선인

조일전쟁 중 항왜군만 있었던 것이 아니라 일군에 항복하여 일군으로 싸운 항조선군도 꽤 있었다. 일군은 진격하면서 많은 조선인 향도를 필요로 했고, 또 점령 지역의 치안 확보를 위하여 조선인 감독을 임명하여 점령지를 관할케 했다. 일군의 앞잡이로 향도를 맡거나 마을의 치안을 맡은 자들은 그간 대부분 사람 대접을 못 받고 산 천민들이었다. 이들은 전쟁으로 제 세상을 만났으나, 이 또한 조선의 거지 같은 신분 차별의 비극이었다.

오성과 한음으로 유명한 오성 이항복은 조일전쟁 때 병조판서를 지냈는데, 그의 문집인《백사집》에 항조선군 박춘의 이야기가 실려 있다.

"박춘은 전라도 사람으로 천민이었는데 조선군으로 싸우다가 일군의 포로가 되었다. 그러나 어떻게 공을 세웠는지 일군의 중간 지휘관이 되어 1천 명의 병사를 이끌게 되었다. 그가 이끈 일군 1천 명의 거의 3분의 2는 일군에게 항복한 조선 사람들이었다.

그는 자신의 부하들을 이끌고 전라도에 있는 옛집에 다녀오면서 조선군을 만나면 항복하리라 생각했는데 단 한 번도 조선군을 만나지 못해 결국 항복하지 못했다"고《백사집》에 기록되어 있다. 이렇게 일군에게 항복한 조선사람들도 항왜군과 마찬가지로 일군에 종군했던 것이다.

조일전쟁이 소강상태에 들어간 1594년에 방어사 김응서가 선조에게 보낸 장계를 보면, 일군들은 자신들에게 투항한 조선인들을 나누어 둔락을 만들게 하고, 조선인을 둔장으로 삼았으며, 이를 두고 기율이라 했다. 둔락에는 조선인만 사는 것이 아니고 일인들도 섞여 살았는데 기율은 그들마저도 다스릴 수 있었다 한다. 기율들은 위풍당당했고, 일군의 장군들까지도 그들을 극진히 대하여 둔락을 다스리도록 힘을 실어주었다. 이렇게 해서 일군들은 장기 주둔을 획책하면서 점령지를 다스려나갔던 것이다.

15. 조선군과 일군의 식사량 비교

조일전쟁 당시 전라도를 뺀 전 국토가 황폐해져서 군량을 조달하는 일이 보통 일이 아니었다. 15만이나 되는 일군은 남의 나라에 원정을 왔으니 조선군보다 군량을 대기가 훨씬 힘들었을 것이 당연하다. 우선 초장에 일군은 조선군에 비하여 대가리 수가 많은 데다, 전쟁터가 저희 나라가 아니었으니 그 수많은 군사의 군량을 어떻게 공급했을까?

가져온 것 다 먹은 다음 조선에서 약탈한 것 가지고는 충당이 잘 안 되자 일군은 본국에서 계속 군량을 실어왔다. 바다에는 이순신 장군이 있었으나 부산 쪽까지는 힘이 미치지 않았기 때문에 일본에서 식량을 가지고 오는 데는 아무 문제가 없었다.

필자는 여러 독자들에게 이순신 장군이 해전에서는 싸우는 대로 연승했고 우리나라 서남해 바다를 꽉 잡고 있었는데 일본놈들이 어떻게 군수품을 실어왔고 보충병을 실어왔는지 이상하단 얘기를 많이 들었다. 조일전쟁 중 조선 수군이 꽉 잡고 있던 해역은 대개 거제도 서쪽인, 남해의 약 3분의 2 정도의 해역이었고, 부산 일대에는 조일전쟁이 끝날 때까지 조선 수군의 제해권이 미치지 못했었다.

이순신 장군에 의하여 서해 해로 보급로가 막히자 일군은 육상으로 북진해야 했고, 이에 따라 병참선이 길어지면서 요로마다 수많은 병사가 남아서 병참선을 지켜야 했다. 그런데 시도 때도 없이 의병들이 들고 일어나 병참선을 공격하니 군량 문제와 수송 문제가 일군의 가장 큰 골칫거리로 떠올랐다.

그런데 조일전쟁에 관한 기록을 자세히 살펴 봐도 일군들이 포위 농성당한 경우 이 외에는 식량이 떨어져 굶어죽었다는 기록이 별로 없다. 거참 희한하다.

일군이 군량 때문에 시달림을 별로 받지 않은 이유는 조선군과의 식사량 차이 때문이었다. 당시 한 홉은 60cc 정도였는데(지금 한 홉은 180cc이다), 일군들은 한 명당 한 끼 급식량이 두 홉(120cc)에 지나지 않았다. 당시 조선군은 한 끼에 7홉(420cc)이 평균이라, 일군은 하루에 6홉을 먹고 조선군은 하루에 2되 이상을 먹었다. 결론적으로 조선군의 한 끼 식사량이 일군의 하루 식사량보다 더 많았다. 이렇게 양을 비교해 보면 일군의 식사량이 조선군 식사량의 삼분의 일도 안 되니 당연히 적은 군량 가지고도 오래 버틸 수 있었던 것이다.

30~40년 전까지만 해도 한국의 시골에 가보면 농사짓는 사람들이 점심을 먹을 때 세숫대야만한 양푼 그릇에다 고봉으로 밥을 퍼담아 먹는 것을 볼 수 있었다.

그러나 일본애들은 몇 백 년 전이나 지금이나 그저 공기로 하나 먹는 것이 다다. 당시 조선 조정에서는 사람이 하루에 겨우 반 되 정도를 먹고 싸움터에 나온다는 사실을 처음에는 이해하지 못했다. 그러나 수 차례에 걸쳐 탐지했어도 일군의 식사량은 일정했고, 그렇다고 그것이 특별히 적게 주는 것도 아니었다.

동아시아에서는 조선 사람이 가장 밥을 많이 먹었다. 정조 때(조선 22대) 중국에 갔다 온 홍대용은 "그쪽 밥그릇이 꼭 찻잔만 하더라"고 했고, 인조(조선 16대) 때 일본에 다녀온 김세렴은 "왜인들은 한 끼에 쌀을 두어 줌밖에 먹지 않더이다"라고 했다. 조선 사람들의 식사량이 중국이나 일본에 비하여 엄청났던 것이다. 그래서 당시 동아시아에서는 조선을 '대식국'이라 불렀다. 이런 식습관이 박통 때까지 가난을 면하지 못했던 중요한 원인 중에 하나였다.

그러면 일본애들 같이 그렇게 적게 먹고 무슨 기운이 있을 까? 하지만 식사량의 많은 부분은 습관에 달렸다. 적게 먹어 버릇하여 위가 작아지면 양이 적어져 많은 밥을 먹지 못한다. 그래도 배고픈 줄을 모르고 일하는 데도 별 지장이 없다.

요새 한국인의 한 끼 식사량이 150cc 정도인 것과 비교해 보면 된다. 조일전쟁 때 일군 식사량과 거의 비슷한 수준인 것이다. 물론 군것질 거리가 많은 것도 한 원인이지만.

16. 이율곡의 십만 양병설과 《선조수정실록》

임진왜란이 회자될 때마다 인용되는 유명한 스토리가 있다. 바로 이율곡의 십만양병설인데, 유성룡이 '평화시에 군사를 기르는 것은 화를 자초하는 일'이라고 반대하여 무위로 돌아갔으나, 조일전쟁이 일어난 후 유성룡이 한탄하기를 '이율곡은 정말 성인이다'라고 했다는 스토리다.

당시 이율곡은 아홉 번 과거에 응시하고 아홉 번 다 장원급제해서 '구도장원공'이라 불릴 정도로 학문에 뛰어난 인물이었고, 서인에 속하기는 했으나 동서인의 당파 싸움을 종식시키기 위해 많은 노력을 기울였던 인물이었다.

동인인 유성룡은 조일전쟁이 발발한 후 영의정으로서 모든 군사일과 국가의 대소사를 성공적으로 꾸려나간 인재로, 조일전쟁 기록인 《징비록》과 《서애집》을 저술했고, 조일전쟁이 끝난 후 호성공신 2등에 책봉된 인물이다.

이율곡의 십만양병설이 소설로 추정되는 근거는, 바로 십만양병설이 정식 국가 공문 기록이 아닌 개인의 행장에 근거하고 있다는 점 때문이다. 행장이란 죽은 사람의 친구나 제자 또는 아들이 그 사람의 세계 및 살아 생전의 언행 등을 기록한 글을 말한다. 말하자면 일종의 간략한 전기이다.

필자는 고대 위인전을 제외한 현대인의 전기를 보지 않는다. 전기는 자신이 쓰든가 아니면 작가에게 돈 주고 부탁해서 쓰게 되는데, 기왕 돈 지르고 쓰는 것인 데다 제가 제 얘기를 쓰니 얼마나 소설이 많겠는가. 그래서 볼 가치가 없다고 판단해서 보지 않는 것이다.

율곡의 행장을 기술한 사람은 그의 문인이었던 사계 김장생인데, 문제는 십만양병설이 그의 행장 이 외에《율곡전서》중의 수많은 상소는 물론《선조실록》에도 나오지 않는다는 것이다. 이후 이 얘기가 쓰인 기록은 모두 김장생의 행장을 조금씩 변형시킨 것으로 보인다.

우암 송시열(1607-1689)이 쓴《율곡연보》를 보자.

"선생이 경연에서 아뢰기를 '국세가 부진한 것이 극도에 달했으니 10년이 지나지 않아 마땅히 토붕와해의 화가 있을 것입니다. 원컨대 10만의 군병을 미리 길러서 도성에 2만 명을 두고, 각도에는 1만 명을 두어 호역을 면제하고 재능있는 자를 훈련시켜 6개월로 나누어 교대로 도성을 지키게 하고 사변이 있으면 10만 명을 합하여 도성을 지키도록 하여 위급한 때에 대비하게 하소서' 하니, 유성룡이 불가하다고 하면서 '무사한 때에 군사를 기르는 것은 화를 기르는 것입니다'라고 말했다. 그리고 경연의 신하들 또한 모두 선생의 말이 지나친 염려라고 여겨 행하지 않았다.

선생이 물러나서 유성룡에게 말하기를 '속유는 진실로 시의에 통달하지 못했으니 그렇지만, 공 또한 어찌하여 이런 말을 하는가?' 하고는 한참 동안 수심에 잠겨 있었다. 이후 임진왜란이 일어나자 유성룡이 조정에서 감탄하기를 '이문성(문성은 이율곡을 높여 추중한 호칭)은 참으로 성인이다'라고 하였다."

그런데 이《율곡연보》는 이이가 경연에서 이 주장을 했을 때가 선조 16년(1583) 4월이라고 적고 있다. 선조 16년은 조일전쟁이 일어나기 9년 전이고, 4월은 조일전쟁이 발발한 바로 그 달이다. 그러니 이것들은 짜맞추어진 소설로 보인다. 율곡이 했다는 이 예언은 《선조실록》에는 실려 있지 않으며, 서인들이 편집한 《선조수정실록》에만 실려 있다.

《선조수정실록》에는 이율곡이 이 간언을 선조 15년 9월에 했다고 하는데, 이 기록은 이이가 직접 선조에게 간언한 것을 기록한 것이 아니라 《선조수정실록》을 편찬한 서인들이 김장생의 《율곡행장》을 인용한 것인 것이다.

그러나 이율곡은 선조에게 시무 10조를 올려 개혁을 주장한 충신이었다. 그는 절약과 실용주의를 주장했으며, 탐관오리를 숙청하고, 주현의 합병으로 낭비를 줄이며, 관혼상제의 경비를 축소하고, 부역을 경감하여 백성들의 부담을 덜어주자고 주장했다. 또 각종 물산을 장려하여 그 증산에 힘쓰게 하고 황무지를 대대적으로 개간하여 국고에 비축할 것을 건의했으며, 특히 군정 개혁을 강력히 주장했다. 멍청이 선조가 이조판서와 병조판서를 지낸 이율곡의 이런 주장만 제대로 수용했어도 조일전쟁 때 그렇게 피를 보지는 않았을 것이다.

사실 선조 시대는 정조(조선 22대) 시대에 앞서 조선에서 뛰어난 인물들이 가장 많이 출현했던 시기였다. 퇴계 이황, 율곡 이이, 남명 조식, 서애 유성룡, 정여립, 이순신 장군, 정기룡 장군, 곽재우, 김덕령 등 탁월한 문무관이 수도 없이 많았으나, 등신 같은 선조는 그들을 품을 아량도 담을 그릇도 되지 못하는 바람에 나라의 부강은커녕 되레 전쟁으로 나라가 거덜났던 것이다.

《선조수정실록》
《선조실록》은 광해군(조선 15대) 1년 7월부터 이듬해 11월까지 편찬되었는데, 처음에는 당파색이 없는 이항복이 총재관을 맡았다가 뒤에는 북인 기자헌이 대신하여, 서인 이이와 정철 등은 깎아내리고 북인 이산해와 이이첨 등을 지나치게 칭송해 객관성에 문제가 있는 실록이 되어버렸다. 인조반정(1623)으로 북인 정권을 타도하고 권력을 잡은 서인들은《선조실록》의 이러한 문제를 제기해 인조(조선 16대) 21년(1643) 수정 작업을 개시했다. 수정실록을 새로 만드는 이유를 "적괴(북인)에 의해 편찬되어 부끄럽고 욕됨이 심하다"라는 토를 달았다.

수정 작업은 우여곡절 끝에 반정 후 34년 만인 효종(조선 17대) 8년에 완성되었는데,《선조실록》이 지나치게 친북인 성향을 띤 반면,《선조수정실록》은 거꾸로 친서인, 반북인, 반동인의 자세여서 문제가 되었다. 특히《선조실록》에 실려 있는, 대북의 영수이자 광해군대에 영의정을 지냈으며, 의병장 출신으로 산림의 영수였던 정인홍에 대한 평가와 정반대되는 악평을 실은 이 실록 역시 문제가 많은 실록으로 평가되고 있다.

또《선조실록》에는 서인인 이이나 남인인 이황에 대해 기사가 아주 간략하거나 비판적인 데 비해,《선조수정실록》에는 이들을 매우 자세하고 당대 최고의 인물이라고 극찬하고 있는 점 등이다. 하여간 역사서도 쓰는 놈들에 따라서 이렇게 정반대가 된다.

《선조실록》은 총 221권 116책이고,《선조수정실록》은 총 42권으로,《선조실록》의 내용이 훨씬 풍부하고 자세하다. 어쨌든 이렇게 돼서《선조수정실록》에 서인의 영수인 이율곡의 직계 제자인 김장생의《율곡행장》이 포함되게 된 것이다.

17. 전쟁 전, 조선과 일본의 관계

　세종(조선 4대) 때인 1443년 신숙주가 일본에 사신으로 갔다온 뒤, 150년 간 조선은 일본에 사신을 한 번도 보내지 않아 일본 사정에 대하여 아무것도 아는 것이 없었다. 신숙주는 일본에 다녀온 뒤《해동제국기》를 썼는데, 이 저서는 지금도 일본에서 일본과 관련해 외국인이 쓴 최초의 인문지리서로 평가받는다. 신숙주는 일본 체류 시 일본의 함선들을 자세히 살펴보고 조선의 전함과 비교해서 성종(조선 9대)에게 조선 전함의 우수성에 관하여 장계를 올린 바 있다.

　그렇게 어영부영 150년 간이나 서로 연락 없이 살다가, 전쟁 발발 5년 전인 1587년 대마도주 소오 요시시게가 사신 다치바나 야스히로(굴강광)를 보내, 일본이 백여 년의 전국시대(1467-1590)를 거쳐 도요토미 히데요시라는 영웅에 의하여 통일되었다는 것을 알려와서 조선은 일본의 상황을 일부나마 알게 되었다.

　도성에 도착한 사신 야스히로가 예조판서가 베푸는 연회에 참석하여 한잔 느긋하게 걸치면서 한마디 한다.

　"내가 여러 대신들께 재미있는 것을 보여드리겠습니다" 하더니 소매 속에서 녹두알 만한 작은 열매를 한 줌 꺼내 보였다. 그것은 후추였으며, 당시 후추는 은과 같은 정도의 가치를 지닌 귀한 향료였다. 그러고 나서 야스히로는 상 끝에 앉아서 음악을 연주하던 악공들이 있는 곳으로 후추를 획 뿌렸다. 그 때까지 미동도 않고 앉아서 악기를 연주하고 노래하던 기생들과 악공들이 우르르 일어나 귀한 후추를 줍느라 장내는 아수라장이 되었다. 후추 때문에 서로 싸우는 꼴을 구경하면서 조선 관리들은 재미있어 했고, 그런 조선 관리들에게 야스히로는 후추를 나누어 주었다.

　연회가 파한 뒤 숙소로 돌아온 야스히로가 통역에게 말했다. "내가 보기에 너희 나라는 곧 망할 것이다. 우리나라 같으면 후추 아닌 금덩어리를 뿌려도 그런 어려운 자리에서는 절대로 미동도 하지 않는다. 너희 나라 기강이 이토록 허물어졌으니 어찌 망하지 않겠느냐." 이렇게 한 인물하던 야스히로는 조선에서 일본의 사신 파견 요청을 거절하는 바람에, 사신을 파견케 하라는 히데요시의 명을 수행하지 못한 죄로 귀국 후 처형되었다.

전쟁이 발발하기 전 히데요시는 조선말을 아는 일본인들을 대거 조선으로 침투시켜 조선에 관한 모든 정보를 수집했다. 도로, 교통, 읍성들의 위치와 방비 태세, 하천과 도강 지점, 조세창의 위치, 조선 전역의 쌀 소출량 등 모든 정보가 밀정들을 통하여 히데요시에게 들어갔다. 또 히데요시는 통역을 양성했고 수년 간에 걸쳐 48만 명이 일 년간 먹을 군량미를 확보했다. 이렇게 일본이 착착 전쟁을 준비하는 동안 조선의 무능한 왕과 신료들은 아무것도 모르고, 아니 아무것도 알고 싶어 하지 않고 있었다.

더구나 히데요시가 조선 침공을 결정하고 준비에 들어가자, 평화주의자인 고니시 유키나가와 대마도 영주는 서로 은밀히 의논하여(둘이 사돈간이다) 조선에 침공 사실을 알려주어 조선 조정이 외교적으로 손을 써서 전쟁을 사전에 막게 하기로 의견을 모았다. 조선과의 무역으로 먹고사는 대마도는 전쟁이 나면 가장 큰 피해를 입을 지역이었기 때문이었다. 대마도주는 사신을 조선 조정에 보내 일본의 실상을 알렸으나 조선 조정은 이를 믿으려 하지도 않았고 들으려 하지도 않았다.

1588년 고니시 유키나가는 새로 대마도주가 된 소오 요시토시(종의지)와 승려 겐소를 다시 조선에 사신으로 보내 통신사 파견을 요청했다. 조선 조정에서 아무런 대답이 없자 다음 해 그들은 다시 조선에 들어와 무려 9개월 동안이나 버티면서 통신사 파견을 거듭 요청했다. 조선 조정은 그 때 마침 정여립의 역모사건이 일어나 뒷수습에 정신이 좀 없을 때였기는 하지만 근본적으로는 일본의 사신이 귀찮았던 것이다.

결국 다음 해인 1590년 1월 조선 조정은 3년 전에 전라도 손죽도를 침범했던 왜구의 두목과 안내인이었던 조선인 사화동을 잡아보내는 조건으로 통신사 파견을 수락했다.

조선에 파견된 일 사신들은 조선에 체류해 있는 동안 여러 경로를 통해 조정 대신들에게 일본의 침공 준비 사실을 알렸으나 아무도 귀담아 들으려 하지 않았다. 나라에 피바람이 몰아치기 일보 직전인데, 한심한 것들은 대비라고는 쥐뿔도 하지 않고 하는 짓이라고는 권력 싸움, 감투 싸움밖에 없으니, 참으로 거지 같은 나라에서 태어난 백성들만 불쌍했다.

18. 방일 사신단의 서로 다른 보고

전쟁이 발발하기 2년 전인 1590년(텐쇼오 18년) 조정에서 통신사를 파견하느냐 마느냐를 가지고 한참 논쟁 중에, 당시 대제학이던 유성룡이 일본의 형편을 알아보아야 한다고 강력히 주장하여 일본에 통신사를 파견케 되었다.

드디어 그 해 3월 조선통신사 일행 200여 명이 일 사신들과 함께 일본으로 향했다. 정사에 중추부 첨지(정 3품) 황윤길, 부사에 성균관 사성(종 3품) 김성일, 서장관(외교 문서 담당)에 성균관 전적(정 6품)이자 허균의 형인 허성, 수행 무관에 황진이었다. 통신사 일행은 7월에 일본 교토에 도착했는데, 당시 히데요시는 오다하라의 호죠를 토벌한 후 군사를 멀리 동북쪽으로 진군시켜 오오슈우 지역을 평정하고 있었다. 통신사 일행은 4개월이나 교토에서 죽친 끝에 11월이 되어서야 겨우 히데요시를 만날 수 있어서 조선의 국서를 전하고 일본의 국서를 받아 다음 해인 1591년 1월 귀국했다. 당시 천황은 제107대인 고요오제이 천황이었으나, 명목뿐인 허수아비였다.

조선통신사가 히데요시를 만났을 때 장면을 보자.

당시 쉰두 살의 히데요시는 얼굴이 검은 데다 용모는 원숭이같이 생기고 키도 작아(140~145cm 정도로 추정된다) 볼품은 없었으나, 눈빛이 매우 예리하여 사람을 꿰뚫어 보는 것 같은 느낌을 주는 안광을 가진 인물이었다. 그는 검은 사모를 쓰고, 검은 도포를 입은 채 삼중으로 된 보료 위에 남쪽을 향해 앉아서 사신을 맞았다. 좌우에는 하세가와 히데카즈와 우키다 히데이에 등 고위직 신하들이 나열해 앉아 있었고, 넓은 방 한가운데에는 탁자 하나만 놓여 있었으며, 탁자에는 떡 한 접시와 막 걸러낸 탁주가 한 동이 뎅그라니 놓여 있었다.

조선같이 타국의 사신을 맞을 때 벌이는, 하긴 대부분 상국(上國)인 명의 사신이지만, 왕창 퍼주는 연회와는 완전히 달라서 이건 접대를 받는 것도 아니고 화기애애한 자리도 아닌 아주 썰렁한 분위기였다.

서로 절도 안 하고, 그냥 술 한 잔씩 돌리는 것으로 면담이 끝나갈 때, 사신들 배고팠겠다, 히데요시가 방 뒤쪽으로 들어갔다가 나오면서 웬 갓난아이를 안고 나왔다. 갓난아이를 안은 히데요시는 아이를 안은 채로 방이랑 마루를 돌아다녔으며, 신하들은 찍소리도 없이 무릎을 꿇고 앉아 있었다. 그러다가 아이가 오줌을 쌌다. 히데요시는 히쭉히쭉 웃으면서 하인을 부른 다음 아이를 넘겨주는데, 얼마나 아이를 예뻐하는지 사신이 있다는 것도 잊을 정도였다. 이 아이가 소실 요도토노와의 사이에서 낳은 쯔루마쓰로, 히데요시는 늦게 얻은 이 아들을 끔찍이 사랑했으나, 쓰루마쓰는 세 살 때 병사하고 만다.

히데요시의 노는 꼴을 보다 못한 부사 김성일이 정사를 제치고 나서서 히데요시를 힐난했다.

"지금 우리가 이 곳에 온 것은 귀국의 위세를 두려워함이 아니라 실로 귀국의 의를 칭송하러 온 것으로, 귀국은 왜구들이 잡아간 우리의 포로들을 조속히 귀환시키고 그 왜구들의 목을 베어 바침으로 두 나라의 옛 우호를 회복시키기 바랄 뿐이외다. 또한 우리 국왕을 '각하'라는 호칭으로 가볍게 부르지 말 것이며, 그리 크지도 않은 나라에서 '짐'이라는 호칭을 쓰는 것은 오만불손한 일로 도저히 용납할 수 없는 일이외다."

엎드려 있던 히데요시의 신하들은 김성일의 말을 듣고 새파랗게 질렸으나, 막상 히데요시는 김성일을 한번 힐끗 노려보기만 했을 뿐 별 얘기 없이 안으로 휙 들어가 버려 회담은 중단되고 말았다.

결국 조선 사신은 어이없이 히데요시가 애새끼 데리고 노는 꼴만 구경하다가 하릴없이 퇴청했으며, 그 이후로는 히데요시를 만나보지도 못하고 답서를 기다리다가 답서가 없자 열 받은 채로 그냥 귀국길에 올라 돌아오는 도중, 오사카에 도착했을 때 겨우 히데요시의 답서가 도착했다.

그런데 그 답서의 내용이 거만하기 짝이 없었다. 답서에는 당시 간이 배 밖으로 나온 히데요시의 망상이 그대로 담겨있었다.

제까짓 게 무슨 한 나라의 건국자라고 제 어미가 저를 잉태했을 때 해가 품 속으로 들어오는 꿈을 꾸었다는 등 헛소리를 해가면서 '태양의 아들'이라고 우긴 다음, "대명국에 들어가 우리나라의 풍속을 4백여 주에 심어놓고, 교토의 다스림과 교화를 억만년토록 시행하고자 하는 것이 나의 마음입니다. 귀국이 앞장서서 입조한 것은 앞일을 깊이 헤아린 것이므로 전혀 근심할 것이 없습니다. 내가 대명으로 들어가

는 날 사졸을 거느리고 군영에 나온다면 더욱 이웃으로서 맹약이 굳게
될 것입니다"라고 주접을 떨었다.

　　말하자면 '너희들이 일본의 위세를 두려워하여 먼저 알아서 기었
으니, 명을 치더라도 너네는 건드리지 않을 테니 걱정할 것 없다. 그저
우리 군이 출진하는 날 군졸을 거느리고 나와서 향도(嚮導)나 똑똑히
해라', 이런 싸가지 없는 답신이었다. 거기다 이런 식의 국서를 조선뿐
아니라 루손(필리핀), 명, 대만에도 보낸 바람에 히데요시는 국제적으
로 정신이 상한 인물로 떠올랐다.

　　이러니 지금까지 조선은 명을 판박은 소중화고, 왜놈들이야 섬에
사는 쌍오랑캐라고 업신여겨온 조선 사신들은 조선을 '입조' 어쩌구,
그리고 조선의 애비 나라인 대명을 아주 마음만 먹으면 제 땅이 될 것
같이 뵈는 것 없이 날뛰는 히데요시의 꼴을 보고 분을 참을 수 없었던
것이다. 거기다 수신자 란에 '조선국왕전하'라고 써야 하는 것을 '각하'
라고 썼고, 경의를 표하는 선물인 '예폐'를 속국의 조공물을 뜻하는 '방
물'로 표기하여, 하여간 주접을 있는 대로 다 떨었다. 어쨌든 사신단이
답서 수령하기를 거부하자 답서를 다시 가지고 가서 고쳐오기를 여러
번, 그러다 보니 통신사가 조선에 돌아왔을 때는 이듬해 봄이었다. 부
산을 떠난 지 딱 1년 만에 돌아온 것이다.

　　그런데 여기서 그 유명한, 나라고 지랄이고 없는 거지 발싸개 같
은 당쟁의 폐해가 그대로 드러난다. 사신단이 일본에서 귀국 후 선조
에게 귀국 보고를 할 때 정사 황윤길이 '수길의 눈빛이 빛나며, 일본은
틀림없이 쳐들어온다'라고 보고를 하자, 부사 김성일은 '수길의 눈이
쥐 눈과 같다. 절대로 쳐들어오지 못한다'라고 서로 정반대되는 보고
를 한 것이다.

　　정사 황윤길은 서인이었고, 부사 김성일은 동인이었기 때문이었

다. 나라야 어떻게 되든 상대 당파의 의견에는 무조건 딴지를 걸어야
되는 것은, 요새도 그렇지만, 당시 당파 싸움의 기본이었다.

사신의 서장관이었던 허성(허균의 형)도 일본이 침공할 것이라
했고, 수행무관이었던 황진은 일본이 쳐들어올 것이라는 것을 확실히
알고 일본도 두 자루를 사가지고 오면서, '너희들이 쳐들어오면 이 칼
로 베어 죽이겠다'라고 다짐까지 했었는데, 어쩌자고 멍청한 선조와
조정대신들은 부사인 양아치 김성일의 말만 믿고 아무 준비도 안 하고
있다가 결국 박살이 나냐? 결론적으로 정사 황윤길의 말을 들어 전쟁
준비를 하려면 모두 엄청난 고통을 감수해야 하니, 그냥 듣기 좋은 얘
기만 듣고 그걸 믿어버리고 말지 뭘, 이렇게 된 것이다.

어전회의가 끝나고 대신들이 퇴청하여 흩어질 때 그나마 걱정이
된 서당 동창 좌의정 유성룡이 김성일을 불러서 물었다.

"그러다 만일 정사의 주장과 같이 왜가 군사를 일으켜 침략해 오
기라도 하는 날에는 부사는 어쩌려고 그러시오?" "좌상 대감의 말씀도
일리가 있습니다마는, 제가 어찌 남의 나라에서 군사를 일으켜 출병하
지 않는다는 것까지 장담할 수 있겠습니까? 다만 정사의 주장이 너무
지나쳐 자칫 도성 안과 지방의 인심이 크게 놀라서 요동칠까 염려되어
그리 에둘러 해명했을 따름입니다."

유성룡이 따지자 김성일은 꼬리를 슬그머니 내렸다. 유성룡은 동
인이었으나, 그래도 당파색에 덜 물들고 인재 축에 들었던 인물인데,
여기서 점수가 확 깎인다. 김성일이 전쟁이 나지 않는다고 헛소리를
했을 때, 유성룡은 정사나 다른 수행원들의 얘기를 들었는 데도 불구
하고 강하게 추궁하거나 반박하지 않고 김성일과 같은 동인이라는 이
유 때문에 미지근하게 대응하여 귀국 보고 회의에서의 결론이 전쟁이
나지 않는 쪽으로 기우는 것을 방치한 것이다.

그런데 김성일과 같은 동인인 서장관 허성은 정파가 다른 데도 불

구하고 서인인 정사 황윤길의 주장에 적극 동조했다.

"부사는 어찌 눈으로 본 사실조차 그대로 말하지 않고 전혀 다른 말씀만 하시는 거요? 그리하여 장차 더 큰 화를 입게 되면 죄과를 어찌 다 치르려고 그 따위 망발을 늘어놓는 게요?"라고 펄펄 뛴 것이다. 선조 조정에도 인간 같은 인물들이 있기는 있었던 것이다.

통신사의 중요한 일원인 수행 무관 황진도 김성일의 황당한 궤변에 분노를 금치 못하고 그를 크게 꾸짖는 한편, 그를 당장 처벌할 것을 대신들에게 요구했다. 또 일군의 침공에 대비해서 군사를 모집하고 훈련시켜야 된다고 조정 요로에 줄기차게 건의했으나 등신 같은 선조를 비롯해서 한 놈도 귀를 기울이지 않아 그의 건의는 묵살되고 말았다.

통신사 일행 중 수뇌에 해당되는 정사, 부사, 서장관, 수행 무관 등 네 명 중에서 부사인 김성일 하나만 일본이 쳐들어오지 않는다고 했고, 나머지 세 명은 틀림없이 쳐들어올 것이라 했는 데도 선조와 조정의 썩어빠진 관료들은 편안함을 추구하여 거짓을 택하고 만 것이었다.

넷 중에 하나만 전쟁이 날 것이라고 우겨도 전쟁 준비를 해야 될 판에, 셋이 우겼는 데도 귀 막고 편안히 자빠져 있었으니 이런 썩어빠진 정신 상태로 전쟁을 맞아 작살이 나지 않으면 그게 도리어 이상한 것이다.

더구나 나라의 흥망이 걸린 일에 허위 보고를 한 김성일을 처벌은커녕, '일본에서 히데요시를 들이받은 것은 조선 남아의 기개를 만방에 널리 알린 것이라고 수고했다'며 성균관 사성에서 대사성으로 승진시켰다.

이후 전쟁이 발발했을 때 이렇게 매국노 짓을 한 김성일은 사직의 흥망에 관한 중대한 허위보고죄로 즉각 참수되었어야 옳았다. 그러나 그런 그를 동인들이 감싼 데다 김성일은 퇴계 이황의 직속으로 영남 유림을 대표하는 인사 중 하나였기 때문에 처벌받지 않고 유야 무야된 다음 경상도 지역의 도망간 관·군·민을 달래고, 의병 모집 총책인 초유사에 제수되어 곽재우와 함께 초병을 함으로써 전쟁 초기에 공을 세워 약간의 속죄를 하긴 했으나 그 이듬해 병사했다. 이 김성일이 임진오적 중 둘째다.

사실 당시 일 사신이 가지고 온 히데요시의 국서에도 "내가 명을 치겠으니 조선은 앞장서라"라는 불손한 내용이 포함되어 있었다. 평생 나태와 안일을 즐기면서 처먹고 노는 데만 도가 튼 인간들이 막상 전쟁 생각을 하니 끔찍해서, 정사나 다른 사신단 수뇌의 말을 믿고 싶지 않았던 것이다. 그러나 일본의 국서에 명을 친다고 했으니 상국인 명에는 알리지 않을 수 없었다.

성절사로 김응남이 이를 알리러 명에 갔는데, 명에서는 이미 일본의 침공 준비 사실을 알고 있었다. 만일 조선이 명에 보고하지 않았더라면 일본 침공 전에 명에게 먼저 작살날 뻔했다.

어쨌거나 여기저기서 조짐이 심상치 않자 조정에서도 마냥 손 놓고만 있을 수는 없었다. 명에서도 이미 알고 있다고 하니 방비를 하기는 해야 되겠는데 어디서 무엇부터 해야 될지 도대체 종을 잡을 수 없었다. 준비 비슷하게 되어 있는 것이 아무것도 없었기 때문이었다. 그러다 보니 처음부터 오판을 하게 된다.

"왜놈들은 섬나라에 사니까 해전에 능할 것이고 육전에 약할 테니 육지에 올려놓고 박살냅시다." 어느 쪼다가 이런 의견을 내자 모두들 박수를 치고 옳다 했다. 그러나 실상 일군은 육전에 강하고 해전에 약했다. 그들은 전국시대 백여 년 동안 바다에서 싸운 것이 아니고 육지에서 싸웠던 것이다.

조일전쟁이 발발하기 몇 개월 전인 1591년 하반기가 되어서야 조정은 전국에 성을 수축하고 전쟁 물자를 비축하도록 명을 내렸다. 한심한 것들, 이미 너무 늦은 시점이었다.

이 때부터 전국이 법석을 떨면서 백성들을 동원하여 성을 수리하고 활과 화살촉, 갑옷과 투구 등을 만들어 바치도록 했고 그 비용은 백성들이 부담토록 했다. 미친놈들, 아니 그 비용을 왜 백성들이 부담하니?

백성들의 부역이 가중되자 전국에서 원망이 쏟아져 나왔고 전국의 유생들은 상소를 올려 이에 항의했다. 그 해 12월 이산해가 선조의 허락을 얻어 성의 수축공사를 중단토록 했다. 그 때가 전쟁이 벌어지기 바로 4개월 전이었으며, 그간 조선 조정은 멍청이 짓만 골라서 했다. 성은 쓸데없이 규모만 늘렸거나 쌓다 말아서, 실제로 전투가 벌어졌을 때 이들 성 대부분은 아무 쓸모도 없었다.

조선에서 전쟁이 터지던 해인 1592년 3월, 중국 서북방의 영하진에서 몽골이 반란을 일으켰다. 명의 신종(명 14대, 만력제)은 요동의 이여송을 보내 몽골의 반란을 겨우 진압했으며, 그 바람에 조선 파병이 늦게 되었다.

명이 조선에 원병을 파병한 결정적인 원인은 전쟁이 명의 영토 내에서 벌어지는 것을 원치 않았기 때문이었다. 명의 입장에서는 기왕 벌어질 전쟁이면 조선 땅에서 벌어져야 했다.

19. 폭풍전야

한편 조선과 명을 침공하기 위하여 군량을 모으고 군수품을 준비하던 히데요시는 1591년 3월이 되자 전국의 영주들에게 총 2,000척에 달하는 함선을 만들도록 할당하고 그에 필요한 인원을 차출해 두도록 명했다.

8월에는 규슈 서북단의 황량한 항구인 나고야를 조선 침공 전진 기지로 정하고 대대적인 축성 공사에 들어갔다. 나고야성은 본성과 영주들의 가족이 인질로 살게 될 160여 개의 크고 작은 성군으로 이루어져 있었다. 황무지에 세워진 이 거대한 성곽 공사는 히데요시의 불호령에 의하여 단 5개월 만에 완공되었다.

히데요시는 전쟁의 전 기간인 7년 간 이 성에 머물면서 전쟁을 지휘했으나, 나고야성은 전쟁이 끝난 후 정권을 잡은 도쿠가와 이에야스가 조선과의 화해를 위해서 철저히 파괴해 버렸다.

현대에 들어와 나고야성이 있는 사가현이 1987년부터 역사 교육장으로 조성하기 위해서 폐허가 된 성의 복원을 추진하여, 5년 만인 1993년에 복원되었다.

히데요시는 조선과 일본의 중간 지점에 있는 이키섬과 쓰시마에도 대규모 군사기지를 건설하도록 했다.

이렇게 전쟁이 곧 일어날 것을 어린애도 알 수 있는 상황이었는데, 서인인 황윤길이 전쟁이 일어날 것이라 하자 반대 당인 동인이었던 역적 김성일이 당파간의 감정 때문에 무조건 반대하여 선조에게 허위 보고를 했던 것이다.

히데요시는 일본에서 나폴레옹과 맞먹는 불세출의 전쟁 영웅으로 추앙받고 있는 인물로 탁월한 군사 전략가였다.

히데요시는 조선에 상륙한 육군을 세 갈래 길로 진격케 하는 반면, 수군은 남해를 거쳐 서해의 해로로 해서 강을 타고 내륙까지 군수물자를 수송케 할 방침이었다.

병력은 모두 30만 7,985명이 동원되었고, 이 중 조선에 출병할 병력은 20만 5,570 명이었다. 조선에서는 전국의 병력이 몇 명인지도 모르고 있는데, 히데요시는 병사들의 숫자를 단단위까지 세고 있었다. 나고야성에는 48만 명의 1년분 군량과 말 먹이 등 군수물자가 쌓였고, 히데요시는 관백의 자리를 조카인 도요토미 히데츠쿠에게 넘겨주고 자신은 태합(은퇴한 관백)이 되어 전쟁 지휘에만 전념키로 했다.

　　모든 준비가 끝나고 침공군은 제1진부터 제16진까지 편성되었다. 제1군부터 제9군까지 15만 8,700명인데, 그 중 8군 1만은 대마도에, 9군 1만 1,500명은 이키도에 예비대로 대기하기 때문에 조선에 실제 투입되는 육군 병력은 13만 7,200명이었다. 제10군에서 제16군까지 11만 8,300명은 예비 병력으로 나고야에 대기했다.

　　수군은 총 9천 명으로 육군과 합쳐 조선에 투입되는 총병력은 14만 6,200명이었다. 나중에 알게 되지만 이 병력으로 조선을 점령한다는 것은 무리였다. 후에 4만여 명의 증원군이 더 투입되었으나 역시 턱도 없이 적은 병력이었던 것이다.

　　총병력에 비해서 수군의 규모가 매우 작았다고 볼 수 있지만 일본은 수군과 육군의 구별이 분명한 것은 아니었다. 병사들을 배에 태우면 수군이 되었고, 육지에서 싸우면 육군이었다. 일본은 조선 전함과 같은 전함이 없어서, 해전을 포격전으로 하는 것이 아니라 고대의 전법을 답습하여 선상에서 육박전을 하는 전술을 사용했기 때문이다.

　　일본의 함선은 왜구의 전통을 이어받은 원양 항해용으로, 가벼워야 했기 때문에 삼나무 송판으로 만들어졌으며, 그래서 배가 가볍고 빨랐으나 매우 약했다. 그래서 육지에서 보유하고 있는 수입 대포를 반동 때문에 배에 장착할 수 없어 함포를 장착한 전함이 없었던 것이다.

　　조선 침공군 사령관들의 면면을 보자.

	사령관	부장	병력 수
제1군	고니시 유키나가(소서행장)	소오 요시토모	18,700명
제2군	가또 기요마사(가등청정)	나베시마 나오시게	22,800명
제3군	구로다 나가마사(흑전장정)	오오도모 요시노리	11,000명
제4군	모리 요시나리(모리길성)	시미즈 요시히로	14,000명
제5군	후쿠시마 마사노리(복도정칙)	조소카베 모도치카	25,000명
제6군	고바야카와 다카가게(소조천융경)	다치바나 무네시케	15,700명
제7군	사령관 모리 데루모토(모리석원)		30,000명
조선 침공 육군 병력 137,200명, 수군 병력 9,000명을 합쳐서 원정군 병력 합계			총 146,200명
제8군	대마도 대 기, 우키다 히데이에		10,000명
제9군	이키도 대기, 하시바 히데카스		11,500명
대마도, 이키도 대기군 병력			총 21,500명
나고야 예비군 제10군-제16군			총 118,300명
수군 지휘관 : 구키 요시타카, 시마즈 다카히사, 가토 요시아키, 도도 다카토라, 와키자카 야스하루, 구루시마 미찌후사, 도꾸이 미찌도시 등.			

　침공군 총사령관은 히데요시의 양녀와 혼인한 사위인 제8군 사령관 우키다 히데이에로 그는 당시 나이가 겨우 21세였다. 그러나 히데이에는 57만 석의 대영주로 히데요시의 5대 가신 중의 하나였으며, 또 히데요시의 양자로서 귀여움을 독차지하고 자란 인물이었다.

　일군의 사령관들은 20~30대가 많을 정도로 젊었으나, 지휘관들 거의 모두가 어렸을 때부터 전장에서 잔뼈가 굵은 역전의 용장들이었다. 각 군의 지휘관들은 각 지방의 영주들이고 그들이 지휘하는 군사들은 그 지방 출신들로 구성되어 있었기 때문에 충성심과 단결심이 매우 강했다. 또 모든 영주의 가족들은 히데요시와 함께 나고야에 인질로 있도록 되어 있었기 때문에 병사 중 도망자는 꽤 되었으나, 영주 중 배반자가 나올 수는 없었다.

조선을 침공한 일군의 장수 중 우리에게 가장 익숙한 장수의 이름은 가등청정과 소서행장 그리고 우희다수가, 소조천융경, 모리석원 정도이다. 그러나 그들 이 외에도 큰 활약을 한 장수로 시마즈 요시히로(도진의홍)와 수군 장수 와키자카 야스하루(협판안치) 등이 있다. 140명에 달하는 조선어 통역요원 및 안내요원도 부대별로 배치되었다. 이제 전쟁을 위한 모든 준비는 완전히 끝난 것이다.

침공일까지 정해 놓은 히데요시에게 화평파 고니시가 마지막으로 조선에 사신을 보내 조선과 명나라의 외교적 대응을 이끌어 내기로 하고 히데요시의 허락을 받아 노리마쓰를 조선에 파견했다. 노리마쓰는 정발과 송상현을 만나 침공일이 4월이라고 사실 그대로 통고했다. 송상현이 이를 급히 조정에 보고했으나 멍청이 선조는 쓰다달다 아무 대답이 없었다. 결국 노리마쓰는 아무 대답도 못 듣고 돌아가고 말았으며, 조정은 만일을 위해 신립과 이일을 각 도에 보내 전쟁 준비 상황을 확인토록 한 것이 고작이었다.

이 두 멍청이들은 돌아다니며 점검을 끝낸 다음 아무 이상이 없다고 보고했다. 당연히 장부상으로는 아무 이상이 없었다. 1592년 4월에 들어서자 유일한 일본 통로였던 부산 왜관에 있던 수백 명의 일인들이 한 명도 남김없이 사라졌으며, 매년 2월이면 왜구들을 달래려고 조선 조정에서 주던 쌀과 콩 200섬씩을 받으러 오던 세견선도 그 해에는 오지 않았다.

그야말로 폭풍전야였다.

제
2
장

인물 조명

1. 조선 왕조 대표적인 소인배 선조(1567~1608. 재위 41년)

조일전쟁은 조선 14대 왕인 선조 25년에 일어났다.

하여간 조선은 엄청 재수 없는 나라였다. 꼭 나라가 국가적인 위기에 처했을 때 이상하게 하나같이 얼뜨기들이 왕위에 있어, 위기의 해결은커녕 감당을 못해서 박살나고 거지가 된 경우가 여러 번 있었다.

조일전쟁이 대표적인 소인배이자 간교하기 짝이 없는 선조 때 일어나는 바람에 백성들은 조선 역사상 가장 참혹한 삶을 견뎌야 했고, 포로가 60만 명이나 잡혀간 조청전쟁 때는 '무능' 그리고 '우유부단' 하면 타의 추종을 불허하는 등신 인조(조선 16대)가 재위할 적이었고, 조선이 멸망할 때는 평생을 멍하게 살았던 고종 (조선 26대)이 30여 년씩이나 왕 자리에서 버티는 바람에 조선은 그냥 망하고 말았다. 하기야 똑똑한 인물들이 이들 대신에 왕 자리를 차지하고 있었으면 조선은 순풍에 돛을 달았을 것이다.

14대 임금인 선조는, 그 전까지 적자 계승의 원칙을 지켜오던 조선에서 최초의 서자 출신 임금이었다. 세자 교육을 못 받아서 그런지 왕으로서의 권위나 대범한 풍도 같은 것은 눈을 씻고 봐도 찾아볼 수 없고, 머리는 간교하나 멍청하고 질투심만 많은 대표적인 소인배인 데다가, 일이 안 되려니까 왕위에서 40년씩이나 버텼다.

선조 8년에, 이후 조선을 말아먹게 되는 당파 싸움의 본산인 붕당이 생겼고, 조일전쟁 3년 전, 역시 선조대에 조선 역사상 최대의 옥사이자 서인이 동인을 대량 학살한 기축옥사(1589)가 일어났다. 정여립의 역모사건이라고도 불려지는, 서인에 의해 완전 조작된 옥사인 기축옥사에서 수많은 아까운 인물들이 역모 혐의로 죽임을 당하는 바람에 국력은 엄청 소진되었고, 등신 같은 선조가 옥석 구분도 못 하고 무조건 때려죽이라고 펄펄 뛰고 나서는 바람에 다섯 살 먹은 애새끼서부터

80살 먹은 노파까지 억울하게 연루된 자들이 모조리 맞아죽었다.

거기다 선조를 등에 업은 서인인 꼴통 주정뱅이 정철이 때 만났다고 설치는 바람에 제 입맛에 안 맞는 인간들과 제 당에 줄서지 않은 인간들 또한 숱하게 맞아죽었다. 아까운 선비 천여 명이 억울하게 죽고 유배된 것이 기축옥사며, 그 동안 선조는 식사만 잘 했다.

당시 조일전쟁이 일어난다는 것은 애들도 다 알았다.

방일사신단의 보고 이 외에도, 일본 본토에서도 전쟁 준비를 하려면 징병, 군수물자 준비, 군량 준비, 말 먹이 준비, 배 건조 등에 최소한 몇 년이 소요되며, 또 이런저런 경로로 전쟁이 터질 것이라는 정보가 조선에 계속 들어왔다.

거기다 일 사신들이 전쟁 발발 한 달 전에 조선에 와서 4월에 침공한다고까지 알려주었으나, 멍청한 선조와 등신 같은 신료들은 거의 아무 방비도 안 하고 있다가 전쟁을 맞았다.

막상 전쟁이 발발하자 선조란 인간은 관민 합심하여 외적을 물리칠 생각은 꿈에도 하지 않고 그냥 북쪽으로 튀기에만 정신없었다. 선조는 조선 땅의 북쪽 끝인 의주까지 도망친 다음 더 튈 데가 없자, 제 나라, 제 백성은 돌아다보지도 않고 자신의 구명만을 위해서 명나라에 망명하게 해 달라고 대신들을 요동으로 보내 매일 요동총독에게 엎드려서 빌게 하기를 수십 번을 한, 참으로 구제불능의 한심한 인간이었다. 결국 명에서 "올려면 하인이나 몇 데리고 너 혼자 오너라"라고 존심을 건드리며 거절하는 바람에 그나마 명 망명을 포기한 인간이 선조였다.

거기다 전쟁 중에 상벌을 공평히 하여 장수들과 병사들의 사기를 올려줄 연구는 하지 않고, 저 혼자 살자고 쪽팔리게 튄 것을 커버하기 위하여 공을 세운 의병장 김덕령을 때려죽였고, 해전에서 연승하는 바람에 인기 짱이었던 이순신도 데려다 패서 거의 죽기 직전에 정탁의 상소로 겨우 살아났다. 남의 공을 깎아야 제가 덜 팔릴 것이라고 잔머리 굴린 결과로, 그 바람에 그 더러운 꼴을 본 곽재우를 비롯한 숱한 의병들이 보따리 싸고 산으로 들어가 버렸다.

하여간 이 인간은 전쟁에 도움은커녕 나라를 말아먹도록 진력한 등신 중의 상등신인 것이다. 이 인간이 바로 임진오적의 수괴이다.

조일전쟁이 일어나고 한 세대가 겨우 지난, 약 40년 후에 조청전쟁이 일어났다. 선조가 죽고, 나라를 부흥케 하려고 그나마 진력하던 광해군(조선 15대)이 서인의 역모로 쫓겨난 후, 머리는 완전 돌인 데다 잔인한 면에는 타의 추종을 불허하는 인조(조선 16대)가 즉위하고 조청전쟁(병자호란)이 일어나자, 조선은 제대로 싸움도 한번 못 해보고 청태종(청 2대)에게 항복하면서 세 번 절하고 아홉 번 땅에 머리를 부딪치는 삼배구고두의 수모를 겪었다.

이렇게 두 번씩이나 국가적인 치욕을 겪었으면 정신들 좀 차려야지, 그래도 정신 못 차린 멍청이 임금들과 썩어빠진 선비들이 인재양성이나 국력배양은 외면하고 또 다시 저희들끼리 박 터지는 권력 싸움에만 몰두하다가, 결국 역시 멍청하기 짝이 없는 데다 우유부단의 대가인 26대 고종 때 나라가 일본놈들의 식민지로 전락하여 온 국민이 남의 나라 노예가 되고 만 것이다.

임금이란 것들이 조일전쟁을 겪은 후에라도 정신만 똑똑히 차리고 방비했으면 얼마든지 비극을 피할 수 있었는데, 하는 짓마다 등신 짓만 골라했기 때문에, 우리가 어디 가서 조상 자랑 한번 못 하게 된 것이다. 이거 얘기하다 보니까 '조선의 이씨 왕가는 유전적으로 좀 모자라는 거 아닌가' 하는 생각이 드네.

하기야 원래 조선이라는 나라는 악랄한 신분 차별 때문에 어차피 수많은 백성이 짐승 같은 노비나 천민이었으므로, 천민이 노비보다 더 개떡 같은 대우를 받는 것 아시지?, 일제의 식민지가 되면서 실제 일본 놈들의 노예로 전락한 사람은 원래 노비, 천민 빼고 나면 생각보다 많지 않은 것으로 위안을 삼을 수밖에 없다.

아, 이 모든 쪽팔리는 일들은, 덜 떨어진 임금들은 끼니마다 빼놓지 않고 꼬박꼬박 밥 처먹느라고 세월 다 보내고, 썩어빠진 신료들은 제 새끼 제 집구석 배 불리고 제 당파가 권력을 잡도록 온갖 더러운 정치 공작에다 모함 그리고 가렴주구에다 매관매직, 피 튀기는 당파 싸움에 몰두하며 세월을 보낸 업보인 것이다.

2. 이순신이 성웅인가?

(1) 인간 이순신(1545~1598)

쓰시마해전에서 러시아의 발틱 함대를 격멸시켜 러일전쟁(1904)을 승리로 이끈 주역인 일 해군사령관 도고 헤이하치로 제독은 "나를 영국의 넬슨 제독에게 비유하는 것은 몰라도 조선의 이순신 장군에게 비유하는 것은 도지히 감당 못할 일이다. 나는 이순신 장군의 신발끈도 매기가 어려운, 어쩌구"라고 했다 한다.

사실 러시아의 발틱 함대는 함정, 함포의 성능이나 무기 등 모든 면에서 일본 함대에 뒤떨어져서 쓰시마해전에서 이길 수 없었다.

한국인 누구나 조일전쟁 하면 가장 먼저 떠오르는 인물이 이순신 장군이다. 일본의 전국시대가 오다 노부나가와 도요토미 히데요시, 도쿠가와 이에야스 같은 전쟁 영웅들을 만들어 낸 것과 마찬가지로, 히데요시의 조선 침공 전쟁인 조일전쟁은 이순신이라는 한국 해군 사상 최고의 스타를 탄생시켰다.

사실 히데요시의 조선 침공이 없었으면 이순신은 전라좌수사를 할 일도 없었고, 그냥 일개 평범한 육군 무장으로 일생을 보냈을 것이다. 결국 조일전쟁을 통하여 가장 뜬 인물이 이순신인 것이다.

1545년 이순신은 병조참의를 지낸 덕수 이씨 가의 종손으로 서울 인현동에서 태어났다. 덕수 이씨 가는 중종 때서부터 영조 때까지 수백 년 간 성세를 보인 명문으로, 당시 율곡 이이도 덕수 이씨였다. 할아버지 이백록이 조광조 일파와 같이 어울리다가 기묘사화(1519) 때 희생되어, 아버지 정은 말단 무관직을 잠깐 지낸 다음 낙향한 후 더 이상 관로에 나가지 않은, 몰락한 양반 집안이었다.

이순신이 태어날 때 어머니 변씨의 꿈에 시아버지 이백록이 나타나서 "이 아이는 커서 반드시 귀하게 될 아이이니 이름을 '순신'이라 해라"라고 계시를 내려서, 아이가 이순신이라는 이름을 갖게 되었다는데, 이 스토리는 틀림없이 나중에 갖다 붙인 것일 것이다. 이순신의 자는 여해였고, 큰형 희신, 작은형 요신에 이은 셋째였으며, 뒤에 동생 우신이 태어나 모두 사형제였다.

조일전쟁 때 영의정으로 재임하면서 전쟁을 지도하고 조정을 안정시켰으며, 이순신과 권율을 추천하여 전라좌수사와 도원수로 등용케 한 유성룡은 이순신과 한 마을에서 태어나고 같이 자란 죽마고우였다.

이순신이 태어날 무렵, 집안은 가세가 기울어 어머니 변씨가 삯바느질로 겨우 생계를 꾸려나가다가, 외가가 있는 충청도 아산으로 이사하여 이순신은 거기서 자랐으며, 성년이 되자 보성군수를 지낸 방진의 딸 상주 방씨와 혼인했다. 방씨는 매우 총명하다고 알려져 있었으며, 슬하에 희, 열, 면 삼형제와 딸 하나를 두었고, 나이 80세에 세상을 떠났다. 또 이순신은 두 명의 소실이 있었으며, 소실 사이에서 다시 2남

2녀를 두어, 모두 8남매가 있었다.

이순신은 무인의 길을 걷기로 결심한 후 28세 때 무과에 응시했으나 실기 도중 말에서 떨어져 실패하고, 1576년(선조 9년) 32세가 되어서야 뒤늦게 급제하여 함경도 최북단 동구비보의 권관이 되었다. 말하자면 국경 부근의 작은 토성의 파견대장이 된 것이다.

이순신은 원래 유학을 공부했는데, 20세에 결혼 후 방향을 바꾸어 무과를 공부했다. 이는 장성하면서 그의 기질이 드러난 것과 또 장인인 무인 방진의 권유로 인한 것으로 보인다.

이순신은 35세 때 서울 훈련원 봉사(서기직으로 종 8품)로 승진하고 36세 때 전라도 발포진의 수군만호(종 4품)가 된다. 이 때 최초로 수군에 배속된 이순신은 2,300개나 되는 섬을 품고 있는 남해의 지리와 물길을 자세히 익힌 듯하다. 그 후 여러 곳의 벼슬을 거친 다음 45세 때 정읍현감에 임명되었다.

이순신은 32세에 무과에 급제한 후 22년 간을 조정에 봉직했다. 11년 간을 수군에 봉직했고, 7년여를 육군으로 봉직했다. 나머지 몇 년은 지방 수령도 했고, 부친 상을 당해 휴직을 하면서 보냈다. 그러나 그의 무인 생활은 평탄치 않아서 영전과 좌천을 거듭했으며, 20년 간 군에 몸담고 있으면서 세 차례의 파직과 두 차례 백의종군을 했다.

이순신은 원래 무장 타입이 아니었다. 생김새도 무인처럼 우락부락하게 생기지 않았고 선비형으로 단아했으며, 키도 그리 크지 않고 체구도 크지 않은 데다가 병약했다. 성격도 가녀린 데다 글도 잘 썼다. 그러나 성품이 강직하고 강인한 면이 있는 데다 글씨나 쓰고 앉았는 문관보다 무관이 더 적성에 맞을 듯하여 무인이 된 것이다. 또 이순신은 자존심이 매우 강한 데다 근엄하고 농담도 하지 않아 가까운 친구가 매우 적었으며, 아주 청렴했다. 윗사람의 지시라도 부당하면 듣지 않았고, 부탁이나 청탁이란 말만 들어도 귀를 씻을 정도로 불의를 극도로 싫어해 결벽증에 가까울 만큼 청렴했다.

이순신이 훈련원에 봉직할 때 그의 장재를 아낀 병조판서 김귀영이 자신의 서녀를 첩으로 보내겠다는 의향을 전해오자 "권문세가와 결탁하여 출세를 도모하는 것은 벼슬길에 갓 나온 내가 취할 바가 못 된다"라고 매파를 돌려보냈으며, 또 같은 덕수 이씨인 이조판서 이율곡이 친구 유성룡을 통해 만나기를 청했으나 "그가 인사권을 가지고 있는 동안은 만날 수 없다"라고 면담을 회피했을 정도였다.

이렇게 이순신은 불의와는 담을 쌓았으나, 상벌에 엄격하고 부하와 백성들을 지극히 사랑하여 지덕을 겸비한, 명장의 자질을 갖춘 타고난 무인이었다.

이순신의 취미는 활 쏘기였고 글쎄, 그 당시야 무인이면 기본적으로 활을 쏘았으나 이순신은 거의 매일 활을 쏘다시피 했고, 바둑과 장기를 즐겼다. 바둑 급수는 나와있지 않으나, 아마 하수일 것이다. 대개 바둑 고수는 장기가 재미없어 잘 두지 않는다. 담배는 안 피운 것 같고, 술을 좋아하긴 했으나 그렇게 자주 마시지는 않았다. 또 꿈도 자주 꾸었고, 꿈을 풀이하거나 걱정이 있을 때는 점도 자주 쳤다. 아마 패도 어느 정도 볼 줄 안 것 같다.

이순신 장군에 대하여 좀 아시는 분들은 거의 대부분 장군의 일기인 《난중일기》를 보았을 것이다. 《난중일기》를 보면 처음부터 끝까지 활 쏘는 얘기만 있지, 칼이나 창을 써서 대련을 했거나 훈련을 했다는 스토리는 단 한 번도 없다. 이제 이순신 장군의 칼 얘기는 필자에게 더 이상 하지 마셔.

이순신은 조일전쟁이 일어나기 1년 2개월 전인 1591년 2월 유성룡의 천거로 전라좌수사(정 3품)로 임명되었다.

이순신이 전라좌수사로 임명되자 사간원에서 문제를 삼고 나섰다. 이순신의 승진이 절차를 거치지 않았으며, 파격적으로 빠르다는 것이었다. 전라좌수사가 되기 직전 이순신은 만포진현령(종 5품)이었으며, 전라좌수사로의 승진은 다섯 계단을 한꺼번에 뛰어오른 것이었다. 그러나 선조는 사간원의 장계를 물리쳤고, 이로써 조선은 바다에서 일군의 침략을 막을 수 있었다. 조일전쟁 동안 선조가 잘 한 딱 한 가지 일은 이순신이 전라좌수사가 될 때 사간원의 딴지를 막아준 것뿐이다.

이순신이 전라좌수사로 부임한 후 장부를 들추어 보았더니, 장부 상으로는 30척의 전함이 있었는데, 실제로 전선에 투입할 수 있는 전함은 겨우 5척뿐이었다. 그 때가 전쟁 발발 1년 2개월 전으로, 이 때부터 이순신은 배를 건조하고 수군을 확충하여 전쟁을 대비하게 된다.

이순신이 전라좌수사로 임직할 때 친구인 유성룡이 명나라의 최신 전술서인《중손전수방략》을 구해서 이순신에게 보냈다. 해전과 육전에서 화약무기를 사용하여 적을 공격하는 전술을 기록한 책인데 이순신은 그 책을 보고 크게 감탄했고, 향후 그 책의 전술은 이순신 장군의 전술 운용에 크게 도움이 되었다. 유성룡은 문신이면서도 군사학에 조예가 깊은 인물이었던 것이다.

현대에 들어서서 이순신의 신화와 성웅화는 이순신을 우상의 반열에 올려놓았다. 정인보는 그를 '거룩한 성자'의 반열에 올려놓았고, 설의식은 '민족의 태양'으로, 최남선은 '인류 성선의 최고 발영'이라 할 정도로 이순신을 기렸다. 또 어떤 이는 이순신을 '인류 역사가 생긴 이래 군략으로나 인간으로나 이런 인물이 다시 태어날 가망이 없다'라고까지 했다.

이러한 평을 듣는 이순신을 신이나 성웅의 자리에서 우리와 같은 평범한 인간들의 세계로 끌어내리려는 인간 복원 시도는 신성모독으로 낙인 찍혀 금기시되었다.

아마 이 부분에서 꽤 많은 사람들이 필자를 패죽이려고 할 것이다. 필자의 첫 번째 사서인《백성 편에서 쓴 조선왕조실록, 왕을 참하라》가 출간되자 마자 수많은 한국의 얼치기 네티즌들이 이순신 장군의 인간 복원 시도에 열을 받아 필자를 공격했다.

그런데 이 공격이 이론적이고 논리적이면 서로 의견을 주고받으면서 같이 배울 기회가 될 것인데, 그게 아니고 무식한 데다 목소리만 큰 인간들이 정말 아무것도 모르면서 싸구려 민족 감상에 빠져 입에 침을 튀기면서 무작정 들이받는 것이었다. 하여간《왕을 참하라》출간 후 인터넷에 들어가보니 그간 사서를 쓴 저자들의 인내심에 저절로 고개가 숙여진다. 하여간 아직도 한국에 이런 한심한 군상들이 이렇게 많은가 하고 필자는 엄청 놀랐으며, 이로써 엉터리 역사 교육의 폐해에 대한 심각한 우려를 지울 수 없었고, 인터넷 실명제가 조속히 시행되어야 한다는 주장에 공감하게 되었다.

그러나 이순신 장군도 우리와 똑같은 인간이었다.

병약했던 이순신은 육체적 질병으로 거의 매달 앓아 누웠고, 알 수 없는 운명 앞에서는 초조하여 점을 쳤으며, 가족의 안부에 노심초사했고, 피붙이를 잃은 슬픔으로 통곡했던 약한 인간이었던 것이다.

우리 역사에서 극찬하는 이순신 장군의 23전 23승, 또는 24전 24승의 해전 신화는 사실 크게 부풀려진 것이다. 이순신 장군이라고 싸울 때마다 이길 수는 없었으며, 몇 번의 패전도 있었다. 거의 대부분의 역사서에는 이순신 장군의 패전을 '성과가 없었다'라고 표현하거나, '성과 없이 철수했다', 아니면 '승패가 없었다'라고들 써서 교묘하게 사실을 은폐해 놓았다.

대한민국 국민 대부분이 교육으로 세뇌되어 있어 아무도 의심하지 않는 해전 연승 신화의 진실을 밝힌다는 것은 상당한 용기를 필요로 하는 것이다. 그래서 그런지 지금까지 필자가 참고로 한 거의 모든 사서에는 이순신 장군의 해전에 대해 파헤치기는커녕, 남에게 뒤질세라 찬사 일색이었다. 그나마 최근에 발간된 이순신 장군 관련 서책들에는 해전 연승에 대한 의문을 내비치거나 실상을 파헤치려는 의지가 엿보여 진실에 접근하려는 노력이 눈에 뜨인다.

물론 이 부분에 애매한 점이 일부 있다는 것을 필자가 모르는 바아니다. 즉, 전쟁 동안 있었던 수많은 바다에서의 충돌 중 어디까지 해전으로 인정하느냐와, 또 보기에 따라서는 패인지 무승부인지가 애매한 것이 있다는 것도 안다.

그러나 필자가 추적한 바에 의하면 이순신 장군이 일 수군과 해전을 한 것은 23전 또는 24전이 아니라 16전으로 13승 3패를 기록했으며, 또 16전 중 실제로 해전다운 해전은 단지 세 차례에 지나지 않았다.

기타 해전은 양국 해군이 서로 전력을 기울여 싸운 것이 아니라, 대부분 일 수군이 조선 수군과의 해전을 기피하여 포구에 정박해 놓고 육지로 대피해 비어 있는 일 함선들을 일방적으로 함포 사격해서 격침시켰거나, 아니면 대해에서 항해하다가 우연히 조우한 일 함선 몇 척씩을 격침시킨, 말하자면 상대가 안 될 정도의 압도적인 우세 속에서 일방적으로 공격한 경우로, 어떤 경우건 10척 이하의 일 함선이 격침된 소규모 충돌은 본서에서는 해전으로 인정하지 않았다.

이순신 장군의 함대는 1, 2차 출동 때만 20여 척의 판옥선을 운용했고, 3차 이후에는 거의 모두 50척 이상의 대함대를 이끌고 출동했다. 말이 50척이지, 50척의 전함이면 척당 20문씩만 대포가 장착되어 있다고 쳐도 함포 1,000문에 달하는 가공한 전력이다. 그러한 막강한 수군 전력으로 우연히 바다에서 조우한 비무장 일 함선 몇 척씩을 격침시킨 것을 해전이라 이름한다면 차라리 이순신 장군의 명예를 깎아 내리는 것이 될 것이다.

　이순신 장군이 치른 해전 중 일 수군과 제대로 붙은 전투는 장군이 전사한 맨 마지막 전투인 노량해전을 빼고 나면 한산도해전과 명량해전 두 번뿐인데, 한산도해전에서도 조선 수군이 일 수군보다 압도적으로 우세한 전력을 가지고 싸워서 그냥 이길 전투를 이긴 것이었다.

　당시 막강한 함포가 장착된, 세계 최강의 함대를 보유했던 조선 수군은 배의 크기도 작고 함포도 장착되어 있지 않은 보통 배를 보유한 일 수군과의 전력 비교에서 최소한 5대 1 이상의 비율로 우세했다. 즉 조선 주력 전함인 판옥선 1척은 최소한 일 함선 5척 내지 10척에 비등하는 전투력을 보유하고 있었던 것이다.

　그러나 이순신 장군의 진가는 전체 16번의 해전 중 한 차례, 명량해전의 승리에서 크게 빛이 났다. 함선 수 10대 1의 열세를 딛고 일 수군을 패퇴시켜 칠천량 패전 이후 빼앗겼던 남해의 제해권을 다시 찾은 전투가 명량해전이다.

　사실 명량해전은 함선 수에서 10대 1의 열세로, 쉽지 않은 전투였는데 그 해전에서 대승함으로써 이순신은 명장의 진면목을 보였고, 조선은 제2차 조일전쟁을 쉽게 이끌어 나갈 수 있었다.

　영불해전인 트라팔가르해전의 넬슨이나, 러일전쟁 시 쓰시마해전의 도고 헤이하찌로를 보면 아시겠지만, 꼭 여러 번 싸워서 싸울 때마다 이겨야 영웅이 되는 것은 아니다. 단 한 번의 전투라도 전황을 반전시킬 만한 무게를 지니고 있는 중요한 전투에서 이기면 바로 영웅이 되는 것이며, 또 한두 번 대세에 영향을 미치지 않는 작은 전투에서 패배한 것은 실전 경험을 쌓은 것이지 패배한 것이 아니다. 이순신 장군도 그렇게 해서 영웅이 되었다.

(2) 박정희와 이순신의 신격화

박정희 유신체제하의 군사정부는 이순신에 대한 선양 사업을 유난히도 강조했다. 이순신은 당시 박통에 의하여 군사정권의 이념적 표상으로 숭배되고 있던 인물이기 때문이었다.

'성웅 이순신'의 작가 이은상의 민족적 지도이념으로서의 이순신 정신은 그대로 군사정권의 존재 가치를 떠받치는 초석이 되었다. 군사독재정부는 자신들의 비정통성을 합리화시키기 위하여 이순신을 그 도구로 사용했다. 이러한 작업의 일환으로 1962년 현충사 성역화 사업이 완료되었고, 1968년에는 세종로에 이순신 장군 동상이 건립되었다. 1975년에는 박통의 지시로 한산도에 제승당이 건립됨으로써 현충사와 함께 충무공 참배지가 되었다. 현재 이 두 군데 성역을 찾는 참배객만 연간 백만에 육박한다 한다.

이러한 이순신 장군의 우상화 문제를 가장 예민하게 파악하고 비판을 제기한 사람이 시인 김지하다.

세종로 한가운데에 19m(받침대 12m, 등신대 7m, 칼 2m, 무게 8t)의 거대한 청동으로 만들어져 세워진 위압적인 이순신 장군 동상은 당시 이순신 선양 사업의 상징이었는데, 김지하는 이 동상을 당시 독재체제의 허구적 껍질 속에 살과 피를 가진 이순신, 곧 진실이 갇혀 있는 것으로 그의 시 《구리 이순신》에서 표현했다. 당연히 이 작품은 공연이 금지되었으며, 김지하는 군사정부의 탄압을 받은 대표적인 지식인이 되었다.

민주화 과정이 진전되고 박정희 정권이 무너진 후인 1981년 이순신과 원균을 재조명하려는 노력이 이정일의 《원균론》에 의하여 제기되었다.

이후 한국 사회가 고도로 산업화되고 도시화되면서 일어나는 사회적 변화로 인하여 새로운 가치들이 봇물을 이루게 되었다. 이러한 사회에서 단순하고 정형화된 사고는 자연히 밀려나고 새로운 가치들이 창출되면서 이순신 장군에 대한 논의도 새로운 방식으로, 그리고 새로운 시각에서 재조명하게 된 것이다.

세월이 흐르면서 무를 추종하는 인물들이 집권하면 이순신은 그때마다 떴고, 결국 우리 시대의 박통 때, 충신이자 명장으로 기억되던 이순신이 격상되어 성웅으로 추앙받게 된 것이다. 이는 박정희 자신이 국난에서 나라를 구해낸 인물이라는 식으로 이순신과 자신을 동일시하려는 의도였다.

이순신을 최초로 성웅의 반열에 올려놓기를 시도한 인물은 조선 말에서 일제 강점기까지 살았던 민족사학자 신채호였다. 당시 일본의 식민지로 전락한 조선 민중의 의식을 일깨우기 위하여 신채호는《대한매일신보》에《이순신전》을 연재하면서 이순신을 항일 구국의 영웅상으로 정립한 다음, 이순신을 신이 보낸 인물이라고 격찬했다. 그러나 신채호의《이순신전》은 금서가 되어 제한적으로 읽혔다.

이후 1932년에 이광수가《이순신전》이라는 역사소설을《동아일보》에 인기리에 연재함으로써 대중이 이순신상을 정립하는 데 지대한 영향을 끼쳤으며, 이 소설에서 상대적으로 원균을 악질적인 간신으로 그려, 이후 원균이 간신의 대명사로 인식되는 계기가 되었다.

충성과 의리가 남달랐던 3세기 중국 삼국시대 촉나라의 무장 관우가 장군에서 왕으로 추앙받다가 황제로, 그러더니 결국 신으로 대접받는 것과 유사한 경우다. 관우도 역시 시대의 필요에 따라서 여러 번 떴고, 그러다 보니 더 이상 올라갈 데가 없는, 신의 경지까지 도달한 것이다.

그러나 이순신도 우리와 마찬가지의 인간이어서 보통 인간들이 흔히 지니는 결점도 지니고 있었지, 무슨 신이나 성웅은 결코 아니었다.

우리 시대는, 연예인을 빼고, 우상이 별로 필요 없는 시대다.

우리는 이순신의 신격화와 우상화를 거부하고, 그가 따뜻한 마음을 가진 구국의 명장으로 우리 곁에 있기를 원한다. 이순신을, 인간을 초월한 인물로 만들기 위하여 의도적으로 겹겹히 포장하기를 원치 않는 것이다.

우리나라에서 가장 중심 거리인 세종로에 우람한 이순신 장군의 동상이 서 있다. 그런데 세종로에는 세종대왕의 동상이 있어야 하고, 충무로에 이순신 장군의 동상이 있어야 하는 것 아니겠는가? 언제고 동상들이 제자리를 찾기를 바란다.

이순신 장군의 동상은 칼을 오른쪽에 차고 있다. 그러면 이순신 장군이 왼손잡이인가? 어느 사서에도 이순신 장군이 왼손잡이라는 얘기가 없는 것을 보니, 아마 동상을 제작한 조각가가 왼손잡이인가 보다.

일본 사무라이들 또한 대부분 오른손잡이다 보니, 모두 칼을 왼쪽에 차고 다녔다. 필요할 때 언제든지 오른손으로 재빨리 칼을 뽑기 위해서다. 그래서 그들은 옛날부터 왼쪽으로 다니는 습관이 몸에 배었다. 오른쪽으로 다니다가 잘못하면 앞에서 오는 사무라이의 칼집과 맞부딪쳐 시비가 생기는 것을 방지하기 위해서였다.

요새(2009년 4월) 신문을 보니까 세종로의 이순신 장군 동상에서 250m쯤 떨어진 세종문화회관 앞 광장에 세종대왕의 동상을 만들어 세울 것이라 한다. 동상의 사이즈는 가로 5m, 세로 5m, 높이 6.2m의 좌상으로 받침대 높이는 3.3m란다. 어쨌든 우리 역사상, 아니 동양 역사상 최고의 명군이자 필자가 가장 존경하는 세종대왕의 동상이 그 이름을 딴 거리인 세종로에 세워진다니 반가울 뿐이다.

이순신 장군의 동상은 우람하기 짝이 없게 제작되었지만, 실제로 이순신 장군은 단아한 선비형 얼굴에 매달 병치레를 할 정도로 몸이 병약했으며, 덩치도 그렇게 크지 않아 추정 키는 당시 조선 사람 평균 키거나 아니면 조금 더 큰 145~150cm 정도였을 것이다.

근데 필자가 이순신 장군의 키를 당시 조선 남자 평균 키 정도인 145cm 내외로 추정했더니, 초고를 본 인간들이 난리가 났다. 말도 안 된다는 둥, 이순신 장군이 쓰던 칼을 못 봐서 저런다는 둥, 최소한 160cm는 되었을 것이라는 둥 진짜 말이 많았다.

근데 그 목소리 큰 인간들이 무슨 근거로 필자가 추정한 이순신 장군의 키가 사실과 다르다고 우기는지 근거를 댔으면 좋겠다. 필자가 추정한 이순신 장군의 키는, 뒤에서 보시겠지만, 상당히 정확한 근거를 바탕으로 산출해낸 것이다. 그들이 기껏 대는 근거는 현충사에 보존되어 있는 이순신 장군의 칼의 길이다.

"도대체 당신 키는 얼마나 돼?" "180cm라고?, 작진 않네. 이순신 장군보다 한 30cm 크네 그려. 근데 이순신 장군이 쓰셨다는 칼 한번 휘둘러 보실래?"

이순신 장군의 동상이 찬 칼이 2m라는 것은 앞에서 밝혔다. 현충사에 보존되어 있는 이순신 장군의 칼은 두 개인데, 국산이 197cm이고, 명나라에서 하사한 칼은 170cm다. 이순신 장군의 키에 대해 하도 말이 많아 필자가 직접 출판사 대표에게 전화를 걸어 칼 길이를 확인할 것을 요청했고, 출판사 대표가 지인을 시켜 현충사에 가서 확인한 것이니 백 번 틀림없다. 그런데 이런 칼은 아마 휘두르기는커녕 들 수도 없을 거다. 동상의 등신대가 7m이고 칼이 2m라는 것은 최소한 그 정도 키가 되어야 그 정도 긴 칼을 쓸 수 있다는 의미다.

이순신 장군은 해군사령관이었다. 이순신 장군은 함대의 기함에서 수하 병졸들을 시켜 기로 신호를 하게 함으로써 함대를 지휘했지, 칼을 휘두르고 싸운 것이 아니다.

이순신 장군에 관한 어떤 기록을 살펴 봐도 이순신 장군이 칼을 휘둘러 적을 베었다거나 하는 기록은 단 한 줄도 없다. 물론 이순신 장군이 수군사령관이 되기 전에 북방에서 직급이 낮은 무관으로 근무한 적은 있다. 그 때 칼을 썼을 수도 있었겠으나, 당시까지 조선군의 주무기는 칼과 창이 아니라 화포와 활이었고, 또 전투용 칼의 길이가 170cm가 넘는다는 것은 말도 안 된다. 보통 환도의 길이는 2자(60cm) 정도였고, 긴 칼이라 해봐야 2자보다 몇 치 정도 더 길었으며, 일본도가 조선의 환도보다 조금 더 길었다.

세종(조선 4대) 치세 시 여진족을 쫓아내고 육진을 설치하여 현재 우리나라 국경을 확정지을 때, 여진족이 쫓겨난 것도 김종서부대의 화포가 두려웠기 때문이었지 조선군의 칼과 창이 두려워서가 아니었다. 또 이순신 장군이 북방에 근무할 때는 하급 무관이었지 장군이 아니었기 때문에 칼을 썼다 해도 아마 두 자 내외의 일반 사이즈의 전투용 칼을 썼을 것이다. 현충사에 보존되어 있는 칼은 전투용 칼이 아니라 이순신 장군이 수군사령관이 된 후에 하사받은, 장군을 상징하는 칼인 것이다.

자, 기왕 본 김에 세종대왕 동상도 좀 살펴보자.

세종대왕도 원래 인자한 얼굴을 하고 계셨는지는 잘 모르겠으나, 절대로 동상에서 보는 바와 같이 날씬하지 않았고 매우 비만이었다. 세종대왕은 식욕이 엄청 좋으셔서 하루 밥을 네 끼를 드셨고, 고기를 좋아해서 상에 고기가 없으면 식사를 하지 않을 정도였다. 그런데다 운동을 싫어하다 보니 자연 비만이 되어 당뇨, 고혈압이 따라다닌, 상당히 뚱뚱한 분이셨던 것이다.

조선사에서 세종 다음의 지적 군주인 정조(조선 22대)도 선입견과는 달리 엄청 우락부락하게 생겨서 딱 장비의 큰형뻘 즉, 허저같이 생겼었다. 어쨌거나 이 책이 나간 후 이순신 장군과 세종대왕의 동상의 형상이 바뀔지도 모르겠네.

(3) 이순신의 첫 패전과 첫 백의종군

동해와 맞닿는 두만강 하류, 조선과 러시아 사이에 녹둔도라는 작은 섬이 있다. 육진 개척 이후 조선의 영토로 편입되어 국경 방위의 중요한 요새가 되었고, 1860년 북경조약으로 불시에 러시아 영토가 되어버린 땅이다. 조선시대 때 이 섬은 조선의 백성들이 배를 타고 들어와 농사를 짓고 저녁이면 도로 육지로 돌아가던 곳이었다.

당시 북방에서 조선인과 등을 대고 살던 여진족이 자주 녹둔도를 침범하여 양곡을 약탈해가는 일이 빈번해지자 조정에서는 방비를 위해 약간의 군사를 주둔시켰는데 이들이 바로 조산만호로 있던 이순신과 그의 부하들이었다.

1587년 가을 여진족의 시전부락이 섬에 침입했는데 수비하던 군사들의 수효가 원래 적어 그들의 침입에 제대로 대처할 수 없었다. 그동안 이순신은 상관인 북병사 이일에게 병력이 너무 적으니 증원시켜 달라고 여러 번 청을 했었으나 받아들여지지 않았었다.

결국 여진족들은 조선군 11명을 죽이고 군민 160명을 포로로 잡아갔다. 담당 관할이었던 경흥부사 이경록과 조산만호 이순신은 보고를 받고 즉각 여진족을 치러 갔다. 그들은 여진족의 부락을 습격하여 포로 160명을 구출하고 소수의 적을 죽이긴 했으나 아군의 전사상자가 많이 난 바람에 피해가 너무 커서 패전이라고 보아야 옳았다.

10월 북병사 이일은 선조에게 이순신과 이경록을 패전의 책임으로 감금했으며 그들을 처형하자는 장계를 올렸다. 선조는 처형 대신 장형을 집행하게 하고 백의종군으로 공을 세우라 명했다. 이순신의 첫 백의종군이었다.

다음 해 이일은 1차전에서 당한 패전을 보복할 겸 2,500명의 병력을 이끌고 2차 여진족 정벌에 나섰다. 조선군은 이 정벌에서 빛나는 전과를 올려 수급 380두, 마소 30필, 여진족의 집인 궁려 2백여 채를 불태우고 개선했다. 이 전투에서 조선군은 전사자가 단 한 명도 발생하지 않은 완벽한 승리를 거두었으며, 이로 인해 이일의 성가는 조선 천지에 드높여졌다. 이순신도 이 전투에 참전하여 공을 세움으로써 백의종군을 사면받았다.

이 전투 이후 이일은 대단한 장군으로 인정받아오던 중 조일전쟁이 터지자 상주 방어에 나섰다가 박살이 났다. 도대체 총이 없는 여진족과 화기로 무장한 일군과의 싸움은 그 규모도 달랐지만 전술 또한 전혀 달라야 했음에도 불구하고 정확한 정보 수집 없이 구태의연한 전술로 대응하다 머리 풀고 도망치는 개망신을 당한 것이다.

이순신이 2년 6개월 간의 함경도 생활을 끝내고 서울로 올라온 때는 그가 44세 때인 1588년이었다. 다음 해 이순신은 전라도 관찰사 이광의 조방장이 되었고, 선전관으로 승진했다가 45세 때 정읍현감이 되었다. 과거에 급제한 지 14년 만에 겨우 작은 읍의 책임자가 된 것이었다. 이순신은 1591년 2월 전라좌수사가 될 때까지 약 2년 동안 정읍현감을 지냈으며, 그간 선정을 펴서 읍민들로부터 많은 칭송을 받았다.

유성룡의 추천으로 이순신이 전라좌수사로 임명되었을 때 사간원에서 이순신의 파격 승진을 문제 삼은 것은 1587년 여진족과의 패전 이후 한 번도 전쟁을 치러 본 적이 없는 이순신의 경력을 문제 삼았기 때문이었다.

1591년 2월 13일 전라좌수사로 임명된 이순신은 전라좌수영이 있는 여수로 부임했다. 전쟁이 발발하기 딱 1년 2개월 전이었다.

(4) 이순신의 삼도수군통제사 임명과 두 번째 백의종군

이순신은 육전에서는 별 볼일이 없었고, 별 경력도 없었으나 수군을 맡은 이후부터 숨어있던 그의 재능이 빛을 발하여 해전에서 거의 연전연승을 했다.

1593년 8월 이순신은 해전 연승의 공로로 삼도수군통제사로 승진되어 약 3년 6개월 간 임직한 후 1597년 1월 일본인 이중간첩 요시라의 간계로 파직된다. 요시라의 간계로 이순신이 삭탈관직당하고 한양으로 압송되어 갈 때 이순신의 죄목을 보자.

"이순신은 조정을 속였으니 임금을 업신여긴 죄가 있으며, 적을 내버려두고 잡지 않았으니 나라를 저버린 죄가 있고, 심지어 남의 공로를 빼앗고 또 남을 죄에 빠뜨렸으니 방자하고 기탄이 없는 죄가 있다."(《선조실록》)

전쟁 초반부터 뒤도 안 돌아다보고 튄 선조는 자신의 쪽팔림을 감추기 위해 공을 세워 인기 있는 무장들을 박살내는 작업을 해왔는데, 김덕령 다음 케이스로 걸린 인물이 이순신이었다. 선조는 요시라의 반간계에 걸려든 데다가 부산 왜영 방화 사건의 기망장계를 이유로 이순신을 아예 패죽이려고 작정했던 것이나, 정탁의 구명 상소에 의하여 이순신은 겨우 살아났고 백의종군하다가 원균의 칠천량 패전 이후인 1597년 7월 22일 삼도수군통제사로 재임명된다.

이순신이 삼도수군통제사 직위에서 삭탈관직된 것은 원균의 모함 때문이 아니라, 소서행장 수하의 이중간첩 요시라의 반간계에 넘어간 멍청한 선조와 남인 유성룡의 반대파였던 서인들의 모함 때문이었고, 거기다 부산 왜영 방화 사건의 군공 요청이 허위로 밝혀지면서 선조의 미움을 산 것, 그리고 가능하면 큰 공을 세운 인물이 출현하지 말아야 하는 선조의 소망 등이 원인이었다.

이순신은 대략 3년 6개월 간 삼도수군통제사로 임직하면서 수군의 군량 확보에 심혈을 기울였다. 전 국토가 박살나서 굶어죽는 사람이 지천인 상황에서 수군이라고 뾰족한 수가 있는 것은 아니었다. 그러나 이순신은 조선 수군의 힘이 미치는 남해안과 여러 섬에 수군과 또 수군을 따라 피란다니는 피란민들을 시켜 둔전을 일구었다. 또 고기를 잡고 미역과 김을 채취하고 소금을 구워 곡식과 바꿈으로써 군량 확보를 위해 진력했다. 그 참혹한 전쟁 와중에서도 이러한 이순신의 노력에 의하여 수군의 군량 문제는 점차 호전되어갔다.

또 이순신은 피란민들을 보호해주는 대신 '해로통행첩'을 발행하여 곡식을 거두었다. 이 괜찮은 아이디어로 이순신은 다시 수만 석의 군량을 확보할 수 있었다.

1598년 2월 이순신은 본영을 전남 완도군의 고금도로 옮겼다. 원래 본영이 있던 한산도는 경상도 진해 남쪽의 큰 섬인 거제도의 바로 서쪽에 있는 섬인데, 고금도는 거의 남해안 서쪽 끝의 완도 동쪽 전라도 강진 앞바다에 있는 섬이다. 어째서 일군의 본영인 부산에서 그렇게 멀리 떨어진 섬으로 본영을 옮겼을까? 하여간 고금도는 수비에 편리한 섬이었고, 넓은 농지를 보유하고 있어 둔전을 하기에도 좋았다.

3. 원균(1540~1597)이 간신인가?

(1) 원균, 절반의 명예 회복

이순신과 정반대의 이미지를 가진 원균은 간신의 대명사로 우리에게 각인되어 있다. 우리가 초·중·고등학교 다닐 때 원균의 간신 이미지 때문에 원씨 성 가진 애들은 아이들의 놀림으로 반에서 기를 못 펴고 살 정도였다.

그러나 실상 원균은 간신도 아니었고 역적도 아니었다. 원균은 뛰어난 장군이라 할 수는 없으나 충신이자 용장이었다. 어쨌든 그는 조일전쟁 후 이순신, 권율과 함께 선무일등공신에 책봉된 인물이었다.

원균이 간신으로 낙인 찍힌 시기는 현대에 들어와서 이순신이 재조명된 이후이지, 그 전에는 원균이 간신이라는 기록은 어느 사서에도 없다.

사실 원균은 비겁하지도 않았고, 우직하고 용맹했으며, 이순신이 삼도수군통제사에서 나락으로 떨어지도록 모함하지도 않았다. 단지 이순신을 우상화하는 과정에서 이순신과 사이가 나빴던 원균이 희생양이 된 것뿐이다. 원균은 성격이 불 같고 저돌적인 데다가 겁이 없었으며 자기 절제가 부족한 인물로, 지장이나 덕장은 못 되었으나 용맹하여 군의 선봉 장수감으로는 적합한 인물이었다. 말하자면 사령관감은 못 되는 필부지용(匹夫之勇)의 장군으로 분류할 수 있겠다.

원균은 1540년 경기도 평택군에서 영의정, 평원부원군 등으로 추증된 원준량의 장남으로 태어났다. 원균은 무과에 급제하여 조산만호로 있으면서 변방의 여진족 토벌에서 세운 공으로 부령부사로 승진했으며, 병사 이일과 시전부락을 격파한 공으로 선조 25년에 53세로 경상우수사가 되었다.

전쟁이 발발했을 때 원균은 이순신에게 여러 번 서신을 보내 구원을 요청했으나 이순신은 움직이지 않았다.

전쟁이 발발하고 2주 후인 4월 26일 조정으로부터 공격 명령이 떨어졌다. 그러나 이순신은 출동을 하기 전에 전라도 관찰사 이광, 방어사 곽영에게 조정의 명령을 알렸고, 다시 경상도 순변사 이일, 경상도 관찰사 김수, 그리고 원균에게도 서신을 띄웠다.

당시 전라좌수영에는 24척의 판옥선이 있었고, 관할 구역도 가장 작았다. 전라좌수영 관할에는 다섯 개의 군현과 다섯 개의 포구가 있었는데, 순천, 보성, 광양, 흥양, 사도, 방답, 여도, 녹도, 발포, 낙안 등이었다.

이런 절차를 밟고 있는데 4월 29일 원균으로부터 답신이 왔다. "적선 3백여 척이 부산, 김해, 양산 등 여러 곳에 진치고 있습니다. 연해안 고을과 포구의 병영과 수영이 거의 다 함락되었습니다. 봉홧불도 끊어졌습니다. 저는 본도의 수군을 뽑아 출동시켜 전선 10척을 쫓아가 깨뜨리고 불살라 버렸습니다."

원균이 보낸 서신의 해전은 옥포해전 이전이었으므로 조일전쟁 해전의 첫 승리는 원균이 한 것으로 보인다. 이 승리를 알린 서신에는 승리한 장소가 명기되어 있지는 않으나 의병장 조경남의 《난중잡록》 5월 1일자 기록에도 이를 뒷받침하는 대목이 나온다. 그는 남원부사 윤안상이 흉흉한 민심을 안정시키기 위해 백성들에게 내린 글을 인용하고 있다. "지금 경상우수사가 왜적을 많이 잡아 승세를 크게 떨치고 있으니 각자 농사일에 힘쓰라"라는 내용이다.

조일전쟁 발발 2개월 전에 원균이 경상우수사로 부임한 경상우수영과 박홍의 경상좌수영은 개전 직후에 모두 무너졌다. 아니 두 영에서는 전투도 해보지 않은 채 왜 그냥 무너졌을까?

당시 조선은 썩을 대로 썩어 전쟁이 났는데도 관군의 수가 얼마인지 아는 자도 없었고, 무기나 선박 등도 장부상으로만 온전했을 뿐 실제로는 얼마만큼이나 제대로 있는지 아무도 몰랐다. 그래서 당시 경상우수영과 좌수영에 쓸 만한 전선이 몇 척이 있었고, 화약무기가 얼마나 비축되어 있었으며, 복무하고 있는 수군이 몇 명인지에 대한 정확한 기록은 아무 데도 없었다.

배가 물에 오래 떠 있으면 자연히 배 밑바닥에 해초가 달라붙고 조개와 굴껍질 등이 들어붙어 배 밑바닥이 상하게 되므로 가끔 뭍에 끌어올려 배 밑바닥을 청소해야 한다.

또 건조 후 5년이 지나면 배 밑창을 한 번 갈아야 하고, 9년째가 되면 다시 한 번 갈게 되며, 10년이 지나면 배 수명이 다 된 것으로 간

주해서 퇴역시키는 것이 원칙이었다. 그러니 장부상에 있는 배가 이런 원칙을 제대로 지켜서 실제로 쓸 수 있는 멀쩡한 배인지 아닌지 당시 상황을 알 수가 없는 것이다.

원균의 관할지 이탈 사유를 설명하는 중요한 기록이 있다. 이순신이 전쟁 발발 1년 2개월 전에 전라좌수사로 임명되어 좌수영에 부임한 후 장부를 조사하니 편제상으로는 즉, 장부상으로는 30척의 판옥선이 있었으나, 실제로 그 중 쓸만한 전함은 겨우 5척뿐이었다는 기록이다. 거기다 무기들도 녹이 쓸고 못쓰게 되어 건질 만한 것도 별로 없었던 것이 부임 당시 상황이었다.

더구나 원균은 전쟁 발발 2개월 전에 부임하여 여기 저기 인사 다니고 관할지를 돌아보는 데만도 2개월이 걸렸을 것이다. 상황이 이러하니 병사와 무기가 제대로 갖추어져 있을 리가 없고, 전선 또한 허술하기 짝이 없었을 것이다.

전함도 중요하고 화약무기도 중요하지만, 당시 실제 몇 명이나 되는 수군이 경상좌 · 우수영에 복무하고 있었는지가 또 다른 관건이다. 만약에 장부대로 전함이 있었고 수군 병력이 있었다면 그 병력으로 멀쩡한 전함을 운용하여 다른 항구로 도피하면 그만이지 왜 배들을 불질러 태워버렸을까?

추정할 수 있는 경우는 두 가지다. 즉, 당시 경상좌 · 우수영의 전함들이 전라좌수영과 마찬가지로 거의 썩어서 폐선이 되었거나, 아니면 전함을 운용할 만한 수군이 없었거나, 둘 중에 하나이다.

당시 조선은 병농일치제였다. 전쟁이 없을 때는 병사들이 집으로 돌아가 농사를 짓다가 전쟁이 벌어지면 소속된 진에 귀대하는 제도였다. 그러나 아무런 대비도 하지 않은 상태에서 전쟁이 발발하여 대군인 일 침공군을 맞자 모두들 겁이 나서 진으로 귀대하기는커녕 아마 모조리 도망쳤을 것이다. 그래서 경상좌 · 우수영에 배를 운용할 병력이 없었다고 추정할 수 있다.

아무리 전함을 많이 보유하고 있어도, 전함당 100~120명 정도의 격군(노군)이 없으면 판옥선을 운용할 수 없다. 또 그냥 놔둔 채로 도망가면 함선과 무기가 적의 수중에 떨어지기 때문에 불을 질러 태워버렸을 것이라고 추정하는 것이다.

국록을 먹는 수군 장수가 멀쩡한 배와 이를 운용할 만한 충분한 수군 병력을 보유하고 있는 데도 불구하고 배들을 다른 항구로 옮기지 않고, 전함 수십 척을 불질러 침몰시켜버리고 병사들을 해산시킨 다음, 네 척만 가지고 도망쳤다는 것이 도무지 말이 되지 않는다. 더구나 원균은 용맹한 장수로 인정받고 있었지 비겁한 장수는 아니었다.

원균은 우수영을 버리고 곤양으로 도피한 후 이순신에게 구원을 요청했다. 수 차례의 출진 요청에도 이순신이 움직이지 않자 마지막으로 원균의 부하장수 이운룡이 와서 간절히 구원을 청하고, 5월 3일 이순신 자신의 수하인 녹도만호(종4품) 정운, 방답첨사(종3품) 이순신 등이 강력히 출항을 요구하자, 드디어 5월 4일 이순신은 판옥선 함대 24척을 거느리고 여수를 출발했다.

이순신은 성격이 신중하여 연락과 준비에 시간을 많이 보낸 데다가 일 수군의 전력을 상세히 몰랐으며, 또 실제 해전을 해본 경험이 한 번도 없어 당연히 신중할 수밖에 없었다. 거기다 경상도 해안의 물길에 익숙하지 않은 것도 망서린 또 다른 이유였다.

원균의 수하 장수였던 옥포만호 이운룡은 옥포해전을 비롯하여 여러 해전에서 공을 세워 1596년 경상좌수사가 된 인물이다. 전후 명나라 모유격이 선조에게 작별 인사를 하면서 "수로 총병 이운룡은 육군의 정기룡과 함께 훌륭한 장수로 몸을 돌보지 않고 나아가 싸우는 것에서 이보다 나은 사람이 없다"라고 평가할 정도로 이운룡은 뛰어난 장수였다. 이운룡은 1605년 안릉군에 봉해졌으며 경상우수사 겸 통제사로 임명된다.

녹도만호 정운은 전쟁 발발 6개월 후인 1592년 9월 부산포 해전에 참전했다가 일군이 쏜 대철환이 머리에 맞아 전사한다. 용맹하기 짝이 없었던 정운이 전사하자 일군은 "정운이 죽었으니 다른 이는 걱정할 것이 못 된다"라면서 환호했으며, 이순신은 "국가가 오른 팔을 잃었다"라고 애통해 했다. 정운은 전사한 뒤 함북병마사로 추증되고 녹도 이대원의 사당에 배향되었다.

또 이순신 장군과 동명이인인 이순신은 이순신 장군의 핵심 참모로 해전에서 큰 공을 많이 세워 절충장군에 봉해졌으며, 후에 경상우수사를 지낸 인물이다.

5월 7일 드디어 이순신의 첫 해전인 옥포해전이 벌어졌다.

옥포는 거제도 동쪽에 있는 포구로, 조일전쟁 시 해전은 대부분 거제도 주위에서 벌어졌다. 이 때는 이미 한양이 일군에 의해 무혈점령된 지 며칠 후였다.

이순신은 첫 해전인 옥포해전을 승리한 후 원균을 따돌리고 조정에 몰래 혼자 장계를 올림으로써 결정적으로 원균과 사이가 틀어지게 된다. 그가 장계에서 자신과 자신의 수하인 좌수영의 장수들의 전공은 낱낱이 보고하면서, 원균과 그 수하 장수들에 대한 언급은 거의 안 했기 때문이었다. 어쨌거나 조일전쟁 최초의 해전인 옥포해전에서 승리하면서 조선 수군은 일 수군에 대하여 자신감을 갖게 되었고, 조선 수군의 함포 사격에 박살이 난 일 수군은 그 때부터 조선 수군과의 전투를 기피하기 시작한다.

조일전쟁이 발발한 다음 해인 1593년 8월 이순신이 삼도수군통제사가 되자 5년 정도 선배인 원균은 후배 이순신의 지휘를 받게 된 데다,

이전에 공 다툼으로 사이가 벌어져 있었기 때문에 서로 불화가 잦았다. 조정에서도 이 같은 문제점을 알고 원균을 충청병사로 옮겼다가 전라병사로 다시 옮겼으며, 이순신이 삭탈관직된 후 원균을 삼도수군통제사에 임명했던 것이다. 삼도수군통제사가 된 원균은 일군의 기습적인 수륙합동작전에 걸려 칠천량해전에서 참패함으로써 아들 원사웅과 함께 전사하고 만다.

전쟁 내내 도망만 다녔던 선조는 전쟁이 끝난 후 전쟁 공로자들에 대한 격하를 결심했다. 그들의 공을 추켜줄수록 자신이 팔릴 수밖에 없으니 그들의 공을 내리 깎고, 가능하면 제거해야 했던 것이다. 대표적으로 피를 본 인물이 이순신과 의병들이다.

원균은 선무공신 2등에 추천되었으나 선조가 특히 비망기를 내려 원균을 1등 공신으로 추천토록 했다. 원균과 이순신의 공은 비교할 수 없었으나, 이순신의 공을 깎기 위하여 원균을 대등하게 띄운 것이다. 사실 원균은 어느 면에서도 이순신과 같은 대우를 받을 수는 없는 인물이다. 조일전쟁에서의 기여도나 장수로서의 자질이 이순신에 비해 매우 떨어지는 것은 아무도 부인할 수 없다.

그나마 용감하기는 했던 원균이 제대로 평가를 받지 못하게 된 다른 이유는, 이순신은 《난중일기》를 남겨 자신을 변호할 수 있었고 또 친구인 유성룡이 이순신에게 호의적인 《징비록》을 남겼으나, 원균은 아무런 기록도 남기지 않았고, 아들 원사웅과 함께 일본군에게 피살되어 남긴 자손이 거의 없어서 변명할 기회가 없었던 것이다.

인조반정(1623) 후 정권을 잡은 서인 세력들은 자신들의 정적이었던 북인들이 높이 평가했던 원균을 깎아 내리고 이순신을 자기네 편으로 끌어들이기 위해 《선조수정실록》에서 원균의 위상을 왜곡시켰다. 더구나 《선조수정실록》은 이순신과 같은 덕수 이씨인 이식이 중심이 되어 편찬된 사서다.

원균은 《선조실록》에서는 북인들로부터 용장으로 칭송받았으나, 인조반정으로 북인이 몰락하고 서인이 다시 쓴 《선조수정실록》에서는 서인들에 의하여 비하되었다. 원균에 관한 기록으로는 《선조실록》이 외에도 후손들이 만든 《원균행장록》(김간, 1646~1732)이 전한다.

(2) 이순신과 원균의 쟁공(공 다툼)

《선조수정실록》 25년 6월 1일자를 보자.

"옥포·당포해전 승리 후 원균이 이순신과 연명으로 승리한 장계를 올리려 하였다. 이 때 이순신은 '천천히 합시다'라고 말하고는 밤에 혼자 장계를 올리면서 '원균이 군사를 잃어 의지할 데가 없고 싸움에서 별 공로가 없다'고 진술하였는데, 원균이 이를 알고 대단히 유감스럽게 여겼다. 이로부터 각각 장계를 올려 공을 아뢰었는데 두 사람의 틈은 이 때부터 생겼다."

즉 두 사람은 공을 다투었던 것이다. 이순신이 원균을 따돌리고 몰래 혼자 장계를 올려 자신과 자신의 부하들은 모두 포상받았으나, 반대로 원균과 원균의 부하들은 공이 적어 포상받지 못했던 것이다. 여기서부터 둘의 틈이 갈라진 것이고, 사실 그 최초의 잘못은 원균이 아니라 이순신에게 있었다.

이렇게 원균이 이순신과 사이가 틀어졌을 무렵 이순신이 삼도수군통제사가 된다. 평소에 감정이 있어 씹어대던 인물인 데다가 다섯 살이나 어린 후배인 이순신이 상관이 되자 원균은 이순신의 지휘에 반발하면서 둘의 사이는 다시는 돌아올 수 없게 되었다.

사실 《선조실록》에는 이순신의 활약이 대단찮게 나오는데, 이를 공식 문제로 제기한 인물이 대제학 이식이고, 이식은 이순신과 같은 덕수 이씨로 《선조수정실록》에서는 이순신에 대한 칭찬으로 일관하면서 원균을 폄하했다. 이 기록에 의하여 후대에 이순신은 영웅, 원균은 간신의 구도가 만들어지기 시작했다.

(3) 원균의 삼도수군통제사 임명

원균은 이순신이 전라좌수사가 되기 전에 잠깐 전라좌수사로 있다가 삭탈관직된 적이 있다. 원균은 전투에서는 용감한 무장이었으나, 머리를 쓰는 행정이나 송사 등에는 적합한 인물이 아니었다. 결국 업적 평가에서 하위점을 받고 해직되었으며, 뒤를 이어 유극량이 전라좌수사가 되었으나 그 또한 하는 짓이 시원찮아 군기가 엉망이었다. 이에 유극량도 바로 해임되고 후임을 찾을 때 유성룡이 이순신을 추천했던 것이다. 그 때가 조일전쟁이 발발하기 1년 2개월 전으로 꼼꼼하고 빈틈없는 이순신은 전쟁 준비를 철저히 했으나, 성미 급한 원균이 경상우수사로 부임한 것은 전쟁이 터지기 겨우 두 달 전이었다.

제2차 조일전쟁이 막 터진 1597년 2월 이순신은 선조의 명으로 삭탈관직된 후 도성으로 잡혀가 국문을 받고 죽음 직전에서 석방된 후 권율의 휘하에서 백의종군하게 되며, 원균이 이순신 대신 삼도수군통제사가 되는데, 이는 원균이 이순신을 모함해서가 아니었다.

이는 고니시 유키나가(소서행장)가 이중간첩 요시라를 시켜 가또 기요마사(가등청정)가 일본에서 부산으로 7천의 병사와 150여 척의 함선을 이끌고 오는데 언제 어떤 항로로 오니까 이를 바다에서 요격하여 잡아 죽이라고 김응서에게 정보를 준 데 기인한다. 전쟁 강경파인 가또 기요마사가 죽으면 쉽게 평화회담을 진행시켜 전쟁을 끝낼 수 있다는 스토리였다.

이순신은 이 정보를 허위로 알고 움직이지 않았으며, 이는 가등청정을 요격하라는 조정의 명령에 대한 불복종으로 비춰졌다.

근데 실제로 고니시가 준 정보는 정확했다. 그 날 그 항로로 가또가 부산에 도착한 것이다. 고니시는 진짜 정보를 주면서도 이순신이 자신이 준 정보를 믿지 않을 것이라고 판단했고, 나중에 자신이 준 정보가 사실임이 밝혀지면 조선 조정 내에서 분란이 일어날 것을 내다본 것이다.

일설에는 이 정보가 조정에서 이순신에게 전해졌을 때는 이미 가또가 부산에 상륙한 후여서 이순신이 손을 쓸 수가 없었다고도 한다. 그러면 가또의 부산 도착 날짜와 이순신이 파발로부터 조정의 명령을 받은 날짜를 대조해 보면 쉽게 알 수 있는 일에, 왜 이순신이 명령불복종으로 파직되어 압송되어 갔을까? 가또가 부산에 도착한 날짜를 확인할 수가 없었나?

어쨌거나, 그런 일로 이순신이 삭탈관직되고 도성으로 잡혀갔으며, 백의종군하게 된 것이다. 즉, 이 사건의 원인은 일군의 반간계에 넘어간 멍청이이자 덜 떨어진 선조의 결정이자, 또 곁에서 그 결정을 부추긴 윤두수, 윤근수, 김응남 등 서인들의 아첨 섞인 작태였지 원균이 모함해서가 아니었다.

더구나 선조는 이순신이나 권율, 또 의병장들의 활약을 우습게 보고 있었다. 물론 그들의 공을 띄우면 자신의 입지가 자꾸만 좁아지니, 신하들 많은 데서 전투 얘기만 나오면 명군의 공만 침이 마르게 칭찬했고, 조선 장군들의 얘기가 나오기만 하면 별 볼일 없다고 침을 튀겼다.

"임진년과 정유년에 나라를 구한 것은 오로지 명나라의 구원 덕분이며 우리 군대는 별로 한 일이 없다. 이순신과 원균이 남해에서, 권율이 행주산성에서 약간의 공로를 세운 데 지나지 않는다"라고 그들의 활약을 평가절하했다.

그런데 선조의 이러한 생각은 당시 선조 혼자만의 생각이 아니라, 선조가 하도 설쳐서 그랬는지는 몰라도, 신료들과 사관들까지 공유하던 인식이었다. 더구나 선조는 이순신이 보고한 전공 자체를 의심하고 있었다.

　노량해전에서 이순신 장군이 전사한 후 보고를 받은 선조는 "그러냐?, 오늘은 이미 밤이 늦었으니 내일 비변사에서 알아서 하라고 그래라"라고 하고 그대로 들어가 자빠져 잘 만큼 이순신에게 별로였다.

4. 행주대첩의 영웅 도원수 권율(1537~1599)

　행주대첩의 영웅인 도원수(육해군참모총장) 권율에 대한 사관의 평가를 보자.

　"영상 권철의 아들 권율은 성품이 본래 우둔하고 겁이 많아서 위망이나 지략이 일컬을 만한 것이 없었다. 단지 행주에서 한 차례 승첩을 거두어 갑자기 중명을 얻게 되어 도원수에 제수되었다. 그는 오랫동안 적진과 대치하고 있으면서 한 가지의 계책이라도 내어 적을 꺾지는 못하고 오히려 적의 모습이 보이기도 전에 겁나서 늘 멀리 피하곤 하였다.

　정유년 주사의 전투(칠천량해진)에서 아무리 조정의 명령이라 하나 진실로 그 시기를 살피고 힘을 헤아려 왜적과 대결하기 어려운 상황을 즉시 보고했어야 했다. 그리고 제장에게 분부하고 군사를 정돈하여 적을 가벼이 보지 말라고 했더라면 적이 많다고는 하나 필시 제멋대로 충돌해 오지는 못했을 것이다. 그러나 권율은 이런 계책을 염두에 두지 않고 멋대로 경거망동하면서 통제사 원균을 형장하면서까지 급하게 독전했다. 그리하여 6년 동안 어렵게 모은 주사(전함)를 하나도 남김없이 없앴으며, 그 많은 산책(산에 목책으로 두른 요새) 역시 한 곳도 보존하지 못함으로써 적군으로 하여금 무인지경에 들어가듯

호남, 호서를 침입하게 만들었다.

그는 겁내고 나약하기가 이와 같았는 데도 조정에서는 그의 후임자를 구하기 어렵다 하여 다시 그에게 병권의 중임을 맡겼는데, 권율은 그 때도 과거의 잘못을 고쳐 제진을 독려하여 힘껏 적을 토벌하지 못했다"라고 기록했다.

여기서 보시는 대로 칠천량해전의 패전은 모두 원균의 잘못만은 아닌 것이다. 칠천량 패전은 당시 어쩔 수 없는 원균의 선택이었으며, 그 선택을 강요한 인물이 바로 해전에 대해서는 아무것도 모르면서 탁상공론에는 귀재들인 비변사 대신들과 총참모장 권율이었다.

단지 사관의 평가만을 보면 권율은 참으로 별 볼일 없는 장수다. 하긴 행주산성전투의 승리 이 외에는 조일전쟁 동안 승리한 전투라고는 전라도 방어 때 이치·웅치전투에서 활약한 적이 있을 뿐이다.

그러나 행주산성전투는 비록 조선군이 우세한 중화기를 보유했으나, 3천의 수비병으로 열 배에 달하는 3만의 일본 침공군을 물리친 조일전쟁 최대의 육지 대첩으로 진주대첩과 함께 그 승리를 절대로 가볍게 평가할 수 없는 전투다. 결론적으로 일군은 평양성전투에 이어 행주산성전투에서까지 깨졌으므로 수도 한양을 포기하게 되었던 것이다. 권율은 행주대첩의 공만으로도 명장으로 불려서 부끄러움이 없는 인물이다.

1593년 6월 도원수로 임명된 권율은 전쟁 도중 모함을 받아 도원수에서 파직되었다가 다시 임용되어 한성부판윤과 충청도순찰사 등을 지낸 뒤 2차 전쟁이 일어나기 한 해 전인, 1596년에 다시 도원수가 된다.

사관의 평가는 형편없지만 권율은 어릴 때부터 수재였다.

사람이 원래 좀 똑똑하면 대개 그렇지만, 권율에게도 세상이나 벼슬이 우습게 보여 과거를 보지 않고 그냥 버티다가 먹고 사는 데 애로가 있게 되자 할 수 없이 46살이 되던 선조 14년에 문과에 급제하여 홍문관을 거쳐 의주목사가 되었다.

전쟁이 일어나자 권율은 전라도관찰사가 되어서 이치, 웅치에서 소조천융경의 부대를 격파해 일군의 전라도 진공을 막았고, 이후 행주산성전투에서 대승했으며, 다시 승진하여 도원수가 된 인물이다. 권율은 성공적인 무인 생활을 하다가 조일전쟁이 끝난 다음 해인 1599년 63세로 세상을 떠났다.

《일월록》에는 "사람을 거느림에 있어서 잘 친하고 사랑하기에 성실을 보이고, 엄격하지 않았기에 사람들이 즐겨 복종함으로써 위급할 때에 힘입었던 것이다"라고 그를 평하고 있다. 아마 사관이 권율과 악감정이 있었나 보다. 권율은 명장이었다.

5. 불패의 용장 정기룡(1562~1622)

조일전쟁 동안 해전에서는 이순신이라는 뛰어난 장군이 활약했으나, 육전에서는 행주대첩의 권율 그리고 제1차 진주성전투의 김시민 그리고 의병장 곽재우 말고는 거의 아무도 큰 공을 세웠다는 얘기가 없었다.

그러나 그간의 조일전쟁사에서 묻혀져 잊혀졌던 인물이 상승장군 정기룡이다. 정기룡은 조일전쟁 때 경상우병사를 지냈으며, 수십 차례의 크고 작은 전투에서 앞장서서 싸워 이겨서 조선 육군의 기세를 크게 올린 인물이다. 비록 이순신의 명량대첩이나 권율의 행주대첩에 비견되는 큰 전투에서 승리를 거둔 적은 없으나 전투 때마다 앞장서서 승리를 이끌어낸 용장이었다. 명의 장수들도 정기룡이라면 육군에서 가장 뛰어난 장수 중 하나로 손꼽을 정도였다.

전후 정기룡은 논공행상에서 제외되었으나, 전쟁이 끝난 지 7년 후인 1605년 선조의 교지에 의하여 이순신, 원균, 권율과 함께 선무일등공신이 된다. 이토록 그의 공신 책봉이 늦었던 것은, 당시 선무일등공신들 중 이순신과 원균은 이미 전사했고, 권율은 60세가 넘은 노장이었으나, 정기룡은 30대 후반의 한참 기세가 뻗어나가는 나이였기 때문이었다.

앞에서 보셨다시피 선조는 조일전쟁의 공신들을 책봉하는 데 엄청 인색했다. 의병장으로 권율만큼이나 아니 그보다 공이 더 컸던 곽재우를 비롯한 의병장들을 공신 책봉에서 모조리 탈락시켰으며, 정기룡도 많은 공을 세웠으나 너무 젊은 데다 현역이어서 공신 책봉을 꺼린 것이었다. 공을 세운 무인들이 전쟁 중 도망만 다닌, 싸가지 없는 선조에게는 커다란 짐이었던 것이다.

정기룡은 1562년 유생 정활의 아들로 태어났다. 그의 어릴 때 이름은 정무수였다. 어려서부터 무예를 좋아했던 정무수는 19세 때 지방 향시에 급제했고, 25세가 되던 해인 1587년(선조 19년) 무과에 급제했다. 조일전쟁이 터지기 5년 전의 일로, 과거 급제 때 정무수의 마상 무예에 반한 선조가 정무수에게 정기룡이란 새 이름을 내려, 그 때부터 그는 정기룡으로 불렸다.

그 후 정기룡은 경상우방어사 조경의 수하에서 수십 차례의 크고 작은 공을 세워 상주판관(종 5품)이 되어 상주성을 탈환했고, 그 공으로 계사년인 1593년 11월 상주목사(정 3품)로 다섯 품계나 뛰어넘어 승진했다. 그 때 그의 나이는 겨우 서른두 살이었다. 정기룡은 전후 공신책봉을 할 때 너무 젊다는 이유로 제외되었으나, 전쟁이 끝난 지 7년 후 선조의 교지로 선무일등공신에 책봉되었고, 광해군대인 56세 때 삼도수군통제사를 지냈다.

조일전쟁 때 활약한 무인으로 해군에서의 이순신, 육군에서의 권율, 김시민, 곽재우 등은 누구나 잘 알고 있겠지만, 그간 잘 알려지지 않았던 정기룡과 그 외 여러 의병장들의 공도 결코 잊어서는 안 될 것이다. 정기룡의 생애와 공적은 그의 행장인 《매헌실기》에서 찾아볼 수 있다.

6. 경세가 서애 유성룡(1542~1607)

조일전쟁 기록인 《징비록》('나를 징계함으로써 나중의 재앙을 삼가케 한다'는 의미, 국보 132호)과 《서애집》을 남긴 유성룡은 49세 때 조일전쟁을 맞아 도체찰사에 영의정으로 국사를 이끌어갔으며, 이순신과 권율을 조정에 천거하여 국난을 막고 조정을 안정시키는 데 크게 기여한 인물이다.

유성룡은 전쟁이 끝나가는 시점인 1598년 북인들에 의하여 실각되었다. 사실 유성룡은 뛰어난 경세가였고 개혁가였으며, 군사 문제에도 조예가 깊었던 인물이다. 1608년 광해군 즉위년에 경기도에 시범 실시했다가 1708년 숙종(조선 19대) 34년에 전국적으로 시행된 대동법은 이미 조일전쟁 때 유성룡이 작미법이란 이름으로 시행했던 제도다.

대동법이란 땅이 있건 없건 호수대로 세금을 매기는 제도가 아니라, 보유한 토지 면적에 따라 세금을 매기는 제도로 현대 세금제도와 가장 유사한 공평 세법을 말한다.

또 고종(조선 26대) 9년에 대원군이 강행했던 호포법은 양반들도 병역의무를 지게 한 법이었는데, 유성룡은 이미 조일전쟁 때 속오군을 만들어 양반들에게도 병역의 의무를 지게 했다. 뿐만 아니라 천민들에게도 종군을 조건으로 면천해주고 공을 세우면 벼슬을 주는 신분타파책을 시행했다. 이렇게 양반 사대부들의 권익을 침해했던 유성룡을 종전 즈음 양반 사대부들이 선조와 공모해 그를 실각시켰으며, 그가 실각한 후 각종 개혁법들이 모조리 무효화되었음은 물론이다.

유성룡이 실각한 선조 31년(1598년) 11월 19일은 묘하게도 유성룡의 지기인 이순신 장군이 노량해전에서 전사한 날이었다. 의병장 조경남은 《난중잡록》에서 "이순신은 친히 북채를 들고 함대의 선두에서 적을 추격했다"라고 적고 있다.

유성룡은 1542년 안동부 풍산현에서 태어났다.

유성룡은 4살 때부터 글을 읽을 줄 알았을 만큼 총명했으며, 21세 때인 명종(조선 13대) 17년에 퇴계 이황의 제자가 됨으로써 김성일과 동창이 된다. 퇴계 이황의 제자로서 가장 촉망 받은 두 제자가 바로 유성룡과 김성일이었다.

유성룡은 청년 시절 주자학의 반대되는, 사민평등을 주장하는 양명학을 접하고 새로운 사상에 눈을 떴으며, 이는 유성룡의 장래의 행보에 큰 영향을 끼쳤다. 유성룡은 24세 때 성균관에 들어가 이듬해인 명종 21년 대과에 급제한다. 첫 관직은 승문원이었고 뒤에 성균관 전적이 된다.

유성룡은 선조 2년에 6개 품을 뛰어넘어 공조좌랑이 되면서부터 일약 조정의 주목을 끌기 시작했다. 선조 때 붕당이 생기기 시작하자 율곡은 서인의 편에서 당파를 화해시키려고 노력했고 유성룡은 동인의 입장에서 노력했다. 그러나 두 인물의 노력에 관계없이 두 당파는 대립을 계속하다가 선조 22년 기축옥사(1589)로 영원히 화해할 수 있는 길이 막히고 만다.

기축옥사 후 서인이 잠시 득세했으나 정철이 선조에게 광해군을 세자로 세우도록 건의했다가 선조의 노여움을 사서 유배되는 바람에 서인은 다시 몰락한다. 이후 서인에 대한 강경 처벌을 주장하는 인물들은 영상 이산해와 함께 북인이 되고, 온건한 처분을 주장하는 인물들은 유성룡과 함께 남인이 된다.

조일전쟁 다음 해에는 훈련도감이 창설되었으며 제조에 훈련도감 설치를 건의한 유성룡이 임명되었다. 훈련도감의 병사들은 농병일치제의 병사가 아니라 국가에서 급료를 지급하는 직업군인이었다. 훈련도감의 군졸들은 모든 최신 화기를 익혀야 했고, 포수, 살수, 사수의 삼수군으로 구성되었다.

유성룡은 명나라 척계광의 《기효신서》에 따라 중앙에는 훈련도감, 지방에는 속오군을 설치했는데, 속오군에는 양민뿐만 아니라 천민과 양반까지 포함시켰다. 당연히 반발이 엄청났다.

조선 개국 초에는 양반도 병역의무를 졌었다. 그런데 전쟁이 없고 평화시대가 계속되자 양반은 천역인 병역을 기피하게 되었고, 관아에서는 양민들에게 병역의 의무를 지우는 대신에 포를 받고 군역을 면제해주는 편법을 선호했다. 관아에서는 대납받은 포보다 낮은 가격에 다른 사람을 고용해서 군역 의무를 지우면서 차액은 다른 용도로 사용했는데, 이를 '방군수포제'라 했다. 처음에는 불법이었으나 광범위하게 시행되었으므로 피할 수 없는 추세가 되어 중종(조선 11대) 36년 '군적수포제'란 이름으로 합법화되었다.

이 때부터 양반 사대부들은 합법적으로 병역이 면제되었다. 군역의무에서 면제된 양반들은 군포 납부의 의무도 없었다. 양반과 양민을 가르는 기준이 군포를 내느냐 안 내느냐로 결정된 것이다. 상황이 이러니 전쟁이 터졌을 때 군에 복무하겠다고 들어오는 놈은 한 놈도 없었고 모조리 도망을 쳤다.

유성룡은 온갖 반대를 무릅쓰고 양반 종군과 노비 종군을 밀어붙였다. 그래서 유성룡이 집권하고 있을 때는 실제로 천인들이 벼슬에 등용되었다. 조일전쟁 중 유성룡이 추진한 이 개혁법이 없었더라면 아마 전쟁을 극복하기 어려웠을 것이다.

또 유성룡은 수많은 개혁 입법을 성사시켰다. 그는 현실을 정확하게 분석했으며 또 그에 대한 대책을 가지고 있었다. 유성룡은 행정에 박식한 관료이자 군사에 조예가 깊은 병법가였으며, 경제에 해박한 학자였다. 이런 유성룡이 전시에 행정과 군사를 총괄하면서 조선은 점차 안정을 되찾아갔다.

조일전쟁이 발발하기 직전 유성룡이 저지른 작지 않은 실책 하나가, 전쟁이 발발하기 전 해에 일본에 갔던 통신사가 돌아와 귀국 보고를 했을 때 이를 강경하게 추궁하지 않은 것이다. 당시 정사와 서장관, 수행 무관 등 모두가 전쟁이 틀림없이 일어날 것이라고 정세 보고를 했는 데도 불구하고 동인인 부사 김성일이 전쟁이 일어나지 않을 것이라고 허위 보고를 해서 조정의 의견이 통일되지 않고 우왕좌왕할 때, 좌의정으로 있던 동인 유성룡은 이 때 같은 당파인 김성일의 보고의 진위를 강경하게 추궁하지 않고 미지근하게 대응하여 조정의 결정이 멍청하게 흘러가는 것을 방치했다는 비난을 피할 수 없게 되었다. 이 결정에는 당시 영의정이었던 동인 이산해도 동조했다.

유성룡은 바둑 실력이 고수였다 한다.

사실 필자도 바둑을 좀 둔다. 지금은 바둑을 둘 시간이 없어서 끊었지만, 한참 잘 나갈 때는 실력이 아마 5단인가 6단인가, 뭐 그 정도 갔었고, 기원에 가면 사범 소리를 들었으며 기료도 받지 않았다. 지금은 시간을 낼 수 없어 바둑은 안 두지만 관심은 계속 있어서 바둑 얘기만 나오면 귀가 번쩍 뜨인다. 유성룡에 대해서 연구하다가 바둑 스토리가 있어서 잠시 전한다.

　조일전쟁 때 명나라 원군 사령관으로 와서 평양을 수복한 이여송은 말하자면 당시 조선의 구세주였다. 임금도 감히 그 앞에서는 목소리조차 높이지 못하고 깔아야 했을 정도로 위세가 당당했다. 이러니 신하들이야 말할 것도 없어서, 판서 정도는 야단맞을 일이 있으면 그 앞에서 무릎을 꿇어야 했다.

　이런 이여송이 어느 날 선조에게 바둑 대국을 청했다. 상국의 원병군 사령관이 대국을 청하니 선조가 어찌 거절할 수 있었겠는가? 마주 앉기는 했는데 선조는 사실 바둑 실력이 시원찮았다. 원래 시원한 것이 하나도 없는 인간이 선조였다. 곁에서 유성룡이 지켜보려니 그래도 일국의 왕이 개꼴이 될 것 같아 들고 있던 일산(日傘)에 작은 구멍을 뚫어 놓고 그리로 들어오는 가는 햇살을 바둑판에 비추어 착점할 곳을 가르쳐 주어서 그 바둑을 비기게 했다고 하니, 유성룡이 국수 실력을 지녔다는 것이 사실인가 보다.

　물론 이 얘기는 야사에만 실려 있다. 뭐, 꼭 바둑을 잘 둔다고 모두 머리가 좋다고 말할 수는 없지만, 돌대가리가 바둑의 고수가 되기는 낙타가 바늘 구멍을 지나는 것만큼이나 어렵다는 것을 알아두기 바란다. 선조는 도저히 바둑 고수가 될 수 없었다.

7. 한 글씨했던 석봉 한호

　가래떡 아시지? 가래떡 하면 무엇이 생각나시나?, 떡국이라고? 하여간 책 안 보는 사람하고는 말을 말아야 해. 가래떡 하면 한석봉이 생각나야지, 떡국은 무슨 놈의 떡국.

초등학교 때 '글씨' 하면 한석봉이었다. 불을 끈 방에서 석봉이의 어머니는 가래떡을 썰고 석봉이는 글씨를 썼는데, 나중에 불을 켜고 보니 가래떡은 그대로 떡국을 해도 될 만큼 가지런했고, 석봉의 글씨는 손으로 썼는지 발로 썼는지 구분할 수 없었다는 스토리를 대한민국 국민들은 대부분 다 안다.

고등학교에 들어가서는 석봉이 말고도 추사 김정희란 인물도 한 글씨 한 데다가 그림에도 조예가 깊었다는 것을 배웠다. 근데 하도 오래된 스토리라 그런지 한석봉이 어느 시대 사람인지 통 기억이 안 난다.

석봉 한호는 초시를 패스한 후 바로 필생(筆生)으로 찍혔다.

글씨를 너무 잘 쓰는 데다, 그의 글씨는 '무슨 체'라는 독특한 필체라기보다 보고 베끼는 서법으로 아주 적합했기 때문에 바로 필생으로 찍혔던 것이다. 예를 들어 아무리 글씨를 잘 쓰고 필법이 천하 유일이라 해도 글씨가 날아다니거나 해서 남이 알아보는 데 애로가 많으면 필생으로서는 깡통인 것이다.

조선 명종(조선 13대) 때 인물인 한호가 빛을 본 것은 다음 대인 선조대에 들어와서다. 한석봉이 선조의 총애를 받기 시작하자 여러 신하들의 타깃이 되었는데, 선조는 무작정 한석봉을 싸고 돌아 신하들이 씹어대는 것을 귓등으로도 듣지 않았다. 당시 조정의 중요한 공문서나 외교문서는 거의 다 한석봉의 손을 거쳤는데, 그런 문서를 받는 놈들마다 글씨를 보고 감탄해 마지 않았으니 한호 덕분에 선조가 목에 힘을 줄 수 있었던 것이다.

이렇게 한석봉의 글씨가 호가 나자, 원병으로 파병되어 온 명나라의 장수들이 한석봉의 글씨를 못 얻어서 난리가 났다. 여기저기서 선조에게 압력이 들어오자 선조는 쾌히 인심을 쓴다. '까짓거 별 돈 드는 것도 아닌데, 이 판에 생색이나 왕창 내자.' "야 석봉아 와서 글씨 좀 써라."

조일전쟁 때 이순신은 전투 일선에서 적을 막았고, 유성룡은 조정에서 나라의 안정을 꾀했다면, 한석봉은 명나라 장수들에게 글씨를 써줌으로써 군의 사기를 높이고 국가적으로도 예산 절약에 적지 않은 기여를 했다고 볼 수 있다. 명나라 장수들에게 글씨라도 주지 않았으면 맨날 딴 걸 퍼줘야 되지 않았겠는가?

이렇게 조일전쟁에서 공로가 컸던 한석봉은 전쟁이 끝나자 그 공으로 가평군수에 임명되었으나, 글 쓰고 시작이나 하느라고 고을 행정은 엉망이었다. 그는 예술가였지 행정가가 아니었던 것이다. 결국 가평군수 자리에서 잘린 한석봉은 강원도의 좀 더 작은 읍의 현령으로 쫓겨갔으나 역시 시원찮다는 소리를 듣다가 다시 파직을 당했고, 얼마 후 병사하고 말았다.

우리가 아는 한석봉은 이렇게 조일전쟁 극복 공신 중의 한 사람이었는데, 글씨만 잘 썼지 다른 재능이 별로 없어 팔자는 그저 그랬다.

8. 거지 같은 공신 책봉

조일전쟁이 끝나고 6년이 지난 뒤 이원익, 이항복, 이덕형 등이 공신 책봉을 위한 엄격한 심사를 벌인 후 선조에게 보고했는데 그 때 원균의 공신 등급은 2등이었다.

근데 이 공신 책봉이란 것이 얼마나 웃기는 것인고 하니, 실제 나라를 위해서 싸운 선무공신은 이미 죽은 세 명의 1등 공신을 합쳐서 고작 18명에 지나지 않았다. 그런데다 목숨을 걸고 의병을 일으켰던 곽재우, 김면, 정인홍, 정문부, 고경명, 조헌, 휴정(서산대사), 유정(사명대사), 영규, 뇌묵, 처영 등 의병장들과 승장들은 싸그리 빠진 대신,

선조 자신이 도망갈 때 수행한 호종공신은 쌀 씻던 놈부터 담배 사러 갔던 놈들까지 모두 120명이 공신으로 책봉되었다.

목숨을 내걸고 싸운 인물들은 겨우 18명이 포상되었고, 전장에서 멀리 피해 있으면서 밤에 발 뻗고 편히 자빠져 잔 인간들은 선조를 수행했다 하여 6배나 더 포상한 것이다. 소인배 선조에게 호종 공신들은 자신의 수족이 될 수 있다고 생각된 인물들이었고, 공을 세운 무장들은 전쟁이 끝난 후 별 볼일 없어지면 싸그리 제거해버려야 할 대상들이라고 생각했기 때문에 이렇게 싸가지 없이 군 것이다.

2등으로 추천되었던 원균을 1등으로 승급시킨 인물은 바로 선조 자신이었다. 선조는 이상하게 원균을 감싸고 돌았으며, 이순신을 미워했다. 물론 원균을 띄워 이순신의 공을 희석시키기 위함으로 보여지나 그래도 너무 심했다.

당시 윤두수, 윤근수 등 조정 대신 일부가 원균의 친척들이긴 했으나, 영의정 유성룡과 이원익, 우의정 정탁 등은 이순신을 감싸고 돌았다. 이순신은 남인 영수 유성룡의 추천을 받았으므로 남인으로 분류된 한편, 북인들이 집권해 있던 전쟁 말기 조정에 비호자가 많았던 원균은 북인으로 분류되었다.

선조가 원균을 선무일등공신으로 추천하도록 내린 비망기를 보자.

"원균을 2등에 녹봉해 놓았다마는 왜란 발생 초기에 이순신은 원균이 구원을 요청해서 간 것이지 자진해서 간 것은 아니었다. 왜적을 토벌할 때 원균은 죽기를 결심하고 매양 선봉이 되어 용맹을 떨쳤다. 승전하고 노획한 공이 이순신과 같았는데, 그 노획한 적괴(賊魁)와 누선(樓船)을 이순신에게 빼앗긴 것이다." 이 비망기의 내용은 이순신을 깎아내리고 원균을 치켜세우는 것이었으나 전혀 일리가 없는 말은 아니다. 왜냐하면 원균은 이순신에게 여러 차례 구원을 요청했는 데도 불구하고 이순신이 출전을 미루자, 정운 등이 이순신을 찾아가 강력히 항의하여 원균의 요청을 받은 지 20여 일이 지난 5월 4일 하는 수 없이 출전했던 것이다.(《난중일기》1592년 5월 3일자)

공신 책봉도 각 정파가 골고루 나누어 먹어야 했기에 줄이 없는 사람들은 책봉 후보에 끼지도 못했다. 대표적인 예가 정파에 몸담지 않았던 정기룡이었다.

정기룡은 조일전쟁 중 육전에서 여러 번 괄목할 만한 공을 세웠는 데도 밀어주는 놈이 한 놈도 없어 공신 책봉에서 탈락했다가, 전쟁이 끝나고 7년이 지난 후에야 선무일등공신에 책봉되었다.

결국 선무일등공신은 정기룡을 포함하여 모두 네 명이 되었는데, 권율은 늙다리인 데다 전쟁 중 병조판서를 지내고 전후 공신도감의 제조가 된 이항복의 장인이었고, 원균은 선조가 우겨서 넣었으며, 정기룡은 초장에 탈락했다가 자그마치 전쟁이 끝난 지 7년이나 지나서 공신이 되었으니, 실제로 당당하게 선무일등공신이 된 인물은 이순신이 유일했다.

결국 당시 선무공신 1등은 이순신, 원균, 권율 등 세 명으로 결정되었고, 2등은 김시민, 이정암, 이억기, 권응수, 신점 등 다섯 명이, 3등에는 이순신(이순신 장군과 동명이인으로 이순신 장군의 부하였음), 기효근, 이운룡, 이광악, 조경, 권준, 고원백, 유사원, 권협, 정기원 등 열 명이 책훈되었다.

보시다시피 가정과 일신의 평안을 모두 내던지고 나라를 위해 목숨을 바친 곽재우, 김면, 조헌, 고경명 등 의병장들과 승장들은 단 한 명도 공신에 책봉되지 못했다.

9. 머리 좋은 원숭이, 도요토미 히데요시(1536~1598)

1333년 가마쿠라 막부의 가신인 아시카가 다카우지는 가마쿠라 막부를 전복시키려고 봉기한 고다이고 천황을 제압하기 위하여 출정했으나, 고다이고 천황을 치는 대신 그와 합작한 다음 말머리를 돌려 자신의 주군의 본거지인 가마쿠라를 공격하여 막부를 멸망시켰다.

그러나 자신이 막부 멸망의 일등공신인 데도 불구하고 천황 조정으로부터 그에 합당한 대우를 받지 못하자, 다카우지는 1335년 고다이고 천황 정권을 무너뜨리고 새로운 천황을 세운 다음 정이대장군이 되어 무로마치 막부를 열었다.

쫓겨난 고다이고 천황은 정통성을 주장하며 요시노에서 조정을 열었는데, 이를 남조라 하고 다카우지가 점령한 교토의 조정을 북조라 하여, 이를 남북조시대라 불렀으며 약 60년 간에 걸쳐 대치하다가 남조가 북조에 통합되었다.

1467년 무로마치 막부의 8대 쇼군 때에 이르자 후계자 문제로 오닌의 난이 일어나 10년을 끈 후 무로마치 막부가 몰락하고, 일본 역사상 최대 혼란기인 120여 년의 전국시대가 개막되었다. 전국시대란 무로마치 막부가 쇠퇴하면서 그 막부에서 임명한 영주들 중 힘있는 자들이 막부의 통제에서 벗어나 영지를 자신의 작은 나라로 만들어 서로 쟁패한 시기를 말한다. 말하자면 작은 자치국들을 만든 셈인데, 이를 번이라 했고, 전국에 274개의 번이 있었다.

전국시대는 약육강식의 죽고 죽이는 참혹한 시기였는데, 이 전국시대 말기에 뜬 무장이 바로 오다 노부나가다.

오다 노부나가는 무로마치 막부시대를 종식시키고 전국시대를 마감한 일본의 전쟁 영웅으로, 49세 때 교토의 혼노지에서 부하인 아케치 미쓰히데의 반역으로 살해되었고 그 뒤를 이은 자가 히데요시다.

당시 오다 가신단 중에서 다섯 번째 지위에 지나지 않던 도요토미 히데요시는 즉각 반역자 미쓰히데를 공격하여 죽이고 노부나가를 계승함으로써 전국적인 인물로 떠올랐다.

오다 대신 전국 통일에 나선 히데요시는 가장 강력한 라이벌이었던 도쿠가와 이에야스에게 배다른 여동생을 첩으로 주고, 어머니를 인질로 보냄으로써 화친조약을 맺은 다음 천하 통일에 나섰다.

1587년 4월 규슈를 정벌하여 일본 천하 통일을 눈앞에 두어 뵈는 것이 없게 된 히데요시는 그 때부터 5년 동안 조선 침공을 준비했다. 전국시대가 끝날 무렵이어서 병력과 군비는 남아돌아갔고, 단지 군량만 더 준비하고 군사와 군량을 실어나를 배만 만들면 되었다. 히데요시는 대마도주에게 명하여 통역관을 양성케 하고 밀정을 파견하여 조선 각지의 지도를 상세히 그리도록 했다.

지도 얘기가 나왔으니 말인데, 히데요시는 지도를 그리는 데 취미가 각별했다. 히데요시는 백지에 동양 여러 나라의 지도를 그려놓고 거기다 색칠을 하고 지명을 제 마음대로 적어넣는 장난을 하면서 거기에 몰두하는 괴상한 취미가 있었다. 큰 지도를 그려놓고 거기다 제 마음대로 지명을 적으면서 히죽거리는 꼴을 보면 갈데없는 미친 놈이었다.

이 인간이 하는 짓이, 중국 명나라를 그린 다음 북경 대신 일본의 수도라고 적어놓고, 그 곳에 천황궁을 그려놓은 다음 자신은 영파에 본거지를 두는 식이었다. 거기까지면 '쟤 이상한 애 아냐?'라고 고개를 갸우뚱하는 정도에 그칠 텐데, 그게 아니고 대만, 필리핀, 인도까지 그린 다음 황궁이 있는 북경을 중심으로 동남아시아 일대를 통합한 대제국을 세운다는 꿈을 지도를 통해서 즐기고 있었던 것이니, 상해도 많이 상한 인간이었다.

상하려면 저나 상하고 말지, 이 인간 하는 짓이, 무사시의 다이묘인 가메이 고레노리에게 "내가 일본 전국을 제패하게 되면 그대에게 류쿠(오키나와)를 주겠노라"라고 약속을 하고는 금박 부채에다 '가메이 류쿠의 영주'라고 써서 주지를 않나, 조선 출병이 결정된 다음 가또 기요마사에게는 명나라의 20주를 하사하겠다는 헛소리를 하지 않나, 좌우간 거의 정신병자 직전 수준에 도달해 있었다.

당시 류쿠는 독립국으로서 히데요시의 말빨이 전혀 먹히지 않는 지역임에도 불구하고 가메이에게는 히데요시가 준 부채가 제 목숨 다음으로 귀중한 물건이 되었으나, 나중에 이 부채는 묘하게 이순신 장군의 수중에 들어가게 된다.

히데요시는 조일전쟁 발발 2년 전인 1590년 4월에 호죠가를 마지막으로 정벌하여 일본 전국을 통일했다.

지금도 일본의 전쟁 영웅으로 받들어지고 있는 도요토미 히데요시는 1536년 이순신보다 9년 앞서 아이치켄의 나까무라란 마을에서 말단 병졸의 아들로 태어나 8세 때 아버지가 죽고 가난한 농부에게 재가한 어머니를 따라가서 천덕꾸러기로 자랐다. 그는 16세에 집을 나가 당대의 명장 오다 노부나가의 당번병이 되었다. 히데요시는 상관인 노부나가를 끔찍이 존경하여 겨울이 되면 노부나가의 신발을 품에 품고 자서 아침이면 노부나가가 따뜻한 신발을 신고 나가게 할 정도로 정성으로 섬긴 끝에 노부나가의 눈에 들어 무사로 입신하게 된다.

두뇌가 비상했던 히데요시는 전투 때마다 공을 세워 노부나가의 1급 참모가 되었다. 히데요시는 키가 작고 못 생겨 잔나비란 별명을 들었으나, 지혜와 순발력 그리고 임기응변이 뛰어난 인물이었다. 47세 때 노부나가가 부하였던 아케치의 배반으로 자결하자, 히데요시는 아케치를 척살하고 노부나가를 승계했으며, 1590년 55세 되던 해 일본 전국 66개 주를 통일하여 일본의 불세출의 전쟁 영웅으로 떠올랐다.

그가 조선을 침공한 것은 천하를 평정한 2년 후인 57세 때였다.

히데요시는 일본을 통일하는 과정에서 절묘한 술책을 썼다. 즉 전투보다 외교로 상대를 굴복시키는 전략을 주로 쓴 것이다. 히데요시는 상대를 매수하거나 큰 이익을 제공하기도 했고, 때로는 집요하고도 끈질기게 설득하는 등 무인이라기보다 상인의 거래에 가까운 감각을 가지고 상대를 압박했다. 성격이 호방하고 통이 컸던 히데요시는 오다가 남긴 막대한 재부를 수하들에게 마구 뿌려 그에 대한 수하들의 충성도는 매우 높았다.

전국을 거의 통일한 히데요시는 1585년 관백이 되었다. 관백이란 천황을 대신하여 정치를 행하고 제국의 영주들을 명령할 수 있는 직위였으며, 히데요시는 관백이 되자 도요토미라는 성을 사용하기 시작했다.

당시 히데요시의 총병력은 30만 명이 약간 넘었다. 무사 출신인 히데요시에게 있어서 무사란 그 생활이 결코 편안해서는 안 되고 항상 무술을 갈고 닦아 유사시에 용맹하고 과감하게 나서서 싸울 수 있는 인물이어야 했는데, 무단국가인 일본 무사들의 생각도 거의 히데요시와 동일했다.

히데요시가 전국을 통일하기는 했으나, 아직도 도처에서 용솟음치고 있는 눌려진 기운들을 배출시킬 곳이 필요했다. 말하자면 도처에 산재한 위험한 무력들을 발산시킬 돌파구가 필요했던 것이다. 그곳이 바로 해외였고, 가장 가까운 해외가 조선이었다. 거기다 일이 되려니까 쓰시마의 소오씨가 히데요시의 휘하에 귀속하고 싶다는 뜻을 전해왔다.

대마도는 그 때까지 일본과 조선의 중간에 있으면서 양쪽과 다 관계가 깊기는 했지만 어디에 소속되어 있지는 않은 자치령 비슷한 땅이었는데, 히데요시가 일본 전국을 통일했다는 소식을 듣자 다음 불똥이 자기네 섬까지 튀어올까 봐 서둘러 귀속을 청한 것이었다. 이렇게 대마도까지 히데요시의 수하에 들어오는 바람에 일군이 물 건너 조선 땅까지 가는 중간에 징검다리까지 놓인 셈이 되었다.

히데요시가 조선 정벌론을 꺼내놓았을 때 가신들 모두가 이를 찬성한 것은 아니었다. 오랜 내전 끝에 겨우 평화를 누리게 된 많은 영주들은 불만이 많았는데, 그 중에서도 히데요시의 동생이자 부장인 히데나가는 조선 출정을 강력히 반대했다. 전쟁이라면 지긋지긋했던 것이다. 근데 회의 도중 눈치만 보고 있던 도쿠가와 이에야스가 한 마디 하고 나섰다. "참으로 지당하신 말씀으로 저도 그렇게 생각합니다." 이에야스의 결정적인 이 한 마디로 그 회의는 종쳤다.

1592년 1월 히데요시는 전국의 영주들에게 나고야로 모이도록 명을 내렸고, 영주들이 모두 모여들자 병력은 30만 5천에 이르렀다. 히데요시가 조선 침공을 위해 일본 각지의 영주들에게 명령을 내려 새로 건조한 배는 총 2,000척에 달했다. 근데 단기간에 배 건조를 너무 재촉하다 보니, 배를 숫자대로 만들긴 했는데 그만 부실공사가 되어버렸다. 일본 배도 제대로 만들려면 못과 같은 쇠붙이를 거의 사용하지 않고 중요한 부분은 전부 깎아서 끼워맞춰야 하는데, 시간에 쫓기다 보니 그냥 대충 못을 박아 버린 것이다. 이 부실공사로 건조된 배가 나중에 조선 함대와의 해전에서 일 수군이 박살나는 요인 가운데 하나가 된다.

히데요시는 관백의 자리를 조카에게 넘겨주고 자신은 태합이 되어 전쟁에 전념하기 위해 거처를 나고야로 옮겼다.

히데요시는 수많은 병사들을 조선으로 보내기 위해 입지가 좋은 포구를 찾고 있었다. 나고야는 큰 만과 포구를 가지고 있어서 수천 척의 선박이 정박할 수 있었으므로 조선 정벌의 전진기지로는 절호의 조건을 갖추고 있었다.

당시 나고야는 황량한 불모의 땅이었으나, 히데요시의 명령으로 30만 명의 인부가 동원되어 불과 5개월 만에 새로운 도시로 탈바꿈되었다. 축성에 일가견이 있는 가또 기요마사가 총책임자가 되고, 구로다 나가마사와 고니시 유키나가가 공사를 담당했다. 히데요시의 궁전과 수백 채의 영주들의 소성, 그리고 수많은 백성들의 거처가 겨우 몇 달 만에 모두 완성된 것이다. 나고야성은 사방 5km의 사각형 형태인, 깨끗한 계획도시로 신축되었다.

성이 완공되면서 전국에서 군수품이 모여들기 시작했다. 무기, 탄환, 식량, 말 먹이, 여물, 여물통 등이 모여 산처럼 쌓였고, 전국 각지에서 칼 만드는 장인들이 모두 차출되었다. 군수품 이 외에도 조선 침공을 위해 백수십 명의 조선어 통역사까지 확보한 히데요시는 침공 직전 조선 팔도의 지도를 복사하여 각 군의 지휘관들에게 배부했다. 지도는 누구라도 쉽게 알아볼 수 있도록 각 도를 여섯 가지 색깔로 구분했는데, 경상도는 백색, 전라도는 홍색, 충청도와 경기도는 청색, 황해도는 녹색, 강원도와 평안도는 황색, 함경도는 흑색으로 채색되어 있었다. 이제 조선을 침공하기 위한 모든 준비가 끝난 것이다.

원정군의 선봉 제1진인 고니시 유키나가(소서행장)가 히데요시의 명으로 제장들과 함께 수백 척의 함선을 이끌고 조선을 침공하기 위해 나고야를 출발한 것은 1592년(분로꾸 원년) 3월 12일이었다.

사카이의 상인 출신인 고니시와 대조선 무역이나 교통에서 우호적인 입장에 있던 대마도 영주 소오 요시토모는 히데요시의 조선 출병에 적극 반대했었다. 그러나 결국 히데요시의 명을 받은 선봉 고니시는 대마도주 소오 요시토모의 병사와 합류하여 18,700명의 병사를 7백여 척의 함선에 태우고 4월 12일 쓰시마를 출발했다.

원정군의 배는 절반이 수송선이라 쳐도 겨우 수십 명이 탈 수 있는 규모의 중선들이 대부분이었다. 실제 총 2천 척의 함선 중 약 700척이 그나마 군선에 해당되었다.

결국 조일전쟁이 발발하여 초기에 15만 대군을 침공에 투입한 일군이 대략 6개월 동안 우세를 유지하면서 한양, 평양을 점령하고 함경도까지 쳐올라갔다. 그러나 조선 전국 각지에서 의병이 일어난 데다가, 제해권을 이순신 함대가 장악하고 있는 상황에서 명군이 대규모로 파병되어 일거에 평양성을 탈환하자 침략군의 기세는 위축되었고, 개전 후 6개월이 지나면서부터 전장에서 밀리기 시작했다.

그러다가 명과 평화회담이 시작되어 전쟁이 소강상태로 들어간 채 서로 속이고 속는 강화회담이 몇 년을 질질 끌다가 결국 성과 없이 결렬되자 열받은 히데요시가 재출병 명령을 내려 1597년 1월 제2차 조일전쟁이 발발하게 된 것이다. 그러나 히데요시가 재출병 다음 해인 1598년 병사하자 침공군이 본국으로 철수하면서 조일전쟁은 막을 내리게 된다.

히데요시가 죽었을 때 본국에 예비대로 남아 있던 도쿠가와 이에야스는 병력의 손실이 거의 없는 유일한 다이묘로, 친히데요시 세력과 세키가하라전투에서 승리하여 히데요시의 잔여 세력을 제거하고 일본 천하를 손에 넣은 뒤 도쿠가와 막부를 창건하여, 1868년 메이지유신이 일어날 때까지 자그마치 265년 간이나 존속하게 된다.

"천하라는 떡을 오다가 반죽하고, 히데요시는 그 떡을 구웠으며, 도쿠가와는 그 떡을 거저 먹었다." 이 말이 서로 뗄래야 뗄 수 없는 인연의 끈으로 연결된 일본 전국시대 세 영웅의 생애를 단적으로 설명해 주고 있다.

히데요시는 죽은 후 풍국대명신으로 모셔지고 조정으로부터 정일위의 신위를 받았으며 도요쿠니신사에 모셔졌다. 그러나 도쿠가와 막부가 설립된 후 히데요시는 풍국대명신의 신호를 박탈당하고 도요쿠니신사는 파괴되었다.

　19세기 후반 도쿠가와 막부를 엎어버린 메이지유신 후 천황들은 도요쿠니신사를 복원하도록 명령했으며, 20세기에 들어 일본이 한일합방으로 히데요시의 대륙 정복 시도를 성취함으로써 히데요시는 대륙 정복의 선각자로 추앙받게 되었다. 19세기와 20세기 초의 일본 교과서에는 히데요시를 순임금, 진시황, 나폴레옹과 나란히 비교하고 있었을 정도다.

　히데요시는 57세인 1593년에 차남 도요토미 히데요리를 낳았다. 그는 수하의 다섯 장군에게 히데요리를 부탁하고 62세로 죽었으나, 히데요리는 결국 도꾸가와 이에야스에게 22세로 살해당함으로써 히데요시 가는 멸문되고 만다.

10. 일군의 두 선봉장 무단파 가또 기요마사(가등청정)와 문치파 고니시 유키나가(소서행장)

　일군 장수 중 1군과 2군 사령관으로서 서로 경쟁자였던 고니시와 가또는 사이가 아주 나빴다. 둘은 환경이며 성격까지 비슷한 것이 하나도 없었다. 히데요시 진영의 무단파인 가또는 히고국의 절반인 북쪽 25만 석의 영주였고, 문치파라고 할 수 있는 고니시 유키나가의 영토는 히고국의 다른 반인 남쪽 24만 석의 영주였다. 이렇게 세도 비슷한 데다가 기요마사가 일련교도 임에 반해 유키나가는 아우구스티누스라는 세례명을 가진 열렬한 기리시단(크리스찬)으로, 종군 시에도 신부를 데리고 다닐 정도의 독실한 가톨릭 교도였다.

히데요시의 시동 출신으로 일본 제일의 용장으로 알려진 가또 기요마사는 거칠기 짝이 없는 전형적인 무인으로 조선 침공 시 각지에서 그의 부대는 살육과 약탈을 자행해서 악명이 높았으며, 조선 조정에서도 일인 장군 중 첫 손가락으로 꼽을 만큼 가또는 악질이었다. 그는 함경도까지 진격했다가 두 왕자를 사로잡는 공을 세웠다. 그는 도요토미 히데요시 사후 말을 바꿔 타서 도쿠가와 이에야스의 신하로 세키가하라전투에 참전하여, 그 전투에서 승리함으로써 이에야스 수하의 대영주로서 평생 편안한 삶을 누렸다.

한편 조선 침공 시 1군 사령관이었던 고니시 유키나가는 화평파로서 전쟁이 일어나지 않도록 많은 외교적 노력을 기울였으며, 또 조선과 일본 그리고 명과 일본의 강화를 위해서 여러 차례 힘쓴 인물이었다. 조일전쟁 1차 침공 말기에도 명의 유격장군 심유경과 서로 짜고 명의 신종과 일본의 히데요시의 국서를 위조해서라도 전쟁을 종식시키고자 노력했던 인물이 유키나가였다.

그는 히데요시 사후 절개를 지켜 세키가하라전투에서 히데요시 편인 서군의 모리 데루모토(모리석원) 휘하에서 장군으로 분투했으나, 전쟁에 패한 후 참수된 비운의 장군이다.

1613년에 이에야스가 가톨릭 추방령을 내려 가톨릭을 박해하기 시작하여 수많은 가톨릭 신자들이 필리핀으로 추방되었다. 일본의 기독교는 1549년 포르투갈 선교사인 후란시스코 하비에르가 최초로 선교를 시작했고, 일본인들은 그간 어차피 해외를 통하여 문물을 받아들였으므로 아무런 거부감 없이 기독교를 수용했다.

16세기 말, 17세기 초인 당시 일본 전국에는 200개 이상의 교회(성당)가 있었고, 신자는 15만 명이 넘을 정도로 가톨릭은 일본에서 성세였으나 도쿠가와 막부 집권 이후 내내 탄압을 받았다.

　막부에서는 기독교인들을 색출해내기 위해서 악랄한 방법을 동원했다. 즉 사람들이 많이 지나다니는 거리에, 커다란 판자에다 성모마리아가 아기 예수를 안고 있는 그림을 조각하고 예쁘게 색칠한 다음 그걸 길바닥에 깔아놓고 행인들로 하여금 밟고 지나가게 한 것이다.

　만약에 밟는 것을 거절하거나, 밟더라도 죽을 상을 하면 그대로 끌려갔다. 독한 방법이긴 했으나, 효과는 만점이었다. 이렇게 악랄하게 굴자 기독교인들은 반란을 일으켰고, 결국 숱한 기독교인들이 처형되었다.

전쟁의 전개

1. 누르하치의 파병 제안

1589년 만주에서 여진족의 강력한 부족인 건주여진을 통일하고 여진족의 왕임을 칭한 누르하치가 조일전쟁이 일어난 다음 해인 1593년 명 조정에다 조선을 돕기 위해 2만의 병력을 파병하겠다고 제의했으나 명과 조선은 누르하치의 파병 제의를 거절했다.

후금이 파병하여 전쟁에 개입하면 명과 조선 양국의 전력이 가감 없이 그대로 노출될 것이고, 또 전후에 어떤 계략이 있는지 알 수 없어 이를 거절한 것이다.

제2차 조일전쟁(정유재란)이 일어난 후인 1598년 누르하치는 다시 사신을 보내 조선에 파병을 제의했다. 선조는 "대체 말이나 되는 소리냐? 조선이 아무리 깡통이라 하나 어찌 짐승 같은 오랑캐의 도움을 받는단 말이냐?" 하고 역정을 냈다. 꼭 쥐뿔도 없는 것들이 잘났다고 떠드는 법이다.

1593년 여진족의 대부족 중 하나인 해서여진은 몽골과 반누르하치 동맹을 결성하고 누르하치의 건주여진을 공격했으나 대패했고, 누르하치는 해서여진과의 전투에서 승리함으로써 국제 무대에 화려하게 등장했다. 누르하치는 1616년 정식으로 후금을 건국했으며, 그로부터 20년 뒤인 1636년 조청전쟁(병자호란)이 일어나면서 청의 2대 황제 홍타이지가 이끈 청군에게 박살난 조선은 청에 항복하고 신하 나라가 된다. 즉 주제 파악도 못하고 주접을 떨다가 금세 짐승의 신하가 된 것이다.

사실 말만 많았던 조선은 개, 돼지새끼들이라고 깔보았던 여진족의 신하가 되고도 남았다. 조선에서나 후금을 깔보았지 실제 후금의 지배층들은 황제서부터 질박하고 검소했으며, 후금군의 군령과 군기도 엄정하기 짝이 없었다. 조선의 썩어빠진 지배층과 오합지졸이었던 조선군과는 근본적으로 달랐던 것이다.

2. 침공군의 부산 상륙

1592년 4월 13일, 양력으로 5월 23일, 고니시의 제1군 18,700명을 태운 수송선단 700여 척이 부산 앞바다를 까맣게 덮은 채 나타났다. 조일전쟁의 막이 오른 것이다.

사실 일 함선들은 우리 전함보다 훨씬 작았으나, 700여 척이면 수 평방킬로미터의 바다를 새까맣게 덮었을 테니, 아마 장관이었을 것이다.

제1진을 실어 나른 함선이 모두 700여 척이었는데, 그 반인 350척에 군수품을 실었다치면, 병사 18,700명이 나머지 350척에 나누어 탔을 테니까 배 한 척에 겨우 50~60명이 승선한 셈이 된다. 일 함선의 주종인 세키부네는 판옥선의 절반에서 삼분의 이 정도에 달하는 크기의 배였다. 조선 전함인 판옥선은 정원만 164명이고, 정원 초과를 무시하고 때려싣으면 삼, 사백 명은 가볍게 탈 수 있는 큰 배였다. 제2진인 가또의 병력 22,800명은 4월 20일에 도착했고 나머지 병력은 고니시와 가또가 타고 온 수송선이 되돌아가서 태우고 와야 했기 때문에 일군의 전 부대는 4월 말에서 5월 말까지 조선에 모두 상륙했다.

16세기 말 실제로 조선이 세계 최강의 함대를 보유하고 있었을까? 그건 당시 조선 수군의 전력과 유럽 최강 함대의 전력을 비교해 보면 간단히 알 수 있다.

조일전쟁 발발 바로 4년 전인 1588년 칼레해전(북해해전) 시 스페인의 메디나 시도니아 공작이 이끈 무적 함대의 주력 전함인 갈레온선은 겨우 20척에 불과했고, 나머지는 무장시킨 상선과 수송선 70척 정도로 모두 합쳐서 백여 척 정도의 함대였으며, 병력은 해군 8천여 명에 별도로 영국에 상륙할 육군 보병 19,000명을 태우고 있었다.

거기에 비하여 후란시스 드레이크가 지휘한 당시 유럽 최강인 영국 함대의 전함은 모두 80여 척에 병력 9,000명 정도였으며, 역시 최신 전함인 갈레온선을 25척 정도 보유하고 있어서 조선 함대가 최대 규모였을 때보다 전함 수나 병력 면에서 훨씬 열세였다.

갈레온선이 바로 조선의 판옥선에 해당될 만한 배인데, 조선 수군 전력이 극대화되었을 때 보유한 판옥선은 거의 200척에 가까웠다. 이러니 당시 이순신이 이끄는 조선 함대의 전력이면 영국, 스페인 어느 나라하고 전투를 벌였어도 가볍게 승리했을 것이다.

조선 함대의 대규모 출항 시는 갈레온선에 필적하는 판옥선 백수십 척에다 거의 2만여 명의 수군 병력이 동원되었으며, 배에 장착된 함포 성능도 유럽의 대포보다 우수했으면 우수했지 절대로 뒤떨어지지 않았다. 함대에 장착된 함포도 판옥선 150척이면 척당 20문씩 계산해도 거의 3천 문이나 되는 가공한 화력이었다. 이렇게 비교해 보았다시피 당시 조선 함대를 능가할 해군 전력을 보유한 나라가 동서양을 통틀어서 하나도 없었던 것이다.

일군이 대거 조선을 침공하면서 배를 타고왔는 데도 불구하고, 상륙 지점인 부산 앞바다나 해안에서는 일군의 침공을 저지할 단 한 척의 배, 단 한 명의 병사도 볼 수 없었다.

사실 조선에는 방어 태세라고 할 만한 것이 아무것도 없었다. 어느 무식한 촌놈이, 육전에 약한 일군을 육지에 올린 다음 박살내자고 해서 모두들 성안에 틀어박혀 개네들이 어떻게 상륙하는가를 구경만

하고 있었다.

　일군이 쳐들어왔을 때 조선에서 했어야 할 첫 대응책은 수군이 바다에서 해전을 벌여 병력과 군수품을 싣고 오는 수송선들을 격침시키는 것이었고, 그리고 나서 상륙하는 적들을 육지에서는 육군이 공격하고 그래도 안 되면 수성을 했어야 했다. 그러나 바다에는 조선의 함선이 단 한 척도 나타나지 않아 일본군은 평화롭게 전군이 바다에서 하루를 푹 쉬고 다음날 느긋하게 상륙할 수 있었다. 첫날 침공군은 단지 일부 정찰병만 상륙시켰고, 나머지는 안전한 바다에서 편안한 밤을 보냈다.

　당시 동래에 있는 경상좌수영에는 수사 박홍이 있었고, 거제도에는 경상우수영의 수사 원균이 있었다. 그러나 당시 육군은 물론이고 수군마저도 병력의 규모가 어땠는지 정확히 알 수 있는 기록이 아무것도 존재하지 않는다.

　유성룡의 《징비록》에는 "처음에 적병이 상륙하자 원균은 그 형세가 큰 데 놀라서 감히 출전하지 못하고 전선 100여 척과 화포, 군기 등을 바다에 버렸다. 그리고 수하 비장 이운용, 이영남 등만을 거느리고 4척의 배에 타고 곤양바다 어귀에 상륙하여 적을 피하려 했다. 그리하여 그가 거느린 수군 1만여 명이 모두 무너지고 말았다"라고 기록되어 있다.

　《이충무공전서》에는 이 때 원균이 잃은 전선이 73척으로 기록되어 있다. 기록에 따르면 우수영의 전선(판옥선) 수는 44척, 협선(연락선)은 29척으로 모두 73척이었으나 원균이 67척의 배를 파괴해 버리고 전선 4척과 협선 2척 등 모두 6척만을 이끌고 도망쳤으며, 이로 인해 무너진 우수영 병력은 12,000명에 달한다고 했다. 박홍도 도망갔으나 경상좌수영의 전력에 대하여는 언급한 기록은 전혀 없다. 경상좌수영에도 최소한 수십 척의 전함 및 비전투선이 있었던 것으로 추정될

뿐이다.

원균은 조일전쟁 발발 2개월 전에 경상우수사로 부임했는데, 앞의 숫자는 장부상으로만 있는 숫자이기 때문에 실제 보유하고 있던 병력과 함선이 어느 정도인지 정확하게 알 수는 없다. 그러나 기록의 반만 잡아도 20여 척의 판옥선이 있었을 것인데 왜 함대를 인솔하여 도피하지 않고 네 척만 가지고 도피하고 나머지를 침몰시켜 버렸을까?

앞에서 이미 설명했지만, 경상좌·우수영의 함선들은 운용하기 어려울 만큼 모조리 썩었거나, 배를 운용할 수군 병력이 없었을 것이다. 대비 없이 별안간 전쟁을 맞아 병사들이 귀대는커녕 아마 모조리 도망쳤을 것이기 때문이다.

또 다른 기록에는 얼마간의 병선이 있었는데, 원균이 부재 중일 때 경상우수영의 우후가 일군이 쳐들어온다는 헛소문에 놀라 배를 불태우고 병장기를 바다에 버렸다고 한다.

어쨌든 원균이 전쟁을 대비했다는 기록은 없다. 조정서부터 일군의 침공에 아무런 대비를 하지 않을 때였는데, 원균이 전쟁 발발 겨우 2개월 전에 부임하여 무슨 수로 전쟁 준비를 했겠는가. 혹 당시 전쟁에 대비하고 싶었어도 제대로 무기를 준비하기 어려웠을 것이다. 일군의 침공 날짜까지 뻔히 알고 있었던 부산성의 정발이나 동래성의 송상현도 화약무기가 없었고, 하다 못해 평양성전투에서도 조선군은 화약무기를 제대로 준비하지 못했는데, 어떻게 원균이 화약무기를 제대로 준비할 수 있었겠는가.

하여간 차후 일군이 본거지로 삼게 될 부산포를 관할 하에 둔 경상우수영과 경상좌수영의 전력이 와해됨으로써 온전한 함대는 이순신의 전라좌수영과 이억기의 전라우수영의 함대만 남게 되었다.

이 때부터 일 수군은 부산 일대를 장악하게 되며, 이 지역은 전쟁이 끝날 때까지 남의 땅이 된다. 후에 원균은 이순신에게 구원을 요청하고 전라좌수영의 함대와 합류하여 개전 초중반에 약간의 공을 세우게 된다.

3. 부산성, 동래성 함락

다음날 부산포에 상륙한 일군 대부대는 부산첨사 정발이 2천여(6천여 명이란 기록도 있다) 수비군을 이끌고 지키고 있는 부산성을 서너 시간 만에 점령했으며, 수비대장 정발과 대부분의 병사들은 전사하거나 포로가 되었다.

일본 측 기록에 의하면, 정발은 사냥갔다가 술이 취해 죽을 때까지도 술이 안 깨서 싸움 한 번 못 해보고 죽었다 한다. 그런데 조선의 기록에는 정발이 최후까지 분전을 하다가 전사했다고 기록되어 있는데 어느 쪽 기록이 맞을까?

정발이 최후까지 분전하다 전사했다는 스토리는 그의 후손이 쓴 것이니, 아마 일본 측 기록이 맞을 것이다. 아무리 일본놈들이라 해도 멀쩡한 인간을 곤죽으로 취했다고 하지는 않았을 것이기 때문이다. 근데 정발은 그 전날 바다를 새까맣게 덮고 있었던 일 선단을 보지 못하고 사냥을 갔나? 그렇게 눈이 나빴나?

부산성을 점령한 일군은 계속해서 서생포와 다대포를 공격하여 저항하던 수비대장인 첨사 윤흥신과 수비병들을 잠깐 새에 박살냈다. 하루를 푹 쉰 일군은 그 다음날 동래성을 쳤는데 길 안내는 일본인 여자와 같이 사는 조선인과 조선에 살고 있던 일본인이 했다.

부산성 함락을 지켜본 경상도 병마절도사 겸 감사 김수는 뒤도 안 돌아다보고 튀고, 경상좌수사 박홍도 진영을 버리고 식량과 무기를 불태운 다음 한성으로 도망쳤으며, 거제도의 경상우수사 원균도 병선을 불태우고, 화포, 무기를 바다에 처넣은 다음 이영남, 이운용과 함께 곤양으로 도망쳤다. 하여간 모조리 도망치고, 모조리 튀었다.

동래성에는 부사 송상현과 수비군 삼천여 명(2만여 명이란 기록도 있는데, 이는 신빙성이 떨어진다. 아마 주민까지 합친 숫자였을 것이다.) 그리고 1만여의 주민들이 있었는데 부산성 함락 소식을 들은 송상현은 영내의 군민을 모아 방어 태세를 갖추고 있었다.

전쟁을 반대했던 고니시가 전투를 피하고 성을 점령할 의향으로 송상현에게 글을 쓴 패목을 보냈다. 패목에는 "싸우고자 한다면 싸우자, 싸우지 않겠다면 길을 비켜라"라고 써있었다. 이를 본 송상현은 역시 패목에 답글을 써서 성밖으로 던졌다. 송상현의 패목에는 "싸워 죽기는 쉬워도, 길을 내어주기는 어렵다"라고 써있었다.

결국 고니시군의 공격으로 불과 2~3시간 만에 동래성 수비군이 궤멸되고 성은 함락되고 말았다. 정발이나 송상현은 일군의 침공 날짜까지 미리 알고 있었던 인물들인데, 어째서 성을 방어할 화약무기를 미리 준비하지 않았는지 역시 궁금할 뿐이다. 이로써 일본과의 국경제 일선에 해당되는 두 개의 큰 성이 제대로 싸워보지도 못하고 겨우 몇 시간 만에 모두 함락되고 말았다.

사실 동래성의 군사들은 급조된 농민이나 무뢰배들이 거의 다였다. 그래도 일군이 조선에 상륙한 후 처음으로 싸움 같은 싸움을 한 것은 그나마 동래성 전투에서였다. 이 전투에서 조선군 전사자는 3천에 달했고, 포로도 5백 명이나 되었으며, 수비대장 송상현은 성이 함락된 후 전사하고 말았다.

이 때 경상좌병사이자 비겁하고 치사하기 짝이 없었던 탐관오리 이각이 동래성으로 왔다가 부산성 함락 소식을 듣고는, 성에서 방어하느니 일군이 오는 길목에서 공격하겠다는 핑계로 성을 나가 그대로 도망쳐 자신의 거성인 병영성으로 가서 가족을 도피시키고 금은보화를 챙긴 뒤 병사들을 해산시켜 버렸다. 이각은 동래성에서 도망친 다음, 소산역에서 박진을 만나게 되자 함께 싸우기로 거짓 다짐을 하고 나서 또다시 도망쳐서 첩부터 피난시켰다.

당시 이렇게 한심한 인간들이 조선군의 지휘를 맡고 있었다. 결국 이각은 후에 도원수 김명원에게 붙잡혀 처형되고 만다.

일군이 쳐들어올 당시 조선군의 총 병력은 장부상 20만 명이라는 어마어마한 숫자였으나, 실제 전투에 투입할 수 있는 병력이 얼마인지는 아무도 몰랐고, 그나마 그 중 제대로 훈련을 받은 병사는 겨우 수천 명에 지나지 않았다.

어쨌든 고니시군에 이어 5일 후에는 가또의 제2진 22,800명이 도착했고, 가또군보다 하루 늦게 제3진 구로다 나가마사의 11,000명의 군사가 도착해 모두 5만여의 정예 일군이 일주일 사이에 조선에 상륙했다.

전함을 모조리 가라앉히고 도망친 경상좌수사 박홍은 부산진성이 함락된 것을 보고 조정에 장계를 올렸으며, 이로부터 3일 후에야 조정에서는 일군이 쳐들어 온 것을 알게 되었다.

봉화가 제대로 작동했으면 하루면 알 수 있었을 텐데 전쟁이 터졌는 데도 불구하고 봉화대 지키는 놈들은 모조리 도망쳤든가 아니면 애초에 봉화대를 지키는 군사가 아예 없었나보다. 그래서 조정에서 전쟁이 일어난 것을 보고받는 데 봉화가 아닌 파발로 받았기 때문에 3일이나 걸린 것이다.

당시 경상우병사는 조대곤이었는데 늙고 병들었다 하여 일본 사신단에 부사로 갔던 김성일로 교체되었다. 김성일은 허위 보고죄로 전쟁 발발 즉시 처형되었어야 마땅했으나 동인들의 입김으로 살아남

앉고 거기다 경상우병사로 부임 중이었다.

이 패죽일 인간이 부임 길에 또다시 조정에 엉터리 장계를 보냈다. '적선은 400여 척에 불과하고 군사 수십 명씩을 태웠으니 모두 1만을 넘지 못한다'라고. 아무리 조정에 인물이 없어도 그런 인간을 경상우병영의 사령관으로 임명하다니 한숨밖에 나오지 않는다. 박홍의 장계에 이어 연전연패했다는 김수의 장계가 조정에 도착하자 선조는 비로소 사태의 심각성을 깨달았다.

열받은 선조는 즉시 의금부도사를 보내 김성일을 잡아 올리도록 했으며, 김성일 대신 함안군수 유숭인을 경상우병사에 임명했다. 김성일이 체포되어 도성으로 오는 도중 또 상황이 바뀌었다. 김성일의 죄는 사면되고 경상우도 초유사로 다시 임명되어 경상도에 가서 민심을 수습하고 군사를 모집하여 적을 막으라 명한 것이다. 이산해와 유성룡 등의 동인들이 선조를 설득하여 경상도 출신이자 그 바닥에서는 입김이 센 김성일을 다시 살린 것이었다. 좌우간 우왕좌왕, 이랬다 저랬다, 선조는 황망한 중에 뭘 어떻게 해야 될지 몰라 괜히 부산만 떨었다.

일본군이 파죽지세로 북상하자 크게 놀란 조정에서는 이일을 순변사로 삼아 경상도의 요충인 상주에서 적을 요격하도록 명했다. 또 유성룡을 도체찰사, 김응남을 부체찰사, 의주목사 김여물을 종사관으로 하여 전쟁 전반을 지휘하도록 했다.

이일은 순변사로 임명되고도 3일이나 출정하지 못했다. 최소한 정병 300명을 거느리고 떠나려고 했으나 모병에는 칼이나 활 한 번 잡아본 적이 없는 유생들과 서리들만 모여들었고, 그나마 그들은 병역 면제자들이었다. 할 수 없이 이일은 간신히 모집한 30여 명의 군사를 거느리고 먼저 떠났고 별장 유옥이 남아 군사를 모집하여 뒤따라 가기로 했다.

겨우 수십 명의 군사를 거느리고 이일이 출전한 후 마음이 안 놓인 조정은 다시 신립을 도순변사로 임명하여 충주에서 적을 막도록 했다. 신립은 종사관 김여물을 비롯한 무사 80여 명을 인솔하고 현지로 출발했다.

일군이 한양으로 진격해오기 위해서는 소백산맥에 위치한 천혜의 요새 세 곳을 넘어야했다. 바로 조령(문경 새재)과 죽령 그리고 추풍령이다. 이런 천험의 요새가 일군의 진격을 가로막고 있는 데다가 당시 조선에서 가장 용맹한 장군 둘이 일군의 북상을 저지하기 위하여 남하한 것이다. 아, 정말 든든하다.

4. 이일과 신립의 패전과 상주, 충주 방어선 붕괴

이일은 북방의 국경지대에서 경원부사로 임직하고 있을 때 은성부사 신립과 함께 여진족 니탕개의 난을 진압함으로써 이름을 날리기 시작했다. 이일과 신립은 둘 다 비슷한 시기에 부사를 지냈으며, 둘 다 용명을 떨쳐 조선의 대표적인 장수들로 성가를 높이고 있었다. 당시 조선에서 실전 경험이 있는, 물론 국지 전투 경험이지만, 대표적으로 용맹한 장수는 이일과 신립 정도였다.

이일은 정예군 1천 명과 즉각 출전하겠다고 하고는 병사를 불러 모았으나 겨우 30여 명밖에 모이지 않았다. 아니 십수만의 침공군이 쳐들어와 국운이 바람 앞에 등불인데, 도성에서 침공군과의 전투에 참가할 군사를 모집했는데 겨우 30여 명이라니, 도대체 어쩌다 그 지경까지 갔는지 도무지 말이 나오질 않는다.

이일이 별장과 함께 몇십 명의 군사를 이끌고 내려온다는 소식을 듣자 놀란 상주부사 김해는 그대로 튀고, 상주에 도착한 이일은 창고를 열어 쌀을 퍼주고 병사를 모으니 겨우 1천 명 정도의 하루 굶고 하루 안 먹고 지내던 농투성이들만 모여들었다.

4월 24일 멍청한 데다가 성질만 급했던 이일은 한 백성이 "왜군이 코앞까지 왔습니다요"라고 알려주자, 이를 믿지 않고 애매한 백성을 군심을 어지럽힌다는 이유로 처형하고 방심하고 자빠져 있다가 실제로 일군이 접근하여 공격을 시작하자 그때서야 비로소 방어에 나섰으나 이미 실기한 데다 농투성이 조선군과 정예 일본군과는 애초에 싸움이 안 되었다.

결국 이일군은 궤멸되고 이일은 지휘관 중 제일 먼저 단신으로 도망치다가 일군이 추격하자 투구에 갑옷까지 모두 벗어던져 버린 채 비 맞은 개꼴이 되어 문경에 도착한 후 조정에 패전 장계를 보냈다. 충주까지 도망쳐서 신립의 진에 도착한 이일은 "걔들은 사람이 아니라 신병(神兵)이에요"라고 자신이 패전한 이유를 엉뚱한 데다 미루었다가, "군의 사기를 떨어뜨리는 개소리 그만하고 자빠져 있어"라고 신립에게 호통을 들은 후 찍소리 못하고 뒷전에 앉아 있었다. 이런 한심한 인간이 당시 조정에서 쓸 수 있는 거의 유일한 장수였다.

이일이 참패하자 조정은 3도 순찰사 신립으로 하여금 일군을 충주에서 막게 했다. 신립은 북방 국경을 수비하면서 여진족을 격파하고 니탕개의 목을 베어 명성을 떨친 장수였으나, 성격이 잔인하고 포악한 인물로 정평이 나있어, 일단 어디건 부임지에 도착하면 본보기로 사람부터 하나 죽이고 일을 시작해서 신립이 온다면 병사들이 모두 벌벌 떨었다. 신립을 영접하는 병사들은 그가 오기 오래 전부터 길을 쓸고 닦고 숙소를 정비하고 맛있는 음식을 충분히 장만하는 등 정성을 다하여 꼬투리를 잡히지 않으려 애썼다.

신립은 선조가 총애하던 인빈 김씨가 낳은 왕자 신성군의 장인이 었는데, 선조의 귀여움을 한 몸에 받아 세자 자리 0순위였던 신성군은 조일전쟁 직후 병사했다. 그 바람에 광해군에게 세자 자리 차례가 간 것이다.

신립의 행차는 늘 화려하고 위엄이 있었는데, 명청한 신립은 이것을 병사들이 자신의 용맹함을 존경하는 것이라는 착각 속에 사는 한심한 위인이었다.

이일의 뒤를 이어 도순변사로 충주 방어를 책임진 신립은 조선군의 수가 8천으로 매우 적으니 천험(天險)을 의지하여 관이 설치되어 있는 조령과 고모산성에 진을 치고 방어하자는 부하 장수들의 탁견을 묵살하고, 기병이 많은 조선군의 이점을 살린다 하여 달천강을 뒤로 하고 탄금대에 배수진을 쳤다. 더구나 전투 전날 비가 내려 일대의 논이 모두 진창으로 변해 있어서, 말이 제대로 뛰지도 못하는 상황에서 기마전을 벌였으니 이미 볼장 다 본 것이었다.

소백산맥의 험로에 당연히 조선군의 매복이 있을 것으로 알고 선발대를 보내 확인하고 나서도 또 다른 계책이 있을까 걱정되어 본대를 이끌고 조심조심 소백산맥의 정상에까지 오른 고니시는 한 명이 지키면 천 명을 막을 수 있는 천혜의 험로에 아무도 없는 것을 보고 조선의 싹수를 짐작했다.

"아니 조선의 장수란 놈들은 여길 놔두고 다 어디 가 처박혀 있는 거야, 밥통 같은 새끼들."

결국 탄금대에서 일군과 조우한 신립군의 기병대는 고니시군의 조총 공격을 받아 불과 한나절 만에 싸움다운 싸움 한번 못 해보고 궤멸되었으며 사령관 신립은 강에 뛰어들어 자결했다. 글쎄 일군에 쫓겨 물에 빠져 익사했다고 하기도 하고. 이 때 신립의 나이는 47세로, 한참 때였으며, 이일은 명이 길어 이 전투에서도 살아남아 임금이 있는 평안도로 도망쳤다.

고니시군은 탄금대전투에서 신립이 이끄는 기병대에게 대승하여 조선군 3천의 수급을 베고 수백 명을 포로로 잡는 큰 전과를 올린 다음 한양을 향해 진군을 계속했다. 그 날이 일군이 조선 땅에 상륙한 지 보름째인 4월 29일이었다.

신립은 이미 조총에 대하여 알고 있었고, 유성룡이 일본군의 신무기에 대하여 걱정할 때 대책 없이 장담만 한, 대표적인 필부지용의 장수였다. 결국 일본군의 화기에 대하여도 무지하고 전술도 모르는 상태에서 싸우다보니 저도 죽고 나라도 어렵게 만들었던 것이다.

신립은 기병이란 조총수의 밥이란 것을 전혀 알지 못한 채 무식하기 짝이 없는 전술을 택해 자멸을 자초했다. 이 전투에서 종사관 김여물, 충주목사 이종장과 그의 아들 희립, 좌방어사 성응길 등이 모두 전사했다.

5. 정기룡의 상주 탈환

일군이 소백산맥의 세 험로를 넘기 전, 일본군 제2군의 진격로인 추풍령의 험로를 지키기 위해 한양에서 군사를 모병하던 경상우방어사 조경 역시 모병에 어려움을 겪고 있었다. 이 때 그를 찾아온 군관이 정기룡이었다. 조경은 정기룡을 자신의 군관으로 배속시킨 다음 겨우 수백에 달하는 보잘것없는 군세를 이끌고 추풍령으로 진군했다.

일군 제2군이 이미 대구를 점령하고 거창에 진을 치고 있다는 정보를 접한 조경은 추풍령 수비를 포기하고 일군의 배후를 공격할 전략을 짰다. 적의 후방에서 빠른 기병을 동원하여 중앙 돌파를 시도하기로 한 것이며, 기병대장으로는 정기룡이 임명되었다. 정기룡은 겨우 40여 기의 기병을 이끌고 일본군 제3군의 후군을 들이치고 내빼는 전법으로 일군 약 1백여 명을 죽이고 조일전쟁 첫 육전을 승리로 장식했다. 보통 기병 1기는 보병 5~10명을 상대할 수 있다.

이 전투는 비록 판세를 바꿀 만한 큰 전투는 아니었으나, 의병장 곽재우가 승리한 낙동강 전투와 함께 육전에서 얻은 첫 승리로, 조선군의 사기를 크게 올려놓았다. 그러나 이 전투는 소수의 병력으로 적의 후방을 교란시키는 전술을 택했기 때문에 죽은 일군 수급을 거둘 수 없어 조정에 보고되지 않았다. 그 후 몇 번의 공을 더 세운 정기룡은 상주판관(종5품)으로 승진했다.

1592년 11월 정기룡은 일군의 점령하에 들어가 있는 상주성을 탈환하기 위한 공격에 들어갔다. 정기룡은 백성들을 동원하여 모두 몇 개씩의 불몽둥이를 만들게 한 다음 한밤중에 화공으로 성을 공격하기 시작했다. 한밤중에는 정확한 조준을 할 수 없어 조총이 별 효력을 발휘하지 못하는 것을 경험한 정기룡은 병사들을 독려하여 숱한 불화살을 성안으로 날려보냈다. 결국 시간이 지나면서 성안의 민가에 불이 붙어 성은 불과 연기에 휩싸였으며, 불을 피해 성밖으로 뛰쳐나온 일본군은 기다리고 있던 조선군의 밥이 되었다.

밤새 치열한 전투를 치른 끝에 일군은 4백여 구의 시체를 남기고 도주하여 정기룡은 결국 경상 감영이 자리했던 상주성을 수복할 수 있었다. 하여간 뺏겼다 도로 찾은 건 박진의 경주성 탈환에 이어 이게 두 번째다.

6. 한강 방어선 붕괴와 신각의 억울한 죽음

4월 29일 신립이 패전하였다는 보고를 받은 선조는 다음날인 4월 30일 두말 않고 짐을 쌌다. 신립 패전의 소문이 돌자 한양성은 그냥 비어버렸다. 왕이고 백성이고 모조리 도망쳐 버린 것이다. 그리고 일군이 도중에 아무런 저항을 받지않고 입성하여 한양을 무혈점령한 것이 5월 2일이었으니, 일군은 조선 상륙 20일 동안 경부가도를 거의 무인지경과 마찬가지로 달려온 셈이었고, 충주에서 신립의 방어군을 박살낸 다음 한양까지 오는 데는 겨우 3일밖에 걸리지 않았다.

당시 부산에서 한양을 걸어서오면 보통 20일이 걸렸다. 재수 없어서 비라도 만나서 개울물이 불거나, 다리에 장독이라도 생기면 한 달 길이었다. 그런데 일군은 수송대까지 끌고도 20일 만에 도성을 함락시켰으니, 중간에 걸리적거리는 것이 전혀 없었던 것이나 마찬가지였다. 임금이고 백성이고 그냥 뒤도 안 돌아보고 모조리 다 튀어버려, 조일전쟁 초반은 어디 가서 얘기할 수도 없는 정말 쪽팔리는 상황이었다.

한양이 조선의 수도인 만큼 고니시군은 한양에 접근하면서 격렬한 저항을 예상하고 지도를 보면서 신중하게 작전을 짰다. 그런데 선발대의 보고를 듣고난 후 맥이 탁 풀려버렸다.

"다 튀고 아무도 없는데요." "자식들이, 암마 그럴 리가 없잖아. 똑똑히들 보고 왔어?" "예, 몇 번이나 확인했는데, 쥐새끼 한 마리 없었어요." "하, 그거 맥풀리네, 어쨌든 남의 나라 도성을 점령했으니 그냥 있을 수 없잖냐? 다리 쭉 뻗고 푸자." "하이." 그리고 그 다음 날인 5월 3일 가또군의 선발대가 한양에 입성했다.

선조가 북으로 도망친 후, 도원수 김명원과 부원수 신각이 이제 막 과거 무과에 급제한 초짜 무관 50여 명과 군사 1천여 명을 이끌고 한강 북안에 방어선을 쳤다.

강 건너에 일본군이 나타나 조총을 쏘아대자 겁먹은 도원수(육해군총사령관) 김명원은 병사들에게 무기를 강물에 처넣으라고 명령한 후 자신은 백성으로 변복하고 전선을 이탈했다. 종사관 심우정이 말렸으나 듣지 않고 튀었고, 총사령관이 튀는 바람에 병사들은 "덕분에 겨우 살았네" 하고는 개미새끼 흩어지듯 모조리 흩어지고 말았다. 만약에 일군 사령관이 전투에 임해서 전투를 해보지도 않고 전장을 이탈했다가는 그대로 참형이다.

근데 그 비겁한 김명원은 아무런 처벌도 받지 않았고, 후에 도원수 자리를 그만 둔 후 공조판서가 된다. 공신 책봉에서도 보시다시피 이렇게 조선의 상벌이 앞뒤 없고 개판이었는데, 이런 상황에서도 전장에서 목숨을 바친 인물들은 충신 중에서도 진짜 충신인 것이다.

부원수 신각은 총사령관 김명원이 튄 뒤 한강에서 물러나 유도대장 (도성방어대장) 이양원과 함께 병사를 수습하여 시마즈 요시히로의 선봉대를 기습해 일군 수급 60여 급을 베는 승리를 거두었다.

그런데 싸움 한 번 안 하고 전장을 이탈하여 임금이 있는 곳까지 도망친 비겁한 도원수 김명원이 제 비겁함을 감추기 위하여 선조에게 '신각이 명령을 따르지 않고 자기 마음대로 행동하는 바람에 패했다' 라고 무고하는 바람에 열받은 선조가 똑똑히 알아보지도 않고 선전관을 보내 멀쩡한 신각을 참수하라 했다.

뒤이어 신각의 승전을 보고받은 선조는 급히 사자를 다시 보내 참형을 취소하라 했으나 이미 신각의 목은 떨어진 후였다. 보시는 대로 충신들은 다 죽고 무능한 간신배들만 살아남으니 나라 꼴이 어떻게 되겠는가. 멍청한 선조는 충신을 죽이고 앉았고, 김명원 같은 간신배는 처벌을 피하려고 애매한 충신을 무고하고 있었다.

도원수 김명원은 도망쳐버리고, 그나마 남은 병사를 수습하여 일전을 준비하던 부원수 신각까지 억울하게 죽임을 당하자 정말 한 놈도 안 남고 모조리 흩어지고 말아 일군은 한양에 피 한 방울 흘리지 않고 입성할 수 있었던 것이다. 결국 도성인 한양이 저항 한번 못 해보고 어이없이 떨어진 책임은 비겁한 간신배인 도원수 김명원이 져야 하나, 그런 한심한 인간을 도원수로 임명한 싸가지 없는 선조가 당연히 첫 번째로 책임이 있다.

조선의 두 번째 거성인 평양은 한양이 함락된 지 한 달 보름 만에, 그리고 침공군의 조선 상륙 두 달 만인 6월 15일 역시 무혈점령되었는데, 일군이 평양을 점령한 지 20여 일 후인 7월 8일 이순신이 한산도에서 일 함선 56척을 격침시키는 대승을 거두어 부산 일대를 제외한 남해 제해권을 확실히 손에 넣었고, 전라도에서는 권율의 군사가 소조천 융경의 전라도 침공을 전주 근교 노령산맥의 웅치와 이치 그리고 금산에서 격퇴하여 개전 후 육전에서 최대의 승리를 거두며 곡창 호남을 보전하는 데 성공했다. 이 두 전투의 승리 후 비로소 조선의 회생 가능성이 조금씩 엿보이기 시작했다.

7. 선조의 도주와 일군의 한양 무혈입성(1592. 5. 3.)

4월 29일 충주성 함락 소식이 선조에게 전해지자 그 날 새벽 선조는 왕자들과 영상 이산해, 좌상 유성룡을 비롯한 대소 신료 1백여 명을 데리고 한성을 탈출했다. 선조는 비겁하고 무능한 인물이었으나, 사실 당시 도성을 지킬 군사가 너무 적어 대성인 도성 방위는 불가능했다.

근데 이 멍청한 인간들이 도망칠 때 도성 창고에 보관 중이던 화약이나 지고 도망치지, 내버리고 그냥 도망치는 바람에 나중에 백성들이 지른 불로 궁궐이 탈 때 화약도 모조리 타버려, 이후 전쟁 수행 중 화약이 모자라서 엄청 애를 먹었다. 하여간 한심한 놈들.

선조가 얼마나 황황히 도망쳤는지《선조실록》을 보자.

"궁인들은 모두 통곡하면서 걸어서 따라갔으며, 종친들과 호종하는 문무관은 그 수가 1백 명도 되지 않았다. 점심은 벽제관에서 먹었는데, 왕과 왕비의 반찬은 겨우 준비되었으나 동궁은 반찬도 없었다." 끼니도 준비 못하고 도망쳐 밥도 제대로 못 얻어먹은 데다가 교자꾼들이 다 도망쳐서 비빈들은 걸어갈 수밖에 없었다. 하기야 이런 꼴로 도망들을 쳤으니 화약 같은 것이야 무슨 관심이 있었겠으랴. 도망가는 선조에게 백성들은 욕을 하고 돌을 던졌다. 이미 선조는 조선의 왕이 아니었다.

전쟁 승리의 여러 조건 중 첫째가 관민 합심이다. 백성들이 지도자와 한마음 한뜻이 되어 생사를 같이 하면 어떤 위험이 닥쳐도 극복할 수 있다는 진리인데, 비겁한 선조는 관민 합심은커녕 뒤도 안 돌아보고 그냥 튄 것이다.

두 번째 조건은 '천' 즉 시간적인 조건을 말하며, 세 번째는 '지' 즉 지리적인 조건이며, 네 번째는 '장'으로 장수의 기량을 말하며, 마지막으로 '법'이란 군대의 규율이나 장비 등의 조직 체제를 가리키는 말이다. 이렇게 전쟁의 승리를 결정짓는 요소는 '도, 천, 지, 장, 법' 다섯 가지인데, 이 중 조선은 '지' 한 가지에서만 유리했을 뿐 모든 면에서 일군과 비교가 되지 않았다. 본래부터 이길 수가 없었던 전쟁이었던 것이다.

왕이 도망친 것을 안 백성들은 왕궁에 난입하여 재화를 약탈하고 공사노비의 문서를 보관하는 장예원과 형조에 불을 질렀으며, 이어 창

덕궁, 창경궁을 모조리 불태웠다. 이 통에 화약뿐만 아니라 문무루에 보관되어 있던 많은 서적들과 《실록》《승정원일기》《고려사초》 등 중요한 기록들이 모두 타버렸다.

1592년 5월 2일 고니시군은 부산 상륙 딱 20일 만에 무방비의 한성에 무혈입성했다. 다음 날 가또 기요마사군이 입성했고, 6월이 되자 모리 이키가미, 구로다 가이가미가 합류했다. 제3진과 제4진까지 입성하자 한성은 7만에 달하는 일군으로 넘쳐났다.

한양을 점령한 일군들은 한양에 남아 있던 젊은 장정들을 모조리 죽인 다음 문 밖에 내다버려 남대문, 동대문 밖에는 시체가 산을 이루었고, 종각 주변에도 사람이 다닐 수 없을 정도로 시체가 쌓였다. 정석대로 그 다음은 여자들 차례였다. 양반집 딸이고 상민의 딸이고를 가리지 않고 도성에 남아 있던 여자들은 모조리 강간을 당하거나 윤간을 당했다. 간혹 일군의 접근을 거부하고 장도로 목을 찌른 여자도 어쩌다 있기는 했으나, 물론 산 여자가 훨씬 많았다. 하여간 한양은 싹쓸이가 되었다.

일본놈들, 장정들을 죽이고 여자들을 강간했으면 됐지, 술 처먹고 아무나 걸리면 죽였다. 눈알을 빼고 귀를 자르고, 살을 도려내고 피부를 벗겼으며, 머리를 잘라 장대에 꽂아놓지를 않나, 팔다리를 잘라 빨래줄에 매달아놓지를 않나, 좌우간 조선 사람들을 대상으로 할 수 있는 만행은 모조리 저질렀다.

후에 도성이 수복된 후 유성룡이 도성을 돌아보고, "살아남은 사람은 백에 하나, 둘이다"라고 한탄했을 정도였다.

조선 침공이 생각보다 너무 쉽게 진행되자 좋아 죽겠는 히데요시는 원정군 사령관들에게 자신의 행궁을 준비하라 명했으며, 대마도와 이끼섬에 예비대로 두었던 제8군과 제9군을 조선 전선에 몽땅 투입했다. 남은 전력을 올인하여 전쟁을 빨리 끝내버리려는 생각이었던 것이다. 이로써 침공군 병력은 총 158,700명이 되었다.

어느 정도 자리가 잡히자 일본군은 점령 지역에서 현물세를 거두고 치안을 확보하는 등 군정을 실시하는 한편, 부산, 동래, 김해 등 전략 요충지에 일본식 왜성을 쌓아 장기 점령 통치 작업 준비에 들어갔다.

이렇게 지금의 남한 전역이 전라도를 빼고 모두 일군에게 점령되고 일군이 장기 통치 작업을 수행하던 1592년 5월 7일, 이순신의 좌수영 함대가 조일전쟁 최초로 옥포해전에서 승리를 거두었다. 한양이 점령당한 후 닷새 만의 일이었다.

비록 해전에서는 이순신이 일 수군에게 승리하기 시작했으나, 육전은 말이 아니었다. 일군이 온다는 소리만 들으면 높은 놈이고 말단 병사고 모조리 튀니 도대체 싸움이 되지 않았다. 아니, 도대체 상대가 있어야 싸울 것 아닌가?

사실 일군은 비상 식량 며칠 분만 가지고 한양에 도착했고, 도강할 배도 준비가 안 되어 있었으므로 한강이나 임진강에서 충분히 적을 견제할 수 있었는 데도 불구하고 위아래가 모조리 도망갈 궁리만 하고 한 놈도 남아서 방어할 생각을 하지 않았기 때문에 이렇게 무인지경이된 것이다. 하기야 임금부터 맨 먼저 튀니 누구를 욕하겠는가?

선조가 도성을 버리고 도망가자, 어쨌든 누구라도 이 한심한 사태에 대하여 책임을 지기는 져야 했다. 결국 애매한 영의정 이산해가 파직되고, 좌의정 유성룡이 영의정으로, 우의정 최흥원이 좌의정, 윤두수가 우의정이 되었다.

그래도 유성룡은 조일전쟁이 끝날 때까지 영의정으로 있으면서 조일전쟁 종결에 다대한 공을 세운 후 선조에 의하여 쫓겨난다.

한양이 점령되자 평양을 버리고 의주까지 도망친 선조는 명에 내부(망명)하겠다고 강력히 주장했다. 선조가 망명하면 조선 땅은 일본 땅이 되든지 명나라 땅이 될 것이었다. 그러나 선조는 그런 것에 전혀 신경쓰지 않았다. 제 몸 하나 건지기 위해 나라고 지랄이고 내팽개친 인간이 상양아치 선조였다.

이 때 이를 강력히 저지한 인물이 유성룡이었다. 유성룡은 신하들 많은 데서 두 번이나 선조의 망명을 강력히 만류했다. 결국 유성룡은 이 일로 신하들 앞에서 엄청 쪽팔리게 된 선조의 눈밖에 났으며, 이로 인해 결국 나중에 내쫓기는 보복을 당한다.

8. 어이없는 용인전투(1592.6.6.)와 더 한심한 쌍녕전투

(1) 용인전투

일군의 전라도 침공을 저지한 웅치 · 이치 전투에서 승리한 조선 군 4만이 전주에 집결했다. 당시 조선의 형편에서 4만 군이면 엄청난 군세였다. 전라도 순찰사 이광이 이를 조정에 보고했고, 신이 난 조정에서는 충청도 순찰사 윤선각, 경상도 순찰사 김수에게 각각 휘하 군사를 이끌고 그들과 합류하여 한양을 탈환하도록 명했다.

이광은 나주목사 이경록을 중위장으로 삼고 전부사 이시지를 선봉장에 임명한 다음 거의 4만에 달하는 군사를 이끌고 호호탕탕히 진군을 개시했다.

전라방어사 곽영도 2만에 가까운 군사를 이끌고, 광주목사 권율을 중위장으로, 전부사 백광언을 선봉장으로 내세운 다음 이광의 뒤를 따랐다. 온양에서 합류한 하삼도의 군세는 5만에 달했는데, 호왈(乎曰) 십만이라 했다. 그러나 실상은 숫자만 많지 거의 훈련도 제대로 받아

보지 못한 오합지졸의 부대였고, 지휘관들인 순찰사들도 싸움 한번 해보지 않은 문관들이었다. 《징비록》에는 "진군하는 모습이 흡사 양떼들이 이동하는 것 같았고, 또 봄놀이 하듯 했다"라고 기록되어 있으니 얼마나 한심한 집단이었겠는가.

조선군은 진군하면서 작은 일본군의 진지들을 공격하여 몇 군데를 박살냈다. 보급로를 따라 일정한 거리마다 작은 진지를 구축하여 보급선을 지키던 일군들의 몇 십 명짜리 소규모 부대였다. 진지가 공격당한다는 보고를 들은 와키자카 야스하루(협판안치)가 수하 1천여 명의 정예병을 이끌고 5만의 조선군을 공격했다.

그 동안 기껏 수십 명과 싸움을 해봤던 조선군은 천 명이 넘는 일본 정예군이 조총을 쏘며 공격해오자 와르르 무너지며 서로 먼저 도망치기 시작했다. 도망치는 소리가 마치 산이 무너지는 듯했고 도망치면서 내버린 물자와 군기가 무수히 길에 널려 사람이 다닐 수 없을 정도였다.

일본군은 획득한 모든 군수물자를 한 곳에 모아놓고 불질러 태워버리고 승전가를 부르며 유유히 진지로 돌아갔다.

5월 20일 이렇게 해서 개전 후 최대 병력으로 기대가 엄청 컸던 전국의 근왕군 5만이 일군 1,600명의 돌격전에 처참하게 무너지고 말았다. 30대 1의 전투에서 박살이 난 것이다. 아, 팔려.

이 전투에서 조방장 백광언, 이시지, 고부군수 이광인 등 장수들은 모두 죽었고, 일군에게 쫓긴 전라감사 이광은 전주로, 충청감사 윤국형은 공주로, 경상감사 김수는 진주로 패잔병들과 함께 도망치고 말았다

(2) 쌍녕전투
사실 우리나라 역사상 가장 팔리는 전투는 용인전투가 아니라 제

2차 조청전쟁(병자호란) 때 있었던 쌍녕전투다.

조일전쟁이 일어난 지 약 40년 뒤인 1637년 1월 제2차 조청전쟁이 벌어진 후 강화도로 도망치려던 인조(조선 16대)가 길이 막혀 강화도 대신 남한산성으로 들어가 농성하고 있을 즈음, 조일전쟁 때 용인전투의 근왕군 병력과 비슷한 규모인 약 4만의 근왕군이 경기도 광주에 집결했다.

당시에도 4만이면 대단한 군세였고, 더구나 근왕군들은 거의 조총으로 무장하고 있어 청군과 한번 제대로 붙어볼 수 있는 군세였으며, 지휘관은 경상좌병사 허완과 경상우병사 민구였다. 병사마다 조총을 한 자루씩 보유하기는 했으나, 실상 대부분의 병사들은 용인전투 때와 마찬가지로 훈련 한번 제대로 받아보지도 못한 농투성이들이 거의 다였다.

이런 오합지졸의 집단을 향해 청군 선발 기병대 수십 명이 공격을 해왔다. 한심한 병사들은 정한 규율을 제대로 따르지를 않아 청군이 사거리 안에 들어오지 않았는데도 겁에 질려 무질서하게 발포하기 시작했다.

지휘관들도 전투 경험이 없어 무조건 화약을 많이 나누어주게 되면 다 써버릴까 봐 조금씩만 배급했기에 화약은 곧 떨어지고 말았다. 조총수들이 화약을 배급받으러 우르르 본대로 몰려오자 기회를 탄 청군 기병대 300여 명이 편곤(일종의 도리깨 무기)과 창, 칼을 휘두르며 질풍같이 짓쳐왔다. 두려움에 빠진 조선군들은 근처의 좁은 계곡으로 한꺼번에 몰렸고, 그 바람에 서로 밟고 밟혀 죽는 아비규환의 지옥도가 연출되기 시작하여 삽시간에 4만 병력 중 거의 절반이 같은 아군에게 밟혀죽었다.

그럴 즈음 우병영에서도 기막힌 일이 벌어지고 있었다.

병사들에게 화약을 보급하던 중 그만 불 붙은 화약선이 화약 창고에 폭발로 이어져 화약 창고가 통째로 폭발하면서 어이없게도 수백 명이 폭사하고 화약이 폭발하면서 생긴 짙은 연기로 앞을 볼 수 없는 사고가 발생한 것이다.

조선군들이 연기 속에서 우왕좌왕하는 동안 청군 기병대 수백 명은 창칼을 휘두르며 조선군을 살상하기 시작하여 거의 4만에 이르던 군세가 전멸 수준의 타격을 입고 만, 한심하기가 짝이 없었던 전투가 쌍녕전투다. 이 전투는 용인전투의 30대 1이 아닌 130대 1의 전투였고, 이 전투에서 박살이 나는 바람에 이후 조선군은 청군 기병과의 전투를 철저히 기피하게 되었다.

9. 임진강 방어선 붕괴

조선 조정은 도원수 김명원과 한응인에게 평안도 정예군 3천 명을 주어 임진강을 지키게 했다. 임진강 북안에는 김명원이 지휘하는 경기 황해 병력과 한응인이 인솔하는 평안도 병력 등 총 1만 5천의 병력이 포진했다. 황해, 평안도 연합 병력은 오합지졸 농투성이 병력이 아니라, 전쟁 발발 후 집결한 최대 규모의 관군 정예 병력이었다.

임진강은 임진 나루터 이 외에는 강물이 급류로 흐르고 있고, 강의 양안에 깎아지른 절벽이 많아 천연의 방책이 되어 있어 강력한 방어전을 펼 만한 지점이었다. 조선군이 강에 있는 배와 모든 뗏목을 거두어들이자 임진강에 도착한 일본군은 도강할 방법이 없어 강 남안에서 어지럽게 조총을 쏘아댔다.

며칠이 지나자 일본군은 군막을 거두고 무기를 수레에 실은 다음 철수하기 시작했다. 이를 본 한응인과 신할이 일본군의 퇴각으로 짐작하고 추격을 주장했고, 유극량 등은 매복이 있을 것이라며 이를 말렸다. 비겁한 도원수 김명원은 지난 번에 싸움도 안 하고 도망친 적도 있고 해서 말발이 먹히지 않아 찍소리도 못 하고 있었고, 목소리 큰 한응인이 우기면서 신할과 함께 강을 건너 추격을 시작하자 나머지는 이에 따를 수밖에 없었다. 한응인은 정여립의 역모 사건을 고변했다 하여 평난공신 1등에 책봉되었던 자로, 머리에 든 것은 없으면서 평소에 쓸데없이 목소리만 컸던 인물이었다.

하여간 어디서고 목소리 큰 인간들을 조심해야 한다. 꼭 쥐뿔도 모르는 무식한 것들이 목소리가 큰 법이다. 필자가 《왕을 참하라》을 출간한 후 인터넷에서 새로 보고 배운 진리다.

조선군은 북안에 3천 병력만 남기고 1만여의 주력을 추격에 투입했다. 맹렬히 일군 후미를 추격하던 조선군은 매복해 있던 일군의 공격에 걸려 대패하고 도망치다가 칼에 찔려죽거나 강에 빠져죽어 1만의 병력이 전멸하고 말았다. 신할, 유극량, 홍봉상 등이 모두 이 때 죽었다.

강 북안에서 이를 바라보던 조선군은 군교 박충간이 먼저 말을 타고 달아나자 역시 모조리 도망치고 말았다. 등신 같은 지휘관 김명원과 한응인 등도 뒤도 안 돌아다보고 도망쳐 평양으로 왔으나 아무런 문책도 받지 않았다. 하기야 너나 나나 똑같은데 누가 누굴 문책하겠어.

임진강 방어선이 어이없이 무너지자 다음은 평양 차례였다. 도성에서 도망쳐 나온 조정은 평양에 체류하고 있었으나 임진강이 무너지자 또 도망갈 궁리부터했다. 어쨌거나 나라가 그냥 망하는 꼴을 볼 수는 없으니 조정을 둘로 나누어 하나가 잡히더라도 남은 하나라도 살아남아야 한다는 주장이 나와 선조는 조정을 세자인 광해군과 둘로 나누었다.

원래 장자는 임해군이었으나 애가 좀 무식하고 성질이 더러워서 인심을 잃는 바람에 둘째인 광해군이 얼떨결에 세자가 된 것이다. 사실 광해군은 매우 총명한 인물로 이후 조일전쟁 내내 위험을 무릅쓰고 많은 활약을 하게 된다.

일본군이 황주까지 진격해오자 선조는 다시 짐을 쌌고, 함경도로 날랐다.

이 때 명에서 요동진장 임세록이 사신으로 왔는데, 온 목적은 조선을 도우러 온 것이 아니고, 혹시 조선이 일본애들하고 짜고치면서 길을 안내하고 있지는 않은가 확인하러 온 것이었다. 아무리 생각해도 일군의 진격 속도가 너무 빨라 상식적으로는 도저히 납득이 가지 않았던 것이다.

5월 11일 선조가 평양을 버리고 나서자 백성들이 도끼와 몽둥이를 들고 가로막아 출발이 지연되었으며, 전 병조판서 홍여순은 몽둥이에 얻어맞아 말에서 떨어졌다. 선조의 호종 무관들이 길을 막는 백성들 몇을 목 벤 후에야 선조는 겨우 도망길에 오를 수 있었다.

선조는 영변에 도착하자마자 명나라 망명의 뜻을 밝혔다.

선조는 영변에 와서 망명을 생각한 것이 아니라 이미 평양을 떠날 때부터 나라야 어찌되든, 백성이야 어찌되든 저 혼자 도망쳐 편안히 잘 처먹고 잘 살 궁리만 했던 것이다. 대신 이항복이 선조의 망명 요청 때문에 요동총독의 관사에 매일같이 출근해서 땅에 엎드려 재배하며 조르는 치욕적인 장면이 연일 연출되었다. 이 소식을 들은 좌의정 윤두수가 급히 용천까지 선조를 따라와 선조의 말고삐를 잡고 망명을 말리며 선조에게 필부라는 극언을 서슴지 않았다. 얼마나 왕이 등신같이 보였으면 신하들에게 필부 소리까지 들었을까.

이양원은 선조가 명으로 망명했다는 헛소문을 듣고 통분하여 8일간 단식한 끝에 피를 토하고 죽었다. 괜히 애매한 사람 죽었다.

선조가 명에 사신을 보내 귀부를 애원하자 명에서도 일대 논란이 벌어졌다. 비록 속국이기는 했지만, 그래도 한 나라의 왕이 망명해 온다는 일이 외교적으로 보통 일이 아니었던 것이다. 더구나 그냥 망명이 아니고 일군과의 전투에서 깨져서 도망오는 것이니 이를 받아주면 일군이 명의 영토를 침범할 정당한 구실을 만들어주게 되는 것이었고, 그렇게 되면 명의 영토가 전쟁터가 될 확률이 높았다.

결국, "조선애들은 평소에 순하게 우리 말을 잘 들으면서 우리가 뭐 필요할 때 엄청 퍼준 애들이고, 또 걔네들이 어렵다고 매일같이 와서 비는데 그냥 모른 척할 수는 없잖아. 우리나라에 불똥이 튀기 전에 병력을 좀 보내서 걔네들을 건져주고 생색이나 내지." 이것이 명의 최종 결론이었다.

그러나 그래도 선조가 망명을 우기자 "그럼 수행원 100명 만 데리고 요동으로 건너오거라. 와서 관전보의 빈집에서 묵어라"라고 마지못해 허락했다. 수행원 100명에서 지네 식구 빼고 나면 밥하고 설거지할 애들도 모자랄 판이었으며, 그 숫자는 조선에서도 조그만 동네의 일개 현감이 데리고 있는 수종원의 숫자와 맞먹었다. 존심이 상한 선조는 이 때 비로소 망명의 꿈을 접었다.

멍청한 인간이 가봐야 개꼴 된다는 것을 그때야 깨달은 것이다. 결국 대신 이덕형이 요동순무 학걸에게 여섯 차례나 글을 보내고, 그의 집 마당에 엎드려 하루종일 울며불며 빈 결과, 학걸의 호의로 구원병 1천 명이 선발대로 조선의 영토에 들어오게 되었다. 조선 땅을 밟는 최초의 명 구원병이었다.

10. 평양성 무혈입성(1592. 6. 15.)

선조가 함경도로 도망친 후 평양성에는 좌의정 윤두수, 도원수 김명원, 평안도 도순찰사 이원익과 영의정에서 해임된 유성룡 등이 남아 있었다. 이들이 당시 전쟁 중인 조선의 최고위 결정권자들인데, 보시다시피 모조리 문관이다.

대동강변에 진출한 일본군은 강이 깊고 넓어 도하를 하지 못하고 강변 남안 10여 곳에 진을 친 채 조선군과 대치하고 있었다. 어느 날 밤 조선군은 임욱경의 지휘하에 일군 진지를 야습하여 수십 명의 일군을 살해하고 군마 300여 마리를 탈취하여 약간의 전과를 거두고 돌아오던 중이었다.

일군이 역습에 나서서 후미를 공격하자 물길을 잘 아는 조선군들은 대동강에서 가장 얕은 여울인 왕성탄에 뛰어들어 재깍 건넌 다음 평양성으로 퇴각했다. 이를 본 일본군들이 조선군의 뒤를 따라 왕성탄을 건너서 추격하니 그 기세에 눌린 조선군은 여지없이 패했다. 윤두수는 무기들을 풍월루 못 속에 처넣은 다음 순안으로 도망쳤으며, 도원수 김명원 등 모든 장수들도 군사를 이끌고 성을 탈출했다.

6월 15일 일본군은 조선에 상륙한 지 딱 두 달 만에 조선의 제2 수도인 거성 평양에 아무 저항 없이 무혈입성했으며, 평양성에 진주한 유키나가군은 더 이상의 진격 없이 평양성에 주둔하며 전쟁의 피로를 풀었다. 조선에서 가장 큰 성인 한양성과 두 번째로 큰 성인 평양성이 방어전 한번 못 해보고 무혈점령된 것이다.

보시다시피 참으로 전략도 전술도 모르는 한심한 인간들이 전쟁을 지휘하여 도저히 이길 수가 없는 전쟁이었다. 도대체 몇 십 명의 일군을 죽이는 것이 전쟁 전체에 무슨 도움이 된다고 쓸데없이 야습을 했다가 적에게 도강 지점만 가르쳐주고, 전투에는 패해 어이없이 평양성을 뺏기고 만 것이다.

더구나 대동강이 가뭄 때문에 물이 줄어들자 얕은 곳을 굳게 방비할 생각은 안 하고, 한다는 짓이 단군, 기자, 동명왕 묘에 기우제를 지내는 한심한 짓거리나 하고 있었다. 물론 비는 오지 않았다, 아니 올 턱이 없었지.

결국 선조는 평양성에 도착한 지 한 달 만에 평양성을 내주고 다시 북으로 도망쳤다. 얼마나 황황히 도망쳤던지 태우지도 못하고 창고에 쌓아 놓았던 곡식 10여만 석이 모두 일군의 소유가 되었으며, 이는 평양성을 함락시킨 일군의 거의 일 년분에 해당되는 군량이었다.

당시 평양은 전국 최대의 군량 집적지였다. 군량 부족에 시달리던 일군은 평양성에 들어온 후 창고에 그득 쌓인 군량미를 보고 너무 좋아서 그 것으로 떡과 술을 빚어 크게 승전 잔치를 열어 축하했다.

미친 놈들, 도망치기 전에 그 쌀을 밥도 제때 먹지 못하는 백성들에게나 나눠나 주고 가지. 이 때가 한산도해전이 일어나기 약 한 달 전으로 실상 일군은 조선 수군이 남해의 제해권을 가지고 서해의 보급로를 봉쇄하고 있었어도 평양에서 왕창 건지는 바람에 군량미 조달에 아무런 어려움을 겪지 않았던 것이다.

한양을 내버리고 도망칠 때도 전투 시 가장 귀중한 무기인 화약을 그냥 내버리고 튄 데다가, 평양성을 내버리고 도망칠 때도 대책도 없이 그 많은 군량을 그냥 고스란히 일군에게 넘겨주었으니, 이런 한심한 나라는 백 번 망해도 싼 것이다.

조선 조정에서는 당시까지도 정확한 일군의 규모를 모르고 있었다. 도대체 전쟁이라고 하면서 적군뿐만 아니라 아군의 정확한 숫자도 모르고 전쟁을 한 경우는 아마 역사상 조일전쟁이 유일할 것이다.

11. 광해군(조선 15대)의 분조

일군의 거침없는 진격에 추풍낙엽같이 무너지는 조선군을 보고 희망을 잃어버린 선조는 망명을 결심했으나 명에서 받아 주려 하지 않자, 그래도 나라가 망하지는 말아야 한다는 생각에 조정을 둘로 나누어 분조(分朝)를 만들었다.

당시 둘째 서자였던 광해군이, 선조가 예뻐하던 신성군이 전쟁이 나자마자 죽는 바람에, 별 의논도 없이 얼떨결에 하루 만에 세자로 책봉되고 분조를 이끌게 되었다. 광해군이 분조를 이끌고 처음 출발했던 날이 전쟁 발발 두 달째인 1592년 6월 14일이었고, 평양은 그 다음 날 함락되었다.

광해군은 12월 말까지 평안도, 함경도, 황해도, 강원도 등을 돌면서 민심을 수습하는 한편 의병을 초모하면서 군량미 확보와 말 먹이의 운반 등 전란 수행을 위한 활발한 활동을 펼쳤다. 이렇게 광해군이 적극적으로 활동을 폄으로써 백성들은 아직 조정이 건재하다는 사실을 알 수 있었고, 바야흐로 분조는 전쟁을 수행하는 구심점이 되어가고 있었다.

궁중에서 호의호식하던 광해군은 분조를 이끄는 동안 많은 고생을 했다. 일군 주둔 지역 가까이서 활동하다 보니 위험에 처하기도 했고, 돌아다니는 동안 제대로 먹지도 못하고 때로는 노숙도 해야 했다. 사실 광해군이 전쟁 중 위험을 무릅쓰고 활약한 것은 선조가 그냥 뒤도 안 돌아보고 튄 것에 비하면 상당한 활약이었으나,《광해군일기》에는 광해군의 활약에 대하여 단 한 마디의 언급도 없다. 역모를 일으켜 광해군을 내쫓은 서인들이《광해군일기》를 썼기 때문이다.

결국 광해군은 전쟁 중의 활약 때문에 선조의 미움을 사게 된다. 하여간 뭘 좀 잘 하면 선조의 눈밖에 난다.

광해군의 형인 임해군은 애가 똑똑지도 못한 데다가, 전쟁 중 동생인 순화군과 함께 가또의 포로가 되어 애물단지 노릇만 했으며, 광해군이 즉위한 후 죽임을 당한다.

1594년 전쟁 중인 조선에 대기근이 들었다. 농사를 짓지 못했으니 기근이 드는 것은 당연했으나 이번 기근은 혹독했다. 먹을 것이 없어 백성들이 도처에서 굶어죽어가는 데도 관에서는 징발과 징세를 멈추지 않았다. 관리들은 민가의 소소한 곡물들까지 모조리 거두어갔다. 하기야 조정은 유지되어야 하고, 관군도 먹여야 하고, 거기다 명군에 대한 군량 보급이 늦으면 영의정이 무릎 꿇고 빌어야 되는 급박한 상황이었으니 달리 도리가 없기는 없었다.

이 때 송유진이란 인물이 반란을 일으켰는데, 이들의 요구가 해괴했다. 즉 "임금은 허물을 뉘우치고 왕위를 동궁에게 넘기라"는 것이었다. 아무도 선조를 왕으로 여기지 않는 분위기였다. 어쨌든 송유진의 난은 진압되었으나, 광해군은 이 사건으로 선조에게 또 한 번 찍혔다.

광해군은 왕세자가 된 이래 전쟁 수행 중 27개월을 궁궐이 아닌 지방에서 보냈다. 그는 전쟁의 참상을 직접 목격했으며, 수많은 자신의 백성들이 길바닥에서 굶어죽는 것을 두 눈으로 똑똑히 보았다. 조선시대 임금 가운데 광해군만큼 전국 구석구석을 다닌 왕은 없었다. 광해군이 영특하고 총명하다는 것은 이미 명나라에까지 알려졌고, 명의 황제는 칙서를 내려 광해군으로 하여금 경상도와 전라도의 군무를 주관하도록 요구했다. 선조는 당혹했고, 광해군은 선조에게 민망하기 짝이 없었다.

이래서 선조는 광해군에게 양위하겠다는 제스처를 쓰기 시작했고, 광해군과 신료들은 그게 뻔히 쇼인 줄 알면서도 말리느라 난리를 쳤다. 잔머리 선조는 재위 동안 이 짓을 자그마치 20번 가량이나 했다.

그런데 그 명나라가 광해군의 세자 책봉을 거절했다.

조선은 광해군을 세자로 책봉한 후 10여 년 동안에 걸쳐 다섯 차례나 세자책봉사를 명에 파견했으나 그 때마다 명은 장남이 아니라는 이유를 들어 광해군의 세자 책봉을 거절했다. 겉으로 내세우는 이유는 서자로서 광해군이 장남이 아니고 둘째란 것이었으나, 사실은 당시 명의 신종황제도 황태자를 세우지 않았던 것과 관계가 있었다. 명의 황실 내부 문제와 조선의 세자 책봉 문제가 연관이 되어 있었던 것이다. 이러한 명의 책봉 거절은 이후 광해군으로 하여금 반명 감정을 품게 했다.

12. 두 왕자의 피랍

함경도, 평안도 등 서북지방은 조선 왕조 건국 이래 심하게 지역 차별을 받던 곳이었다. 함흥 출신인 이성계부터 서북인들을 등용하지 말라고 후손들에게 명했으며, 후에 이시애의 난(1467)이 일어나는 바람에 차별이 더욱 심해졌다. 이에 따라 서북지방에서는 조선이 망할 때까지 거의 300년 간 높은 벼슬아치가 나지 않았고, 또 한양의 양반들은 그들과의 혼인을 기피하여 마침내 이 지역은 사대부가 없는 지역이 되고 말았다.

중앙에서 내려온 벼슬아치들도 빽 없는 이 지역 백성들을 무시하고 수탈만 일삼아 서북 백성들에게 조정에 대한 깊은 원한만 심어주었다.

전쟁이 일어나면서 조선 조정의 통치체제가 무너지자 서북지방에는 민란이 빈발했다. 함경도에 가또 기요마사군이 진격해 들어가자 함경도 관찰사 유영립과 판관 유희진은 산 속으로 도망쳤으나, 유희진은 함흥에서, 유영립은 북청에서 백성들의 밀고로 일군의 포로가 되었다. 갑산으로 도망갔던 남병사 이혼은 백성들이 잡으려고 덤비자 토굴 속에 숨었다가 격투 끝에 맞아죽었고, 백성들이 그 목을 베어 일군에게 바칠 정도였다. 이토록 조선 조정에 대한 반감이 깊은 서북의 백성들에게는 차라리 일군의 점령이 더 나았는지도 모른다.

기요마사군이 함경도로 진격해 들어오자 함경도 북병사 한극함이 함경도 6진의 병력 천여 명을 이끌고 마천령에서 막으려 했으나 패하고, 다시 해정창에서 전투를 벌였다가 궤멸되고 말았다. 한극함은 경흥으로 들어갔으나 백성들에게 잡혀 일군에게 넘겨졌다. 포한에 서린 백성들이 조정의 벼슬아치들을 모조리 내쫓거나 죽여버리려고 작정한 것이었다.

7월 23일 마천령을 넘어 회령까지 쫓겨간 두 왕자와 수행했던 조정의 대신들이 모두 그 곳 백성들에게 잡혀 일군에게 넘겨졌다.

종성 관노 국세필과 귀양와 있던 회령의 토관진무 국경인 등이 반란군을 모아 왕자와 수행원인 전 좌의정 영중추부사 김귀영, 전 병조판서 호소사 황정욱, 그의 아들이자 전 우승지 호군 황혁, 회령부사 문몽헌 등을 모두 붙잡아 가또에게 넘겼으며, 가또는 어부지리로 두 왕자를 잡는 큰 공을 세우게 되었고, 왕자들을 넘겨준 국경인에게 회령을 맡겨 지키게 했다.

이 행위는 멸시받고 천대받으며 수탈만 당하고 살던 서북지방 백성들과 악랄한 신분 차별로 인하여 절망 속에서 살아야 했던 천민 등 소외계층과 불만세력들의 조정에 대한 보복이었다. 그들에게는 나라고 지랄이고 없었고, 어느 놈이 통치하건 밥만 제때 먹여주고 사람 대우만 해주면 그만이었던 것이다.

함경도 의병장 정문부는 28세의 청년 장교로 북도병마평사(정 6

품)였는데, 일본군과의 전투 중에 부상하여 친지의 집에 숨어 있었다. 9월에 들어서서 명군이 조선으로 파병되어 온다는 소문이 돌면서 비로소 서북면 민심이 약간 가라앉았다. 이 때에 맞추어 정문부는 산 속에 숨어 있던 벼슬아치들과 협력하여 의병을 일으켰으며, 관군과 합세하자 약 3천여의 병력이 확보되었다. 정문부는 의병을 이끌고 곧바로 경성부를 들이쳐 왕자들을 일군에게 넘겨준 국세필 일당 13명을 척살하고 명천의 정말수를 토벌했다.

그러자 정문부의 봉기 소식에 접한 회령의 유생들이 국경인 일당의 목을 베어 정문부에게 바쳤다. 그 동안 사방으로 흩어져 있던 벼슬아치들이 약간 명씩의 병력을 데리고 정문부의 휘하에 합류하기 시작하면서 정문부의 병력은 금세 대군이 되었다.

정문부는 길주를 지키던 일군들이 대거 노략질을 하러 나갔다가 귀환하는 길목에 매복했다가 기습했다. 이 전투에서 정문부군은 대승을 거두어 일본군 수급 800을 얻었고, 왼쪽 귀를 잘라 조정에 보낸 수가 825개였다. 이 전투는 개전 이후 도성 이북에서 얻은 최대의 승전이었다. 이로써 길주 이북이 평정되었고, 패전한 일군은 이로부터 길주에 처박혀 꼼짝도 하지 않았다.

초장에 승승장구하던 일군은 날이 갈수록 전력이 약화되어 갔다. 우선 남의 나라에서 전투를 하려니 군량과 군수품이 절대적으로 부족했는데, 조선의 온 국토가 전란에 휩싸여 있어 군량 확보가 어려웠고 또 북쪽으로 진군한 기요마사군에는 겨울이 닥쳐오면서 동복 공급이 제일 큰 당면 문제로 떠올랐다. 길에는 굶어죽은 조선인들의 시체가 깔렸으니 어디서 뺏을 만한 곳도 없었고, 조선 북쪽의 추위에 견디지 못한 숱한 일군들이 동상에 걸리거나 얼어죽었다.

그런데다 해로로의 수송로가 봉쇄되어 있는 바람에, 일본에서 실어와 부산에 하역한 후 육로를 따라서 북으로 군수품을 운반하던 일군

수송대는 빈번한 의병의 공격을 받아 보급은 날이 갈수록 시일이 더 걸렸고 양이 줄어들었다.

병이 들면 치료약이 없어 죽음을 기다려야 했고, 추위에 얼어죽고, 조명연합군의 평양성 탈환 때 포격에 찢어져 죽고, 하여간 그렇게 악전고투하다 보니 서북면에 진출했던 일군이 한양으로 철수했을 때는 투입한 병력의 약 절반이 사라지게 되었다.

13. 명군의 첫 파병과 평양성전투(1592. 7. 17.)

전선이 확대될수록 일군의 전력은 약화되고 조선군은 활동 영역이 줄어들면서 밀집 현상이 일어나는 데다 실전 경험도 조금씩 생기고 또 일군과의 전투에서 가끔 이기기도 하자 일군도 그저 그렇고 조총도 별것 아니구나 하는 용기도 생겼다. 그런데다 의병들이 전국에서 일어나 일본군과의 전투에서 가랑비 역할을 하자 일본군은 더 이상의 작전을 펼칠 수 없어 모든 전선이 교착 상태에 빠져들게 되었다.

명나라 요동 부총병 조승훈은 6월 중순경부터 군사 3천 명을 이끌고 도원수 김명원 휘하 조선군 병력 3천과 연합군을 편성하여 평양 북방 순안에 집결했다.

천병(天兵)이 어떻고 하면서 주접이나 떨고 일군을 우습게 보고 있던 조승훈은 비가 오는 7월 17일 평양성 공략에 나섰다. 당시 평양 주둔 일군은 약 1만 5천 명이었고, 그 중 소총수는 2~3천 명 정도 되었으며, 조선인 부역자가 1만 정도 되었다. 공격하는 명군은 주로 요동 기마병이었다.

조명연합군이 평양성에 당도해 보니 성문이 열려 있고 일군은 보이지 않았다. 명군 선두가 무심코 평양성 내로 진입했을 때 매복하고 있던 일군의 조총과 화살이 빗발같이 쏟아졌다. 놀란 조승훈이 계략에 빠진 것을 알고 급히 후퇴 명령을 내렸으나 이미 늦어 유격장 사유, 천총 장충국 등 장수들을 비롯한 명군 태반이 전사하고 조승훈을 비롯한 일부만 겨우 빠져나와 도망쳤다.

간신히 빠져나온 얼뜨기 조승훈은 그대로 요동으로 튄 다음 "조선군이 일본군에게 투항하여 패배했다"라고 허위 보고를 하는 바람에 조선 조정에서는 이를 변명하느라 사신을 보내고 진땀을 뺐다. 조승훈, 이 한심한 인간은 기마병이 조총병의 밥이라는 것을 모른 데다, 매복에 대한 대비도 없이 성안에 들어갔다가 신립 짝이 난 것이었다.

조승훈이 패배하고 도망쳐 버리자 그간 어느 정도 전세를 회복한 조선군은 단독으로 평양성 공략에 나섰다. 이원익과 이빈, 이일과 김응서, 김억추가 병력 2만을 지휘하여 8월 1일 하루종일 평양성을 공격했으나 아무런 소득이 없었다. 이렇게 튼튼한 성을 왜 그냥 놓고 튀었냐? 이 멍청한 놈들아.

사실 초장에 명군은 천병이라 큰 소리를 쳐가면서 일군 정도는 아주 우습게 보고 있었다. 근데 조승훈이 평양성전투에서 대패한 후 일군이 예상 외로 강하고 그들이 보유한 조총이 만만치 않다는 것을 명 조정에서는 처음 깨달았다. 그래서 후에 이여송이 지휘하는 대군의 파병 시 일군의 조총에 대항할 수 있는 남방의 화포병을 대거 징발했던 것이다.

이후 명은 "일본은 동이 가운데 으뜸이며 물산이 풍부하고 병기가 날카로운 데다 목숨을 가벼이 여겨 전쟁에 능숙하다"라며 경계심을 높였다.

제
4
장

반격

1. 전쟁 발발 후 6개월

일본군은 16만 병력을 조선에 투입, 전쟁이 발발하고 처음에는 연전연승하여 잘 나가는 것 같더니 6개월쯤 되면서부터 전세가 점점 불리해지기 시작했다. 육전에서는 상주와 경주성을 빼앗겼고, 진주성 공략에 실패했으며, 해전에서도 연전연패하고 있었다. 일군은 침공 후 겨우 4~5개월 정도 우세를 유지하다가 되레 몰리기 시작한 것이었다.

함경도에서도 조선군의 반격이 거세지고 날씨가 맹렬히 추워지자 병력을 남쪽으로 철수하기 시작했고, 조명연합군의 평양성에 대한 압력은 날이 갈수록 높아지고 있었으며, 보급 사정은 갈수록 나빠지고 있었다. 또 대부분의 일군들은 거의 모두 일본 남쪽 지방 출신으로 혹독한 조선의 겨울 추위를 감당할 수 없었다. 10월(음력)에 접어들자 날은 갈수록 추워지고 보급이 시원찮아 동상에 걸리고 얼어죽는 병사들이 속출했다.

이럴 때 명의 강화사 유격장군 심유경이 강화를 하자며 평양에 주둔하고 있는 고니시에게 30일 간의 휴전 약속을 받아냈다. 이렇게 일군이 쉽게 휴전 약속에 동의한 것은 월동 준비가 되어 있지 않아 도저히 전투를 계속할 수 있는 형편이 아니었기 때문이었다.

2. 박진의 경주성 탈환(1592. 9. 8.)

9월 8일, 4월 21일 일본군 제2군 가또 기요마사에게 빼앗겼던 경주성이 함락 넉 달여 만에 경상좌병사 박진이 지휘하는 관군에 의하여 탈환되었다. 하여간 뺏겼다 도로 찾은 건 이게 처음이다.

8월 20일 박진은 의병장 권응수, 정세아의 5천 병력과 관내 읍병 등 모두 1만여 군사를 거느리고 경주성을 포위하고 공략에 들어갔으나 600여 명의 전사자를 내고 격퇴되고 말았다.

9월 7일 박진은 다시 관군 5천 명을 이끌고 경주성에 야간 공격을 감행하여 다음 날 경주를 탈환했다. 이 전투에서 박진은 조선군의 최신 화기인 비격진천뢰와 박격포 그리고 화차를 동원하여 성안의 일본군을 공격했으며, 일본군은 신무기의 위력에 놀라 성을 버리고 서생포로 도주하고 말았다. 경주성전투에서 일군이 패한 원인은 조선군의 막강한 화기 때문이었으나, 야간 전투 시 조총이 별 효력을 발휘하지 못한 것도 패한 이유 중에 하나였다. 당시 조총은 시력에만 의존한 데다, 야간에는 정확성이 형편없이 떨어져 제구실을 할 수 없었다.

이렇게 커다란 공을 세운 조선의 명장 박진이 명나라 하급 장수에게 얻어맞아서 그게 병이 되어 죽었다니, 도대체 명군이 원군인지 점령군인지 헷갈린다. 어떻게 팼길래 경상좌병사나 되는 박진이 골병이 들어서 죽었단 말인가? 하기야 영의정인 유성룡도 명군의 군량을 제대로 못 댔다고 이여송에게 무릎 꿇고 욕을 얻어먹는 판이니 말해 무엇하랴만 그러고도 말 한 마디 못 하는 조선 조정, 참으로 딱하다.

3. 진주대첩의 영웅 김시민(1차 진주성전투, 1592. 10. 6.)

1차 진주성전투는 조일전쟁이 일어난 지 6개월 만인 1592년 10월 6일에 벌어졌는데, 이 때는 전체 전선에서 일군이 조금씩 밀리기 시작할 때였다. 일군은 경상우도 의병의 본거지인 진주를 함락하여 의병의 출몰을 막고, 진주를 교두보로 삼은 다음 호남으로 진출하여 군량미를 확보할 의도로 진주성 공격을 결정했다.

그러나 진주성은 난공불락의 요새였다. 성의 남쪽은 남강에 연해 있었고, 서쪽은 깎아지른 절벽으로 공격할 수 있는 방향은 동쪽과 북쪽뿐인데 해자가 파여 있었다. 우리나라의 성은 원래 해자를 파지 않는데, 진주성은 정석대로 성을 쌓고 해자를 팠기 때문에 일군이 공격하기가 매우 어려웠다.

당시 진주목사 김시민이 의병, 관민들과 힘을 합하여 일군을 물리친 진주대첩은 조일전쟁 3대 대첩 중 하나로 꼽히고 있고, 또 우리는 학교에서 그렇게 배웠다.

그런데 가만 있자, 3대 대첩이라면 진주대첩, 행주대첩, 한산도대첩 이렇게 셋인 모양인데, 한산도대첩, 이게 아주 잘못되었다. 아마 한산도해전 때 조선 함대가 일 함선들을 격침시킨 숫자가 해전 중 좀 많아서 해전 제일의 대첩으로 치는 모양인데, 그 전투는 그냥 이길 것을 이긴 해전이고, 실제로 어려운 판세에서 전투를 해서 이긴 명량대첩이 한산도해전 대신에 해전 대첩 1위의 영광을 차지해야 옳다. 아니면 육전의 진주대첩, 행주대첩과 해전의 한산도대첩, 명량대첩 등 모두 4대 대첩이 있었다고 가르치든가. 하여간 앞으로 3대 대첩을 수정해서 학교에서 가르치기 바란다.

1차 진주성전투에서 공격하는 일군은 약 2개 사단 병력인 25,000명 정도였고, 진주 방어군은 약 4천 명이었다.

진주성에는 한 달 전에 판관이었다가 목사로 승진한 김시민과 판관 성수경, 곤양군수 이광악 등의 문무관이 3,800여 명의 군사를 거느리고 있었고, 응원군으로 경상도 의병장 곽재우와 최강, 이달이 수 미상의 의병군을 거느리고 들어와 있었다.

진주성을 공격하는 일군에는 약 3~4천 명의 조총수가 있었던 것으로 추정되며, 조선군은 각종 중화기와 소총인 승자총통으로 무장되어 있었다.

일군은 먼저 진주성 10리 안팎에 불을 질러 주변을 잿더미를 만든 후 성을 포위하고 공격에 들어갔다. 김시민은 일군의 공격에 대비하여 충분한 화약무기를 비축해두고 있었다. 드디어 전열을 정비한 일군이 진주성을 공격하기 시작했다.

일군은 토산을 쌓고 거기에 올라가서 사격을 해댔고, 그들이 사격하는 망루는 방패로 둘렀다. 또 높게 만든 일종의 움직이는 망루인 산대를 만들어, 성벽보다 높은 곳에서 사격을 가해왔다.

일군이 공격을 시작하자 성벽 위에 배치되어 있던 수십 문의 현자총통이 일군을 향해 불을 뿜었고, 작열탄인 비격진천뢰와 수류탄인 질려탄이 우박 쏟아지듯 일군을 향해 날아가 수많은 공격군이 죽어갔다. 이렇게 6일 간 치열한 전투를 벌였으나 진주성은 까딱도 없었고, 일군은 드디어 1만여의 전사자를 뒤로 한 채 퇴각하기 시작했다.

조일전쟁 최초로 성을 지켜낸 진주대첩의 영웅 김시민은 전투 마지막 날 총상을 입고 결국 2달 뒤 38세의 아까운 나이로 숨을 거두었다. 조정은 그를 선무공신으로 추대하고 충무공이란 시호를 내렸으며, 영의정으로 추증했다. 이순신 장군만 충무공이 아니라 김시민도 충무공이어서 우리나라의 충무공은 둘인 셈이다. 김시민의 사당인 충민사는 충북 괴산에 있다.

김시민은 괴산의 무관 집안 출신으로 1554년에 태어났다. 25세에 무과에 급제하여 훈련판관과 부평부사를 지냈고, 조일전쟁 일 년 전에 진주판관이 되었다. 김시민은 일군의 대규모 공격을 받고서도 관민 합심하여 진주성을 훌륭히 지켜낸 것이다.

4. 본격적인 명의 참전(1592. 12. 10.)

한편 명의 신종(만력제)은 8월 18일 병부우시랑 송응창을 경략비왜군무로 임명하고 총포 등 병기와 차량의 제작을 명하는 한편 군사를 징집하여 조선 파병을 준비하고 있었다. 일군이 조선을 점령하고 명의 영토로 쳐들어올까 봐 두려웠던 것이다.

1592년 12월 10일, 드디어 조일전쟁 발발 8개월 만에 명의 대군이 조선에 파병되었다. 총병 이여송이 동생인 부총병 이여백과 함께 인솔한 명군 43,000명이 조선 땅을 밟은 것이다. 이번에 파병된 명군은 남방의 화약무기 부대와 요동 기마부대의 혼성군이었다.

이여송은 고조가 평안도에 살던 조선 사람으로 말하자면 조선족이었다. 이여송은 임금 선조를 만나고 28일 의주를 출발하여 평양으로 진격을 시작했다. 명군의 접반사는 유성룡이었고, 조선군은 평양 주위에 약 1만 6천의 병력을 배치해 놓고 있었다.

그런데 명군이 왕창 밀려오자 적잖은 문제가 생겼다. 명군은 지원군이라기보다도 점령군 행세를 했던 것이다. 《연려실기술》에 "명군이 들어가는 마을에서는 소나 돼지, 개와 닭 같은 가축이 전부 없어진다. 명군은 닭을 가장 즐겨 먹어 피 한 방울이라도 버리는 것이 없다"라고 기술할 정도로 명군은 주둔지 근처의 동네마다 싹쓸이하고 다녔다. 오죽하면 '일군은 얼레빗, 명군은 참빗'이라는 자조섞인 유행어가 돌 정도로 싹 쓸어갔다. 그래도 조선은 명군이 와 준 것만도 황감해서 찍소리도 할 수 없었다.

그 해 12월에 전라도 순찰사 권율이 병사 선거이, 소모사 변이중(화차 발명자), 조방장 조경, 의병장 임희진, 변사정, 승장 처영 등과 함께 전라도 병력 1만을 이끌고 수원 근교 독산산성에 주둔하여 장차 서울 수복 작전을 짜고 있었다.

5. 명의 파병과 역관 홍순언의 인연

좀 오래된 얘기지만, 태조(조선 1대) 3년 조선 조정에서는 난리가 났다. 명나라의 법전인 《대명회전》에 이성계의 부친이 이자춘이 아닌, 이성계의 정적이었던 고려 말의 권신 이인임으로 표기된 오류를 발견한 것이다. 조선 조정에서는 즉각 명에 사신을 보내서 정정해 줄 것을 요청했으나 명에서는 알았다고 대답하고는 그만이었다.

그 후로 자그마치 200여 년에 걸쳐서 조선 조정에서는 수시로 사신을 보내서 계속 정정을 요청했으나 명에서는 그냥 듣는 척만 하고 막상 정정해주지 않았다. 이것이 종계변무며, 종계변무는 당시 조선 조정 최대의 외교 현안이었다.

명에서도 잘못 기재된 것을 알고는 있었으나, 고쳐주지 않고 버틴 것은 첫째 조선이 매년 올 때마다 왕창 싸들고 와서 빌고 읍소하는 것이 별로 보기 나쁘지 않은 데다가 둘째, 필요할 때 협상카드로 쓰기 위해 붙잡아두고 있었을 것이다. 이렇게 해결점 없이 질질 끌던 종계변무는 1584년 선조 때의 역관 홍순언이 정정의 중차대한 명을 받아 다시 북경 출장길에 오르면서 해결된다. 당시 선조는 이번에도 정정에 실패할 경우 책임을 물어 수석 역관의 목을 베겠다는 엄명을 내려놓고 있었는데 그러한 위험한 임무를 역관인 홍순언이 맡게 되었던 것이다.

홍순언은 두어 달의 여행 끝에 북경에 도착하기 하루 전 북경을 한 30리 앞에 둔 통주에 도착하여 노독을 풀 겸해서 한 기생집으로 들어갔다. 그 곳에서 한 아름다운 중국인 기생을 보고 혹해진 홍순언은 주인에게 부탁하여 그녀의 방으로 들어가게 되었다. 방에 들어가서 본 류씨라는 아름다운 그 기생이 소복을 입고 있어서 홍순언은 그녀에게 그 사유를 묻게 되었다.

미인은 "제 부모는 본시 절강 사람으로 명나라 북경에 와서 벼슬을 살다가 역병에 걸려 두 분 다 돌아가셨는데, 지금 관이 객사에 있습니다. 저는 외동딸이고, 부모님을 고향으로 모셔가 장례를 치를 돈이 없어서 마지못해 스스로 이 곳에 나왔습니다"라고 말하며 눈물을 떨구는 것이었다.

홍순언은 눈물을 흘리며 신세를 이야기하는 아름다운 그녀가 엄청 가여웠다. 원래 미인이 눈물을 흘리는 데 가엾다고 생각하지 않는 사내는 사내도 아니다.

당시 그 미인이 부모님의 관을 고향으로 모셔가서 장례를 지내는 데 필요한 비용은 모두 300금 정도였다. 당시 300금이면 지금 돈으로 천만 원 정도의 큰 돈이었으나, 미인 기생의 눈물에 마음이 움직인 홍순언은 가진 돈을 모두 털어 그녀에게 300금을 내주고 자리에서 일어났다.

여인은 의인에게 이름을 물었으나 홍순언이 대답을 해주지 않자 주는 것을 받지 않겠다고 했다. 하여, 홍순언은 성이 홍씨라고 성만 가르쳐 주고 나왔다. 이날 홍순언이 300금을 중국 기생에게 준 후 성만 말해주고 손도 안 댄 채 그냥 나왔다고 하자 일행 모두가 그를 비웃었다. "여우 같은 계집에게 홀려서 거금을 뜯겼구나"라고들 생각했던 것이다.

사실 홍순언이 여인에게 준 돈은 제 돈이 아니라 관아에서 빌린 무역 대금이었다. 결국 나중에 그 돈은 선조의 책벌이 무서워서 자신들은 뒤로 빠지고 홍순언을 대신 등떠밀어 명으로 보냈던 동료 역관들이 갚아주었다. 조선시대 때 큰돈 만진 사람들은 대개 당시 해외 무역에 합법적으로 종사할 수 있었던 역관들이었다.

어쨌거나 홍순언이 부여받은 임무를 수행하기 위하여 푸대접 받을 각오를 하고 예부에 들어가 담당 책임자와의 면담을 요청했는데, 예부의 관리가 그를 기다리는 인물이 있다고 귀띔을 해주는 것이 아닌가.

귀찮은 종계변무 정정사를 예부시랑(외무부차관)이 기다리고 있다는 것이다. 의외의 일에 놀란 정정사 일행이 앉아서 기다리고 있는데 예부시랑 석성이 나타났다. 고위직 인사가 나타난 것에 대하여 다시 한 번 놀라는 일행에게 다가온 석성이 홍순언에게 말을 건넸다. "군은 통주에서 은혜를 베푼 일을 기억하고 계시오? 내가 아내의 말을 들으니 군은 참으로 천하의 의로운 선비요."

이렇게 말하는 예부시랑 석성 뒤에 서있던 여인이 앞으로 나와 홍순언에게 절을 하며 말했다. "은혜에 보답하여 절을 하는 것이니 받으셔야 합니다. 군의 높은 은혜를 입어 부모님 장례를 지낼 수 있었으므로 감회가 마음에 맺혔습니다. 그러니 그 은혜를 어느 날엔들 잊겠습니까?"

홍순언이 통주에서 만났던 아름다운 중국 기생은 예부시랑 석성의 후처가 되어 있었던 것이다. 석성 부부는 홍순언을 극진히 대접했으며 종계변무 문제가 해결될 수 있도록 최선을 다 해서 돕겠다고 했다.

드디어 두 달이 지나서 연락이 왔다. 대명회전의 내용이 조선의 요구대로 수정되었다는 것이다. 수정된 내용은 다음과 같다. "이성계는 전주의 혈통을 물려 받았고, 선조는 이한이며, 신라의 사공 벼슬을 했다. 6대손 긍휴는 고려로 왔고, 이성계는 이자춘의 아들이다."

석성은 홍순언의 임무가 완수되도록 애를 썼고, 석성의 부인은 홍순언이 귀국할 때 정성이 담긴 많은 선물을 보냈다. 종계변무의 성공은 왕실의 계보를 바로잡고 신하들과 백성들에게 떳떳하게 왕실의 정통성을 내보일 수 있게 되었다는 점에서 조선 왕실의 큰 경사였다. 선조는 종계변무를 성공시킨 신료들에게 광국공신의 칭호를 내렸는데, 그 중 역관은 홍순언 혼자였다.

그 후 홍순언은 우금위장으로 임명되었고, 당릉군이라는 군호를 하사받았다. 한편 석성은 명의 병부상서(국방부장관)로 승진하여 조선의 청병으로 명 조정에서 찬반 논란이 격렬할 때 조선 편에 서서 파병을 찬성해 이를 관철시켰다.

이러한 석성과 홍순언의 사적인 인연이 명의 조일전쟁 파병을 성공시킨 한 요인으로 작용했던 것이다. 그 후 홍순언은 명나라 원병군 사령관 이여송의 통역관이 되어 그와 함께 전장을 누볐다.

조일전쟁에서 명은 연 21만 명의 병력을 파병했고, 가장 많은 명군이 조선에 주둔했을 때 10만 명에 달했으며, 군비로 882만 냥을 지출했다.

홍순언은 조일전쟁이 끝난 1598년 자신의 임무를 다한 듯 세상을 떴고, 조선 파병을 주장했던 석성은 막대한 군비 소모에다 강화회담 실패의 책임을 지고 투옥되었다가 1599년에 옥사했다. 석성의 후손들은 남은 가족을 걱정한 석성의 유언에 따라 조선으로 귀화했으며, 선조는 그들에게 해주에 땅을 주어 정착하게 했다. 이 것이 해주 석씨의 시작이다.

이렇게 역관 홍순언과 중국의 한 기생의 작은 인연이 동아시아 역사를 바꾸었던 것이다. 그래서 사람이 평소에 좋은 일을 해야 하는 것이다. 홍순언에 대한 기록은 《통문관지》에 상세히 실려 있고, 그 외에도 《선조실록》《성호사설》《서포만필》《열하일기》《연려실기술》 등 모두 30여 권에 실려 있다.

당시 역관이란 유창한 외국어 실력 외에도 국제적인 감각, 세련된 매너, 유려한 대화술 등 상대국의 고위 관리들과 대등하게 소통할 수 있는 학문적 소양까지 지녀야 하는, 다방면의 재능을 지닌 인물이었다. 말하자면 역관은 당시의 국제 신사이자 공인 무역상이었던 것이다. 또 역관은 대출받은 무역 자금 외에도 인삼을 기본 무역 자금으로 쓸 수 있었다.

역관에게는 출장비가 지급되지 않았고 대신 인삼 장사를 해서 번 돈으로 경비를 충당케 했다. 한 번의 중국 여행에서 역관에게 허용된 인삼의 양은 열 근(지금의 6kg)으로 당시 은으로 치면 250냥이고, 쌀로 치면 150가마 정도였다. 물론 뒤로 꼬불쳐 가지고 가는 것 말고.

즉 쌀 한 가마에 은 1냥 반에서 2냥의 시세였고, 지금 돈으로 쌀 150가마면 2천만 원쯤 되니, 당시 쌀 한 가마가 지금 시세로 150,000원 정도였고, 은 한 냥의 가치는 약 십만 원 정도였을 것이었다. 조일전쟁 때 명군의 월급이 1냥 반이었으니, 지금 돈으로 150,000원쯤이고, 당시 쌀 한 가마 정도의 가치였다.

6. 조일전쟁의 전환점, 조명연합군의 평양성 탈환(1593. 1. 6.)

전쟁 발발 다음 해인 1593년 1월 2일, 이여송군의 주력이 안주에 도착했다. 초장에는 싸움마다 박살났던 조선군이 그간 실전 경험도 제법 쌓았고, 일군과의 전투에서 심심찮게 승리하여 사기가 꽤 올라 있었으며, 전쟁 초기에는 병력이 몇 명인지도 모르던 것이 조직적인 전투를 여러 번 치르고나자 병력도 대략 파악되었다.

당시 조선군 병력은 의병을 포함 총 172,400명으로 집계되었으며, 이는 일본 침공군과 비교할 때 별 차이 없는 숫자였다. 이 숫자는 평양성 탈환 후 명의 원주사가 조선의 총병력에 대하여 문의했을 때, 조선 조정에서 육군과 수군 그리고 의병까지 모두 함께 집계하여 당시 조선군의 총병력이 17만 명이라고 명나라에 보고했던 기록이다.

조일전쟁에 투입된 세 나라의 총병력은 일군 약 20만, 조선군 약 20만, 명군 약 10만으로 모두 50만 명이 넘는 대군이었다. 당시 이런 정도의 대규모 전쟁은 유럽에는 있지도 않았고, 그저 중국에서나 어쩌다 볼 수 있는 대단한 규모였다.

1월 6일 드디어 조일전쟁의 전환점이 되었던 조명연합군의 평양성 공격이 시작되었다. 조선군에서는 도원수 김명원이 김응서, 정희현과 함께 참전했고, 서산대사의 1,500명, 사명대사의 700명 등 모두 2,200명의 승군이 합세했다.

일본군의 총 수비병력은 1만 5천 정도였으며, 일본군은 그간 공격에 대비하여 녹각, 목책 등을 갖추고 조총 사격이 용이하게끔 모든 방어 준비를 갖추고 있었다. 이틀 간의 탐색전을 끝낸 조명연합군은 성 주변 요소요소에 사정거리에 따라 대포를 배치하고 포격에 들어갔다.

조명연합군의 막강한 화력에 지리멸렬해진 일군의 방어선을 뚫고 조명연합군은 총공세에 들어갔다. 방어하는 일군의 화력은 조총뿐이었고, 이는 멀리서 쏘는, 사정거리가 훨씬 긴 대포에 대항할 수 없었다. 치열한 전투 끝에 일 측의 사상자는 1만 명을 헤아렸고, 조명연합군은 수백 정의 무기를 노획하였으며 일군 수급 1,285개를 취했으나 명군 측도 수천 명이 전사해 피해가 적지 않았다.

성을 비우라는 이여송의 제의에 고니시는 추격하지 않는 조건으로 이를 수락했다. 이날 밤 살을 에는 혹독한 추위 속에 일군 패잔병들은 평양성을 내버리고 남쪽으로 도주하여 한양까지 후퇴했으며, 다음 날 조명연합군은 일군이 철수한 평양성에 입성했다.

평양성전투의 승인은 명군의 남병이 보유하고 있던 막강한 대포의 위력이었고, 막강한 대포의 화력 앞에서는 조총이나 튼튼한 성이 아무 쓸모가 없었던 것이다.

이로써 조선을 침공했던 일 육군의 사기는 곤두박질치게 되었고, 조일전쟁에서 조명연합군이 결정적으로 우위를 차지하기 시작했다.

평양성 탈환은 조일전쟁의 터닝 포인트였던 것이다.

평양성 패전에 이어 일군은 그 다음 달에 벌어진 행주산성전투에서 연거푸 패전함으로써 한양을 내어주고 조선 전역을 포기한 채 남해 일대에 축성한 왜성으로 퇴각하고 웅크리게 되어 전선은 지난 해 개전 초의 상황으로 돌아가게 된다.

이렇게 조일전쟁에서 승승장구하던 일군이 결정적으로 추락한 때가 바로 평양성을 내주었을 때이며, 조선 점령을 아예 포기하게 되는 시점이 행주산성전투에서 깨지고 나서이다.

7. 벽제관전투(1593. 1. 27.)

평양을 탈환한 조명연합군 선봉대는 1월 19일 개성에 진출했다. 26일 이여송은 사병 3천여 명과 부총병 손수겸, 조승훈, 참장 이령 등을 거느리고 적정을 살핀다며 개성을 나섰다. 이여송군은 임진강을 건너 오산에서 하룻밤을 묵었는데 그 사이 후속 부대가 합류하여 약 2만의 군세가 되었다.

한양에 머물러 있던 일군은 조명연합군이 남하한다는 정보에 접하자 4만의 대병력을 동원하여 북상한 후 여석령에서 벽제관 사이 주막리의 협곡에 진을 치고 조명연합군과 맞붙었다. 평양성전투에서 승리한 이여송은 일본군을 우습게 보았고, 더구나 화기를 얼마 가져오지 않아 싸움은 일군의 조총과 명군의 기마대가 맞붙는 꼴이 되었다.

일본 전국시대 말에 무적을 자랑하던 다케다 신겐의 기병대가 오다 노부나가의 조총병에게 박살난 사실을 잘 알 것이다. 그렇게 멀리 얘기할 것도 없이 신립의 기병대가 고니시의 조총부대에게 전멸당한

지가 얼마 되지도 않았다. 하여간 총이 개발된 후부터 덩어리가 큰 기병은 그냥 조총수의 밥이었다.

대강 쏴도 사람이 안 맞으면 말이 맞기 때문이다. 결국 벽제관전투에서 명군이 일군에게 대패하여 1,500명에 달하는 전사자를 냈다. 이여송의 가까운 측근 장수들은 모조리 전사했고 이여송도 겨우 몸을 빼어 도망쳤다. 이여송은 급히 군사를 돌려 파주로 퇴각했으며, 이 패전으로 전의를 잃고 군사를 본국으로 철수시키려 했다. 거기다 군마의 거의 50%가 돌림병에 걸려서 12,000필이나 죽었다.

결국 명군은 파주를 버리고 임진강을 건넜고 29일에는 개성까지 후퇴했다. 개성에 머물러 있던 명군에게 마침 군량이 떨어지자 이를 이유로 명군 장수들은 일제히 회군을 주장했다. 이여송은 대로하여 도체찰사 유성룡, 호조판서 이성중, 경기좌감사 이정행 등을 불러 뜰 아래 무릎을 꿇린 채 꾸짖으며 군법으로 처단하겠다고 소리쳤다.

아니, 조선군 합참의장 유성룡이 겨우 명의 요동 총병 이여송에게 무릎을 꿇고 빌다니, 당시 나라 꼴이 이처럼 개꼴이었다.

그 때 마침 군량을 실은 수십 척의 배가 강화로부터 도착하여 겨우 군량 위기를 넘겼다. 그러나 왜놈에게 정이 떨어져버린 이여송은 부총병 왕필적만 개성에 남겨둔 채 자신은 평양으로 돌아가고 말았다. 선조는 조명연합군이 평양성을 수복하고 두 달이 지난 뒤인 3월 23일이 되어서야 평양에 도착했다.

8. 이성량과 이여송

이여송은 조선족이었으며, 이여송의 부친은 요동총병관을 지낸 이성량이다. 이성량의 고조부인 이영은 조선에서 명으로 이주하여 요동에서 살았으나, 집안은 이성량의 아버지 때 몰락하여 살림이 매우 빈곤했다. 이성량은 주변의 도움을 받아 북경으로 가서 말단 관리가 되었다. 이후 이성량은 무예와 병서 읽기에 진력하여 병법에 통함으로써 공을 세워 요동험산참장이 되었다가 요동의 대소 반란을 평정하여 요동총병이 되었다.

당시 여진은 원과 명의 지배를 받으면서 선진 문물을 흡수하고 농경을 시작하여 인구가 증가함으로써 부족공동체가 발달하여 국가 건설의 기운이 팽배할 때였다.

이럴 때 요동총병이 된 이성량은 요동의 지배자가 되면서 상인들을 착취하고 농민들을 탄압했기 때문에 크고 작은 반란이 멈추지 않았다. 처음에는 순수한 무인이었던 이성량이 고위 장군이 되자 교만해지고 사치에 빠지기 시작한 것이다.

이성량의 착취는 점점 심해졌고, 땅을 빼앗기 위하여 토착민들을 강제로 이주시켰다. 그 과정에서 수많은 여진인들이 죽었으며, 이에 따라 여진인들의 이성량과 명에 대한 원한은 뼈에 사무치게 되었다.

누르하치의 봉기는 이성량의 가혹한 통치가 한 원인이었다.

이성량은 91세까지 장수하다 죽었는데, 그의 아들 가운데 여송, 여백, 여정, 여장, 여매는 모두 총병관을 지냈다. 이여송은 이성량의 큰아들로서 제 애비 덕으로 도지휘동지의 직위에 있었다. 이여송은 학문도 꽤 익혔고 아버지를 따라 군무에 오랫동안 종사했기 때문에 병법에 밝은 데다가 기골이 엄청 장대했으며 매우 용맹했다. 이여송은 영하에서 일어난 몽골의 반란을 잔혹하게 진압하고 신종(명 14대)의 명에 따라 조선 파병군의 사령관으로 조선에 들어오게 된 것이다.

그는 평양성전투에서 크게 활약하여 평양성을 수복하고 일군의 기세를 눌렀으나, 일군에 대한 승리로 교만한 채 벽제관전투에 임했다가 일군에게 대패하고 개성으로 물러섰다. 일군이 행주전투에서 깨진 다음 한양을 비우고 남하하여 남해안 일대에 웅거하자 명에서는 이여송을 소환하고 유정에게 남아서 명군을 이끌게 했다.

그 후 1599년 토만이 요동을 침공하자 방어에 나섰던 이여송은 적의 매복에 걸려 전사하고 만다.

후에 정조(조선 22대) 시대 때 무예의 달인 백동수가 대문호 박지원과 같이 조선 천지를 여행한 적이 있는데, 둘이 해인사를 거쳐 가야산 부근 원용각에 들렀을 때 조일전쟁 때의 제독 이여송이 쓰던 전립과 전포가 보존되어 있다는 말을 들었다. 무인인 백동수가 호기심이 생겨 보관된 전포와 전립을 살펴보니 엄청 큰 치수였다. 기골이 장대하다던 자신의 체구가 왜소하게 느껴지자, 백동수는 그 절에서 가장 키가 큰 승려를 불러 전포를 입어보게 했으나, 전포의 길이가 한 자가 넘어 땅에 끌릴 정도로 이여송은 엄청난 거구였다 한다.

9. 행주대첩(1593. 2. 12.)

독산산성에 주둔해 있으면서 유격전을 벌여 일군을 기습하고 보급로를 습격해 왔던 권율은 조명연합군이 평양을 탈환하고 한양을 되찾기 위하여 남하 중이라는 정보를 듣고 도성 서쪽 20리에 있는 행주산성(경기도 고양군 지도면)으로 부대를 이동했다. 권율은 조명연합군이 도성을 공격하면 그 일익을 담당할 생각이었다. 권율은 조방장 조경을 시켜 성 주변에 목책을 둘러치게 하고 포 진지를 구축하는 등 철저히 방어 태세를 갖추었다.

행주산성은 한강을 끼고 있어 남북을 잇는 교통의 요충지로 둘레 약 1km의 외성이 있고, 고지 주변에 내성을 쌓아 이중의 방어벽으로 되어 있었다. 주화력으로는 화차(수제 기관총좌)가 수십 량 배치되어 있었고, 수비 병력은 약 2천 5백 정도였다. 권율군은 화약무기로 화차 이 외에도 각종 포와 발화탄, 비격진천뢰 등 막강한 화력을 보유하고 있었다.

도성을 장악하고 있던 일군은 조명연합군과 한양을 놓고 대회전을 벌이기 전에 먼저 근처에 있으면서 걸리적거리는 행주산성의 권율 군부터 토벌하기로 결정했다. 일군은 행주산성을 일거에 쓸어버리기 위하여 3만의 대군을 동원한 다음 총사령관 우키다 히데이에를 비롯 대군을 7대로 나누어 공격하기로 작전을 짰다.

수비군은 비록 2,500 정도로 병력 면에서는 엄청 열세였으나, 대신 각종 대포와 완구 그리고 수십 량의 화차 및 비격진천뢰 등 최신 화기를 모두 보유하고 있었다.

총공격에 들어간 일군은 네 차례에 걸쳐 파상 공격을 했으나 수비군은 공격하는 일군에게 모든 화력을 퍼부어가며 여유있게 방어했다. 전투 중 적의 총대장 히데이에와 일군 장군 이시다 미쓰나리가 부상을 입었다.

일군은 수많은 희생에도 불구하고 제7파까지 파상 공격을 펼쳤는데, 마침 경기수사 이빈이 통진에서 2척의 배에 화살을 가득 싣고 한강을 거슬러 올라온 데다 후방에 상륙할 기세를 보이자, 일군은 수천 명의 전사자의 시체를 뒤로 남긴 채 퇴각하기 시작했다.

행주산성전투는 처영의 승병 500을 포함한 약 2,500의 수비군이 거의 3만의 공성군을 물리친 전투이나, 조선군의 화력이 월등했고 또 방어 진지의 위치가 산 위에 있어 내려다보며 사격할 수 있어서 대단히 유리한 입장에서 대승한 전투였다. 일군의 정확한 전사자 통계는 나와있지 않으나 일곱 번에 걸친 공격에 3명의 주장이 부상했을 정도의 치열함으로 볼 때 최소한 수천 명의 전사자가 있었을 것으로 추정된다.

평양성전투와 행주전투에서 내리 깨진 일군은 사기가 바닥으로 떨어졌고, 또 더 이상 전투 의욕이 사라져 한양을 내놓고 남해 일대의 왜성으로 퇴각하게 된다.

이러한 조선군의 최신 화기가 총동원되어 일 대군의 공격을 물리친 행주대첩을, 웬 아낙네들이 행주치마에 돌을 날라다가 던져서 이겼다는 어처구니 없는 소설을 어느 싸가지가 썼는지 모르겠다. 당시 행주는 돌이 많은 지방이었는데 요새는 돌이 하나도 없는 토산이래요. 그럼 그 많은 돌을 다 던졌나?

하기야 방어하면서 성에 접근하는 일군들에게 돌을 던져 성을 올라오지 못하게 한 경우도 있기야 있었을 것이다. 그러나 단지 여자들이 행주치마로 날라온 돌을 던져서 이겼다는, 본말이 전도된 지엽말단적인 얘기를 내세워 행주대첩의 승인으로 삼는다는 것은 소새끼가 웃을 일이다. 더구나 행주라는 명칭은 여인네가 설거지할 때 걸치는 행주가 아니고 당시 전투가 벌어졌던 토성이 있던 곳의 지명이다.

행주산성전투에서 큰 위력을 발휘했던 신병기 화차는 전라도 장성 사람이자 전라도소모사인 변이중이 조일전쟁 중 발명했는데, 그는 어려운 전쟁 중에서도 사재를 털어 집을 공장으로 삼아 화차 수십 량을 만들었다. 바로 그 화차로 권율이 행주대첩을 이루어냈다고 해도 과언이 아닌데, 조정의 양아치들이 또 난리가 났다.

사재를 털어 신병기를 발명한 변이중에게 상을 주지는 못할 망정 고약한 재주와 기교를 부려 괴상한 것을 만들어내었다고 씹고 난리가 난 것이다. 말하자면 나라에서도 만들지 못하는 것을 개인이 만들어 내었으니, 언제고 정국을 위협할 수 있는 위험 인물로 찍힌 것이다.

변이중은 물리에 밝은 과학자로 그가 쓴 《망암집》은 화차도설을 비롯하여 총통화전도설 등 수십 가지 병기를 제작하는 방법을 그림으로 기록해 놓은 귀중한 병기서이다.

그러나 변이중은 화차를 개발한 후 씹히기만 하다가 그 아까운 재능을 더 써보지도 못하고 쓸쓸이 세상을 떠났다. 글라이더를 발명한 정평구의 경우에서도 보셨지만, 하여간 조선이라는 나라는 제 정신 박힌 인간들이 발 붙이고 살 수가 없는 나라였다.

뒷날 변이중의 묘지명을 쓴 윤광계는 "재주가 있어도 알아주지 못하고, 뜻이 있어도 펴지 못한 채 죽으니 사람의 탓이냐? 하늘의 뜻이냐?"라고 탄식했다. 참으로 한심한 나라, 한심한 새끼들.

10. 한양 수복(1593. 4. 8.)과 강화회담

평양성전투에서 패전하여 평양성을 뺏긴 데다 행주산성 전투에서까지 패배한 일군의 사기는 말이 아니었다.

거기다 2월 29일에는 함경도까지 치고 올라갔던 가또 기요마사의 부대가 모두 한양으로 철수했다. 보급품 부족과 추위에 시달린 병사들은 반으로 줄어 있었고, 돌아온 군사들도 딱 보면 갈 데 없는 거지새끼들이었다. 조선군에게 밀리기 시작한 데다가 북변의 강추위로 철수하는 길에 숱한 인마가 얼어죽었던 것이다.

평양에서 패배하고 퇴각한 고니시군도 정원 18,700명이 6,629명으로 줄어 있었다. 거의 3분의 2가 죽거나 도망쳤으며, 사령관인 히데이에의 부대도 정확히 절반으로 줄어 있었다. 1593년 3월 20일 현재 한양에 집결한 일군 총병력은 모두 53,000명이었고 주력 부대의 평균 손실률은 45%로, 조선 침공군 잔여 병력은 8만 정도가 되었다.

전쟁 개시에는 총병력이 16만이었는데 1년쯤 지나자 거의 절반으로 줄어든 것이다. 그러니 16만 가지고도 조선 점령을 못 했는데 8만 정도가 남았으니 전쟁에 이기기는 애시당초 다 틀린 것이었다. 일본군의 다른 자료에 의하면 1차 진주성 공격 직전까지 조선에 출병한 일군의 총병력은 20만 1,470명이었고, 이 가운데 75,613명을 잃어 손실률이 37%에 이르렀으며 잔존 병력은 125,857명으로 기록되어 있다.

아마 조선의 병력 수는 주먹구구였고, 일군의 병력 수는 히데요시가 단단위까지 챙겼으니 일본 측 자료가 정확할 것이다. 이 숫자를 보면 개전 당시 투입된 병력이 158,700명이었는데, 201,470명이라고 기록된 것을 보니 추가 투입 병력이 전쟁 개시 후 1년 간 약 43,000명이라는 계산이 나온다.

이래저래 코가 쑥 빠져 있던 일군의 용산 병창에 충청수사 정걸 휘하의 결사대가 침입하여 약 2개월분의 군량에 불을 질러 태워버리는 사건이 일어났다.

맥이 빠져버린 지휘관들을 모아놓고 회의를 가진 후 사령관 히데이에는 히데요시에게 다음과 같이 정세를 보고했다. "군량은 아껴 먹으면 앞으로 한 달 간 버틸 수 있습니다. 부산으로부터의 군량 수송은 10일 이상이 소요되며 육로와 수로 모두 어렵습니다. 모든 병력이 한양에 집중되어 있기 때문에 수만 명 정도의 조명연합군의 공격은 방어가 가능합니다."

이 서신 말고도 그 동안의 상황을 보고받은 히데요시로부터 이미 철군 명령이 1593년 2월 27일자로 나와 있었고 그 서신이 3월 10일 한양에 도착했으나, 유키나가는 히데요시의 철군 명령을 숨기고 도성에서 부산까지 안전한 철군을 위해 명군과 강화회담을 벌였다.

1593년 4월 8일, 전쟁이 발발한 지 딱 일 년 만에 유키나가와 명의 유격장 심유경 사이에 강화회담이 타결되었다.

일군은 명에서 강화사를 보내오자 이들 강화사와 심유경, 조선의 두 왕자와 대신들 그리고 조선 백성 1천여 명을 거느리고 도성을 비운 뒤 남하하기 시작했다.

당시 일군은 사기가 너무 떨어진 데다 보급 문제가 심각해서 더 이상 전투를 한다는 것이 무리였고, 명군의 입장도 평소에 가장 말을 잘 듣고 뻑하면 퍼주던 번국인 조선이 망국 직전까지 몰렸을 때 순망치한의 고사가 생각나 파병했는데, 이제는 평양과 한양을 되찾아주어서 조선의 사직을 보존할 수 있게 되어 할 일을 다했다고 생각했기 때문에 양측은 쉽게 강화에 합의했던 것이다.

명 본국에서도 강화론자인 병부상서 석성이 "가뭄으로 흉년이 들어 많은 백성들이 길바닥에 나앉았는데, 어떻게 더 이상 본토 빈민들의 고혈을 짜내어 번국을 도울 수 있느냐? 만약에 강화회담에 실패하면 내 정치 생명을 걸겠다"라고 강력히 주장함에 따라 강화회담을 명하게 되었다. 사태가 이런 판이니 이후 명군이 일군과 전투에 임했을 때 사생결단할 일이 전혀 없었던 것이다.

명의 강화사 유격장군 심유경은 기실 명의 강화사가 아니고 명의 병부상서 석성의 개인 사신이었다. 원래 심유경은 중국 남쪽 가흥 사람으로 하는 일 없이 어디 한건 올릴 것 없나 하고 기웃거리고 다니던 상건달이었는데, 그러다 보니 말재주와 사기술이 소진, 장의와 짝할 만했다. 이 심유경이 석성을 만나 변설을 풀면서 세치 혀로 일본군을 물리치겠다고 설레발치는데 석성이 그만 넘어가 유격장군이라 칭하고 강화사로 임명했던 것이다.

심유경이 유키나가와 이야기를 시작하자 어떻게 해서라도 전쟁을 끝내고 싶었던 유키나가와 그냥 죽이 맞았다. 그래서 둘이 서로 짜고 국서를 위조해가면서 정전을 하려 했으나, 그게 뜻대로 안 되는 바람에 심유경은 처형당하고, 유키나가는 처형되기 직전, 조선에 재출병해 공을 세워 속죄하라는 히데요시의 명을 받고 제2차 조일전쟁에 다시 참전한 것이다.

도성인 한양은 적에게 함락당한 지 거의 일 년 만인, 만 11개월 보름 만에 무혈 수복되었으며, 도성에 가장 먼저 입성한 부대는 권율의 부대였고, 뒤이어 이여송이 이끄는 명군이 입성했다. 이 한양 탈환은 평양전투, 행주전투 등 두 차례의 큰 전투에서 일군이 연속 패한 데다가 1592년 7월 한산도대첩으로 조선 수군이 남해의 제해권을 꽉 잡고 있어 일군이 서해안을 통한 보급이 불가능해졌기 때문에 전투를 계속하기 어려워 명 측과의 강화에 쉽게 응하고 한양을 비우게 된 것이다.

유성룡이 도성 안으로 들어와서 남아 있는 백성들을 보니 백 명에 한 명 꼴도 살아 있지 않았고, 그 살아 있는 사람도 다 굶주려 야위고 병든 데다 피곤에 지쳐 안색이 귀신과 같았다. 도성 안에는 죽은 사람과 죽은 말들이 곳곳에 그대로 자빠져 있어서 썩는 냄새가 성안에 가득 찼으며, 길에 다니는 사람들은 코를 막고 지나다니는 형편이었다. 한양이 완전히 폐허가 된 것이다.

도성뿐만 아니라 전국이 폐허가 되어 있었으며, 농사를 짓지 못하여 조선 전역에 심각한 기근이 덮쳤다. 늙은이들과 아이들은 군량 운반에 지쳐서 도랑과 골짜기에 쓰러져 있었고, 힘 있는 장정들은 도둑이 되었으며, 거기다가 전염병이 창궐하여 살아남은 사람이 별로 없었다. 심지어 아버지와 아들이 서로 잡아먹고, 남편과 아내가 서로 잡아먹는 지경에 이르러 길가에는 죽은 사람의 뼈가 도처에 흩어져 있어, 조선 땅은 유사 이래 참혹함의 극치를 보여주고 있었다.

명군이 조선 땅에 진주한 후의 기록을 보자.

"명나라 군사들이 술 취해서 먹은 것을 토하면 주린 백성들이 달려들어 머리를 틀어박고 빨아먹었다. 그나마 힘이 없는 자들은 달려들지 못하고 뒷전에서 울었다."(《난중잡록》)

상상만 해도 더 이상 비참할 수가 없어 말이 나오질 않는다. 무능하기 짝이 없는 데다 반쯤 얼빠진 인간들이 왕이고 대신이고 장군이고 꿰차고 앉았는 바람에 백성들의 참혹함은 목불인견이었고, 도망갔던 놈들만 안색이 멀쩡했다.

우의정 유홍의 장계에 한양 탈환 후의 도성 인구가 기록되어 있다. 한양 탈환 후 모인 백성이 모두 35,000명이었는데, 세종(조선 4대) 때의 인구는 103,000명이었고, 전쟁 전에는 12만 명이었다. 좌우간 이 전쟁으로 굶어죽고, 병들어죽고, 일군에게 죽은 조선 사람이 모두 2백만 명이 넘는 것으로 추정된다.

조선군 지휘부가 유성룡의 밀명에 따라 일군을 추격하여 시살하려 했으나 명군의 강력한 만류 때문에 추격하지 못했다. 남하하는 일군을 추격하지 말라는 명령은 이여송의 명령이 아니고 명 황제의 방침이었다.

일군의 철수는 말하자면 패주하는 것인데, 그들은 당시 유일하게 남아 있던 경복궁에 불을 질러 태워버린 후 조선인 가수와 악공, 재인, 미녀 등을 납치하여 북을 울리고 생황을 불면서 여유작작하게 남하했다. 휴식을 하거나 야영을 할 때는 조선인들로 하여금 노래부르고 춤추게 하여 이를 보면서 술을 마셔가며 즐겼다.

전쟁 발발 다음 해인 1593년 5월 중순이 되자 밀양 이북의 전 일본군 철수가 완료되었다. 1년 1개월 전 개전 시의 제자리로 돌아간 것이며, 그제서야 조명연합군은 일군을 추격하기 시작했다. 선조는 10월 1일 한양으로 귀환했으며, 한양이 모조리 타버려 있을 곳이 없자 월산대군의 옛집을 행궁으로 삼았다.

11. 2차 진주성전투(1593. 6. 22.)와 주논개

1차 진주성전투에서 크게 패하자 히데요시는 격노했고, 2차전을 지시하면서 진주목사의 목을 가져오라고 명했다. 진주성은 전라도로 가는 길목에 있는 데다 조선 의병의 집결지였고 이미 일군이 한 차례 공격했다가 실패한 곳이었다. 밀양 이남으로 철수한 일군은 재차 진주성 공격을 준비했다. 본국의 히데요시가 무려 다섯 차례에 걸쳐서 진주성 공략과 전라도 진공을 명했기 때문에 진주성 함락은 일본군에게 무엇보다도 시급한 당면 과제였다.

진주성을 공략하기 위하여 히데요시는 조선 주둔 일본군에게 총동원령을 내렸으며 증원군 3만을 파병해서 진주성 공략에 동원된 병력은 무려 9만 3천 명에 이르렀다. 이렇게 진주성 공략에 거의 전 일본군이 동원되어 일본군의 본거지인 부산에는 겨우 2만 정도의 병력밖에 남아있지 않아 당시 일군의 본영인 부산을 공략하기 가장 좋은 시기였으나 조명연합군 수뇌부는 수수방관으로 일관했다.

1593년 6월 그간 조선군을 총지휘했던 무능하고 비겁하기 짝이 없는 도원수 김명원이 공조판서로 자리를 옮기고 전라도 순찰사로 있던 권율이 도원수가 되었다. 좀 나아지려나?

일 대군이 진주성 공략에 나서자 조명연합군은 일군의 거대한 기세에 눌려 모두 뒤로 빠진 채 대세를 관망하고 있었다.

원래 병법에도 아군 일대를 보내 적의 본대를 유인해서 본영에서 적 대군이 빠져나오면 별동대로 본영을 기습하여 뺏는 것이 상책이다. 적군의 본영을 공격하면 출진한 적의 본대는 돌아갈 곳이 없어지기 때문에 출진 목표를 포기하고 본영을 구하러 철군하는 것이 상례다. 필자는 삼국지 몇 번 읽고도 이 정도는 알겠는데, 조명연합군 수뇌부는 일군 스스로가 본영의 수비를 허술히 하고 대군을 출동시켜 비어 있는 본영을 치지 않고 어째서 수수방관했을까?

사실 명군 지도부는 강화회담을 빨리 끝내고 본국으로 철수할 생각만 머릿속에 꽉 차있어 진주성 전투에 개입하여 전선을 확대시킬 생각이 전혀 없었다. 그렇다고 조선군 혼자서는 아무것도 할 수 없었던 것이 2차 진주성전투를 방치한 원인이었다.

진주성에는 목사 서예원과 판관 성수경이 있었으며, 전라의병장 창의사 김천일, 경상우병사 최경회, 충청병사 황진, 사천현감 장윤, 고경명의 아들인 복수의병장 고종후, 거제현령 김준민, 김해부사 이종인 등이 각각 군사를 거느리고 들어와 있었다. 목사 서예원은 원래부터 겁쟁이라 초장에 뒤로 빠졌고, 대신 김창일과 최경회, 황진 등이 전투를 지휘했다. 진주성은 높고 험한 데다 군량도 풍족하여 한번 싸움을 해 볼 만한 곳이었으나, 수비 병력은 겨우 1만 정도였고, 5만의 백성들이 거주하고 있었다.

6월 22일 일본군의 총공세가 시작되었다.

진주성 공격에서 일군의 최신 장비가 선보였다. 귀갑차라 해서 수레 위에 가죽으로 싼 나무 궤짝을 얹어 놓은 후 병사들이 그 속에 들어가서 손으로 바퀴를 굴려 성에 접근할 수 있는 일종의 수동식 장갑차였다. 일군 장갑차는 화살이나 총탄으로 깨뜨릴 수 없어 총통과 진천뢰로 공격하여 깨뜨렸다.

일군이 성안으로 불화살을 계속 쏘아대자 성안의 초가집들에 불이 붙어 성안은 화염과 연기로 가득찼다. 일군이 성밖 다섯 곳에 흙산을 만들고 대나무 울타리를 친 뒤 조총을 쏘아대자 조선군 전사자가 급속히 늘어났으며, 적은 이 틈을 타서 귀갑차로 성 밑까지 진출하여 개미떼처럼 성벽에 들러붙었다. 드디어 귀갑차의 일군들이 쇠지레로 성벽의 큰 돌들을 들어내고 성안으로 진입하자 백병전이 벌어졌다. 치열한 백병전 끝에 성이 함락되자 최경희, 김천일, 고종후 등과 부장들이 모두 남강에 뛰어들어 자결했고, 서예원과 이종인, 오유, 이제 등 장수들은 참살당했다.

도대체 선조의 용인술이 얼마나 한심한고 하니, 비겁한 도원수였던 김명원을 제외하더라도, 대성인 진주의 목사로 임직하던 서예원은 비겁한 정도가 아니라 완전 쓰레기 같은 인간이었다.

전투가 시작되기 전부터 겁을 집어먹고 뒤로 빠져서 눈치만 슬슬 보고 있다가 결국 일군의 공격으로 성이 함락되면서 다른 장수들은 모두 일선에서 싸우다가 전사했거나 치욕을 피하려고 남강에 투신했는데, 서예원은 평복으로 갈아입고 도망쳐 숲속에 숨어 있다가 일군에게 발각되자 눈물, 콧물을 흘려가며 구명을 애원했으며, 그 비루함에 정이 떨어진 일군에 의하여 목이 잘려 히데요시에게 보내졌다.

김성일, 서예원뿐만이 아니었다. 전쟁 초기 경상도 관찰사로 관할 지역을 내팽겨치고 그냥 튄 데다가, 충신 곽재우를 잡아먹지 못해 역적으로 모함했던 상양아치 김수는 뇌물을 얼마나 질렀는지 호조판서의 자리를 꿰차고 앉아 있었다. 이러니 등신 선조서부터 이런 한심한 인간들이 통치하는 나라가 썩지 않고 제대로 굴러가면, 그건 뭐가 잘못돼도 한참 잘못된 것이다.

일주일 동안의 공격 끝에 성을 함락시킨 일군들은 성민들을 학살하기 시작하여, 성 주민 6만여 명을 수십 개의 창고에 몰아넣고 불을 질러 모조리 태워죽였다. 일군의 희생도 커서 모두 2만 명 가까운 전사자가 났기에 일군은 악에 바쳐 진주성 주민의 씨를 말려버린 것이다.

일본군은 최경회와 서예원의 목을 베어 나고야의 히데요시에게 보냈고, 그들의 수급은 교토에 효시되었다. 진주성 군민 6만여가 일주일 동안 일군 9만의 공격을 버티다 함락되었으나 그 동안 어느 부대도 구원차 오지 않았다.

유성룡은 제2차 진주성전투의 패인을 성에 들어와 있던 여러 장수들을 통솔할 만한 인물이 없어서 일관성 있는 작전을 펴지 못했기 때문이라고 기록했다.

일군은 진주성을 함락하여 크게 승전 잔치를 베풀었으나 공성 시 희생이 너무 커서 끝내 전라도로 진군하지는 못했다.

조정에서는 김천일이 의를 위하여 죽었다고 해서 벼슬을 높여 의정부 부찬성으로 추증하였다. 그리고 권율이 왜적을 두려워하지 않고 용감하게 싸웠다 하여 김명원을 대신하여 도원수로 삼았다. 김명원은 문관이었지만 원래 좀 덜 똑똑했고, 권율 또한 문관이었으나 멍청한 김명원보다는 훨씬 윗길이었다.

7월이 되자 일군은 철수하기 시작하여 부산 서생포, 임랑포, 기장, 동래, 김해, 가덕도, 안골포, 웅포, 거제도 등 12개의 본성과 6개 지성 등 모두 18개 성에 주둔하며 장기 체류 태세를 갖추었다.

주논개(朱論介)
조일전쟁의 2차 진주성전투를 얘기하면서 논개 스토리를 빼놓을 수는 없다. 현재 경남 진주시에 있는 진주교는 금빛의 가락지로 장식

되어 있다. 논개가 왜장을 껴안고 죽을 때 혹시라도 깍지 낀 손이 빠질까 봐 손가락에 끼었다는 가락지를 기념하기 위한 것이라 한다. 또 논개가 죽은 진주 지역뿐만 아니라 논개의 출생지로 알려진 전북 장수군에도 논개 사당이 건립되었다.

논개 스토리는 신문 연재로도 쓰여졌고, 영화로도 만들어졌다. 2004년 전북 장수군에서 열린 논개 선발대회 1등상의 명칭이 '충'이었다.

그러나 조선 정사에는 논개에 관한 얘기가 한 줄도 없다.

1882년 고종(조선 26대) 때 유생 백낙관이 올린 상소에 '먼 지방의 천기'로 등장하기 전까지 《조선왕조실록》에는 논개의 이름이 단 한 번도 등장하지 않는다. 1617년 홍문관에서 펴낸 《동국신속삼강행실도》에도 논개의 이름이 없다. 전쟁 중에 목숨을 바친 충신과 효자, 열녀 등을 찾아 수록한 책에 음탕한 창녀인 관기를 넣을 수 없다는 것이 그 이유였다. 그런 그녀의 이야기가 전쟁이 끝난 뒤 세자 광해군을 따라 현지 조사를 하던 유몽인에 의하여 발굴되었다.

1922년 편찬된 장지연의 《일사유사》에서 밝힌 대로 논개는 기생이 아니라 몰락한 신안 주씨 가의 후손이자 진주성전투를 지휘한 경상우병사 최경회의 부실이었다. 그녀가 기생으로 알려진 것은 실제로 기생이 아니라 적의 장수를 껴안고 죽기 위해 기생으로 가장하고 그들의 연회에 참석했기 때문이었다.

1593년 7월 일군의 진주성 함락 승전 연회 때 기생으로 가장해서 승전 잔치에 참석한 스무 살의 논개는 술취한 일군 장수 게야무라 로쿠스케를 껴안고 남강에 투신하여 살신성인했다.

조선의 천민은 재인, 광대, 무당, 창기, 백정, 공장, 승려 등이었는데, 그 중에서도 기생은 가장 간악하고 교활하며 불성실한 여자의 상징으로 천대받았다. 말하자면 천민 중에서도 가장 밑바닥 인생이었던 것이니, 젊고 아름다운 20살의 논개가 나라를 위해서 목숨을 바쳤어도 끝내 열녀 명단에 들지 못했던 것이다.

12. 두 왕자의 귀환과 명일강화회담

　　1593년 7월 22일 본격적인 강화회담이 시작되자 히데요시는 조선에서 인질로 사로잡은 두 왕자를 석방하고 일군의 본국 철수를 명령했다. 이에 따라 임해, 순화 두 왕자와 수행원들이 포로 생활 1년 만에 부산에서 석방되었다. 싸가지 없는 선조는 왕자들이 포로가 된 책임을 물어 풀려난 수행원 중 황정옥을 길주로 귀양보내고 남병사 이영을 처형했다. 하여간 싸가지 없기는, 걔들이 무슨 잘못이 있냐?

　　일군은 주력을 철수시키고 조선에 약 6만의 병력만을 남겼다. 이에 따라 명군도 철수를 시작하여 1만 6천의 병력을 도독 유정의 휘하에 두고 모두 철군했다. 다시 1년이 지나 1594년 8월이 되자 거의 모든 명군이 철수하여 교관 요원과 일부 병력만 잔류하게 되었으며, 일군도 3만 8천의 병력만 남기고 모두 철수하여 전쟁은 완전 소강상태로 접어들었다.

　　이후 1597년 초에 제2차 전쟁(정유재란)이 발발할 때까지 조선군과 일군은 충돌 없이 3년여에 걸친 지루한 강화회담에 돌입하게 된다. 명일 간의 강화회담은 명의 심유경과 일의 고니시가 이끌었다. 사실 명나라는 자신들의 영토가 전쟁터가 될까 봐 군대를 조선에 파병했으며, 파병된 명군은 남의 나라 전쟁이니 목숨을 바쳐 결사적으로 싸울 이유가 없었고 대강대강 싸우다 적당히 강화하여 체면을 세운 뒤 철군할 생각이었다.

전쟁 발발 후 1년쯤 지난 시점에서 시작된 명과 일본과의 강화회담이라는 것이 아주 웃긴다. 일본과 철천지 원수가 된 당사국 조선은 말 한 마디도 할 수 없었고, 명과 일본은 저희들끼리 가짜 국서를 주고받아 괜히 시간만 질질 끌다가 결국 2차전을 불러 오게 된다. 그러나 실상을 모르고 심유경에게 모든 권한을 부여한 석성은 심유경을 철석같이 믿고 있었고, 심유경의 말대로 강화회담이 타결되면 일군이 완전히 철수하고 전쟁이 종결될 것으로 믿고 있었다.

당시 히데요시가 내건 강화 조건은 명의 황녀를 자신의 후궁으로 보낼 것과 조선 남쪽 4도를 할양해 줄 것 그리고 조선의 왕자와 대신들을 볼모로 보낼 것 등 전쟁에 이기지도 못한 게 말도 안 되는 소리를 늘어놓고 있었고, 그 내용을 알지도 못한 명나라는 심유경의 위조된 국서를 통해 일본이 허공과 책봉만을 바라고 있는 줄로 알고 있었으니 애초부터 성사될 리가 없는 강화회담이었다.

1596년 8월 명 황제의 국서를 소지하고 조선 주둔 일군 진영에 들어갔던 명의 정사 이종성이 그간의 사태를 감지하고 신변의 위협을 느껴 잠적하는 사건이 일어났다. 사태를 파악하고 보니 그대로 일본에 갔다가는 모가지가 열 개가 있어도 남아나지 않을 것 같았던 것이다. 당황한 명 측에서는 얼른 부사 양방형을 정사로 하고 심유경을 부사로 한 채 국서를 가지고 가서 히데요시를 책봉하지만, 자신이 내건 조건이 하나도 받아들여지지 않은 것을 알게 된 히데요시는 불같이 노하여 2차 전쟁이 일어나게 된 것이다.

강화회담의 시작으로 풀려난 두 왕자 중 장남인 임화군은 애가 난폭하고 싸가지가 없어서 그 밑의 동생 광해군이 세자로 책봉되었다는 얘기는 이미 했다. 근데 광해군 밑의 순화군이란 애는 큰형 임해군은 저리가라 할 정도로 막장 인생이었다. 함경도로 피란 갔다가 국경인 일당에게 잡혀 가또에게 넘겨져 속을 썩였던 선조의 아들 임해군과 순화군은 둘 다 아주 멍청하고 난폭했으며, 특히 순화군은 아주 상한 애였다. 하기야 등신 같은 애비에게서 멀쩡한 애새끼가 태어나면 그게 이상한 거지.

순화군, 이 말종은 일군에게 잡혀갔다 풀려난 후 패악과 행악이 극에 달해 수많은 사람을 쳐죽이고 궁인을 겁간하는 등 인간 말종의 행동을 골라서 했다. 이 인간이 직접 살해한 사람만도 40여 명에 이른다 하니, 이건 살인마지 인간이 아니었다.

이에 사헌부와 사간원 그리고 여러 신하들이 죄 줄 것을 청했으나 덜 떨어진 선조는 그것도 제 새끼라고 무조건 감싸고 돌아, 애새끼는 점점 질이 나빠지고 죄질도 점점 흉악해져서 나중에는 할 수 없이 유배도 보내고 가택연금도 시키고 했으나 전혀 반성의 기미가 없었다. 결국 30대 초반에 죽을 때까지, 아마 알코올중독 아니면 뇌질환으로 사망한 것으로 보이는데, 애새끼가 잘못했을 때 패지 않고 무조건 감싸고 돌면 어떤 결과가 오는지 보여주는 좋은 사례다.

13. 이순신의 삼도수군통제사 임명

일군 주력이 철수한 다음 달인 1593년 8월 15일 이순신이 전라좌수사 겸 삼도수군통제사로 임명되었다.

이순신이 통제사로 부임할 당시 3도 수군의 전함 총수는 143척의 대함대였는데, 명일 강화회담으로 전쟁이 소강상태에 들어가자 이순신은 더욱 전함 건조에 박차를 가해 조선 수군 함대는 총 189척으로 증강되었다. 엄청난 수다. 이렇게 전함이 계속 건조되어 외형적인 전력은 크게 증강되었으나 수병을 충원할 수가 없어서 실제 운용된 함대는 134척 정도였다. 이 정도도 당시의 유럽 함대에 비하면 엄청나게 큰 함대 규모로, 각 함대당 정원이 160명 정도인데, 130척만 잡아도 2만이 넘는 대병력인 것이다.

10월이 되자 도체찰사로 전쟁 지휘와 군량 수송, 명군 접대 등을 맡아 하여 조일전쟁 와중에서 중요한 역할을 해 왔던 유성룡이 다시 영의정이 되었다.

약 3년 6개월 간 삼도수군통제사를 역임한 이순신은 2차 조일전쟁이 일어난 해인 1597년 1월 요시라의 간계에 의하여 파직되었다가 약 여섯 달 후인 1597년 7월 원균이 칠천량해전에서 패전하여 전사한 후 다시 재임용된다. 그로부터 두 달 후 이순신은 명량해전에서 승리하여 남해의 제해권을 되찾았다가 다음 해인 1598년 11월 마지막 해전인 노량해전에서 전사하고 만다.

14. 흑인 용병

우리나라 역사에 흑인이 기록에 나오는 것은 태조(조선 1대) 3년 섬라곡국(태국)의 사신으로 조선에 온 장사도가 흑인 두 명을 태조에게 바친 것이 최초의 기록이다.

그 후에 흑인들이 명의 용병으로 조일전쟁에도 참전했다는 기록이 있다. 1598년 제2차 조일전쟁(정유재란)이 발발하자 명나라는 다시 조선에 원병을 파병했다. 파병된 명나라 장수 팽유격은 술 좌석에서 파랑국(포르투갈)에서 온 신병을 선조에게 소개했다. 팽유격은 신병을 선조에게 소개하면서 15만 리나 떨어져 있는 파랑국 사람으로 큰 바다 셋을 건너서 왔다고 자랑스럽게 얘기했다.

거기다 덧붙여서 흑인들은 조총도 잘 다루고 다른 무예도 뛰어나 전쟁에서 크게 활약할 것이라고 허풍을 떨었다. 사실 흑인들은 예부터 대부분 키가 크고 몸매가 우람하다. 처음 보는 큰 떡대들을 보고 선조는 감격에 겨워서 모두가 다 황은이라 치사했다.

당시 조선 사람들은 대부분 못 먹고 자라서 키가 작았는데(평균 140-150cm 사이로 추정), 선조도 키가 컸다는 얘기가 없는 것을 보니 아마 키가 중키인 145cm 내외였을 것이다. 그런데 당시 최소한 180cm가 넘었을, 요새 같으면 190cm이 기본이다, 흑인들의 키를 보고 당연히 거인족이라 생각했을 것이다.

《조선왕조실록》에는 흑인들을 바다귀신이라고 표현했는데, 그들의 용모파기가 기록되어 있다. "노란 눈동자에 얼굴빛은 검고 사지와 온몸이 모두 검으며 턱수염과 머리카락은 모두 곱슬머리이고 검은 양털처럼 짧게 꼬부라져 있다. 이마는 대머리가 훌렁 벗겨졌는데, 한 필이나 되는 누런 비단을 머리에 말아올려 반도의 형상처럼 머리에 썼다"라고 설명되어 있다. 그리고 키가 워낙 커서 말을 타지 못하고 수레를 타고 전쟁터로 이동했다고 나와 있다.

그리고 그들의 특기에 대해서 "바다 밑에 잠수하여 적선을 공격할 수 있고 또 수일 동안 물 속에 있으면서 수족을 잡아 먹을 줄 안다"라고 적고 있으니, 요즘 해병대의 'UDT' 부대원과 같다 하겠다. 하기야 포르투갈은 세계 최초로 14세기부터 미지의 대양 항로를 개척하기 시작하여 15세기에는 세계적인 해양국가였다.

흑인 병사들은 총병관 유정의 휘하에 있었는데 유정 자체가 전투를 피해 겉돌았기 때문인지 전쟁 중 흑인 용병들이 공을 세웠다는 기록은 어디에도 없다.

15. 신으로 격상된 관우

동양 사람 중 남자면 다 아는 3세기 중국의 삼국시대 때 촉나라의 무장 관우는 중국에서는 신이다. 관우의 우상화는 수나라 때부터 시작되었으나, 관우묘를 세우는 풍조는 당나라 때부터 유행했다.

오늘날 낙양에 위치한 관림은 관우의 목이 묻힌 곳이다. 아시지, 동오의 여몽이 촉의 형주를 기습하던 중 사로잡은 관우를 동오왕인 손권이 참수한 후 유비의 보복이 겁나 그 목을 조조에게 보냈고, 조조는 손권의 속셈을 꿰뚫어보고, 관우의 몸을 나무로 잘 깎은 후 목과 함께 묻어주었다. 그곳이 바로 관림인 것이다.

중국에서는 황제의 묘는 '능', 성인의 무덤은 '림'이라고 하는데, 공자와 관우의 무덤에만 '림'자를 붙여 공자의 무덤을 공림, 관우의 무덤을 관림이라 한다. 우리나라에서도 조일전쟁 이후에 관제묘가 세워졌고, 이 때 들어온 중국의 신 관우가 우리 무속신앙에서 토속신으로 모셔지는 계기가 되었다.

관우묘는 서울 동대문, 안동, 수원, 남원 등에 세워져 있다. 보물 142호인 서울 동대문의 동묘(동관묘)는 선조 33년에 명나라 신종황제(명 14대)의 칙령에 의하여 건축되었다. 신종은 임진왜란의 승리가 관우의 영험에 힘입은 바 크다고 하여 장군 만세덕에게 칙서와 돈 4천 냥을 보내 동묘를 건축하게 했다. 동묘는 부지가 2,800여 평이고 건평이 300여 평이다. 동묘의 두 기둥에는 '천추의기', '만고충신'이라는 현판이 걸려 있고, 본전 내부에는 관우의 목조상과 관평, 주창의 목상이 배향되어 있으며 신종황제의 친필 현판이 걸려 있다.

이제 《삼국지》가 소설이라는 거 아시지? 관평은 관우의 양아들이 아니라 친아들이었고, 비상한 장수였던 주창은 허구의 인물이다.

또 남대문 근처에는 남묘가 있다. 관우묘가 생긴 후 300여 년 동안 조선의 조정에서는 출정하는 무신들과 무과에 급제한 무인들에게 관묘의 참배를 의무화했었다. 관우는 우리나라에서도 군신으로 받들여졌던 것이다. 그 곳 외에도 성주, 강진, 안동, 남원에 관묘가 세워졌고, 고종(조선 26대) 때 서울에 북묘와 서묘를 세웠다.

일본에도 중국인들이 세운 관우묘가 여러 군데 있다.

조일전쟁 때 조선에 파병된 명나라 장수들은 조선 조정에 관왕의 사당을 건립해 줄 것을 요청했다. 명군의 사기진작 차원인 데다가, 선조가 명 장군들의 비위를 제 애비 비위 맞추듯 하고 있었을 때니 어떻게 그 요청을 거절할 수 있었겠는가.

당시 선조는 명군이 조선에 파병되지 않았으면 왕 자리가 날아가는 것은 둘째 치고, 나라가 망하고 자신의 목숨도 부지하기 어려웠을 것이라 생각하여 명군 장수들에 대하여 제 친애비 같이 대했다. 선조는 일군에게 쫓긴 데다, 도망치면서 이반하는 민심을 직접 보았기 때문에 기댈 데가 명군밖에 없었던 것이다. 그래서 이여송뿐만 아니라 별 볼일 없는 중간 지휘관 애들한테도 대면할 때 절절매며 먼저 절하곤 했다.

명군 장수들도 선조가 원래 무능하고 똑똑치 못한 데다, 외적의 침입에 대처할 생각은 전혀 하지 않고 전쟁 초반부터 도망만 쳤으며, 더구나 국경인 의주까지 도망와서 자기 나라에 망명 좀 하게 해달라고 애걸복걸하는 꼴을 본지라 선조 알기를 개떡같이 알았다.

오죽하면 명 측에서는 선조라는 인간이 원래 모자라니 자신들이 조선에 정동행성을 설치하고 순무를 보내던가, 아니면 이여송을 진수총병으로 임명하여 직접 다스리자는 의논이 분분할 정도였다. 조선이 쇠망의 기미가 농후하며, 이대로 두었다가는 망할 것이고, 조선이 망하면 명의 안위도 위태롭게 될 것이라는 것이 요지였다.

이런 얘기가 들려오자 선조는 더욱 누렇게 떠서 명군 장수만 보면 저절로 머리가 숙여졌던 것이다. 왕이라는 것이 이렇게 등신같이 굴다 보니 오만하기 짝이 없어진 명군 장수들이 볼 때 신료들의 위상은 말 할 것도 없었다. 그래서 뻑하면 조선군 장수들을 데려다 패고, 대신들이 명 장수들에게 보고할 일이 있을 때는 무릎을 꿇어야 했던 것이다. 하여간 등신 선조는 쪽팔리는 짓은 골라서 했다.

이뿐만이 아니었다.

명군이 평양을 탈환해서 조선이 소생의 기미가 보이자 감격한 선조는 "황은이 망극하여 할 말을 잊었노라"라고 주접을 떤 뒤, 이여송을 기리는 송덕비를 세우게 하고 화상을 그린 다음 제사를 지낼 사당을 건립하게 했으며, 전쟁이 끝난 뒤에는 정유재란 때의 총독 형개를 모시는 사당을 건립한 다음 친필로 '재조지은(再造之恩)'이라고 쓴 현판을 달게 했다.

이후 조선에서는 조일전쟁 때 명의 황제였던 만력제 신종을 모시고 숭앙하기 위해 '대보단'을 건립했으며, 이렇게 명에 대한 절대적인 숭배는 조선 말까지 갔다. 어쨌든 이렇게 해서 한반도 곳곳에 관왕묘가 건축되게 된 것이다.

남묘가 건축된 다음 명나라 장수 양호가 관왕의 생일 제례 때 선조의 참배를 강요한 일이 있었다. 어느 날 양호가 선조에게 관왕의 생일이 5월 13일이니 생일 제사 때 와서 절하고 술을 따라 바치라고 청했다.

도대체 이게 무슨 개꼴이냐? 한 나라의 왕이 중국의 통일국가도 아닌 분열 시대의 한 허약한 왕조의 장군에게 절을 하고 술을 따르다니. 선조는 당연히 내키지 않아 처음에는 관절염이니, 허리 디스크니 하고 핑계를 대다가 명 장군들의 강요로 할 수 없이 4배를 드리고 술을 따르게 된다. 아, 정말 팔린다.

이 때부터 조선 팔도에 관왕묘가 넘쳐나게 되었으며, 중국계 신을 모시는 계기가 되었다. 이런 치욕을, 역사가 뭔지도 모르는 무식한 무속인들이 알지도 못하면서 그대로 받아들여 영험이 있는 관우신이니 장군신이니 하고 헛소리들을 하는 것이다.

18세기에 임금을 지낸 숙종(조선 19대)은 관우 팬이었다. 숙종은 모든 지방의 관왕묘에 정기적으로 향축을 하도록 명했다. 이 때 고을의 수령이 제사를 지내게 했으며, 향축일은 매년 경칩과 상강일로 정해졌다. 숙종의 관왕 숭배는 개인적인 취향일 수도 있으나, 당시 당쟁이 극심했을 때였으므로 의리의 화신으로 알려진 관우의 사상을 신하들에게 고취시켜 충성의 모델로 제시할 생각이었을는지도 모른다. 어쨌든 숙종도 밥값을 제대로 못한 인간이다.

이렇게 정례화된 관왕묘 제사는 이후에도 면면히 전해져 조선이 망할 때까지 계속되었다. 1901년 고종은 관왕의 힘을 빌려 쓰러져가는 조선을 다시 살려볼 생각으로, 하여간 머리 나쁘면 평생 고생이다, 서울에 북묘와 서묘를 짓고 지방에는 전주와 하동에 관왕묘를 짓고 호를 지어 바쳤으나, 조선의 멸망은 피할 수 없었고 괜히 적지 않은 건축비만 날리고 말았다.

사실 관우는 충신인 데다 의리가 있고 용맹하기는 했으나 너무 거만했고, 당시 대국적인 시야도 갖지 못한, 그저 3세기 삼국시대 시절 천하를 다투던 허약한 촉왕조의 한 용맹한 무부였을 뿐이다. 그는 원명 교체기인 14세기 때 나관중의 《삼국지연의》에 의하여 우리가 아는 지금의 관우로 그렇게 뜬 인물이지, 생각보다 그렇게 대단한 인물은 아니었던 것인데, 세월이 지나다보니 신으로 뜬 것이다.

제
5
장

의병의 활약

원래 조선의 군사제도는 병농일치제로 유사시에는 농민들이 군사가 되고, 평화시에는 농사를 짓는 제도였다. 그러나 평화가 계속되면서 사회는 썩어들어가 지방 수령들의 백성들에 대한 수탈이 도를 넘자 농민들은 농토를 빼앗기거나 내버리고 유랑민이나 사노비가 되었다. 그러나 조정에서 이러한 문제에 대한 상세한 조사가 이루어지지 않아 지방에는 군적만 있지 병사는 없는 경우가 허다했다.

평화 속에서 이렇게 중요한 군적 확인을 방치하고 훈련도 없다보니 막상 전쟁이 일어나자 전국의 병력이 얼마인지도 모르고, 병사들을 모집해도 아무도 모이지 않는 한심한 상황이 벌어졌던 것이다. 조정이 이렇게 우왕좌왕하고 왕은 도망치기 정신 없는데, 그래도 일본군의 침입으로부터 향토를 지키려는 의병들이 도처에서 일어났다.

전쟁이 일어난 지 열흘 만에 최초로 경상도 의령에서 곽재우가 기의했고, 거창에서는 김면, 합천에서 정인홍 그리고 6월이 되자 나주에서는 전 수원부사 김천일, 장흥에서는 전 동래부사 고경명, 담양에서는 김덕령의 의병군이 일어났으며, 충청도에서는 옥천의 조헌이 의병을 일으켰다. 이들 외에도 안성의 홍계남, 우성전, 황해도의 김만수, 연안의 이정암 그리고 휴정대사와 사명대사 등이 승병을 일으켰다.

이렇게 향토를 위하고 나라를 위하여 자신의 가정, 재산, 목숨을 초개같이 버리고 일어난 의병장들의 활동을 절대로 작게 보면 안 된다. 조선이 조일전쟁이란 미증유의 대란을 겪고도 그나마 사직을 보존한 데는 의병들의 활약이 결정적인 공헌을 했으나, 우리 역사에서는 그들의 활약을 너무나 소홀히 취급하고 있는 것 같다.

곽재우의 의병군에 의하여 경상우도가 보전되고 곡창인 전라도 진격이 저지되었으며, 전라좌도 의병장 고경명과 전라우도 의병장 김천일에 의하여 고바야카와(소조천융경)의 전라도 진출이 무산되었다.

경기도에서는 허엽(허균의 부친)의 사위인 우성전이 일어났고,

황해도에서는 전 이조참의 이정암이 봉기했으며, 이정암 이 외에도 김진수, 김만수, 황하수 등이 황해도에서 일어났다.

그렇다고 의병만 일어난 것이 아니라, 일본놈들이 점령한 점령지에서는 예외 없이 친일파가 설쳤다. 그들은 일본군 밑에서 지방의 행정이나 치안을 맡아 떵떵거렸고, 밀정 노릇을 하는 자도 제법 있어 의병을 밀고하거나 도망친 지방 수령의 은신처를 일군에 알려주기도 했다.

의병이 일어난 첫 번째 동기는 조정과 지방 수령들의 무능함에 더 의지할 수 없게 된 지역 주민들이 내 가족 내 고향을 지키기 위해서였고, 또 다른 이유는 물론 나라를 국난으로부터 건지기 위해서였다. 의병장은 대개 초야에 묻혀 있던 전직 관료나 유생 또는 고을 유지였으나, 의병을 일으킨 후 조정에서 의병장들에게 벼슬을 내렸기 때문에 관군과 의병군과의 경계가 매우 모호했다.

의병들은 관군들과의 연합전도 여러 번 치렀다. 대표적인 전투가 1차 진주성전투로, 진주목사 김시민이 지휘하는 관군과 곽재우, 최경회의 의병군이 합류하여 일본군을 패퇴시켰으며, 2차 진주성전투에서도 관군과 의병의 연합군이 진주성을 방어하다 함락되면서 수많은 의병들이 장렬히 전사했다.

의병 활동은 경상우도 지역에서 가장 활발했는데, 물론 이 곳은 일본군의 진격로이기도 했지만, 조식의 사상적 영향을 크게 받은 곽재우, 김면, 정인홍, 조종도, 이대기 등 조식의 문하 의병장들이 모두 이 지역에서 떨쳐 일어났기 때문이었다.

곽재우의 경우를 보면, 그는 자신의 재산을 모두 털어서 의병을 모집했으며, 이렇게 해서 모인 군사가 수천 명이 되었다.

각지의 의병장들은 수백 명에서부터 수천 명까지의 의병들을 거느리고 봉기하여 6월 초경부터 일본군을 상대로 본격적인 유격전을 전개하기 시작했다. 의병들은 일 정규군과도 전투를 했으나, 주로 일군의 보급선을 지키는 작은 진지들을 공격했고 이에 따라 일군은 보급선을 강화하느라 더 많은 병력을 길바닥에다 깔아야 했다. 그런데도 불구하고 보급이 원활히 이루어지지 않아 의병 활동은 일군 전력 약화에 크게 기여했다. 사태가 이렇게 되자 일군은 점령지를 확대하기보다 이미 점령한 지역의 확보와 보급로를 지키는 일이 급선무가 되었던 것이다.

일군은 군량과 군수품 수송의 안전을 위해 10리 또는 30~50리의 거리를 두고 험한 곳을 골라 영채를 세우고 병력을 배치했는데, 이 영채와 영채 사이의 수송대를 의병들이 공격했던 것이다. 이러한 보급로를 지키기 위해, 일군은 부산에서부터 평양까지 주 보급로에 약 4~5만 정도의 병력을 배치했던 것으로 보이며, 이에 따라 침공군의 전력이 크게 약화되었다.

전후, 전쟁 기간 중 관군 못지않게 혁혁한 공훈을 세운 의병들에 대한 조선 조정 즉, 임금인 선조의 대우는 충신으로 대우하기보다는 역적으로 대우하는 듯했다. 나라를 위하여 순국한 의병장들은 단 한 명도 공신에 들지 못했으며, 모함을 받아 죽지 않으면 다행이었다. 결국 조일전쟁 때 가장 용맹한 의병장으로 꼽혔던 김덕령은 역모 혐의를 받아 맞아죽었고, 이를 본 곽재우는 산으로 은거해버렸다.

조정에서는 의병들의 조직이 역모로 발전할까 우려했고, 또 전쟁 수행 시 보여준 의병장들의 뛰어난 활약이 전후 왕권에 걸림돌이 될까를 염려했으며, 그들의 공을 세워주면 도망치기만 한 선조가 더 팔릴까 걱정한 것이었다.

전후 논공행상에서, 상은 도망치던 선조를 수행했던 떨거지들이 독차지하고, 막상 목숨을 내걸고 싸운 의병장들은 그냥 찬밥이 되었다.

곽재우가 추천을 받았으나, 살아 있다는 이유로 빼버렸고, 선조를 수행하면서 심부름이나 했던 인물들은 86명이나 공신에 책봉된 반면 목숨을 걸고 전투를 치렀던 무인들은 겨우 18명이 공신에 봉해졌다.

조일전쟁 기간 중 봉기한 의병의 총 수는 대략 23,000명 정도로 추정된다. 의병의 활동은 전쟁이 일어난 1592년부터 그 다음 해 여름, 일본군이 부산으로 퇴각하고 조선 전역이 거의 수복된 뒤 몇 개의 부대만 남고 대부분 소멸되었다.

적군이 남해 일대에 집결함으로써 의병만의 활동이 필요 없어진 데다가, 조정에서 의병의 활동을 억제하거나 관군에 편입시킨 것이 그 원인이었다. 의병은 제1차전쟁 때 약 1년 간 집중적으로 활약했는데, 제2차 전쟁 때는 관군과 원군의 연합군인 조명연합군이 전쟁의 판세를 좌우했기 때문에 의병의 활약이 불필요했던 것이다

1. 숨겨진 영웅 곽재우(1552~1617)와 조일전쟁의 다섯 영웅

의병장 중 일부는 전투 도중 전사하고, 일부는 살아남아 벼슬을 받고 관군으로 편입되었으나, 가장 국가에 공이 컸던 두 의병장은 조정으로부터 버림받고 초야에 묻히거나 살해당했다. 바로 곽재우와 김덕령이다. 전쟁 동안 육전에서 크게 활약했으나 싸가지 없는 선조 때문에 빛을 못 본 장수가 의병장 곽재우, 김덕령 말고도 정기룡이 있다.

의병장 홍의장군 곽재우는 황해도 관찰사를 지낸 곽월의 아들로 1552년 경상도 의령에서 태어났다. 34세 때 과거에 응시하여 2등으로 합격했으나 답안지의 내용이 선조의 뜻에 어긋난다는 이유로 합격이 취소되는 바람에 거지 같은 세상이 역겨워 '망우당'이라 호를 짓고 초

야에 묻혀버렸다. 곽재우가 쓴 답안은 《당태종조사전정론》이라는 글로 등신 같은 선조의 시정을 비판하는 내용이어서 선조의 분노를 샀던 것이다. 하여간 멍청이들은 죽어도 못 고친다.

곽재우는 41세가 되던 해 전쟁이 일어나자 열흘 만에 가솔 50여 명을 데리고 조일전쟁 최초의 의병을 일으켰다. 목숨이 위험하다고 말리는 부인의 목에 칼을 들이대고 의병을 일으킬 정도로 곽재우는 침공한 일군 그리고 썩어빠진 조정과, 평소에는 그렇게 탐학과 수탈에 몰두해 백성들의 고혈을 빨아대다가 전쟁이 일어나자 뒤도 안 돌아보고 도망친 비겁한 탐관오리들에 대해 분노했으며, 그의 결심은 단호했다.

곽재우가 의병을 일으킨 것은 물론 구국의 일념에서였지만 한편으로는 고향을 지키기 위해서였다. 그를 정말 분노케 만든 것은 전쟁이 일어나면 앞장서서 싸워서 향토와 백성을 보호할 책임을 가진 지방 수령들이 재산을 챙긴 채 저희 가솔들만 데리고 모조리 도망쳤기 때문이다. 경상감사 김수, 경상좌병사 이각, 경상좌수사 박홍, 충청감사 윤선각, 김해부사 서예원, 창원군수 장의국, 의령현감 오응창, 현풍군수 유덕신 등 비겁한 탐관오리들이 하나도 남지 않고 모조리 도망쳐버린 것이다.

곽재우의 집안은 대대로 부호였다. 곽재우는 자신의 집 곳간 문을 활짝 열어 제치고 의병을 초모했다. 의병을 초모하면서 작은 전투에서 여러 번 승리하자 그를 신뢰하는 의병이 늘어나 병력은 금세 2천이 넘게 되었다.

전쟁 초기 곽재우는 경남 의령군 정암진과 세간리에 지휘본부를 설치하고 의령을 수비했다. 낙동강은 경남의 중서부 지역을 세로로 관통하는 관문이자 호남으로 진출할 수 있는 교통의 요지였다. 일군이 경상우도나 전라도를 장악하려면 낙동강을 이용해야 했다. 곽재우는 의병들에게 유격전을 훈련시킨 후 낙동강을 이용하여 군수품을 수송하는 일군 수송선단을 공격하여 커다란 전과를 거두었다.

지리에 밝은 곽재우는 낙동강의 중요한 지점 강 밑에 말뚝을 박아 놓아 일군 배를 지나갈 수 없도록 만든 뒤 배가 말뚝에 걸려서 일군들이 우왕좌왕할 때 매복해 있던 의병들을 데리고 공격을 하곤 했다. 첫 전투인 기강전투에서만 일군 배 11척을 포획할 정도로 곽재우는 뛰어난 전략가였다. 곽재우의 의병들이 시도 때도 없이 나타나 일군 수송선단을 공격하는 바람에 수송대의 피해는 갈수록 늘어났으며 결국 일군은 배를 이용한 수송을 포기해야 하는 지경에까지 이르렀다.

곽재우는 전라도를 넘보는 일군들이 낙동강의 정암지 나루터를 건널 것을 예상하고 일대에 매복하고 있었다.

드디어 의령과 남원을 거쳐 전주 일대를 공략할 의도를 가지고 일 장군 안코쿠이 에케이가 정예병 2천을 거느리고 정암진 나루터에 나타났다. 일군 선발대는 정암진 일대의 건조한 곳 여러 군데에 말뚝을 박아 표지를 만들어두어 본대가 도착했을 때 쉽게 길을 찾도록 했다. 이를 지켜보고 있던 곽재우는 일군 선발대가 철수한 후 표지로 삼으려고 박아놓은 말뚝의 위치를 엉뚱한 데로 옮겨 놓았다.

일 본대가 도착하여 말뚝을 따라가보니 길이 아니고 진창으로 들어서게 되었다. 그 곳에서 일군을 기다리고 있던 곽재우군은 진창을 만나 갈팡질팡하고 있는 일군을 공격해 커다란 전과를 거두었으며, 이는 조선군이 일군에게 육지에서 처음으로 크게 승리한 전투였다. 이로써 곽재우는 일군의 전라도 진출을 좌절시켰고, 경상우도 지역을 보존할 수 있었다.

곽재우는 전투 때마다 부친인 곽월이 명나라에 사신으로 갔을 때 황제로부터 하사받은 붉은 옷에 당상관 3품 벼슬아치가 쓰는 갓을 쓰고 '천강홍의장군'이라는 깃발을 들고 다니면서 게릴라전과 심리전을 펼쳐 일본군 사이에서도 두려움의 대상으로 널리 알려졌다. 곽재우는 일군을 혼란시키기 위하여 10여 명의 장수들에게 자신과 마찬가지로 홍의를 입고 백마를 타게 하여 매복시킨 다음 여기저기서 동시에 나타나도록 해서 일군의 혼을 빼놓았다.

의병의 습격으로 피해가 늘어나자 일군들은 그 보복으로 양민들을 죽이기 시작했다. "죽은 사람의 머리를 매달고 그 시체를 10리나 나열해 살아남아도 몸을 숨길 곳이 없었다"라고 그 참혹한 광경을 곽재우의 시문집인《망우집》의 부록 '용사별록'이 전한다.

곽재우가 일군을 상대로 연전연승하자 의병이 늘어나고 주변의 관군들도 합세하여 군세가 4~5천에 이르렀다. 곽재우의 의병군에 의해 낙동강 서쪽 유역과 경상우도 지역은 대부분 장악되었으며, 이로 인해 일군 제6군의 경상우도 지역을 통과하는 전라도 진격은 끝내 불가능해지고 말았다. 선조는 이러한 곽재우의 활약을 전해듣고 그에게 형조좌랑을 제수했으나, 등신 같은 선조를 잘 알고 있었던 곽재우는 내려준 벼슬을 거절하고 받지 않았다.

의병들이 용감하게 싸워 공을 세울 때 비겁한 관군의 지휘자가 싸움을 회피하고 도망만 다니다가 전투가 끝나면 슬그머니 나타나 의병들의 공을 가로채려는 경우도 흔히 있었다.

개만도 못했던 경상감사 김수는 적과 싸우지도 않고 도망만 다니면서 곽재우에게 온갖 모함과 압력을 가했으며, 곽재우는 한때 절도사의 벼슬을 받았으나 그를 시기한 이놈저놈들에게 모함을 받아 귀양살이를 한 후에는 초야에 묻히고 다시는 더러운 조정 일에 나서지 않았다.

곽재우는 이황과 함께 성리학의 양대산맥의 하나로 꼽히는 실천적인 유학자 남명 조식의 외손자 사위로, 젊어서부터 조식이 거처하던 산천재에서 병법을 배웠다. 곽재우는 뛰어난 장재(將材)였을 뿐만 아니라 자신의 옷을 벗어 의병에게 입히고, 처자의 옷을 벗겨 의병의 처자들에게 나누어 준, 참으로 부하들을 사랑한 덕장이었다.

진주대첩 때도 곽재우군은 김시민군과 협력하여 일군에게 통쾌하게 승리했다. 오죽하면 도요토미 히데요시가 조선의 관군만 생각하고 의병을 계산에 넣지 않은 것을 크게 후회하도록 만든 장본인이 바로 곽재우였다고 했을까. 이는 히데요시의 분노를 불러일으켜 조선 주둔 전 일본군을 동원하여 의병들의 본거지라고 생각되는 진주를 공격케함으로써 제2차 진주성전투가 벌어지게 되며, 결국 진주성은 함락되어 관민 6만이 몰사하게 된다.

지봉 이수광은 조일전쟁 때 가장 뛰어난 활약을 펼친 장수로 수전에서는 이순신을, 육전에서는 곽재우를 꼽았고, 한음 이덕형 역시 권율의 행주대첩, 이순신의 한산대첩, 그리고 곽재우가 이끈 의병들의 전투를 조일전쟁의 승전으로 기록했다.

우리가 그냥 의병장의 하나라고 알고 있는 곽재우 장군은 육전에서 행주대첩의 권율, 진주대첩의 김시민, 상승장군 정기룡 그리고 해전의 이순신 장군과 함께 조일전쟁의 다섯 영웅으로 불릴 자격이 충분히 있는 인물이다.

필자에게 만약 조일전쟁의 두 영웅을 꼽으라 한다면 육전에서는 곽재우, 해전에서는 이순신을 꼽겠다. 의병은 관군과 다르다. 관군은 무기와 식량을 나라에서 지원받는 정규군이나, 의병은 무기나 군수품을 자체 조달해야 했으니 무장이 엉성하기 짝이 없었고 또 의병들 대부분은 한 번도 훈련을 받아보지 못한 평범한 농민들이었다. 이러한 어설픈 무리들을 이끌고 전쟁에서 큰 공을 세웠으니, 곽재우를 육군의 장군 중에서도 가장 뛰어난 인재로 꼽게 되는 것이다.

1910년 조선이 일본에 합병될 때 을사오적이 있었다는 것을 잘 아실 것이다. 조일전쟁 때도 임진오적이 있었으나, 안 그래도 말이 많을 본서에 그 명단을 모조리 밝히면 정말 아우성이 날 것 같아 한두 명의 이름만 밝히고 나머지는 다른 기회로 미룬다.

친한 전우였던 김덕령이 선조에게 역모 혐의로 억울하게 맞아죽자 한때 경상감사 김수의 모함에 빠졌었던 곽재우는 모친상을 계기로 낙향한 후 떠돌이 생활에 나섰다.

조일전쟁이 끝나갈 무렵이었고, 당시 곽재우는 조정에서 벼슬을 받아 경상좌도 방어사였다. 더러운 조정과 치사한 선조가 내리는 벼슬을 거절한 곽재우는 두 아들과 함께 패랭이를 만들어 팔며 근근이 생계를 이어갔다. 부호였던 집안이 의병 활동을 하는 동안 거지로 나앉은 것이다.

일제 때도 이랬다. 독립군에 가담하여 나라를 다시 찾기 위해서 가정과 목숨을 버린 사람들은 대개 다 죽거나 거지가 되었고, 그 후손들은 일제로부터 핍박을 받아 가난한 데다 제대로 배우지도 못하여 비참하게 살 수밖에 없었으나, 이들을 탄압하고 일제에 아부한 친일파들은 일제 치하에서는 물론 해방이 되어서도 떵떵거리고 잘만 살았다.

세상이 더 이상 공평할 수 없다고 생각하는 사람은 필자에게 연락해주기 바란다. 얼굴 좀 보게.

조정에서는 곽재우에게 계속 출사할 것을 권했으나 곽재우는 이에 응하지 않았다. 우여곡절 끝에 벼슬을 계속 거부한 곽재우의 행위는 임금에게 교만하고 도리에 맞지 않은 행위로 간주되었고, 그 바람에 곽재우는 2년 간 영암에서 유배를 산 뒤 겨우 고향으로 돌아갈 수 있었다. 정말로 세상이 더러웠던 곽재우는 세상과 단절하고자 속세의 음식도 먹지 않고 솔잎만 먹는 벽곡을 했다. 조정은 곽재우에게 24년 간 무려 29차례나 관직을 제수했으나, 곽재우는 이를 모두 거절하거나 바로 사직했다.

선조가 죽은 뒤 광해군은 재야에 파묻혀 있던 곽재우를 불러 북병사 직을 맡겨서 곽재우는 잠시 조정에 나와 국토 방위에 진력했으나 조정의 돌아가는 꼴이 마음에 들지않아 사직하고 다시 초야에 파묻히고 말았다.

곽재우는 결국 망우당에서 생을 마쳤는데, 조일전쟁의 영웅 곽재우를 죽인 것은 적군인 일군이 아니라 간교한 데다 무능하기 짝이 없었던 등신 선조와 더럽기 짝이 없는 권력욕에 찌든 조정의 썩어빠진 신료들이었다.

2. 너무나 억울하게 죽은 충용장 김덕령

용맹한 의병장으로 이름을 떨치다가 억울하게 선조에게 맞아죽은 김덕령을 보자. 김덕령은 광주에서 태어나 우계 성혼에게 배웠는데, 글도 잘 하고 담력도 있는 데다 홀어머니에 대한 효성도 지극하여 소싯적부터 싹수가 있던 인물이었다. 김덕령은 스물다섯 되던 해에 조일전쟁이 일어나자 형 덕홍과 함께 의병을 일으켰다.

1594년 1월 담양에서 3천의 의병을 일으켜 순창과 남원을 거쳐 영남으로 진출한 김덕령은 의령에 주둔하고 있던 곽재우와 협력하여 일군을 무찌른 대표적인 의병장이다.

김덕령은 체구는 작았으나, 완력이 뛰어나 항상 무게가 백 근이나 되는 철퇴를 차고 다녀 신장이라 소문이 났으며 수천의 의병을 거느리고 많은 활약을 했다. 이에 광해군의 분조에서는 김덕령에게 호익장군의 칭호를 내렸으며, 선조는 충용군이란 이름을 내리고 격려문을 보냈으며, 각도의 의병들을 그에게 소속시킬 정도로 신임했었다.

그런데 전쟁이 교착 중이던 1596년 7월 충청도 부여에서 반란을 일으킨 이몽학이 사람을 모으면서 "나는 충용장 김덕령, 병조판서 이덕형, 도원수 권율 등과 내통하고 있으므로 거사만 하면 이들은 반드시 우리에게 호응할 것이다"라고 유언비어를 퍼뜨렸다.

이몽학은 객기 많고 담력 있는 일개 건달에 지나지않는 인물이었다. 처음에 의병을 초모하는 것처럼 꾸며 모은 군사는 사노, 승려, 피난민 등 700여 명 정도였으나, 그가 부여를 장악했을 때는 무리가 1만에 가깝게 늘어났다. 이몽학은 "무능한 임금과 조정을 바로 잡겠다"라는 말로 백성들을 선동하여 큰 호응을 얻었다.

김덕령은 도원수 권율의 명령에 따라 이몽학의 봉기를 진압하러 출전했다가 중간에 난이 진압되었다는 소식을 접하고 그냥 돌아왔다. 김덕령이 채 도착하기 전에 이몽학이 부하의 총에 맞아죽고 그의 부하들은 흩어져 버렸던 것이다.

돌아온 김덕령은 영문도 모르고 진주목사 성윤문에게 체포되었다. 이몽학과 내통하였다는 어처구니 없는 죄였다. 좌의정 정탁, 우의정 김응남 등이 적극적으로 무고임을 주장했으나, 싸가지라고는 눈꼽만치도 없는 선조가 추국을 지시하여 결국 20여 일 만에 김덕령은 혹독한 고문을 이기지 못하고 두 다리가 모조리 부서진 채 30살이라는 아까운 나이로 생을 마감했다. 남이 장군 짝이 난 거다.

이러니 조일전쟁 때 나라를 말아먹은 인간 중 선조가 으뜸이란 소리가 나오는 것이다. 김덕령은 사후 120년이 지난 영조(조선 21대) 때 신원되었다.

미친 놈들, 멀쩡한 충신들을 패 죽이고나서 세월이 좀 지난 후에, 잘 생각해 보니까 그게 아니래. 그렇다고 죽은 사람이 살아나니?

이 때 곽재우까지도 얽혀들어 역시 한양으로 압송되었다.

곽재우는 거듭된 심문 끝에 겨우 혐의를 벗고 풀려났고, 풀려난 그는 군사를 해산하고 산으로 들어가고 말았다. 김덕령 같은 충의 의병장이 죽어자빠지는데 곽재우가 뭘 얻어 먹겠다고 남아 있겠는가? 지방 유지들은 "의병을 일으켰다가는 저 꼴이 되니 그냥 숨어서 버티자"라고 공공연히 말하고 다녔다. 가족이고 재산이고 다 내팽개치고, 목숨을 바쳐 나라를 구하는 데 온몸을 바친 충신들을 상을 주지는 못할망정 개 패듯 패 죽이고 앉았으니, 참으로 개만도 못한 임금이었다.

3. 부호 의병장 김면과 북인의 영수 정인홍

김면은 벼슬이 공조좌랑에 올랐으나 사퇴하고 고향에서 후학을 가르치던 중 곽재우가 의병을 일으키자 뒤를 따라 같은 해 5월에 52세로 기병했다. 만석꾼이었던 그는 700여 명의 의병을 일으킨 후 합천에 살고 있던 전 사헌부 장령 정인홍과 협력하여 일군 공격에 나섰다.

김면은 무장 손인갑과 함께 낙동강 나루터를 장악하고 수송선단을 경비하는 일군 보루를 습격하여 100여 명을 도륙하는 등 큰 공을 세웠다. 잦은 의병의 습격에 견디지 못한 일군들은 결국 보루를 불태우고 성주성으로 철수하고 말았다. 또 김면은 일군 제6군의 지대가 전라도로 진격하는 것을 의병 2천 명을 매복시켰다가 공격하여 커다란 피해를 입히고 진격을 저지시켰으며, 성주성 탈환 때도 결정적인 공을 세웠다.

후에 그가 지휘하던 의병의 병력은 3천이 넘었다. 김면은 의병을 일으킨 뒤 한 번도 갑옷을 벗어 본 적이 없이 수십 차례의 전투를 치렀고, 그 동안 만석꾼의 가산은 탕진되어 처자가 문전걸식을 하게 되었는 데도 이를 돌보지 않고 전장에서만 보내다가 1593년 전장에서 과로로 병사했다.

김면 역시 곽재우와 함께, 나라를 위해서 기의했다가 부호였던 집안은 풍비박산나고 제 몸 하나도 편히 돌보지 못하고 죽은, 진실된 나라의 충신이었다. 조정에 버티고 앉아서 권력 싸움만 하는 쓰레기 같은 인간들아, 부끄러운 줄을 알아라.

또 이러한 충신들이 나라를 위해 죽은 후에 아무런 보상도 받지 못했으니 선조란 인간에 대해 말할 수 없는 혐오감이 드는 것이다.

북인의 영수이자 산림의 영수였던 정인홍은 김면이 죽은 뒤에도 의병 활동을 계속하다가, 전쟁이 끝난 후 광해군(조선 15대)대에 영의정을 지냈으며, 인조반정(1623) 후 역모에 성공하여 정권을 장악한 서인들에 의하여 처형되었다.

4. 외골수 충신 조헌과 승장 영규

조헌은 전쟁이 터지기 전 통신사가 일본에서 돌아왔을 때 일본 사신과 같이 온 것을 알고, 흰 옷에 도끼를 메고 대궐 앞에 엎드려 일본이 반드시 침공해 올 것이니, 전쟁이 나지 않을 것이라고 허위 보고를 한 김성일을 처형하고 일본 사신들의 목을 벤 다음 전쟁 준비에 나서라고 만인소를 올렸던 충신이었다. 그 때 선조는 그를 길주로 유배 보냈다가 풀어준 일이 있었다.

1593년 7월 조헌이 충청도에서 의병을 모집하자, 공주에서 기병한 최초의 의병승장 영규의 병력 천여 명이 합세했고, 충청도 방어사 이옥의 군사 5백도 합세하여 총병력이 3천 가까이 되었다. 조헌과 영규는 3천여의 병력을 이끌고 청주성 공략에 나섰다. 치열한 전투 끝에 청주성을 탈환한 조헌의 의병에 의하여 일군은 경상도 금산에서 추풍령을 거쳐 청주, 용인으로 이어지던 보급로를 빼앗기고 말았다.

당시 관군 지휘관이라는 것들은 전쟁 발발 초기부터 도망만 다니다가 의병이 일어나면 같이 병력을 합치거나 공동작전을 펴는 경우가 흔했다. 그 중 개만도 못한 관군 지휘관들은 의병들의 공을 시기하여 의병 활동을 방해하거나 모함함으로써 보국은커녕 제 임금과 마찬가지로 망국에 기여한 역적들이 여럿 있었다.

대표적인 역적이 김수와 윤선각으로, 충청감사 윤선각도 김수가 곽재우를 씹은 것같이 조헌을 시기하고 모함했다. 윤선각은 조헌으로 하여금 근왕을 포기하고 금산성으로 가게 한 뒤 합동작전은커녕 조헌 의병군에 가담한 장정들의 부모와 처자를 잡아가두고 각 읍에 공문을 보내 협력하지 말도록 명했으며, 이로 인해 수백 명의 의병이 부대를 이탈했다. 이에 조헌이 크게 노하여 조정에 장계를 올렸으나 등신 같은 조정에서는 아무런 조치도 취하지 않았다.

윤선각의 방해로 1천여 의병 중 3백 정도가 이탈하고 7백이 남자 조헌은 남은 병력을 이끌고 금산성을 치러 갔다. 조헌은 권율에게 글을 보내 금산성 공격에 응원을 요청했고, 권율은 공격을 연기하자고 회신했으나 권율의 회신은 조헌이 전사한 지 이틀 후에야 도착했다. 조헌은 승장 영규의 승군 600여 명과 합세하여 총 1,300의 병력으로 일본군 제6군 1만이 지키는 금산성을 치러 출정했다.

사실 이 전투는 자살 공격이나 마찬가지로 이길 수 있는 희망이 전혀 없는 전투였다. 공성을 하려면 농성을 하는 병력의 최소한 네 배 이상을 투입해야 하는데, 이건 네 배는커녕 1만여 병력이 지키는 성을 겨우 1,300의 병력으로 공격을 했으니, 애초에 이길 희망이 없었던 것이다. 금산성전투는 개 같은 조정 그리고 썩어빠진 관리들에게 절망한 조헌이 죽을 자리를 찾은 전투였다. 결국 금산성전투에서 조헌을 비롯한 영규, 온양현감 양응춘을 비롯하여 의병 700과 승군 600 등 거의 전원이 전사했다.

의병군 전사자는 금산군 의총리에 함께 묻혀 지금도 '칠백의총'으로 불리우고 있다. 칠백의총은 좋은데, 승군 600여 명이 나라를 지키다 전사한 것은 왜 같이 기리지 않았지? 칠백 의병과 같이 싸우다가 전사한 600 승군들은 천민이었기 때문이었다. 참으로 거지 같은 새끼들.

5. 승병 총사령관 휴정 서산대사와 외교관 유정 사명대사

조일전쟁 때 영규, 뇌묵, 처영 등 여러 승장들이 나라를 위하여 승군을 이끌고 활약했으나, 승군으로 대표되는 인물은 역시 서산대사 휴정과 사명대사 유정이다.

서산대사 휴정은 전쟁이 일어났을 때 묘향산 보현사에 있다가 선조의 명을 받아 의승군총사령관격인 팔도십륙종도총섭이 되어 승군 1,500명을 일으켰고, 유정은 휴정의 명으로 강원도 고성군 표훈사에서 승병 700을 일으켜 스승 휴정과 함께 이여송의 평양 탈환 전에 참전했다.

불교 국가였던 고려가 망하고 유교 국가인 조선이 서면서 숭유억불 정책으로 승려는 탄압당했고, 시내에 있던 절들은 재산과 노비를 모두 뺏긴 채 산으로 쫓겨났으며 중의 도성 출입이 금지되었다. 고려시대의 승려에서 중으로 격하된 조선시대의 중은 천민 중에서도 하빠리 천민이었고, 성의 축성 공사 때 임금 한 푼도 못 받고 단골로 부역을 맡아서 하는, 사람 이하의 대우를 받는 존재였다.

그런데 전쟁이 일어나서 조정이 급하게 되니까 중이고 뭐고 가리지 않고 참전을 권해 승병이 생겨났으며, 그 덕분에 전쟁이 끝난 뒤 중도 도성을 출입할 수 있는 혜택을 받게 되었다.

특히 승장 유정은 일군과의 네 차례 강화회담과, 전쟁이 끝난 뒤인 1604년 일본에 사신으로 건너가 새 집권자인 도쿠가와 이에야스와의 담판으로 포로로 잡혀간 조선 백성 3천여 명을 송환하도록 하는 데 크게 기여하여, 외교 활동에서도 큰 공을 세운 인물이다.

유정은 65세에 가야산에 은둔하여 왕이 불러도 나오지 않았으며, 광해군대인 1610년에 입적했는데, 입적할 때 "이 세상에 잠시 머무르려 했으나, 뜻밖에도 너무 오래 머물렀다"라는, 아주 마음에 드는 유언을 남기고 죽었다. 그가 죽은 뒤 민중들은 그를 기려 수많은 설화를 만들어냈다.

화기 발달사

1. 조선의 화약무기 발달사와 최무선(? ~ 1395)

자 이제 전쟁도 쉬고 있으니 강화회담이 진행되는 동안 화약무기 발달사나 살펴보자.

활과 창, 칼을 쓰던 시대에서 화약무기를 쓰는 시대로의 이행은 전쟁 기술의 엄청난 도약이었다. 이전까지는 접근전에서 칼이나 창을 잘 휘두르는 사람이 장땡이었지만, 사실 창, 칼을 남보다 잘 휘두르려면 엄청난 훈련이 필요했고 또 일, 이 년 사이에 되는 것도 아니었다. 거기다가 체격 조건이나 자질도 일부 타고나야 했으며, 아무나 연습한다고 조자룡이나 여포하고 맞짱을 뜰 수는 없는 것이었다.

그런데 대포와 총이 발명되고 나서는 총 쏘는 방법을 아무나 금방 익힐 수 있었고, 육이오 때 신참들 일주일 훈련시켜서 전선에 총알받이로 내몰았던 것 아시지?, 창이나 칼의 귀재도 총이나 대포 한 방에 나자빠지는 세상이 되었다.

맨 처음 발명된 화약 무기는 대포였는데, 대포는 당시 원거리용 무기인 활보다 훨씬 더 긴 사정거리를 가지고 있어서, 대포가 없는 군대는 대포가 있는 군대에게 접근하여 살상할 방법이 없어 멍청하게 구경하다가 깨질 수밖에 없었다. 그러나 대포가 너무 무거워서 끌고 다니기 불편하자 휴대용 대포가 개발되었는데, 그게 바로 총이다.

초기 대포는 너무 무거워 끌고다닐 수가 없어서 공성전이나 방어용으로만 사용되다가 본격적인 포격전은 대포의 성능이 개선된 16세기 말경부터 시작되었다.

초기의 대포는 화약의 성능도 시원찮았고, 대포 자체의 성능도 시원찮아 사정거리도 석궁보다 별로 나을 것이 없었고, 또 발사 도중 화약이 폭발하는 압력을 못 이겨서 뻑하면 깨졌다.

이후 제련법이 조금씩 발달하고 화약 성능도 조금씩 좋아지면서 대포도 대형화되어 14세기가 지나기 전 거의 1백 kg짜리 돌을 수백 m 거리에 발사할 수 있었고, 15세기가 되자 철제 포환이 주조되기 시작했다. 그러나 그 때까지도 대포의 엄청난 반동을 해결하지 못해 큰 대포는 이동시킬 수 없었고 작은 대포만 포가에 놓아 수레에 실을 수 있었다. 그러다가 16세기 후반에 박격포가 발명되었다.

이건 유럽의 얘기지, 우리나라의 박격포는 이미 15세기 초 세종(조선 4대) 때 실전 배치되어 있었다. 우리나라는 이미 세종 때 세계에서 가장 발달된 화약무기 보유국이었던 것이다.

16세기 초인 1520년경 에스빠냐(스페인)의 프랑소아 1세 때 화승총이 처음 발명되었으며, 곧 뒤를 이어 머스킷총이 개발되었다. 머스킷총은 그 구경과 장약이 화승총의 배 이상인 총이다. 16세기 말 기병용으로 짧은 화승총인 '권총'이 개발되었고, 이 권총은 조선시대 조일전쟁 때 등장했으며, 요새 같은 뇌관식 총은 19세기인 1820년에 영국에서 개발되었다.

12세기경 화약무기가 발명되기 전에 동로마제국에는 화약 무기 비슷한 '그리스의 불'이라는 무기가 있었다. 그 것은 나프타와 피치, 나무의 진, 식물성 기름, 수지 등을 섞은 것으로, 이 혼합물에 가루 형태의 다양한 금속을 첨가한 것이었다. 그리스의 화약은 용기에 담아 손으로 던지거나 용기에 담긴 채로 발사했는데 근접 해전의 화공용으로는 가공할 무기였다.

그리스의 불이 날아와서 배의 갑판에 떨어지면, 말하자면 그리스의 불이라는 것이 불 붙은 석유이기 때문에, 딱히 끌 수 있는 방법이 당시에는 마땅찮아서 오스만 투르크 해군은 이 그리스의 불 때문에 해전에서 열세를 면치 못했다. 그러나 이 불은 육전에서는 신통한 효력을 발휘하지도 못했고, 별로 살상력을 가진 무기도 아니었다.

염초와 목탄 그리고 유황을 섞어서 만든 본격적인 화약은 8세기 중국의 당나라에서 발명되었다. 초기에 화약은 폭죽, 불꽃놀이 용도로 쓰였으나 12세기경에 초기 대포와 화창 등의 화약무기가 개발됨으로써 살상 무기가 되기 시작했다. 화약무기는 금나라에서 최초로 등장했고 이를 몽골군이 금방 배워 정복전에 사용하기 시작했으며, 몽골의 세계 정복에 따라 아랍으로 전래되어 아랍인이 사용하게 되었다.

우리나라에서 화약무기가 처음 사용된 기록은 12세기 초 고려 때여진 정벌 시 발화대라는 부대를 운용했다는 것이다. 물론 당시 우리나라에서는 화약이 개발되지 않았을 때인 만큼, 아마 중국의 수입 화약이 사용되었을 것으로 추정된다. 그 후 13세기에 들어 여몽연합군이 일본을 침공했을 때 원나라 병사들이 화약무기를 사용했다.

고려 말인 1373년 왜구가 한참 극성을 부릴 때 고려는 명에 사신을 보내, 왜구를 섬멸하기 위하여 필요하니 화약을 좀 보내달라고 요청했다. 명은 화약, 염초, 유황이 뭐 좀 있기는 하지만 쓸 곳이 많아 보내줄 수 없다고 딱 잘라 거절했다. 당시 화약 제조 기술은 나라에서 외부 유출을 금하는 극비 기술에 속했고, 화약무기는 동아시아에서 중국에만 있었다. 고려는 원이 일본을 공격할 때 사용한 화약무기의 막강한 위력을 잘 알고 있었고, 고려에도 화약과 화전이 없는 것은 아니었지만 모두 명으로부터의 수입품이었다.

우리나라에서 화약을 최초로 개발한 최무선은 경상북도 영천 사람으로, 일찍부터 무관의 길을 걸었다. 그는 고려시대인 14세기 초반에 태어나 14세기 말까지 주로 공민왕(고려 31대)과 우왕(고려 32대) 시절에 살았다. 최무선의 아버지 최동순은 말단 공무원인 광흥창사였으나 집안은 그런대로 먹고살만 했다. 최무선은 성장하면서 병서를 즐겨 읽고 중국말을 익혔으며 무기에 대한 관심이 아주 특별했다.

더구나 최무선은 군에 몸담게 되면서 화약무기의 필요성을 절감하게 되었다. 최무선은 화약 제조에 필요한 원료를 구하여 화약 제조를 시도해 보았으나 배합 비율을 몰라 매번 실패하자 중국 사람에게서 직접 배우기로 결심했다. 최무선은 당시 중국 사람들이 자주 드나들던 예성강 벽란도에 자주 나가 중국 배가 들어올 때마다 화약 제조법을 아는 사람을 찾았다.

어느 날 중국 남방 출신인 이원이라는 장사꾼이 염초를 만드는 법을 안다고 했다. 최무선은 이원을 정중히 초대하여 극진히 대접했으며, 한 달이 못 되어 이원에게서 염초 만드는 법을 배울 수 있었다. 마루 밑이나 온돌 밑에 쌓인 미세한 먼지를 모아서 이갠 흙에 여러 종류의 재와 오줌을 섞어서 염초를 만들었으며, 이 염초에 유황과 목탄을 비율에 따라 배합하여 드디어 화약을 만드는 데 성공한 것이다.

1377년, 거의 20년 가까이 화약에 관심을 갖고 개발하려는 노력을 기울인 끝에 최무선은 동양에서 두 번째로 화약 개발에 성공했다.

역사의 문외한들이야 잘 모르시겠지만, 우리나라에서 이 화약무기 개발이 갖는 의미는 지대하다. 화약무기 개발로 말미암아 고려와 조선은 막강한 화력을 갖게 되었다.

고려 말기, 주요 해안에 자주 침입해 섬과 해안 지방에 사람이 살 수 없을 정도로 막대한 폐해를 끼치던 왜구를 화약무기로 가볍게 제압할 수 있게 되었을뿐만 아니라 세종대에 김종서와 최윤덕이 동북면의 여진을 화약무기로 쉽게 제압함으로써 6진을 쌓고 현재 우리나라의 국경을 확정지을 수 있었다.

최무선의 비법을 이어받은 아들 최해산이 태종(조선 3대)대부터 화약무기 개발 분야에서 활약하게 되면서 세종대에 이르러서 조선은 당시 세계 최정상의 화약무기 보유국이 된다. 이러한 전통이 면면이 이어져 내려와 150여 년이 지난 후 조일전쟁이 발발했을 때 화약무기는 조선을 지키는 데 결정적인 역할을 했다. 만약 조일전쟁 때 조선에 화약무기가 없었으면, 우리나라는 벌써 400년 전에 일본 땅이 되었을 것이다.

최무선의 화약 성능 실험을 본 조정에서는 그 성능에 감탄했고, 1377년 10월 마침내 우왕의 명으로 화통도감이 설치되었다. 우리나라 최초로 화약과 화약무기를 제조하는 기구가 창설된 것이다. 최무선은 화통도감의 제조가 되어 대장군, 이장군, 삼장군, 화포 신포, 육화석포 등의 대포와 철탄자, 철령전, 피령전, 화전, 유화, 주화 등의 불화살과 화공에 필요한 무기 20여 종을 만들어냈다.

조선 초기가 되자 포 말고도 이총통, 삼총통, 사전총통, 팔전총통, 승자총통, 소승자총통 등 총기류가 다양하게 제작되었는데, 초기 총통 류는 탄환을 발사하는 것이 아니라 화살을 발사하는 무기였다.

최무선이 개발한 무기 중 시대를 넘어 가장 뛰어났던 무기가 바로 '주화'다. 주화는 현대 로켓의 원리를 이용한 무기로 당시로는 획기적인 발명이었고, 서양에서는 19세기에 들어서나 개발된 것이다.

세계 최초의 로켓은 1232년 중국 금나라에서 개발된 '비화창'이다. 이후 이 로켓 제작 기술은 몽골군에게 전해졌고, 몽골군의 서정에 따라 아라비아를 거쳐 유럽에 전해진 것이다.

주화의 비행 원리는 조선조 세종대에 간행된, 무기 제작법과 규격을 기록한 《국조오례서례》와 《병기도설》에 상세히 기록되어 있다. 세종대에는 고려 때 개발된 로켓인 주화를 '신기전'이라 불렀는데, 신기전은 폭탄이 달려있는 소형 화살을 말한다. 세종대에 신기전을 100발씩 한꺼번에 쏠 수 있는 화차가 발명되었고, 이 화차는 조일전쟁 때 개량되어 수동식 기관총 역할을 하게 된다. 조일전쟁 때 권율이 행주대첩에서 이 화차를 수십 량 보유하여 일군에게 집중 사격을 퍼부음으로써 병력의 압도적인 열세 속에서도 행주산성전투를 승리로 이끌 수 있었던 것이다.

주화의 비행 원리는 주화에 달려 있는 약통에 있다.

화약을 태워서 추진력을 얻는 엔진인 약통은 닥나무로 만든 한지로 만들어져 있는데, 안에 화약을 채우고, 화약을 태우면서 생기는 고압 가스의 분출 구멍을 만든 다음 화약에 불을 붙여 적진으로 쏘았다.

화약이 타면서 생기는 온도는 1,000도 정도의 고열이었으나 타는 시간이 1초 정도로 아주 짧아, 한지 약통은 안쪽만 살짝 그슬린 채 전체 약통은 타지 않았으며, 화살은 화약을 태운 고압 가스가 분출하면서 생긴 추진력의 관성으로 날아갔다.

주화의 사정거리는 일반 화살 사정거리의 약 두 배쯤 되는 200~250m 정도였다. 주화의 길이는 1.4m 정도였고, 꼬리에는 날개가 달려 있었다.

1447년 세종조에 여진을 정벌하기 위해 함경도와 평안도에 실전 배치하도록 주화를 보냈는데, 그 수가 소주화 24,000개, 중주화 8,840개, 대주화 90개 등 모두 33,500개를 보낸 기록이 있을 정도로 주화로 불리었던 신기전은 조선의 보편적인 화기였다.

최무선이 화약무기를 개발한 지 6개월 만에 고려군은 화약무기를 다루는 특수부대를 창설하여 화통교사군이라 하였다.

더 나아가 해전에서 화포를 활용하기 위해 누선이라는 전함도 새로 건조했다. 고려 배의 특징은 돛이 있고 바닥이 평평한 평저선이었고, 조선 전함인 판옥선도 평저선이다. 우리나라의 배는 연안용으로 만들어졌기 때문에 평저선은 간만의 차가 큰 해안에서 썰물 때 배가 옆으로 쓰러지는 것을 방지했고, 또 배에서 화포를 쏠 때 화포의 반동을 흡수하는 데도 매우 유리했다.

주화가 본격적으로 위력을 발휘한 것은 1380년 왜구의 대규모 침공인 진포해전에서였다. 3년에 걸쳐 화약무기 다루는 법을 익힌 수백 명의 화통교사군은 2만여의 왜구가 배 500여 척에 나누어 타고 진포에 침입하자 처음으로 전투에 투입되었다.

도원수 심덕부 휘하에서 최무선은 부원수 겸 화통교사군의 지휘관으로 포함 40척을 이끌었다. 500척 대 40척이면 함선 수로는 12대 1의 열세다. 그러나 전투가 벌어지자, 서로 묶여있어 바다의 요새를 이루고 있던 왜구의 함선들을 향해 화통교사군의 주화와 불화살 그리고 함포의 포탄이 무더기로 날아갔다. 순식간에 500척의 배들은 모조리 화염에 휩싸여 침몰했으며, 이에 놀란 왜구들은 바닷길이 막히자 육지로 달아났다가 이성계의 육군에게 궤멸되었다.

《고려사》는 당시 전투 상황을 다음과 같이 전하고 있다.

"불꽃과 연기가 하늘을 뒤덮었다. 배에 있던 왜구들은 모두 불에 타죽거나 바다에 빠져죽었다." 이후 왜구의 침입은 눈에 띄게 줄어들었으며, 대규모 침공은 거의 없게 되었다. 이렇게 왜구 퇴치에 큰 공을 세운 최무선은 문하부사가 되었고 영성군에 책봉됨으로써 재상 반열에 올랐다.

3년 뒤인 1383년 또 다시 수천 명의 왜구가 침공해 왔다가 관음포 해전에서 최무선과 함께 고려 수군의 창설자인 정지 장군의 함대에 의하여 17척의 배가 격침되자 이후에는 화약무기에 대한 공포로 노략질하러 들어올 엄두를 못 내었다. 수십 년 간이나 대책 없이 속을 썩이던 왜구들을 최무선이 화약무기로 간단히 잠재워버린 것이다.

왜구와의 전투에 자신이 생긴 고려 조정에서는 아예 왜구의 싹을 잘라버릴 생각으로 1389년 경상도 원수 박위를 시켜 전함 100척으로 대마도를 정벌하게 했다. 정벌군을 이끈 박위는 대마도로 출정하여 왜선 300척을 불태우고, 연안에 있던 주거 시설을 모조리 태워버렸다.

함선에 포를 장착하고 나니 무서운 게 없었던 것이다. 이후 왜구의 침범은 현저히 줄어들었고, 대마도의 왜구들은 조선에 신속(臣屬)되기를 원했다.

이렇듯 함포가 설치된 전함과 그냥 보통 배와는 쌍방의 함선 수에 관계 없이 전투 자체가 되지 않는다. 나중에 조일전쟁 때 이순신 장군이 해전에서 연승할 수 있었던 것은 이순신 장군의 지휘, 통솔 능력뿐만 아니라 이런 함포의 위력과 조선 전함의 상대적인 우위가 연승의 뒷받침이 된 것이다.

최무선이 나이가 많아지고 병석에 눕게 되었는데, 아들이 아직 어려 직접 전수가 힘들자 화약 만드는 법과 사용하는 법을 책으로 만들었다. 《화약수련법》과 《화포법》의 두 권의 책이 완성되자 최무선은 부인을 불러 아들 최해산이 자라면 책을 주어 화약무기 제조법을 익히게 하도록 당부했다. 아쉽게도 이 책들은 지금 전해지지 않는다.

최무선이 죽고 아들 최해산이 15세가 되자 부인은 아들에게 책을 물려주었다. 최해산은 화약제조법과 화포법을 익혀 조정에 나왔으며, 태종(조선 3대)은 그에게 군기시의 벼슬을 주었다. 최해산은 자신의 책임하에 화약 6,900근, 화기 13,500정, 화포발사군 1만여 명을 양성했다.

이 화약무기 제조는 우리나라 역사상 가장 영명한 왕인 세종(조선 4대)대에 들어서서 최해산이 주도하는 화약무기 개발을 적극 지원하여 15세기 초인 당시 조선은 세계에서 최첨단 화약무기 보유국이 되었고, 구형 화약무기를 모두 신형으로 교체하여 조선은 최신 화기로 무장한 막강한 육군을 보유하게 되었다.

세종 30년인 1448년 《총통등록》이 간행되었다.

14세기 말에 개발되기 시작하여 세종조인 15세기 초중반까지 화약 병기를 제작하다 보니 같은 종류라도 서로 규격이 달라 발사 시 명중률에 많은 차이가 났고, 사거리도 서로 달라 전술적으로 운용하는 데 애로가 많았던 것이다. 세종은 무기를 통일시키고 부품을 규격화, 전문화하기 위해《총통등록》의 간행을 명했으며, 이는 화약병기의 표준화를 촉진시킨 것으로 화약무기 개발을 한 단계 도약시킨 의미 있는 시도였다.

《세종실록》이나《병기도설》,《국조오례의서례》에서 볼 수 있듯이 세종 때 병기의 표준을 정하기 위하여 쓰인 자의 가장 작은 단위가 '리'로 지금 단위로 0.3mm이니, 이 정도 정밀하면 아마 20세기 초까지 사용되던 규격과 별 차이가 없다 하겠다.

그러나 이후 평화가 길어지고 줄줄이 멍청하고 무능한 것들이 왕이라고 버티면서 예산이 많이 든다는 핑계로 화통도감은 폐지되었고 화약 생산은 중단되었다. 만약 후대 왕들이 조금만 똑똑해서 화약무기 개발에 계속 힘썼더라면 조일전쟁 때 쳐들어온 일본애들 오자마자 간단히 도로 제 나라로 돌려보냈을 것이다.

그나마 최무선이 화약무기를 개발했던 덕에 200년 후 일어난 조일전쟁에서 이순신 장군이 함포가 장착된 전함으로 함포 없는 일 함선을 포격하여 모조리 격침시킴으로써 해전에서 승승장구할 수 있었다. 최무선은 태종대에 들어서서 우의정 및 영성부원군으로 추증되었다.

현대인들 대부분이 최무선을 잘 기억하지 못하나, 그가 화약무기 개발에 기울인 노력과 그의 노력의 결과로 나라가 보전되었다는 공로를 생각하면 우리나라 역사상 10대 인물의 앞쪽에 백 번 들어도 전혀 손색이 없다.

도대체 한국인들이 얼마나 역사를 모르고 얼마나 역사 인식이 없는가를 보자. 정치지도자라고 우기는 인간들이나 연속극 속에서 역사를 배웠다고 느긋해 하는 인간들 다 똑같다.

2. 우리나라 역사상 가장 뛰어난 인물 10명

몇 년 전《월간 중앙》의 설문조사다.

• 한국 5천 년 역사에 가장 큰 영향을 준 인물 10인

	역사학자 10인	CEO 30인	대학생 30인
1	세종대왕	광개토대왕	세종대왕
2	광개토대왕	이순신	광개토대왕
3	정약용	정주영, 이건희	이순신
4	박정희		김구. 왕건
5	김옥균	세종대왕	
6	서희	김구	이건희
7	이건희	박정희	박정희
8	장영실	안창호	문익점, 정약용
9	이승만	정약용	안중근
10	백남준	안중근, 박승직	

어느 인간들을 대상으로 설문조사를 했는지는 잘 모르겠으나, 역
사학자들의 답에는 우리나라 역사상 가장 뛰어난 해군 명장인 이순신
장군이 빠져있고, 또 가장 뛰어난 육군의 명장인 을지문덕 장군이 어
디에도 없으며, 앞에서 보다시피 화약무기를 개발하여 나라를 보전케
하는 데 결정적인 공을 세운 최무선도 없다.

아니 역사가 5천 년씩이나 된다고 맨날 자랑하는 우리나라에 얼
마나 인물이 없으면 10대 인물에 요새 사람으로 박정희, 박승직, 정주
영, 이건희, 백남준 등 다섯 명이나 들어가는지 어이가 없다. 거기다
역시 우리 바로 앞 세대인 20세기 초중반에 활약했던 인물들인 이승만,
김구, 안창호, 안중근까지 포함시키면 이것만 거의 열 명이다. 더구나

어이없는 것은 역사를 공부하고 있는 필자가 10대 위인의 한 명으로 올라 있는 박승직이 누구인지 모르겠는 것이다. 세상에, 나중에 알고 보니 두산 그룹 박두병의 아버지란다.

한심한 역사학자들 그리고 한심한 CEO들 그리고 깡통 대학생들아, 역사 공부 좀 똑똑히 해라. 인간들이 어째서 을지문덕 장군을 그렇게 가볍게 볼까?

을지문덕 장군은 고구려 말인 7세기 초반 수나라의 대규모 침공 때 이를 격퇴해 나라를 지킨 인물이다. 당시 수나라의 침공군은 정규군이 약 120만 명이었고, 군속까지 합쳐서 거의 3백만에 달하는 엄청난 병력이었다. 당시 고구려의 인구가 겨우 350만 정도 되었으니, 거의 고구려 인구 전체에 필적하는 대군이 침공했던 것이다.

이 어마어마한 수나라의 침공군을 격퇴하고 나라를 지킨 인물이 을지문덕 장군이고 우리나라 역사상 가장 뛰어난 육군 명장이었는데, 이 양반이 어째서 정주영, 이건희, 박승직, 백남준보다 뒷줄에 서야 하는지 어이가 없어 말이 안 나온다.

현대 인물 중 10대 위인에 들 수 있는 인물은 아마 박정희뿐일 것이다. 박통의 공과는 좀 더 후대에 평가되겠으나, 어쨌든 박통은 우리 민족의 정신을 일깨워 나태와 안일, 무기력에서 건져낸 다음 잠재력을 발휘케 하여 우리는 무섭게 성장할 수 있었다. 그 덕에 우리는 역사상 처음으로 가난과 기근에서 탈출할 수 있었고, 지금 세계 10여 위의 경제 부국이 되어 있는 것이다. 역사상 쿠테타를 일으켜 가장 성공한 인물이 바로 박통이다.

근데 필자가 박통을 이렇게 평가하자 인터넷 상에서 여러 네티즌들이 반론을 제기했다. 독재자의 표상인 박정희를 어떻게 그렇게 높이 평가할 수 있느냐는 것이다. 물론 필자도 박통이 독재자인 것을 잘 안다. 그런데 반론을 제기한 독자들은 아마 배고픈 것이 무엇인지 잘 모르는 세대라 그러는 것 같아 충분히 이해는 한다.

　필자더러 우리나라의 10대 인물을 꼽으라면, 1. 세종대왕 2. 광개토대왕 3. 을지문덕 장군 4. 최무선 5. 이순신 장군 6. 문익점 7. 김옥균 8. 전봉준 9. 안중근 10. 박정희를 꼽겠다.

3. 대포의 등장

　초기 화병 모양의 대포는 14세기 초중반에 유럽의 프랑스와 몽골제국에서 비슷한 시기에 발명되었으나 종종 포가 깨졌다. 15세기에 들어서서 청동(구리+주석)이나 황동(구리+아연)으로 주조한 직렬식 대포가 출현했으나 너무 무거워 운반을 못 하고, 장인을 공격 장소로 데려다가 대포를 주조한 후 싸움이 끝나면 녹여서 종으로 만들곤 했다. 이것이 15세기 중반인 1453년 오스만 투르크가 콘스탄티노플(이스탄불)을 함락시켜서 동로마제국을 멸망시켰을 때 써먹은 방법이다. 당시 포의 포신은 10m에 가까웠다.

　이후 17세기 후반 들어 대포가 기동력을 갖추게 되면서부터 기원전 1000년경서부터 대략 2,600년 간 전투에서 절대적인 우위를 누려 왔던 기병 위주인 유목민의 군사적 우위가 종말을 맞게 되었다. 징기스칸의 후예들은 대포가 제 성능을 갖추기 시작하면서부터 본격적으로 몰락했던 것이다.

　또 기동력을 갖추게 된 대포를 배에 장착하게 되면서 함포 시대 개막과 맞물려 유럽의 식민시대가 개막되었다. 그러다가 1860년대 기관총의 등장으로 유럽의 세계 식민화가 본격화되었으며, 유럽 열강은 먼저 아프리카로 진출했다가 아시아로 침략해 왔다. 이렇게 한 나라의 부강은 무기 발달과 떼어놓을 수 없다.

영국과 프랑스간에 일어났던 백년전쟁 기간 동안인 15세기 중반 아쟁쿠르전투에서 영국군의 장궁수에게 프랑스의 기사대가 궤멸의 타격을 입자 프랑스는 영국의 장궁에 대항할 무기 개발에 올인했다.

당시는 기사시대가 끝날 무렵이었지만, 그 때까지도 기병은 군대의 주력이었는데, 프랑스군의 꽃인 멋진 기사대가 영국의 장궁에 줄줄이 꿰뚫려 그냥 꼬치구이가 되어 버렸던 것이다.

드디어 창이 방패를 뚫게 되어, 갑옷 장인들이 생산한 몇 겹 두께의 철갑옷이 장궁의 화살에 줄줄이 꿰뚫림으로써 장인들은 집에 가서 애를 보게 되었고, 갑옷가게는 문을 닫게 되었다.

당시 무기체제로는 장궁을 따라갈 무기가 없어서 드디어 장궁의 시대가 열렸다. 이렇게 다른 나라에서는 영국의 장궁수가 공포의 대상이었으나 장궁수를 양성하는 데 수년의 시간이 걸리는 바람에 훈련을 시킬 엄두를 못 냈다.

백년전쟁이 끝나갈 무렵인 1450년 프랑스의 북부 몬티니에서 영국군은 평상시와 마찬가지로 의기양양하게 장궁수들을 앞 세운 채 프랑스군과 전투에 임했다. 서로 진을 치고 마주한 후에도 프랑스군은 평소와 달리 공격에 대비하고 있는 영국군 진영으로 공격을 개시하지 않았다. 그들은 그냥 멀리서 진군을 멈추고 종처럼 생긴 이상한 단지를 죽 늘어놓더니 그 속에다 검은 분말을 쏟아부은 다음 위에다 돌덩이를 올려 놓는 것이었다.

저 자식들이 뭐하는 거지? 영국애들이 멀리서 의아해 하며 지켜보고 있는데, 프랑스군은 불쏘시개에 불을 붙이더니 돌아가면서 단지에 불을 붙였다. 곧 귀청을 찢는 듯한 폭음이 터져나왔고 '팽' 하는 소리와 함께 날카롭게 공기를 가르는 소리들이 연이어 들렸다. 수백 개의 작은 바위들이 영국군 장궁수들을 향하여 날아 가는 소리였으며, 불과 몇 분 안에 4,500명의 영국군 장궁수 중 3,800명이 돌에 맞아 전사했고, 그들은 그 동안 단 한 발의 화살도 날려 보내지 못했다.

이 소리가 바로 거의 백 년이나 프랑스 국내에서 벌어졌던 백년전쟁이 끝나는 소리였으며, 영국이 프랑스에서의 지배를 끝내고 대륙에서 보따리를 싸게 된 시점이 바로 프랑스가 대포를 발명한 시점이었다. 기병시대가 끝나고 다시 보병시대가 온 것이다.

17세기가 되자 차륜식의 이동이 가능한 포가, 포신 내의 초보적인 강선, 포신의 상하운동을 가능하게 하는 포이, 동제의 포신, 철·납으로 만든 포탄 등이 개발되었다. 이후 18~19세기가 되면서 주철로 포신을 만들고 장약의 질도 향상시켜 야전에서 대포의 활용도는 더욱 커졌다.

조선에서의 대포는, 16세기가 끝나갈 무렵 명에서 들어온 불랑기포가 당시 최신형 대포였으며, 이후 거의 발전이 없다가 19세기 후반 대원군 때 홍이포를 포함한 소·중포를 대량으로 제작했다.

필자의《왕을 참하라》에서 보셨다시피 대원군은 우리들이 아는 대로 쇄국정책을 써서 나라를 망친 인물이 아니라, 자신의 집권 중 가장 많은 개혁을 이룩한 조선의 대개혁가였으며, 자주 국방을 위해 신무기 개발에 진력한 인물이었다. 대원군 시대에 소포, 중포를 비롯하여 수뢰, 등나무 투구, 화륜선, 철갑선, 방탄조끼인 면제배갑이 제작되었다.

조선을 망친 인물은 대원군이 아니라 당시 부패한 세도정치를 60년이나 끌어가면서 나라를 개판 만든 안동 김씨 떼거리들과 대원군을 쫓아낸 민비 그리고 민씨 척족들이었고, 그들의 80년 간에 걸친 공금횡령, 매관매직과 가렴주구가 조선을 회생불가능하게 만든 것이다.

조선 망국의 책임은 첫째, 대원군을 쫓아낸 후 34년씩이나 재위에 있으면서 멍하게 세월을 보낸 고종과 나라의 운명은 알 바 없이 잔머리를 굴려 권력 유지와 척족들의 가렴주구를 후원한 민비, 그리고 그 밑에서 권력과 돈에 환장한 썩어빠진 신료들이 져야 되는 것이다.

1853년 개항하기 전까지 일본의 도쿠가와 막부는 수백 년 간 쇄국정책을 고수해왔다. 그러나 일본은 개항한 후 빠른 속도로 서구문물을 받아들여 부국강병을 이룩한 후 겨우 개항 수십 년 만에 아시아의 패자가 되었다. 대원군 집권 시 펼쳤던 겨우 몇 년 간의 쇄국정책은 조선의 운명과 아무런 상관이 없었다.

4. 철포(화승총)의 개발

16세기 초 프랑스와 견원지간이었던 에스빠냐는 프랑스가 대포를 개발한 후 보이는 것 없이 여기저기 돌아다니면서 설쳐대자 대포에 대항하기 위한 신무기 개발에 필사적으로 매달렸다. 영국과 프랑스의 경우에서 보셨지만, 오밀조밀 서로 붙어 사는 유럽에서는 무기 개발에서 조금만 상대국에게 뒤처지면 나라가 망하는 판국이라 상대국의 무기보다 우수한 무기를 개발하는 데 국가의 모든 힘을 쏟아부었다.

이렇게 남들은 전 국력을 기울여 무기 개발에 전력을 다하는 동안 나태한 데다 무기력하기 짝이 없었던 조선의 양반들은 일이라고는 쥐뿔도 않고 무위도식하면서 허구한 날 떡하니 자빠져서 아무짝에도 쓸모없는 공자, 맹자만 읊조리고 있었다.

대포를 잠재우려면 대포를 쏘는 포병을 보내버리면 된다는 손쉬운 결론에 도달한 에스빠냐에 의하여 최초의 '손대포' 또는 '불막대기'

가 개발되었다. 그 무기는 대포가 지닌 사거리와 화력을 일반 병사의 손에 쥐어준 소형 대포였다.

곧 화승식 발사장치와 방아쇠가 개발되어, '갈고리가 달린 포'라는 의미의 화승총이 탄생했으며, 이후 20여 년에 걸친 기술 개발 끝에 화승총의 모양을 길게 늘여서 재설계한 머스킷총이 개발되었다.

머스킷총은 3분에 약 2발 정도 발사할 수 있었다. 약실에 화약을 집어넣어 다지고, 총구 앞으로 탄환을 집어 넣은 후 발사장치에 불을 붙여 발화 준비를 하고 조준을 한 다음 방아쇠를 당기면 불 붙은 심지가 총구 후방에 마련된 화약 접시로 내려가 닿으면서 점화용 화약이 터지고, 순식간에 총열 후방 안쪽에 쑤셔넣었던 추진용 화약이 터지면서 탄환이 발사되는, 엄청나게 긴 과정을 거쳐야 한 발의 탄환을 쏠 수 있었다.

또 총의 길이가 150cm나 되어 다루기가 엄청 불편했고, 전투 중 비라도 쏟아지면 심지가 젖어 모든 것이 황이었다.

에스빠냐는 이 머스킷총 부대를 고도로 훈련시켰다. 즉 각각의 대열이 번갈아 쏠 수 있도록 훈련시켜, 쏘기 위한 과정에 소비되는 시간을 대열의 교체로 해결했던 것이다. 이 전법을 그대로 벤치마킹해서 조총부대 전술을 개발한 것이 일본의 오다 노부나가다.

1525년 에스빠냐의 황제 카를로스 5세 휘하에 배속되어 있던 에스빠냐군 총기병 부대원 1,500명은 이탈리아를 침공한 프랑스군을 몰아내기 위하여 롬바르디아에 있는 파비아요새 부근에서 프랑스군과 맞붙었다. 프랑스군은 자신들이 자랑하는 포병대를 앞세워 에스빠냐군을 공격할 예정이었으나, 프랑스군 지휘관들은 포병들이 대포를 채 에스빠냐군 쪽으로 배치도 하기 전에 별안간 쓰러져 자빠지는 이상한 현상을 보게 되었다. 웬일이지? 저 자식들이 집단 간질에 걸렸나?

마침내 그들은 자신들이 생전 처음 보는 이상한 무기와 마주하고 있음을 알아차렸으며 그 부대에 대한 공격을 기병에게 명했다. 일제히 말에 올라 적진을 향해 달려가던 프랑스군 기병은 적진 50야드 근방에도 접근해보지 못하고 모조리 말에서 떨어졌으며, 그 날 해가 저물 때까지 8,000명 이상의 프랑스군이 전사하는 대패를 맛보았다.

화승총은 이렇게 위력적이었으나, 개발 초기에는 화승총 1정의 가격이 무려 600달러에 달하는, 엄청나게 비싼 무기였다. 어쨌든 소총과 대포가 발명된 덕분에 2백여 년 간이나 몽골의 식민지 지배하에 있던 러시아인들과 유럽인들은 비로소 몽골의 지배에서 벗어나게 되었다. 초장의 전투에서 유목민의 기병대가 박살이난 것은 머스킷총에 맞아서가 아니고, 엄청 큰 총소리를 처음 들은 말들이 놀라서 겁을 먹고 기병의 지시에 따르지 않고 도망치거나 대오를 흐트러뜨렸기 때문이다. 물론 몽골군은 말들이 놀라지 않도록 총소리에 훈련을 시켰으나, 말들이 총소리에 익숙해지기 전에 총의 성능이 훨씬 더 빨리 개선되었기 때문에 아무런 소용이 없었다.

이렇게 피나는 경쟁 속에서 유럽 각국은 무기 개발에 총력을 기울여서 총의 성능은 점점 더 좋아지고, 대포의 사정거리도 점점 길어졌으며, 화약의 성능도 날이 갈수록 강해졌다.

그러는 동안 경쟁이 없던 조선은 '우물안 개구리', 아니 '단단한 껍질 속의 고동' 노릇을 하면서 바깥 세상이 어떻게 돌아가는지 알려고 하지도 않았으며, 그나마 알고 온 선각자들이 그들을 깨우치려 노력해도 전혀 귀를 기울이지 않아 세계에서 가장 미개하고 낙후한 나라가 되어가고 있었다.

5. 함포의 등장

고대 해전 방식은 선상에서 벌이는 육박전과 배끼리의 충파작전이 다였다. 이 전술은 기원전 5세기 초 페르시아와 그리스의 살라미스 해전 그리고 기원전 3세기 카르타고와 로마의 포에니전쟁에서 사용되기 시작한 후 16세기 말인 1571년 유럽의 신성동맹 함대와 오스만 투르크의 지중해 함대 사이의 해전인 레판토해전이 있을 때까지 거의 2,000년 이상 전 세계에서 공통적으로 사용되던 전통적인 해전 전법이었다. 말하자면 가까이 서로 배를 대고 사다리를 걸친 다음 적선에 올라가 육박전을 벌이는 방식이, 현대 해전 방식인 거리를 두고 서로 함포로 공격하는 함포전으로 바뀌는 데 거의 2천 년이 걸린 것이다.

우리나라에서는 서양의 함포전이 있기 이미 200년 전, 고려 우왕(고려 32대) 때인 1377년 최무선이 함선에 화포를 장착한 전함을 건조한 후 진포대첩에서 왜구의 배 500척을 불화살의 화공과 함포 사격으로 수장시킨 것이 최초였다. 물론 당시 포탄은 작열탄이 아니고 배에 구멍을 뚫어 침몰시키는 석탄이었고, 화공은 주화와 불화살로 했다. 즉 고려의 수군은 서양보다 200년이나 앞서, 함포가 장착된 전함을 개발했던 것이다.

조일전쟁 때 해전에서도 일본은 그 때까지 고대의 전통적인 전술인 선상 육박전을 해전으로 알았던 반면에, 조선은 이미 막강한 함포가 장착되어 있는 현대식 전함을 다수 보유하고 있었으므로 일 수군과의 전투에서 연전연승할 수 있었다.

유럽에서 대포를 배에 장착하려는 시도는 14세기 중엽부터 시험에 들어가 약 1세기가 걸려서 완성되었다.

첫째, 대포의 무게를 감당하는 문제는 포를 홀수선상에 배치함으로써 해결했고 둘째, 대포의 반동력 문제는 특별한 포가를 제작해서 해결했다.

서양 제국의 치열한 경쟁 속에서 함포의 성능은 점점 좋아져서 사정거리가 점차 길어졌으며, 화약의 성능도 발전을 거듭하여 폭발력이 엄청 우수해졌다. 이후 서양 열강은 함포 사거리가 미치는 범위의 해안 지역을 장악하고 성채를 쌓아 식민지를 확보하기 시작한 것이다.

명의 영락제(명 3대) 때인 1421년 명 수군 함대사령관 정화는 60여 척의 함대에 27,000여 명의 병사를 태우고 동남아와 아프리카를 순방하여 제국들과 외교를 맺거나 또는 속국으로 삼았다. 그러나 영락제 이후 명이 바다로의 진출을 너무 많은 경비가 든다는 이유로 포기하는 바람에 해양이 서양의 무대가 되어버렸다.

15세기 초인 당시 유럽에서 만들 수 있는 배는 겨우 200~250톤 정도였으나 정화가 탔던 명 함대의 기함은 8천 톤이나 되었을 정도로 중국의 조선 기술은 다른 나라와 비교할 수 없을 정도로 앞서 있었다. 3세기 초반인 삼국시대 때 있었던 적벽대전 아시지? 그 때 위나라와 오나라의 전함들이 해전을 벌였는데, 그 중 기함은 거의 500톤에서 1,000톤 정도되었다는 기록도 있다.

우리나라의 대형 함포는 중종(조선 11대) 10년(1510) 삼포왜란, 1544년 사량진왜변, 명종(조선 13대) 10년(1555) 을묘왜변을 거치면서 왜구들이 중국의 새로운 조선술을 익혀 대형선을 만들기 시작하자 이에 대항하기 위하여 역시 대형선을 건조하기 시작했고, 또 이 대형선에 장착할 대형 대포 개발에 진력하여 천자총통과 지자총통 등이 개발되었다.

이렇게 왜구들의 침공을 퇴치하기 위하여 전함을 대형화하고 대형 함포를 개발한 것이, 조일전쟁 때 바로 그 왜구의 후배들의 침공으로부터 나라를 지키게 하였으니, 이를 전화위복이라 해야 하나?

조일전쟁 때까지만 해도 함포를 장착한 전함을 2백 척 가까이 보유하여 세계 최강의 수군을 자랑했던 조선이 조청전쟁 이후 전쟁의 위협이 완전히 사라지면서 나태와 안일에 빠져 국방을 소홀히 하는 바람에 19세기 말 서양 선들이 침략해 왔을 때 그들의 공격에 대응한 대포가 17세기식 불랑기포와 홍이포였다. 이 구식 대포들은 사정거리나 정확도가 서양 대포의 10분의 1에도 미치지 못한 데다, 서양의 포탄은 떨어지면 터지는 작열탄이었으나 조선의 포탄은 그냥 쇳덩어리였으니 애당초 싸움이 되지 않았다. 그래서 그저 배 몇 척, 해군 몇 백 명의 침공에도 나라가 손 비비고 나서는 개꼴을 당한 것이다.

처먹고 지들끼리 권력을 놓고 쌈질만 했으니, 개망신을 당해도 백 번 싸다. 하여간 조선사를 쓰다보면 자꾸 요새 거지 같은 한국 정치판 생각이 나서 영 입맛이 쓰다.

좌우간 당시 조선이 얼마나 낙후되었는고 하니 남들은 기차에, 기선에, 벤츠에, 심지어 엘리베이터를 타고 오르내리면서 전화로 주식에 투자해서 얼마를 벌었다고 수다떨고 자빠졌을 때 조선에서는 바늘 하나도 만들지 못해 중국과 일본에서 수입해서 쓰고 있는 실정이었다.

이 모두 거지 같은 신분 차별로 기술자를 짐승 취급하면서 자신들은 무위도식한 양반이라는 것들 때문에 나타난 한심한 결과들이었다.

세계 최강 해군국 조선

1. 우리나라 수군의 전통과 조선 수군의 주력 전함 판옥선

사실 우리나라는 원래 해양국가였다.

삼국시대 때 백제와 가야는 중국 남부와 일본, 동남아를 누비며 무역을 했고, 고구려 수군도 막강했다. 남북국시대(후기신라시대)에는 장보고가 황해를 꽉 잡고 있었던 데다, 고려시대에 들어서서도 태조(고려 1대) 왕건 자신이 수군사령관 출신이었고, 그런 영향으로 당시 고려의 수군은 대단히 위력적이었다. 고려도 중국, 일본 그리고 동남아 각국과 아라비아서부터 인도까지 광범위한 교역 활동을 펼쳤었다.

고려사의 기록에도, "고려는 문화와 예악이 융성하고 상선들이 끊임없이 출입하여 날마다 귀중한 보화가 들어오니 중국으로부터 도움받을 일이 없다"라고 큰소리친 기록이 있다. 고려는 우수한 함선을 건조하고, 강력한 수군을 양성하여 바다를 장악했으며, 이를 바탕으로 여러 나라와 활발한 무역 활동을 벌여 부를 축적했던 것이다. 사실 고려는 우리 생각보다 훨씬 괜찮은 나라였으며, 우리 역사에서 조선이 가장 거지 같은 나라였다.

고려가 당시 전 세계를 거의 정복한 몽골의 지배를 받게 되면서부터 수군은 폐지되었으나, 몽골의 지배가 끝난 14세기 후반 공민왕(고려 31대)대부터 다시 수군 양성에 힘쓴 데다, 우왕(고려 32대) 때 최무선이 화약을 개발함으로써 고려 수군은 세계 최초로 함포를 장착한 막강한 함대를 거느리게 되었다.

이러한 수군의 전통은 조선에서도 면면이 이어져 내려왔다.

조선 중기에 들어서면서 조선은 쇠퇴하기 시작했으나, 그래도 당시 조선 수군은 세계 최강의 함대를 거느리고 있었다. 이렇게 막강한 조선 수군 함대를 이끌고 이순신이 일 수군을 물리칠 수 있었으나, 인조반정(1623) 이후 조선이 청의 속국이 되면서부터 우리나라의 수군은 껍데기만 남게 되었고, 해양국가로서의 자존심을 접게 되었다.

이후 수군에 신경을 딱 끊은 채 서양 선이 침입한 19세기 후반까지 약 250여 년 간 조선의 지배층들이 모조리 대가리 처박고 당쟁에 몰두한 결과 19세기 후반이 되자 조선 수군은 세계에서 가장 후진 수군이 되었다. 당시 수군이 있었는지나 모르겠네. 하여간 붙으면 깨졌다.

그러면 고려시대 수군 전함들은 어땠을까?

12세기에 고려를 방문한 송나라 사신 서긍이 쓴 《고려도경》은 고려 기행록으로, 당시 고려에 관해서 알 수 있는 대단히 귀중한 자료다. 이 《고려도경》에 고려 배에 대한 기록이 있는데, 순찰용 배인 순선, 행정 지도선인 관선, 소나무로 건조된 튼튼한 배인 송방, 갑판 위에 장막으로 커다란 방을 만든 막선 등 네 종류의 배가 있다고 기록되어 있다. 고려사에도 배에 관한 기록이 있는데, 모두 전함으로 큰 배인 대선과 창이 달린 과선이 있다 했다. 과선이란 배 난간에 촘촘히 방패를 설치하고 창을 빈틈없이 꽂아놓은 전함을 말한다.

고려에서 배를 건조할 때는 배 밑에다 통나무를 깔아놓고 그 위에서 건조했으며, 건조가 끝나면 통나무를 굴려서 배를 바다에 띄웠다. 고려 배는 바닥이 평평한 평저선이었고, 앞뒤도 날카롭지 않게 평평하게 만든 배였다. 그래서 육지에서 건조한 후 통나무를 깔고 밀어서 바다에 띄울 수 있었던 것이다. 요새 현대조선소인가 어디에서도 이런 공법으로 배를 건조한다고 신문에서 본 적이 있다.

고려 배의 돛대는 앞뒤에 두 개가 있고, 판자로 갑판을 씌웠다. 그리고 배 전면 아랫부분에는 통나무에 철을 씌운 충파용 충각이 돌출되어 있었다. 배의 크기는 대선인 경우 길이가 25~30m 정도 되어, 조일전쟁 때의 전함인 판옥선보다 좀 작았거나 비슷한 크기로 추정된다.

여몽연합군이 일본에 쳐들어갔을 때 큰 배는 군량미 3~4천 석을 실었다 했는데, 이 정도면 대략 250~300톤쯤 되었을 것이다. 15세기 말인 1492년 콜럼버스가 아메리카 항로를 발견할 때 탔던 기함인 산타마리아호가 한 200톤 정도였으니, 그보다 200년 전 여몽연합군의 일본 침공 시 고려는 그 배보다 더 큰 배를 건조할 기술을 이미 보유하고 있었던 것이다.

여몽연합군이 2차로 일본을 침공했을 때 폭풍우가 불어 싸움도 못 해보고 박살이 났는데, 당시 중국에서 건조한 배는 거의 모조리 깨졌지만 고려에서 건조한 배는 대부분 무사했다 한다. 그 원인은 배를 건조하는 방식이 달라서였다. 고려 배는 건조할 때 배의 바닥에다 돌을 채웠기 때문에 강풍이 불어도 배가 무게 중심을 잡을 수 있었다.

또 고려 후기의 전함은 서양보다 약 200년 먼저 배에 함포를 장착하여 당시 아마 세계 최강의 함대였을 것이다. 최무선을 위하여 다시 한 번 묵념을 하자.

사실 확인이 된 바는 아니지만 일본 주오 대학의 이시이 교수에 따르면 11세기 초인 1019년 일본의 고문서에 아주 특별한 기록이 있다 한다. 일본 고기록인 《소우기》에 고려 전함이 화약을 터뜨려 돌을 발사해서 적선을 부순다(입화석타)라는 내용이 있다는 것인데, 만약에 이 기사가 사실로 확인되면 역사를 다시 써야 한다.

우리가 알고 있는 바는, 최무선이 고려 우왕(고려 32대) 때인 14세기 말 화약을 개발한 것이 우리나라에서 최초로 화약이 제조된 기록인데, 이보다 거의 350년이나 앞서서 고려에서 화약을 무기로 사용했다면 세계 최초일 수도 있다.

어쨌거나 조일전쟁 때 조선 배와 일본 배의 성능을 비교해 보자.

16세기 세계 최강의 함대였던 조선 함대의 주력 전함 판옥선은 바닥이 평평한 선체 위에 그보다 폭이 넓은 갑판의 2층 구조로 만든 전함이었으며, 병사들이 머무는 2층 갑판에는 조총의 총탄을 막기 위하여 두터운 방패들이 연이어 빽빽이 둘러쳐져 있었다. 고려 전함의 전통을 이어받은 조선 전함이 여러 가지 면에서 고려의 전함과 비슷하다는 것을 알 수 있다. 돌격선인 거북선은 판옥선의 상체 부분을 조금 개량한 뒤 두터운 판자로 뚜껑을 해 덮은 배였다.

판옥선과 같은 2층식 상장(上粧)은 중국과 일본에서는 찾아볼 수 없는 조선 함선만의 독특하고도 탁월한 구조였다. 판옥선은 노와 돛을 이용하여 항행(航行)했고 배수량은 약 150~200톤 정도였다. 최고 시속은 25km(15놋트) 정도로 추정되며, 평소에는 약 10~15km(7-8놋트)의 속도로 항진할 수 있었고, 선회 능력이 아주 뛰어난 배였다. 이 판옥선이 조일전쟁 때 조선 수군의 주력 전함으로 활약해 일 수군을 박살낸 것이다.

조일전쟁 37년 전인 명종(조선 13대) 10년(1555)에 당시까지 1층 갑판 구조였던 종래의 한선을 획기적으로 개선해 훨씬 더 크고 튼튼하며 기동성이 좋은 판옥선을 개발했다. 판옥선은 당시 왜구의 침략이 활발해지고 왜구들이 타고 오는 배의 규모와 성능이 우수해지면서 왜선에 대항하기 위하여 개발된 전함이었다. 왜구와의 해전을 유리하게 하려면 우선 배가 왜구들의 배보다 훨씬 커야 했다. 그래야 배의 흘수선(수면과 선체가 닿는 선)이 높아져 육박전의 선수인 왜구들이 조선 함선으로 건너올 수 없기 때문이었다.

판옥선이 개발된 직접적인 계기는 명종 10년에 일어난 을묘왜변이었다. 당시 왜선 70여 척이 침입하여 전라병사와 장흥부사를 살해하고 거의 한 달 동안이나 연해안을 노략질한 적이 있었다. 이 때 사건으로 좀 더 강력한 함선을 개발해야 한다는 필요에 따라 판옥선을 개발하게 된 것이다.

명종이 어린 나이에 즉위하자 모친인 문정왕후가 수렴청정을 했고, 거기에 기댄 문정왕후의 오빠인 간신 윤원형이 권세를 전횡하면서 온갖 못된 짓은 다 해서, 명종대는 안동 김씨 그리고 민비의 척족 떼거리의 세도정치 때와 같이 조선시대에서 가장 부패한 시기로 길바닥에 유리민들이 줄을 이었고, 임걱정 같은 대도들이 횡행할 때였다.

그 후 윤원형이 죽자 명종이 뭘 좀 해볼까 했는데 그만 젊은 나이에 덜컥 병사하고 말았다. 그래서 명종 재위 시는 나라가 부패하기 짝이 없었고, 백성들을 위한 거의 아무런 정책도 시행되지 않아, 백성들은 수탈과 착취에 시달려 참혹한 세월을 보내야 했던 한심한 시기였는데, 시점도 기가 막히게 판옥선이 그 때 개발되어 몇 십 년 후 일어난 조일전쟁에서 대활약을 하게 되었으니, 그 것 때문에 명종도 밥값을 했다고 해야 하나?

판옥선의 정원은 164명이었는데 그 중 전투원 내지 포수가 50명 정도였고 반면에 노군(격군)의 수는 100~120 명이나 되었다. 판옥선의 노는 대략 양쪽에 10개씩 20개쯤 달려 있었고, 하부의 전용 공간에서 노 하나에 5~6명이 매달려 총 100~120명의 노군이 노를 저었다. 해전을 할 때는 노를 저었고, 항행을 할 때는 돛으로 했다. 판옥선의 돛은 두 개였고, 일본 함선의 돛은 하나여서 판옥선이 전투할 때만 속도가 좀 떨어졌을 뿐, 항해 시에 속도는 별로 뒤떨어지지 않았다.

2층은 전투 공간으로 사령부가 자리하는 장대라 불리우는 누대를 높게 지었고, 그럼으로써 1층 구조로 되어 있는 대부분의 일본 배보다 훨씬 더 높은 위치에서 유리하게 전투를 수행할 수 있었다.

거기다 또 다른 판옥선의 장점은 조선식 노였다. 일 함선의 노는 서양식 노였는데, 서양식 노는 끝부분이 주걱처럼 넓적한 쪽 곧은 목봉으로, 노군이 앉아서 앞으로 당기어 거의 수평으로 수면을 젓게 되어 있다.

그러나 조선식 노는 목봉을 노군이 선 채로 거의 수직으로 물 속에 꽂아넣고 밀고 당기며 물 속을 휘저어 배를 앞으로 나가게 한다. 근접전에서는 이 노의 다른 특징이 전력과 큰 상관이 있다. 일 함선은 서양식 노였기 때문에 조선 함정이 배 옆으로 바싹 붙어서 휙 지나가면 노가 모조리 부러져 배를 제대로 제어할 수 없었으나, 조선 함선은 조선식 노를 쓰기 때문에 일 함선이 가까이 접근해도 노가 부러져 배를 제어하지 못하는 경우가 없었다. 이렇게 압도적으로 유리한 상황에서 해전을 하게 되니 일본 수군이 조선 수군에게 연전연패할 수밖에 없었던 것이다.

전쟁이 끝난 뒤인 1606년, 이항복이 그 사유를 선조에게 다음과 같이 설명하고 있다. "왜인들이 조선의 판옥선을 좋아했으나 느리고 육중한 것이 싫어 본뜨지 않았다." 사실 판옥선은 일 함선보다 느린 데다 만들기가 어렵고 자재가 큰 집 한 채 짓는 것만큼이나 많이 들었다. 그렇지만 당시 나무는 전국에 지천일 때고, 병사들이나 백성들은 의무적으로 부역을 해야 했으므로, 수군 본영에서는 함선 건조 시 별로 큰 돈을 들일 일은 없었다.

16세기 당시 조선 함대가 세계 최강의 함대인 증거는 조일전쟁 바로 4년 전인 1588년에 일어난 근대 서양의 최대 해전인 칼레해전(북해해전, 무적함대해전)을 보면 안다. 당시 유럽 최강자인 스페인의 휄리페 2세 황제가 유럽 최강의 함대인 영국 함대를 격파하기 위하여 전국력을 기울여서 건조한 스페인의 무적함대가 대서양의 패권과 국운을 걸고 칼레에서 영국 함대와 맞붙었으나 스페인의 무적함대가 초장부터 밀리다가 북해 폭풍에 박살이 나버렸다.

물론 영국 함대의 성능이 우수했으며, 또 영국 전함의 함포가 스페인 전함의 함포에 비하여 사거리에서 유리했으나, 패전의 결정적인 원인은 북해의 태풍이었다. 무적 함대가 패전 후 귀항하여 전투 결과를 알게 된 휄리페 2세는 머리를 쥐어뜯으며 하늘을 원망했다.

이 칼레해전에서 영국 함대는 80여 척의 전함에 약 8천의 수병을 동원했고, 스페인의 무적함대는 100여 척의 함선에 역시 약 8천의 수병 그리고 영국에 상륙시킬 육군 19,000명이 별도로 승선해 있었다. 즉 척당 평균 승선한 수군이 영국은 약 100명, 스페인은 약 63명 정도이니, 164명이 정원인 판옥선보다 두 나라의 함선의 규모가 크지 않다는 것을 알 수 있다.

또 조일전쟁 동안 조선 함대의 최전성기에는 막강한 함포가 장착된 전함 약 200척과 약 25,000명의 수군을 보유하고 있었으니, 판옥선의 성능과 크기가 유사한 최신형 전함인 갈레온선을 겨우 수십 척 보유했던 유럽의 최강 함대와 좋은 비교가 된다.

19세기 초 나폴레옹의 유럽 정벌 시 유럽의 패권을 놓고 맞붙은 영국 함대와 프랑스-스페인 연합 함대와의 트라팔가르해전은 영국 넬슨의 함대 27척, 프랑스-스페인 연합 함대 33척이 맞붙어서 영국이 승리하여 넬슨 제독은 영국의 영웅이 되었다. 트라팔가르해전은 북해해전에 비해 양국의 함선 수는 적었으나 당시는 이미 배의 규모가 기함이 3천 톤이 넘었고, 대형 전함에는 포가 100문 이상 장착되었을 정도로 대형화되었을 때였다.

2. 보통 배, 일 함선

일군의 배는 연락과 정찰을 맡은 가장 작은 고바야(작은 세키부네)와 주력 함선인 세키부네(관선), 그리고 가장 큰 지휘선인 아다케부네(안택선, 층루선)가 있었다. 세키부네는 홀수선이 판옥선보다 1~2칸쯤 얕은 중선이었고, 아다케부네만 판옥선과 비슷한 크기였는데, 크거나 작거나 배 사이즈의 차이뿐이지 무장이 안 되어 있는 것은 똑같았고, 배가 더 크다고 튼튼한 것도 아니었다.

조선 수군의 주력 전함인 판옥선에 비하여 일 함선들은 작고 약했다. 일 함선 중 가장 크고 튼튼하다는, 판옥선과 비슷한 규모의 지휘선인 아다케부네도 용골이 없어서 부딪치면 와스스 무너져 내렸으니 그보다 더 작은, 일 함선의 주력인 세키부네야 말할 것도 없었다.

성종(조선 9대) 때 통신사로 일본에 파견된 적이 있는 신숙주는 성종에게 조선과 일본 배의 장단점을 보고한 바 있다. "신이 왜선을 보건대, 판자는 매우 얇은 데다 쇠못을 많이 씁니다. 배 밑은 좁고 위는 넓으며 양 끝은 날카롭습니다. 따라서 왕래하는 데는 경쾌하고 편합니다. 그러나 배가 동요하면 못구멍이 자꾸 넓어져 물이 새고 쉽게 썩습니다. 그런데 우리나라의 병선은 몸집이 무겁고 크나 나무못을 썼기 때문에 젖으면 더욱 단단해집니다. 선체는 견고하고 견실해서 10년은 족히 쓸 만합니다.

또 병법에 이르기를, 높은 데 의지하는 자는 이긴다고 했는데, 우리나라 병선은 왜선에 비해 3분의 1이나 높아 싸움에 이롭습니다." (《성종실록》, 1473. 12. 26.)

이렇게 일 함선의 주력 선인 세키부네는 선체가 홀쭉하고 날씬한데다 경쾌해서 빨랐으나, 판옥선에 비하여 훨씬 작았다. 배가 작고 홀수선이 얕다 보니 판옥선에 뛰어올라 육박전을 할 수도 없었고 높은 판옥선에서 쏘는 화살을 피하기도 힘들었다. 거기다 배가 너무 약해 근접전 시 판옥선의 충각에 받치는 대로 와지끈했으니, 일본 배와 조선 전함은 사실 비교가 되지 않았다.

칠천량해전에 참전했던 오코치 히데모토는 "판옥선은 일본 배(세키부네)와 비교도 안 될 만큼 크다. 우리가 저마다 출격해 판옥선 밑에 달라붙었지만 선체가 커서 자루가 두 칸이나 되는 창으로도 미치지 못해 배에 뛰어드는 것은 어림도 없었다."(《조선기》)라고 기록했다. 참고로 한 칸은 1.8m 정도로 필자의 키보다 약간 크다.

비교해 본 대로 일 함선은 빠르기는 하나 선체가 약하고 함포가 없어 조선군이 기습적인 접근전만 허용하지 않는다면 해전에서 일 수군은 조선 수군을 도저히 이길 수 없었다. 판옥선과 비슷한 규모의 배인 아다케부네는 지휘선으로 몇 척 되지도 않은 데다가, 해전이 벌어지면 조선 판옥선 함포의 집중 표적이 되어 대개 해전 초기에 격침되어 버리는 바람에 별 활약을 하지 못했다.

이렇게 양국 배의 성능을 비교해 보면, 이순신 장군의 23전 23승 또는 24전 24승의 연승 신화에 거품이 많이 끼어 있다는 것을 알 수 있다. 원균이 이끄는 조선 수군이 칠천량해전에서 일 수군에게 전멸한 것은 불리한 입지에서 일수륙연합군의 대규모 기습 공격을 받아 접근전을 벌였기 때문이었다. 좀 더 상세한 전투 상황은 뒤에 나오는 칠천량해전을 보시라.

당시 일본은 대포를 만드는 기술이 개발이 안 되어 있었을 뿐 아니라 배에 대포를 설치할 만큼 배가 튼튼하지 못해 전쟁이 끝날 때까지도 일 함선에는 대포를 장착할 수 없었다. 일본이 대포를 자체 생산하게 된 것은 조일전쟁이 끝나고 에도시대에 들어와서다.

3. 별 볼일 없었던 거북선

임진왜란(조일전쟁) 하면 이순신 장군과 거북선이 떠오르시지? 조선 수군이 해전에서 연전연승할 수 있었던 것은 당시 세계 최초로 건조된 막강한 철갑 전함인 거북선의 공이라는 것을 학교에서 배워서 한국 사람 누구나 다 알고 있다. 근데 과연 그랬을까?

조선군은 태종(조선 3대) 때가 되자 인구도 늘고 군사가 늘어 전 군이 30만 명에 육박하게 되었다. 그런데 그 때까지도 고려 때와 같이 대규모 침공은 아니었으나, 왜구들의 소규모 침공이 끊이지 않았다. 왜구들이 계속 귀찮게 굴자 열받은 태종은 전함을 더 건조하도록 명하여 조선 수군은 병선 200척을 새로 건조했다.

태종 13년(1413) 병선을 건조하면서 최초로 거북선을 건조했다. 우리나라 역사상 최초의 거북선이었고, 그로부터 180년 뒤인 1592년 조일전쟁 때 전투에 투입되었던 거북선은 이순신 장군이 기존의 거북선을 군관 나대용을 시켜 개량한 것이었다. 일부 학자들은 거북선이 고려 때부터 있었다고 주장하나 추정일 뿐 기록은 없다.

태종 당시의 거북선은 거북이 모양으로 건조되었으며, 돛과 노를 함께 사용하게 되어 있었다. 먼 곳을 항해할 때는 돛을 썼고 가까운 곳을 항해할 때나 전투할 때는 노를 썼다. 돛대는 뉘었다 세웠다 할 수 있게 제작되어 아주 편리하고 실용적이었다.

2004년 8월 17일 미국 뉴욕에서 그간 전혀 소개된 적이 없었던 새로운 거북선 그림이 출현하여 학계를 깜짝 놀라게 했다. 그 그림은 판옥선 한 척과 거북선 네 척이 한 폭의 비단에 화려한 채색으로 세밀하게 그려진 것이었다.

그 전까지 거북선의 실물을 추정할 수 있는 유일한 그림은《이충무공전서》(1795)에 수록된 그림뿐이었다. 하지만《이충무공전서》의 그림은 매우 간략할 뿐만 아니라 정조(조선 22대) 때인 1795년경의 그림이어서 조일전쟁의 거북선과는 200년이라는 차이가 났다. 뉴욕에서 출현한 채색 그림도 그려진 연대는 정조 때이나, 이전 그림보다 훨씬 자세히 그려져 있었다.

거북선인 경우 1층 구조설과 2층 구조설이 있다. 그 중 지배적인 견해는 1층 구조설로 노를 젓는 공간과 전투원들이 활과 대포를 쏘는 공간이 동일하다는 것이다. 현재 모든 복원된 거북선은 1층 구조로 되어 있다. 그러나 뉴욕에서 발견된 거북선 그림의 거북선은 2층 구조로 되어 있었다.

거북선은 일군의 접근전을 봉쇄할 목적으로 개발되었으나 개방된 공간이 아닌 막힌 공간에서 상대와 싸워야 했기 때문에 방어에는 좋았으나 공격력은 한계가 있었고, 기동성과 화력면에서 판옥선과 비할 바가 못 되었다. 단지 일군의 접근이 불가능하게 건조되었으므로 개전 초에 돌격선으로서 적 함대의 전열을 흐트러뜨리는 효과 이 외에는 별 볼일이 없었기 때문에 조일전쟁 동안 겨우 3~4척이 건조되고 만 것이다.

거북선에 대한 기록을 보면, "거북선은 판옥선 위에 판목을 깔아 거북 등처럼 만들고, 그 위에는 우리 군사들이 겨우 통행할 수 있도록 십자로 좁은 길을 내고 나머지는 모두 칼, 송곳 같은 것을 줄지어 꽂았으며, 거북 등 위를 거적이나 짚으로 덮어 위장했다. 그리고 앞부분은 용머리를 만들었는데 그 입은 대포 구멍으로 활용했다. 뒤에는 거북의 꼬리를 만들고 그 꼬리 밑에 총 구멍을 설치하였다. 좌우에도 총 구멍이 각각 여섯 개가 있었는데 군사들은 모두 그 밑에 숨도록 하였다. 사면으로 포를 쏠 수 있게 하였고 전후좌우로 이동하는 것이 나는 듯이 빨랐다." 딴 건 다 맞는데, 나는 듯이 빨랐다는 말은 사실과 다르다.

거북선은 용머리 밑 홀수선 높이쯤에 다른 거북이 머리가 하나 더 있었다. 즉 거북선은 대가리가 두 개였던 것이다. 하나는 높고, 하나는 낮은 대가리였다. 즉 대가리를 두 개 가진 거북이처럼 생겼다. 위의 대가리는 함포를 쏘는 함포 구멍이었고, 아래쪽에 있는 대가리는 충각용이었다. 근접전에서 일 함선을 들이받아 옆구리에 구멍을 내서 적선을 격침시키도록 건조되었던 것이다.

거북선에는 약 120~150명의 인원이 승선할 수 있었다.

이순신 장군은 출전할 때 이 거북선의 등껍질 위를 짚단으로 덮어 못이 보이지 않게 했고, 그것을 모르는 일군이 거북선 등 위로 뛰어내려 발과 몸이 긴 못에 찔려 죽게 하여, 거북선은 일군에게 공포의 대상이 되었다.

그러나 거북선은 조일전쟁 7년을 통하여 모두 3~4척밖에 건조되지 않았다. 이순신 장군이 사망한 지 9년 후인 선조 39년에 삼도수군통제사 이운룡이 창선을 만들었다. 이운룡은 자신이 창선을 건조한 것을 보고하면서 다음과 같이 거북선의 단점을 지적한다. "거북선은 전투에 쓰기에는 좋지만 사수와 격군의 숫자가 판옥선의 125명보다 적지 않은 데다, 활을 쏘기에도 불편하기 때문에 각 영에 한 척씩만 배치하고 더 이상 만들지 않고 있습니다." 이운룡은 개전 초기 원균의 수하 장수로 조일전쟁 해전에 여러 번 참가한 용장이었다.

거북선은 철갑선으로 알려져 왔는데, 사료 어디에도 거북선이 철갑선이라는 기록이 없다. 즉 거북선은 목선이었던 것이다. 이순신 장군이 거북선에 관해 직접 선조에게 올린 장계를 보자. "신은 일찍이 왜적의 침입이 있을 것을 염려하여 별도로 거북선을 만들었습니다. 앞에는 용머리를 붙여 그 입으로 대포를 쏘게 하고 등에는 쇠못을 꽂았습니다. 안에서는 밖을 내다볼 수 있어도 밖에서는 안을 들여다 볼 수 없도록 했습니다. 비록 적이 수백 척이라 하더라도 쉽게 돌진하여 포를 쏘게 되어 있습니다. 이번 싸움에서 돌격장이 거북선을 지휘했습니다."

거북선의 돌격장은 이언양이었고, 거북선의 건조 책임자는 나대용이었다. 이 기록은 이순신 장군이 자신의 군관이 만든 거북선을 조정에 소개한 글인데 철판 장갑에 대한 얘기는 어디에도 없다. 사실 거리를 두고 함포 사격으로 적함을 격침시키는 조선 수군이 함포가 장착되어 있지 않은 일 수군의 조총 탄환이 무서워 거북선에 철갑을 씌울일은 없었고, 당시 조총 탄환은 거북선을 덮은 두터운 송판을 뚫을 수없었다. 게다가 함대의 집중 포격 시 선두에 있는 거북선이 차라리 거추장스러웠을는지도 모른다.

그런데 왜 거북선이 철갑선이라는 주장이 있을까?

일본 측 기록인 《정한위략》에는 "적의 배 가운데 전체를 철판으로 싼 것이 있는데 우리 대포가 그 배를 부술 수 없었다"라고 기록되어있으나, 이는 자신들이 패전한 원인을 변명하기 위해서 그렇게 기록한것으로 보인다. 걔네들이 가진 대포라는 것은 함포가 아니고 수입한작은 수동식 대포로, 배의 들보 비슷한 곳에 매달아놓고 몇 번 쏜 적이있는데, 매달아놓고 쏘다보니 전혀 조준이 되지 않아 매번 딴 데에 떨어져서 전투에 전혀 도움이 되지 않았다.

또 인도 네루의 저서인 《세계사편력》에도 "한국은 주로 거북등과비슷한 지붕이 있고 철판을 깐 신식 배를 사용해 승리를 거두었다. '거북선'이라고 알려진 그 배는 전진후퇴가 모두 자유자재여서 전투력이비상했으며, 일본 군함은 그 때문에 격파되었다"라고 씌어 있으나, 이또한 일본 측 기록을 보고 그대로 베낀 것이지, 네루가 거북선에 대하여 뭘 알겠냐?

거북선이 철갑선이 될 수 없는 이유는 많다. 조일전쟁 때는 대포를 만들 쇠도 모자랐고, 그 큰 배에 철갑을 씌울 만한 기술도 없었으며, 철판이 바닷물에 금방 썩는 것을 방지할 재료가 없었기 때문에 거북선이 철갑선이라는 것은 소설이라는 것을 알 수 있다.

독자들은 거북선이 얼마만큼 큰 배인지 감이 잘 안 잡힐 것이다. 거북선의 규모를 알게 하는 것이 거북의 대가리다. 거북선의 용머리의 크기는 여러분들이 타고 다니는 작은 버스만 했으니, 이로 미루어 거북선의 전체 크기를 짐작할 수 있을 것이다.

2009년 5월에 입수한, 한국인의 역사 의식을 대변하는 《한국 고교 국사 교과서》에 임진왜란 스토리는 고작 2쪽뿐이며, 이순신 장군의 24전 연승신화나 한산도대첩 그리고 거북선 얘기가 모조리 빠져 있고 명량대첩만 한 줄 언급되어 있다. 이제 비로소 역사의 진실에 접근한 듯하나 전체적으로 너무 약소하게 취급해서, 조일전쟁의 진실에 관하여는 배울 것이 아무것도 없다.

근데 어째서 한국인에게 역사 인식을 심어줄 중요하기 짝이 없는 고교 역사 교과서를 이렇게 엉성하게 만들지? 교과서 만드는 사람들에게 주는 월급이 너무 적어서 그런가? 참으로 필자는 이해를 못 하겠다. 나이가 좀 더 먹으면 한국 나가서 교과서나 만들까?

미국으로 이민 온 지 얼마 안 되는 동포에게서, 한국의 고등학교에서는 국사가 선택 과목이라는 소리를 듣고 정말 놀랐다. 미국의 고교에서는 매일 한 시간 이상씩 역사를 필수 과목으로 가르치는데, 한국에서는 대학 입시 때문에 그런단다. 그렇게 좋은 대학 나와서 좋은 기업에 취직하여 밥은 먹는 데 애로는 없겠으나, 바로 그런 한심한 역사 인식 때문에 지금 한국의 국민 의식이 그렇게 후지게 된 것이다.

한국의 경제 규모가 세계 10여 위라고 목에 힘을 주지만, 한국인의 국민 의식은 40위 정도라고 한다. 필자가 보기에는 그것도 엄청 봐준 거다. 사실 한국이 선진국 소리를 들으려면 아직도 멀었다.

이제부터라도 먹고사는 문제에 너무 매달리지 말고 경제 수준에 걸맞는 선진 의식부터 배워야 한다. 기존의 가치관을 바꾸어, 수단이 목적을 위하여 용인되는 개 같은 풍토부터 바꾸어야 한다. 즉, 수단 방법을 가리지 않고 목표만 이루면 된다는 위험한 사고방식을 이제는 버릴 때다. 목표를 이루어가는 과정에서, 남에게 해를 끼치지는 않는지, 또 내 자신이 염치를 잃는 것은 아닌지를 냉정하게 돌아보아야 한다. 한국인들이 대표적으로 버려야 할 표현이 바로 '니가 뭐야, 임마'다.

한국의 지도층에서는 노블리제 오블리주 정신을 찾아 볼 수가 없다. 물론 정치가 악인의 직업이라 하나, 누구는 그게 9단이라고 자랑한다면서?, 그래도 한국의 정치인들이 이제라도 정신을 좀 차려서 당리당략만 생각지 말고 나라를 생각하는 마음을 조금이라도 갖기를 바랄 뿐이다. 당리당략만 찾다 망한 조선을 보고 반면교사로 삼아라.

이렇게 지혜의 보고인 역사를 모르고서는 절대로 현재의 위치를 정확히 파악할 수 없고 미래의 설계가 불가능하다. 이런 진리를 잘 알고 있는 미국에서는 긴 안목으로 역사 교육에 정성을 쏟고 있으나, 한국은 당장 눈앞에 보이는 작은 이익에 눈이 멀어 역사 교육을 소홀히 함으로써 근시안적인 시야를 가진 국민들을 대량 배출하고 있다. 결국 한국의 학교는 인간 교육을 시키는 것이 아니라 돈 버는 기계를 양산하는 곳으로 전락한 것이다

한국의 교육 정책을 담당하는 문교부 관리들아, 그리고 정치한다고 설치고 돌아다니는 인간들아, 이제 한국이란 나라가 밥은 먹게 되었으니, 제발 지금부터라도 근시안적인 안목에서 벗어나 말 그대로 백년 대계를 세워라.

그건 그렇고, 한국 해군에서 복원하여 한강 거북선 나루터에 있다가 2005년 11월 경남 통영으로 옮겨진 거북선이나, 시중에서 선물용으로 판매되는 크고 작은 거북선 모형들이 모두 등에 양철을 씌운 철갑선이라니, 그 고정관념을 어떻게 깨야 할까? 다음 글을 보시라.

4. 거북선은 없다(2005년에 써놓았던 필자의 논문)

16세기 후반인 1588년, 스페인·영국간의 북해(칼레)대해전에서 스페인의 무적함대가 태풍으로 패퇴한 4년 후인 1592년 4월 13일(음력) 조일전쟁 (임진왜란)이 일어났다. 이 전쟁은 명나라까지 참전하여 세 나라에서 50만 이상의 대군을 투입한, 근대 동아시아 최초의 대규모 국제전이었다.

1598년까지 거의 7년 간 계속된 조일전쟁에서 조선이 일본에 패퇴하지 않은 원인은, 육전에서는 명나라 원군의 도움과 의병의 활약이었고, 해전에서는 이순신 장군의 공이 절대적이었다.

조일전쟁은 비록 일본이 목적 달성에 실패하여 승리하지 못하고 패퇴했다고 볼 수 있으나, 전장이 조선이어서 조선의 피해는 엄청났다. 그렇다고 일본이 전쟁에 졌다고 조선에 배상을 해 준 것도 아니어서 조선이 꼭 이겼다고 얘기하기는 좀 그렇지만, 결코 일본이 이긴 전쟁도 아니었다. 조일전쟁은 아무도 승자가 아닌, 명까지 포함해서, 모조리 피박 쓴 전쟁이었던 것이다.

조일전쟁의 해전에서 눈부신 활약을 한 것으로 알려진 이순신 장군의 함대 중 거북선의 활약은 어떠했을까? 지금까지 우리가 접해온 대부분의 역사서에서는 해전의 승인 중 거북선의 활약이 두드러졌다고 되어 있으나 필자의 견해는 약간 다르다.

당시 세계 전함의 추세는 노와 돛을 함께 사용하는 갤리선에서 범선(갈레온선)으로 넘어가는 단계에 있었고, 이순신 장군의 함대는 노와 돛을 병행한 전함이 주축을 이루었다. 조일전쟁 중 일 수군과의 전투에서 우리 전함은 결정적인 우위를 유지했다. 일 수군의 주 화력이 조총(머스킷총)이었던 것에 반해 우리 전함의 화력은 함포였던 것이며 일 함선에는 함포가 설치되어 있지 않았다.

조선 수군의 주 전함은 판옥선이었다. 판옥선의 크기는 대략 길이가 30~35m, 폭이 9~10m 정도인 대형선으로 160~170명 정도가 승선할 수 있는 150~200t급으로, 근해용으로 건조되었기 때문에 속도에 주안점을 둔 배는 아니었다. 조선 전함은 목재의 두께가 5인치에 달하는 소나무 원목으로 건조되어 무겁고 속도는 느렸으나 일 함선에 비하면 엄청 육중하고 튼튼한 배였다.

일 전함은 사실 전함이라 할 것도 없었다.

기함 몇 척을 빼고나면 전함과 수송선의 구별이 없어서, 병력을 태우면 전함이고 병력이나 군수품을 실으면 그대로 수송선이었다. 또 사령관이 타는 기함조차 크기만 했지 약해 빠졌고, 함포도 장착되어 있지 않은 그냥 평범한 배였다. 기함에는 사령관이 배를 지휘하는 누대만 덩그러니 높게 갑판 위에 지어져 있었고 요란하게 비단 장막으로 치장만 했을 뿐이었다. 그 바람에 불화살에 맞으면 딴 배보다 더 잘 탔다.

조선의 배가 근해용으로 또는 내륙수로용으로 제작되어서 속도보다 튼튼함을 우선으로 제작된 데 반해, 일본의 배는 원양항해용으로 건조되었기 때문에 가볍고 빨라야 했다.

14세기부터 본격적으로 출몰한 왜구 즉, 일본 해적을 상기하면 될 것이다. 왜구들은 수십 내지 수백 척의 배를 이끌고 조선과 중국의 연안 또는 강을 타고 내륙으로 들어와 약탈, 살인, 방화, 강간 등을 저지른 후 잽싸게 내빼야 했기 때문에 배의 건조 시 속도가 최우선이었다. 당연히 얇은 목재를 사용했기 때문에 판자 두께가 2인치를 넘지 않았다. 즉 조선 수군의 전함은 5인치나 되는 두꺼운 소나무 원목으로 건조되었고 일 함선은 얇은 삼나무 판자로 건조되었던 것이다.

또 당시 대포는 요즘같이 발달되지 않았기 때문에 포를 발사한 후의 반동이 엄청났다. 본토에서는 물론 수입 대포를 보유하고 있었던 일 수군은 그들의 함선에 포를 설치하려는 노력을 기울였으나, 그들 배의 구조가 대포의 반동을 감당하지 못해 설치 족족 갑판이 부서지는 바람에 함포 설치를 포기하고 말았다. 즉 일 함선에는 함포가 없었고, 조선 전함에는 보통 전함 한 척에 20문 내외의 함포가 설치되어 있었다.

한국 교과서나 기타 역사서를 읽다 보면 일군의 조총의 위력이 막강하여 조총 때문에 조선군이 연전연패한 것으로 되어 있다. 그러나 당시 조총의 유효 사정거리는 겨우 100m 안팎인 데다가 살상 거리는 한 50m쯤 되었고, 한 번 발사한 후에는 화약을 집어넣고 일일이 쑤신 다음 부싯돌로 불을 붙인 심지로 불을 당겨야 하는 아주 초보적인 수준의 총이었기 때문에, 1분에 겨우 2~3발 정도 발사할 수 있었으며, 치사율도 그저 20% 내외였다. 또 밤중이나 비가 오는 날 그리고 장마철에는 거의 쓸모가 없어서, 활보다는 좀 나았지만 생각같이 대단한 총은 아니었다.

조총 가격도 장난이 아니어서 일군 한 부대에 그저 10~20% 정도의 조총수가 있었을 뿐으로, 나머지는 창칼로 무장했다. 그러나 일군은 거의 100여 년 간의 난세인 전국시대를 거치면서 전투에서 갈고 닦였기 때문에 실전 경험이 풍부해 전투 시 겁이 전혀 없었고 창칼을 쓰는 데는 모두 도사였다.

거기에 비하여 조선군은 수백 년 동안 전쟁이 한 번도 없었기 때문에 군사들이라고 해봐야 대부분 별안간 급조된 농투성이들로 훈련도 제대로 받아보지 못한 오합지졸들인 데다가, 실전 경험을 가진 장수가 거의 없어 전투가 벌어지면 모두 겁이나서 도망치기 바빴다.

조선군의 주 무기인 활은 조총에 비해 사거리도 훨씬 긴 140m 내외였고 발사 속도도 분당 4회 정도로, 조총보다 훨씬 빨리 재발사할 수 있어 조총에 비하여 위력이 크게 뒤지는 것도 아니었으며, 더구나 조선군은 중화기면에서는 일군을 압도하고 있었다.

일군의 부산 상륙 20일 만에 한양이 함락되고, 두 달 만에 평양이 함락되어 나라가 존망 위기에 처했던 것은 무기체제가 그들에게 뒤져서 연전연패한 것이 아니라, 왕인 선조서부터 무능하고 비겁한 데다가 멍청했고, 대신이라는 것들이 국가의 존망이 걸린 전쟁이 발발하였는데도 합심해서 국난을 헤쳐나갈 궁리는 하지 않고 당파로 나뉘어 정권 쟁탈에 혈안이 되어 있었기 때문이며, 그러다 보니 지방 수령들도 탐관오리들로 채워져 있는 등 당시 국가 체제가 대부분 썩었기 때문이다.

조일간에 해전이 벌어졌을 때 일 수군의 주 무기인 조총의 유효 살상거리는 앞에서 얘기한 대로 겨우 50~100m쯤 되었으나 조선 전함에 장착된 함포는 보통 1,000m의 사거리와 500m 이상의 유효 사거리를 가졌으며, 적함 수백 m 앞에서 함포 사격을 할 수 있었다. 즉 우리가 함포로 일 함선을 포격할 때, 일 함선은 조선 전함에 가까이 접근할 때까지 대책 없이 깨질 수밖에 없었던 것이다.

더구나 당시 해상의 접근전이란 서로 배를 충돌시키거나, 배를 서로 접근시킨 뒤 상대의 배로 기어올라가서 벌이는, 육전에서와 똑같은 육박전을 말하는 것인데, 느리기는 하나 육중한 조선 전함이 일 함선과 충돌하는 경우 조선 전함이 깨져서 침몰한 경우는 조일전쟁 전체를 통해서 단 한 차례도 없었다. 당연히 일 함선이 와지끈 소리와 함께 박살이 났다. 거기다 조선 전함은 일 함선에 비하여 훨씬 크고 뱃전이 높아 배끼리 접근해도 일군이 조선 전함으로 넘어올 수 없어 조일전쟁의 해전에서 육박전을 벌인 경우는 원균이 이끄는 조선 수군이 최초로 일 수군에게 패전한 칠천량해전을 제외하고는 거의 없었다.

세계 해전 사상 불후의 명장으로 기억되고 있는 이순신 장군의 뛰어난 전략과 지휘로 조선 수군은 일 수군보다 전함 숫자가 훨씬 적었는 데도 불구하고 일 수군과의 해전에서 거의 연승을 거두었다.

그러나 조선 수군의 승인은, 이순신 장군의 뛰어난 지휘력에 힘입은 바도 컸으나, 근본적으로 막강한 화력과 견고한 선체 그리고 조선식 노 등 우리 전함의 성능이나 무기가 처음부터 일 함선에 비하여 결정적인 우위를 지니고 있었기 때문이었다. 당시 서로의 해군 전력을 지금 권투로 비교하면 일 수군은 그저 밴텀급이나 페더급 정도였고, 조선 수군은 라이트 헤비급이나 오리지날 헤비급이었던 것이다.

조일전쟁 칠 년 간 수십 차례의 해전을 치르면서 대해전에 동원되었던 조선 전함은 수십 척에서 백수십 척이나 되는 대함대였으며 2만여 명의 수군이 참전하는 대규모 해전도 있었다. 그런데 기록에 의하면 거북선은 조일전쟁 중 단 3~4척이 활약하였다고 되어 있는데 이 부분이 대단히 이상한 부분이다. 거북선 3~4척은 조일전쟁 발발 전에 이미 건조되어 있었으며, 전쟁이 발발하자 해전에 투입되었다.

1597년 2월 이순신 장군이 요시라의 반간계에 의한 명령 불복종과 부산 왜영 화재 사건으로 삭탈관직을 당하고 권율 장군 수하에서 백의종군을 할 때 정유재란(1597)이 일어났다. 이순신 장군 대신 삼도수군통제사가 된 원균이 지휘하는 조선 수군이 일수륙연합군의 대규모 기습 공격으로 칠천량해전에서 전멸되는 참패를 당한 후 조선 수군에 남아있던 전함은, 일 함선의 수적 우위에 겁이나 칠천량해전 하루전 미리 도망친 경상우수사 배설 휘하의 전함 12척뿐이었다.

칠천량해전 참패에 놀란 조정에 의하여 복직된 이순신 장군은 두 달 후 벌어진 명량해전에서 승리한 후 수군 재건을 위하여 전함 건조에 총력을 기울여 조선 수군은 다시 백수십 척이나 되는 대함대를 보유하게 되었다. 그러나 칠전량해전 시 모두 불타서 침몰된 것으로 추정되는 거북선은 그 이후, 조일전쟁이 끝날 때까지 단 한 척도 다시 건조되지 않았다.

즉 이후의 해전에서는 거북선의 모습이 사라진 것이다. 왜 그 많은 전함을 재건할 동안 거북선의 건조를 포기했을까? 판옥선보다 건조 비용이 많이 들어서 그랬을까?

원래 거북선은 별도로 건조된 전함이 아니었다. 거북선은 좀 작은 판옥선에 두터운 판자로 뚜껑을 만들어 씌우고, 안에서 바깥쪽으로 못을 촘촘히 박아 적군이 배 위로 올라올 수 없도록 장갑선으로 개조한 함선이다. 일군의 조총에 대비하고 적이 아군 전함으로 건너올 수 없도록 아이디어를 내서 장갑선을 만들게 된 것인데 문제는 실전이었을 것이다.

이미 설명했다시피 조선 전함은 근해용으로 건조되어 두꺼운 원목을 썼기 때문에 육중하고 튼튼하기는 하나 일 함선에 비하여 느렸다. 일 함선은 가볍고 빨랐으나 조선 수군이 일 수군에 대하여 결정적인 우위를 지킨 것은 함포 덕분이었다. 일 함선은 조선 함선의 함포 사격을 피하기 위하여 빠르게 배의 방향을 돌리고 또 진을 바꿀 수 있었을 것이나, 아마 조선 함선은 속도에서는 일 함선을 따라 잡을 수 없어 문제가 적지 않았을 것이다.

실전에 거북선이 투입되었을 때 이 문제가 생각보다 심각했을 것이라고 추정할 수 있다. 원래 육중하고 느린 대형선인 판옥선에, 30~35m의 길이를 기억하라, 나무 뚜껑을 덮고(배의 폭이 9~10m 정도이니 뚜껑을 씌우기 위해서는 당연히 기둥, 들보, 서까래 등도 설치해야 했을 것이다) 그 위에 조총의 탄환을 막을 수 있는 두꺼운 판자를 덧대었으니 배가 얼마나 무거웠을까?

거북선의 진퇴를 위하여 노를 저어야 하는 노잡이들은 원래 판옥선의 구조에 따라 갑판 아래에 최대한 많은 노잡이들의 위치가 이미 정해져 있었을 테니 그 외에 노잡이를 더 투입할 공간은 없었을 것이다. 그리고 최소한 판옥선 무게의 1.5배는 되었을 거북선의 진퇴를 위하여 최대한 빨리 노를 저었어도 아마 거북선이란 명칭 그대로 느리기 짝이 없었을 것이며 노잡이들은 금방 지쳐 자빠졌을 것이다. 이렇게 느려서야 전투에 별 쓸모가 없이 걸리적거리기나 했을 것이고, 그래서 처음 3~4척을 건조하여 실전에 투입해 본 후 돈 들인 것에 비하여 별 볼일이 없자 퇴역시켰으며, 칠천량해전에서 모두 불타서 침몰된 후 다시 건조하지 않은 것은 위의 문제점들을 보강할 수 있는 방법을 찾을 수 없어서였을 것이다.

거기다 또 다른 문제는 공격력의 한계였다.

사방이 모두 막혀 있어서 방어에는 좋았으나, 바로 막혀 있기 때문에 공격력을 저하시켰다. 포야 판옥선에도 모두 장착이 되어 있으니, 거북선에 포가 장착이 되어 있다고 해서 무슨 장점이 더 있는 것도 아니었으며, 해전 근접전의 주무기인 활을 쏘기가 엄청 불편했을 것이다.

또 거북선이 세계 최초의 철갑선이라고 알려졌으나 거북선은 철판을 씌운 장갑선이 아니었다. 만약 거북선의 판자 위에 철판을 씌워 말 그대로 세계 최초의 철갑선을 만들었으면, 당시의 기술로 해결할 수 없었던 문제가 여럿 생겼을 것이다.

앞에서 설명한 배의 무게 문제 말고 또 다른 문제는 바로 철판에 스는 녹이다. 당시 페인트나 코팅재가 있었을 리가 없고, 바닷물에 적셔진 철판은 담수에 젖은 것보다 훨씬 더 빨리 녹이 슬고 철판이 썩는다. 거북선의 나무 뚜껑 위에 씌운 철판은 배의 무게를 생각하여, 두꺼운 것이 아니라 아마 2~3mm 정도의 얇은 철판으로 장갑을 하였을 것이고(사실 당시는 포를 만들 쇠도 없을 만큼 쇠가 귀했다) 녹을 방지하기 위하여 기름 등을 칠했다 하더라도 철판은 바닷물에 금방 시뻘겋게 녹이 슬고 금방 썩었을 것이라는 것이 필자의 생각이다. 또 그 큰 배에 몽땅 철판을 덮으면 무게가 최소한 수 톤은 더 나가, 배의 속도는 더 느려졌을 것이다.

거북선이 철판 장갑선이 아니라는 다른 증거도 있다.

이순신 장군의 장계 중에 새로 만드는 전함에 설치할 지자, 현자 총통을 만들 재료가 부족하여 쇠와 화약을 청하는 장계가 있다. 그 장계 내용을 보면, "원근의 여러 고을들에는 간혹 쇠를 바치고 신역을 면제받고 싶어하는 자들이 있다는데 아래에 있는 사람으로서 함부로 할 수 없는 일이므로 이에 감히 품의를 올리오니, 혹시 바치는 철물의 무게에 따라 상으로 직함을 주기도 하고 벼슬길을 틔게 해주기도 하고, 병역을 면제해주고, 천한 신분을 면하게 해준다는 내용의 공문을 만들어 내려보내 주신다면 쇠를 거두어 모아 대포를 만들어 군사상 중요한 일을 치러낼 수 있을 것입니다. 전쟁이 일어난 뒤로 염초는 자체적으로 넉넉히 끓여 만들어 내었으나 거기 넣을 석류황은 달리 구할 데가 없으므로, 옛 창고에 있는 유황 200여 근쯤 꺼내어 내려 보내주시기를 청하옵니다."

이순신 장군의 장계를 보면 당시 몇 백 근밖에 안 나가는 대포도 만들 쇠가 없어 벼슬을 주거나 면천을 해주는 것이 어떠냐는 것인데, 거북선 한 척에 덮을 쇠는 최소 수 톤이 넘을 것으로 추정되며, 당시 그런 쇠가 있을 턱이 없었다. 즉 조일해전에서 거북선은 노잡이들이 기피하는 배가 된 데다 돈 들인 것만큼 돈 값을 못 하여 퇴출되었을 것이라고 추정할 수 있다.

이 원고는 2005년에 필자가 미주 모 일간지에 게재하도록 보냈으나, 당시 독도 문제로 여론이 시끄러울 때라 독자들의 반향을 고려하여 게재가 난처하다는 이유로 반송되어 그냥 필자가 보관 중이었다. 그러던 중 3년 전인 2006 년 4 월 한국의 서울대학교 역사학 교수 하나가 필자의 이론과 거의 동일한 이론을 내세운 책을 출간했다.

철갑선인 거북선이 임진왜란을 승리로 이끌었다고 주장하는 무식한 네티즌들아, 책방에 가서《한국 고교 국사 교과서》나 하나 사 봐라. 앞으로 들이받으려면 필자를 들이받지 말고 한국 교과서 편찬위원들이나 들이받아라.

2009년 5월 입수한《한국 고교 국사 교과서》에도 거북선 얘기는 빠져 있다. 1880년부터 1936년까지 살다간 민족주의 사가인 신채호의《조선상고사》에 거북선에 관한 영국 해군성의 기록에 대한 언급이 나온다. 영국 해군성 기록에 의하면 "거북선이 세계 최초의 철갑선이라 하나, 이는 잘못으로, 당시의 거북선은 철판이 아니라 나무로 덮은 장갑선이지 철갑선이 아니다"라고 하였다.

5. 서양의 대해전

(1) 레판토해전(1571. 10.)

유럽에서 최초로 함포를 사용하여 해전을 벌인 것은, 14세기 후반에 벌어졌던 고려의 진포해전보다 자그마치 200년 정도 지난 뒤인 1571년 10월 교황의 주도로 베네치아, 제노바, 에스빠냐(스페인)의 신성동맹 함대가 지중해 쟁패권을 놓고 오스만 투르크 함대와 격돌한 레판토해전에서다. 당시 세계의 주도권은 슐레이만 1세의 오스만 투르크가 쥐고 있었는데, 유럽 제국은 투르크가 쥐고 있는 지중해의 제해권 탈환과 또 그들에게 점령되어 있는 키프로스섬 탈환을 위해 연합함대를 조직하여 투르크와 격돌하게 되었다. 오스만 투르크는 약 200척의 갤리선과 3만에 달하는 병력으로 신성동맹 함대와 맞섰으며, 외형적인 전력으로는 투르크가 약간 우세했다.

당시 유럽의 해군은 이탈리아의 도시국가 베네치아가 최강이었는데, 베네치아는 함포를 장착한 거대한 갈레온선을 몇 척 보유하고 있었다. 당시 조선의 대형 판옥선에 필적하는 갈레온선은 유럽에서는 처음 등장하는 바다의 요새와 같은 큰 배였다. 양 함대가 서로 대치하게 되자 선두에 진출한 베네치아의 갈레온선에서 함포가 불을 뿜기 시작했다.

당시 투르크 해군의 함선에는 함포가 장착되어 있지 않았고, 단지 병사들이 개인 화기만 휴대하고 있었다. 꼭 조일전쟁 때 일 수군이 투르크군의 입장이고 신성동맹 함대가 조선 수군의 입장이다. 결국 투르크 함대는 대패하여 수십 척이 격침되었고 100여 척이 나포되었으며, 1만여의 병사가 포로로 잡혔다.

이 레판토해전 이후 오스만 투르크는 서서히 사양길에 들어서기 시작한다. 이 전투가 갖는 특별한 의미는, 당시 유럽의 그리스도교 국가들이 강력한 세력으로 떠오른 오스만 투르크에 밀려 계속 깨지다가 최초로 해전에서 승리한 전투였고, 이 전투를 계기로 신성동맹 함대의 주력이었던 에스빠냐가 새로운 유럽의 강자로 떠오르게 되었으며, 유럽의 해전에서 함포전의 시대가 열렸다.

(2) 칼레해전(1588. 7., 북해해전. 무적함대의 패전)

조일전쟁이 발발하기 4년 전인 1588년 7월 스페인의 휄리페 2세, 그리고 영국의 엘리자베스 1세 여왕 때 북해에서 스페인의 무적함대와 영국 함대간에 대해전이 벌어졌다. 전쟁의 원인은 물론 대서양 제해권의 쟁패였으나, 일설에는 영국의 처녀 여왕 엘리자베스 1세가 휄리페 2세의 청혼을 거절해서 쪽이 팔리게 된 휄리페 2세가 앙심을 품고 영국을 박살내려 했다는 주장도 있다.

양국은 전 해군력을 동원하여 칼레에서 맞붙었다.

스페인이 전 국력을 기울여 창건한 무적함대는 총 127척의 함선에 수병 8,000여 명, 그리고 2,000여 문의 대포로 무장되었는데, 이는 대략 척당 약 15문의 대포가 장착된 것으로 계산된다. 또 무적함대에는 영국에 상륙시킬 육군 19,000명도 같이 승선해 있어, 척당 대략 200명 이상이 승선하고 있었다. 그러나 무적함대에는 최신 갈레온선이 20여 척뿐이었고, 영국에 상륙시킬 육군을 거의 2만 명이나 수송하고 있었기 때문에 함선 중 거의 절반은 무장된 수송선들이었다. 군수품과 병사들을 잔뜩 싣고 있던 수송선은 비록 무장을 했으나 전함에 비하여 빈약했고, 속도가 느린 데다 둔할 수밖에 없었다.

영국 함대는 80여 척의 전함에 8천여 명의 수병이 승선하고 있었으며, 역시 갈레온선을 20척 정도 보유하고 있었으나 배의 성능에서 스페인 함대보다 우수했고 포에서도 우월했다.

사실 스페인의 무적함대는 이름만 무적함대지 영국과의 해전이 첫 전투였고, 첫 전투에서 박살이 났으므로 '무적'이란 이름에 걸맞지 않게 한 번 싸운 후 항구에서 푹 쉰 함대다. 무적함대는 영국 함대에 비하여 배의 성능이 떨어졌으며, 함포 또한 사거리가 영국 함포에 미치지 못했다. 거기다 영국 함대 지휘관은 노련한 해적 출신인 후란시스 드레이크였고, 스페인 함대의 사령관은 메디나 시도니아 공작으로 둘의 실전 경험은 말할 것도 없이 드레이크가 훨씬 뛰어났다. 육군이 없이 해군만 가지고 그 때까지 버텨온 영국과 처음으로 함대를 만들어 해전에 투입한 스페인의 기량이 같을 수는 없었던 것이다.

거기다 스페인이 재수가 없으려니까 해전 중에 무적함대가 북해의 폭풍에 휩쓸려 떠내려가는 바람에, 스페인으로서는 사실 싸움도 제대로 못해보고 패전한, 아주 억울하기 짝이 없는 해전이었다. 이 칼레 해전에 참전한 양국의 전함이나 수병의 수를 비교해 보면 모두 조선 함대보다 질이나 양이 뒤떨어진다는 것을 알 수 있다.

결국 이 해전에서 스페인의 무적함대는 73척이 격침되고 수병 4천 명이 수장되는 대참패를 당한 반면 영국군은 단지 100여 명이 희생되었을 뿐이었다. 이 해전의 승리로 그 전까지 그냥 가난한 섬나라로 별 볼일 없었던 영국이 뜨기 시작했고, 16세기 한 세기 동안 유럽 최강의 국력을 자랑하며 부를 누리던 스페인은 몰락의 조짐이 나타나기 시작했다.

당시 영국 함대의 부사령관으로 실질적으로 함대를 지휘했던 해적 출신 후란시스 드레이크는 트라팔가르해전에서 넬손이 영웅이 되기 전까지 영국의 영웅이었고, 또 후에 엘리자베스 1세의 애인이 되었다는 설도 있다.

(3) 트라팔가르해전(1805. 10.)

영국의 트라팔가르 광장에는 50m 높이의 넬손탑이 서 있다. 넬손은 칼레해전에서 스페인의 무적함대를 격파한 후란시스 드레이크와 함께 영국 해전사의 두 영웅이다.

넬손은 프랑스의 나폴레옹 황제가 유럽을 모두 정복하고 마지막 남은 나라인 영국과 대치하고 있을 무렵인 19세기 초반 트라팔가르해전에서 프랑스-스페인 연합 함대를 격파하고 전사했다. 이는 16세기 말 조선의 이순신 장군이 노량해전에서 일 함대를 격파한 후 전사하여 해전의 영웅이 된 것과 아주 흡사하다.

넬손은 생김새부터 동안에다 똑똑하고 귀엽게 생겨서 꼭 해리 포터의 큰형같이 생겼다. 그는 이순신 장군과 마찬가지로 조국에 대한 충성심이 유별났으며, 자신에게 주어진 의무를 완수하기 위해 생의 모든 것을 바친 인물이다. 이순신 장군이 전사하면서 "나의 죽음을 알리지 말라"라고 유언한 것과 같이, 넬손도 전사하면서 "나는 내 임무를 다 했다. 신께 감사한다"라는 비슷한 취지의 말을 남겼다.

1758년 생인 넬손은 12살 때부터 해군 생활을 시작하여 1779년 21살 때 영국 해군 사상 최연소 함장이 되었으며, 1803년 지중해 함대 사령관이 되었다가 1805년 트가팔가르해전에서 47세로 전사했다. 넬손이 트라팔가르해전에서 탑승해 지휘했던 기함은 빅토리호인데, 빅토리호는 102문의 함포를 탑재하고 39개의 돛이 달린 3,500톤 급의 일급 전투함으로, 10노트 이상의 속력을 낼 수 있고 보급 없이 해상에서 6개월 간 항해할 수 있는 당시 최신예 영국제 전함이었다.

나폴레옹이 유럽을 정복했던 1805년 10월 스페인 남서쪽 끝의 트라팔가르해에서 영국의 넬손이 지휘하는 영국 함대 27척이 프랑스-스페인 연합 함대 33척을 기습하여 5척을 격침시키고 17척을 나포했다. 넬손의 함대는 전함 27척과 프리깃함 4척, 함포 2,500여 문과 2만의 해군 병력으로 이루어져 있었다.

영국 함대의 공격을 받은 빌뇌브 제독이 이끄는 33척의 프랑스-스페인 연합 함대는 곧 반격에 나섰으나 일자진(一字陣)을 형성했던 프랑스 함대의 전열은 금방 지리멸렬해졌다.

거의 하루 종일 걸린 함대 간의 포격전에서 프랑스 해군에서는 6천여 명의 전사상자가 발생했고 2천여 명이 포로가 되었으나 영국군의 희생은 단지 1,600여 명에 그쳤다. 이 해전의 패전으로 프랑스의 영국 침공이 좌절되었고 나폴레옹은 몰락의 길로 들어서기 시작했다. 영국 함대 사령관 넬손은 전투 도중 전사했으나 이 전투의 승리로 영원한 영국의 영웅이 되었고 세계 해전사에 길이 빛나게 되었다.

어느 전투나 마찬가지지만 해전에서도 매번 이길 필요가 없다. 넬손이나 드레이크같이 중요한 전투에서 한 번 크게 이기면 그냥 영웅이 되는 것이다.

조일전쟁 발발 200년 후에 벌어졌던 이 해전에 동원된 전함은 조일전쟁 때보다 물론 훨씬 크긴 했으나, 한 나라에서 각 30척 정도가 동원되었을 뿐이니, 이 해전 200여 년 전에 일어났던 조일전쟁 때의 해전 규모가 얼마나 컸었는지 짐작이 갈 것이다.

이순신 장군의 해전 상승 신화의 진실

학교에서 교과서로 역사를 배웠을 때나 서점에서 임진왜란이나 이순신 장군에 관한 책들 그리고 연속극, 소설 등에서 귀가 아프게 들어온 이순신 장군의 해전 상승(常勝) 신화는 어디까지가 진실일까? 사실 이 문제는 아직 아무도 건드리지 않은 데다가, 아주 예민한 문제가 되어놔서 필자도 상당한 고심 끝에 이 원고를 쓴다.

조일전쟁 중 일 수군과의 전투에서 23전 23승 또는 24전 24승을 했다고 알려진 이순신 장군의 상승 신화는 실로 신화의 경지라고 볼 수 있다. 그런데 조일해전의 내용을 자세히 살펴보면 사실 연승은 신화라기보다 허구에 가깝다. 우선 23전 또는 24전 얘긴데, 필자는 아무리 자료를 살펴봐도 이순신 장군이 실제로 스물세 번 또는 스물네 번의 해전을 치른 일이 없는데, 도대체 누가 그런 숫자를 만들어냈는지 모르겠다. 필자가 조사한 바에 의하면 이순신 장군의 함대는 총 12회 출동에 16번의 전투가 있었고, 그 중 13번을 승리하고 3번을 패전하여 승패는 13대 3이었다.

물론 이순신 장군의 함대가 전투를 하러 전장으로 가는 도중 조우한 일 함선 몇 척씩을 함포 사격으로 격침시킨 것까지 해전에 포함시킨다면 24승이 될 수도 있을 것이다. 그런데 겨우 몇 척의 일 함선이 대규모 조선 함대를 보고 놀라 도망치는 것을 쫓아가 격침시킨 경우나, 역시 도주하다가 해변에 대놓고 도망친 빈 배 몇 척을 함포 사격으로 격침시킨 것을 억지로 해전에 포함시키는 것은 차라리 이순신 장군의 위업을 손상시키는 것에 다름 아니라고 필자는 믿는다. 그래서 본서에서 정한 해전에 대한 정의는 최소한 10척 이상의 함선끼리의 조우나 전투를 말하는데, 그런 경우는 모두 열여섯 번 있었다.

이순신 함대가 12번 출동한 동안 동원된 전함 수를 살펴보면, 연락선이나 어선을 뺀 전함인 판옥선이 가장 적게 출동했을 때가 명량해전에서 출동한 13척이고, 그 외에는 처음 1, 2차 출동 때 20여 척, 3차 출동 이후에는 50척 이상의 대함대를 운용했다.

이런 막강한 전력을 가지고 바다에서 우연히 조우한, 함포가 장착되어 있지 않은 비무장 일 함선 몇 척씩을 격침시킨 것을 해전이라 부른다는 것은 억지에 가깝다.

또 13전 승리의 대부분도 쌍방의 맞대결이 아니라, 일 수군이 조선 수군과의 전투를 기피하여 함선을 포구에 정박시키고 육지로 도주한 후, 즉 놓고 도망친 빈 함선을 일방적으로 함포사격해서 격침시킨 것이지 쌍방의 전투에서 거둔 승리가 아니었다. 총 16전 중 그나마 전투다운 전투는 한산도해전, 명량해전, 노량해전 등 모두 세 번 있었는데, 한산도해전에서는 조선 수군이 압도적으로 우세한 전력으로 일 수군을 격파했고, 노량해전에서도 승리했으나 그 전투에서 이순신 장군은 전사하고 말았다.

실제로 이순신 장군이 명장의 진면목을 보여준 것은 명량해전에서였다. 제2차 조일전쟁이 발발한 후 이순신 장군이 삭탈관직되고 대신 삼도수군통제사가 된 원균이 칠천량해전에서 참패하는 바람에 조선 수군의 전함은 일군의 화공으로 모조리 침몰되었으나, 그래도 조선이 살려니까 전투 전날 밤 대규모 일 함대의 위세가 겁이 났던 경상우수사 배설이 끌고 도망친 12척의 판옥선과 수병이 모자라서 출전하지 못하고 항구에 정박시켜두었던 1척을 합쳐서 모두 13척의 전함이 남아 있었다.

원균이 전사한 후 다시 삼도수군통제사로 재기용된 이순신 장군은 이 빈약한 함대를 이끌고 일 수군의 함선 130여 척을 상대로 승리한 해전이 바로 명량해전이다.

이순신 장군은 일 함대를 조류가 거세어 배를 제어하기 힘든 해협인 울돌목으로 유인하여 격파함으로써, 조일전쟁 해전 중 유일하게 열세의 전력으로 우세한 일 수군과 맞서서 대승을 거둔 전투가 명량해전인 것이다. 이순신 장군은 이 명량해전의 승리로 명실공히 우리나라 최고의 해군 명장으로 우뚝 설 수 있었다.

사실 이순신 장군의 해전으로 알려진 24승 중 웅포해전에서는 이순신 장군의 기함이 뻘에 얹혀 일 수군에 피격될 위험에 처해 있다가 부하 장수의 도움으로 겨우 탈출했고, 장문포해전에서는 이순신 장군이 지휘한 해전 중 유일하게 판옥선 두 척이 충돌해서 전복했으며, 수백 명의 조선 수군이 죽은 패전한 전투였다. 이순신 장군도 사람인 이상 싸울 때마다 이길 수는 없었던 것이다.

그런데 이런 패전 기록을 여타 역사서에서 찾아보면 패전한 해전에 대해서는 아예 언급을 하지 않거나, 언급을 했다 해도 그냥 '성과가 없었다' 또는 '성과 없이 철수했다'는 식으로 기록해서 의도적으로 진실을 은폐해 놓았다. 이순신 장군의 해전 패전 언급은 그간 이렇게 예민한 문제였던 것이다.

14세기 말 왜구가 고려에 침입해 와서 벌어진 진포해전과 관음포해전에서 보시다시피, 포가 장착된 전함과 무장이 안 된 보통 배와는 서로 싸움이 될 수가 없다. 최무선은 12대 1로 싸웠고, 정지 장군도 3대 1정도로 함선 수에서는 압도적인 열세였으나 아예 처음부터 싸움 자체가 되지 않아 왜구의 함선들은 대책 없이 전멸했던 것이다.

단지 조일전쟁 때는 함포 사거리에는 택도 없이 미치지 못하나 일군은 조총으로 무장이 되어 있었다. 이순신 장군은 그 정도로 우세한 조선 함대를 이끌고 무장이 안 된 일함선과 전투를 했으니, 명량해전을 빼고, 사실 지면 잘못된 것이었다.

이순신 장군의 출동 상황과 해전 경과를 상세히 살펴보자.

1. 1차 출동 : 옥포해전 외(1592. 5. 7.)

- 전라좌수영 함대 : 판옥선 24척(승무원 3천여 명), 협선 (연락선) 15척, 포작선(어선) 46척.
- 경상우수영 함대 : 판옥선 3척, 협선 11척

이순신 장군이 이끈 조선 수군 최초의 해전.
조선 수군 판옥선 총 27척, 일본 수군 함선 30여 척.

- 옥포해전(거제도 동쪽 포구) : 이순신 장군이 이끈 조선 수군 최초의 해전으로, 도도 다카도라가 거느린 일 함선 30여 척이 포구 안에 정박하여 있는 것을 기습하여 대선 16척, 중선 8척을 격침시켰으며, 배에 올라 대항하던 일 수군 수백 명이 전사한 것으로 추정된다. 조선군은 부상자가 단 1명 있었다.
- 합포(진해시 행암동) : 당일 오후 진해 근처에서 일 함선 5척 발견, 4척 격파.
- 적진포해전(거제도 서쪽 포구) : 다음 날 적진포 포구에 적함 13척이 정박하고 있는 것을 발견하고 기습 공격으로 대선 9척, 중선 2척 격파함.

　　1차 출동 시 2차례의 해전으로 대 · 소선 총 40여 척을 격침시키고 여수 수영으로 귀환하여 〈옥포파왜병장〉을 올렸다. 이 때 이순신 장군이 원균을 따돌리고 혼자 보고를 하는 바람에 원균과의 사이가 결정적으로 틀어졌다. 이 승리로 이순신 장군은 정3품에서 종2품 가선대부로 승진했다.

2. 2차 출동 : 사천해전 외(1592. 5. 29.)

조선 수군 좌수영 전함 23척, 거북선 처음 출전.

■ 사천해전 : 정박해 있던 일 함선 12척 모두 격파. 이순신 장군 어깨
  에 총을 맞아 부상. 조선군 부상자 3명 발생.
■ 당포해전(한산도 서쪽 포구) : 정박해 있던 일 함선 대선 9척, 중 ·
  소선 12척 등 21척 모두 격파.
    이 당포해전 때 일 수군 지휘관이 가메이 고레노리였는데, 기함이
  침몰하게 되자 가메이는 육지로 도망쳤다. 근데 급히 도망치느라, 히
  데요시가 써 준, 목숨 다음으로 아끼는 '가메이 류쿠 영주'라는 글이 써
  있는 금부채를 깜빡 잊어서 놓고 도망친 것이다. 하기야 금부채보다
  는 목숨이 먼저니까. 어쨌거나 이걸 주은 병사가 부채를 이순신 장군
  에게 바치는 바람에 이순신 장군은 류쿠 영주가 될 뻔했으나, 전리품
  인 부채를 선조에게 보내고 말았다.

1592. 6. 4. 전라우수영 함대 합류. 전라좌수영 23척, 우수영 25척, 경
상우수영 3척 등 모두 51척으로 연합 함대 편성.

■ 진해 : 대선 4척 격파.
■ 당항포해전(고성) : 정박해 있던 일 함선 대선 9척, 중선 4척, 소선
  13척 격파.
    이순신은 일부러 중선 한 척을 침몰시키지 않고 살 길을 터주었
  다. 그러자 살아남은 일군들은 모조리 이 배를 타고 도주를 시도했으며,
  지휘관 구루시마 미치후사도 같이 타고 있었다.
    배를 뒤로 물려놓고 살아남은 일군을 잔뜩 실은 배가 나오기를 기

다리던 이순신은 일 수군 배가 포구를 떠나자 즉각 공격에 나서서 격침시켜 모조리 물귀신을 만들었다. 지휘관 구루시마 미치후사는 전신에 화살을 맞고 전사했으며, 살아남은 일 수군들은 모조리 항복했다.

이순신은 이 배에서 6개의 두루마리를 발견했는데, 이 두루마리는 일 수군 삼천여 명의 이름과 소속이 기록된 수군 편성표로 일 수군의 기밀 문서였다. 이로써 일 수군의 대부분의 정보를 손에 넣은 이순신은 앞으로의 해전에 좀 더 쉽게 대처할 수 있게 되었다.

■ 율포(거제도 북쪽 포구) : 대선 5척, 중선 1척 발견. 대선 3척 나포하고 대선 2척과 중선 1척 격침.

1, 2차 다섯 차례의 해전으로 적함 110여 척 격파, 적 수군 수천 명 척살, 조선군 전함 손실 무, 전사 11명, 부상 47명 등 총 사상자 58명 발생, 조정에 〈당포파왜병장〉 보고.

일 해군이 연패하면서 피해가 늘어나자 일 전쟁 지휘부에서는 수군을 재편할 필요를 느꼈다. 그리하여 부산 기지 서쪽 30km 지점에 있는 웅포를 새로운 수군기지로 정하고, 수군 제1군 사령관에 와키자카 야스하루(협판안치)를 임명하고 군선 70척을 배치했으며, 제2군에는 구키 요시타카, 제3군에는 가또 요시아키를 배치했다. 이 때 비로소 일 수군은 조선 수군의 전력을 상세히 조사하고 거기에 대비한 전략을 구상하기 시작하여, 새로운 대응 전술을 개발하기 시작했다.

3. 3차 출동 : 한산도해전(거제도 서쪽 섬) 외(1592. 7. 8.)

- 조선 수군 : 전라좌수영 24척, 우수영 26척, 경상우수영 8척, 거북선 2척 등 총 56척 또는 58척의 판옥선의 연합 함대.
- 일 수군 : 대선 36척, 중선 24척, 소선 13척으로 모두 70여 척. 사령관 와키자카 야스하루.

■ 한산도대첩(견내량해전) : 학익진으로 일 함선 59척(또는 63척) 격침, 만여 명의 일군 전사.

　조선 수군과 일 수군이 최초로 서로 비슷한 수의 함선으로 넓은 바다에서 제대로 싸워 조선 수군이 대승한 전투다. 일 함대는 한나절 만에 궤멸되었고, 겨우 14척이 도주했으며, 조선 측 손실은 사망 10여 명뿐이었다.(일본 문서에는 판옥선 4척이 불에 타 침몰했다 기록하고 있다.)

　한산도해전에서 조선 수군을 지휘한 이순신 장군에 대한 기록이 일본 측에도 있는데, '이순신은 머리 위에 구슬로 장식한 옥로를 얹은 철투구를 깊이 눌러쓰고, 황토빛의 무거운 중국풍 철제 갑옷을 걸쳤으며, 황금으로 호랑이 상감을 입힌 가죽제의 넓은 허리띠를 하고 있었다'는 내용이다. 옥으로 만든 옥로와 황금상감 허리띠는, 수사를 임명할 때 선조가 주는 하사품이었다. 말하자면 수군 제독의 상징인 것이다.

　갑옷으로 단단히 몸을 보호한 이순신 장군은 흰색과 주홍색이 칠해진 지휘봉을 천천히 휘둘러서 함대를 지휘했다. 이순신의 지휘에 따라 곁에서 시립하는 군관과 병사가 기를 든 60여 명의 병사에게 영을 내리거나, 독전기, 영기, 큰북, 나팔 등으로 함대를 지휘했다.

　일 측 수군사령관은 용인전투에서 용명을 떨친 30대 후반의 와키자카 야스하루(협판안치)로 일 수군의 대함대를 동원하여 조선 수군을 아예 박살을 내버리고 시원하게 서남해의 해로를 뚫어 본격적인 수륙병진책을 활용할 의도였다. 와키자카는 용인전투에서 대승한 후 조선군을 아주 우습게 보고 있었다. 일 수군이 몇 번 조선군에게 깨졌다는 얘기를 듣긴 했으나 그 때까지의 전투는 본격적인 해전이 아니었고, 또 자신의 용맹을 믿어 자신만만한 채 해전에 임했다. 와키자카는 조선 함대를 찾아 견내량에 정박하고 있었다.

조선 함대가 한산도해전 전날 당포에 정박하고 있을 때 목동 김천손이 와서 "일 함선 70여 척이 오늘 오후 영등포 앞바다를 지나 견내량에 머물고 있다"는 귀중한 정보를 주었다.

견내량은 통영과 거제 사이에 위치한 폭 400~500m, 길이 3km 정도의 좁은 해협으로 판옥선 같은 대형 전함들이 전투를 벌이기에는 너무 좁았다. 이순신은 일 함대를 견내량 남쪽의 한산도 앞바다로 유인하여 학익진으로 철저히 깨부셨다. 한나절 동안의 전투를 통해서 조선 함대의 막강한 화력에 일 함선 59척이 격침되었고 거의 만여 명의 일 수군이 고기밥이 되었다. 겨우 탈출에 성공한 사령관 와키자카는 남은 14척의 배를 이끌고 김해 방면으로 도주했다.

비로소 히데요시는 조선 함대의 위력을 뼛속 깊이 깨닫게 되었고, 서남해를 돌아 해로로 병력과 군수품을 수송하려던 계획을 포기해야 했다. 또 그 바람에 겨울 전에 끝내려던 전쟁이 길어지면서 겨울을 나는 바람에 수많은 일군이 동상에 걸리거나 얼어죽었다.

■ 안골포해전(거제도 동북쪽 포구) : 선창에 정박해 있던 일 수군 대선 21척, 중선 15척 공격, 20척 격침, 일본군 사상자와 포로는 2천5백 명에 이름. 조선군 손실은 전사 19명, 부상 119명.

- 3차에 걸쳐 출동하여 모두 일곱 차례의 해전에서 적함 190여 척 격침.
- 일군 사상자 1만여 명 발생. 조선군은 전함 손실 없고, 수병 사상자 200여 명 발생.
- 이순신 정헌대부(정 2품)로 승진. 이억기와 원균 가선대부(종 2품) 가자(加資).

　　막대한 해전 패전 피해를 보고 받은 히데요시는 일군에 해전 회피 령을 내리고 대선 건조에 주력하는 한편, 남쪽 해안에 왜성을 쌓아 육 상의 적을 방비하고 장기 주둔 채비를 명령했다. 이로써 남해안에 부 산서부터 순천까지 18개의 왜성이 축성되었다.

4. 4차 출동 : 부산해전(1592. 9.1.)

　　조정의 부산 공격 명령 하달됨. 9월 1일 출동.

- 조선 수군 : 전라좌 · 우수영, 경상우수영 연합 함대 총 81척의 전함 과 협선 99척 등 총 180척의 대함대. 본격적인 전장인 부산으로 가던 중 만난 일 함선 몇 척씩을 수차례에 걸쳐 격침시킴. 글쎄, 이런 것도 해전이라고 불러야 하는지.

- 장림포(김해, 부산 부근) :일 함선 5척 격침
- 화준구미(김해, 부산 부근) : 대선 5척 격침.
- 다대포(김해, 부산 부근) : 대선 8척 격침.
- 서평포(김해, 부산 부근) : 대선 9척 격침.

- 절영도(부산 앞바다) : 대선 2척 격침.
- 부산포해전 : 부산항에 정박해 있던 일 함선 470여 척을 공격. 일군은 산 위에서 조총을 쏘며 응전. 일 함선 100여 척 격침. 조선군은 우부장 녹도만호 정운 외에 6명 전사, 25명 부상.

부산포 해전은 이전의 해전들과는 달리 일군의 해군 본진이 있는 부산포를 공격한 전투였고, 임진년 해전 중 가장 큰 해전이었다.

5. 5차 출동 : 최초의 패전, 웅포해전
(진해시 웅천동, 1593. 2. 10.)

일군이 부산 일대로 퇴각하자 조정에서는 이순신에게 부산 일대 적 수군을 공격하여 일군의 퇴로를 차단하라고 명령했다. 공격 목표는 웅포였다. 이순신은 이억기의 함대 40척, 원균 함대 7척을 합친 89척의 대함대를 이끌고 웅포 공격에 나섰다.

당시 일 수군은 조선 수군과의 전투에서 연전연패하여 승산이 없자 해전을 기피하고 함선들을 모두 포구 깊숙이 정박시킨 다음 포구입구에 말뚝을 촘촘히 박아 조선 수군 전함이 진공을 못 하도록 해두었을 뿐만 아니라 포구 양쪽 산등성이에 조총 부대와 포대를 배치하여조선 전함이 접근하면 집중 사격을 가해 왔다. 이순신이 몇 번이나 전함 1~2척을 보내 적선을 유인했으나 적선은 꼼짝도 하지 않았다.

결국 일부 병력을 상륙시켜 적진을 공격케 하고 일부 전함을 포구 안으로 들여보내 공격하는 동안, 썰물이 되어 철수하는 과정에서조선 수군 전함들끼리 서로 부딪쳐 전복하는 바람에 전함 2척과 수병 300명을 한꺼번에 잃는 참사가 발생했다.

이순신은 즉시 퇴각을 명했으나 한꺼번에 많은 전함이 포구를 빠져나가려니 꽤 많은 시간이 걸렸다. 이순신은 모든 전함이 빠져나간 것을 확인하고 맨 끝에 퇴각하려 했는데, 조선 수군이 퇴각하는 것을 본 일 수군의 함선들이 재빠르게 추격에 나섰다.

이순신의 기함이 천천히 배를 돌리는데 배의 밑바닥이 바닥에 닿으면서 쿵 하는 굉음이 들려왔다. 대형 전함인 판옥선은 수심이 깊어야 운항이 가능한 배였는데 그만 썰물이 시작할 때 같이 빠져나가지 못하고 실기하여 배가 바닥에 얹힌 것이었다. 대경실색한 노군들이 전력을 다하여 노를 저었으나 배는 꿈쩍도 하지 않았다. 조선 수군의 퇴각을 보고 뒤를 쫓던 적의 쾌속선은 점점 가까이 오고 있었다. 위기였다.

사부들이 갑판 위에서 함께 소리를 질러 앞서 가던 안골포 만호 우수에게 구원을 청했다. 우수의 배는 즉시 대장선을 구하러 배를 돌려 기함 쪽으로 접근했다. 우수는 사부 중 수영 잘 하는 사부 몇을 대장선으로 보내 이순신을 업어서 우수의 배로 급히 건너오게 했다. 그러고는 갈고리 여러 개를 대장선에 걸고는 양쪽의 격군들에게 사력을 다해 노를 저을 것을 명했다. 이런 조치를 취한 다음 우수의 배는 다가오는 일 함선을 향해 함포를 쏘기 시작했다.

그러는 동안 양쪽 배의 격군들이 사력을 다해 노를 저은 보람이 있어 대장선은 바닥을 긁는 무거운 소리를 내더니 물 위로 떠올라 빠른 속도로 포구를 빠져나왔다. 간신히 위기를 벗어난 것이었다.

거기다 일이 안 되려니까 그날 밤 먼 바다에 정박한 조선 수군 가운데 나주판관 어운급이 불조심을 잘 못해서 배 한 척을 통째로 태워 가라앉히는 사고까지 일어났다. 배가 불타면서 화약이 폭발하여 채 빠져나가지 못한 수군 여럿이 죽었다. 이 웅포해전이 이순신 장군 최초의 패전이다.

6. 별 볼일 없었던 6차 출동(1593. 5. 7.)

이순신은 5월이 되자 모든 수영의 함대를 총집결시킨 104척의 대함대를 출동시켰다. 이순신은 조명연합군에게 웅포의 적들을 바다로 내몰아 주기를 요청한 뒤 다시 웅포 공격에 나섰다. 그러나 적의 함선이 거의 9백 척이나 모여 있어 공격을 하지 못하고 대치만 한 채 시일을 보내다가 별 볼일 없이 귀환한 후 전함 건조에 박차를 가하여 전력 증강에 매진했다.

이순신은 1593년 7월 수영을 여수에서 한산도로 옮겼다. 한산도는 면적이 15평방킬로미터에 가로 세로 10리쯤 되는 별로 크지 않은 섬이다. 그러나 완만한 산야에 초지가 넓어 조선 초기부터 말을 기르는 목장이 있던 곳으로 당시는 무인도였는데 이순신 장군의 전라좌수영이 자리잡으면서 주민이 다시 살기 시작했다.

이순신이 한산도로 진영을 옮긴 것은 일군이 전라도로 진출하려면 한산도를 거쳐야 하기에 한산도에 진영을 설치하고 전라도로 통하는 길목을 틀어쥔 것이다. 이순신은 좌수영을 한산도로 옮긴 한 달 후 조정의 명에 의하여 대신급인 정 2품 삼도수군통제사가 된다.

7. 7차 출동 : 당항포해전 외(1594. 3. 4.)

1594년 3월 조선 함대는 7차 출동에서 읍전포의 적함 10척을 격침시키고 당항포 선창에 정박해 있던 적함 21척을 공격하여 모두 31척의 함선을 격침시켰으며, 조선 수군의 손실은 전무했다. 이 해전은 어영담이 조방장으로 직접 함대를 지휘하여 승리한 전투다. 이순신은 원균과 함께 멀리 뒤에서 적의 퇴로를 차단하는 임무를 맡았다.

이순신이 전쟁 초기 원균의 구원 요청을 받고도 망서린 데는, 자신의 관할이 아닌 경상도의 물길에 대해 상세히 알지 못한 것도 한 가지 이유였다. 이 때 이순신이 출동을 결심하게끔 조언한 참모가 어영담이었다. 경상도의 여러 진에 근무한 적이 있는 어영담은 남해의 물길에 대해 손바닥 같이 알았다. 당시 광양현감이었던 어영담은 전라좌수영 함대를 경상도로 인도하여 해전에 참전하면서 여러 번 공을 세웠으나, 아깝게도 전염병으로 병사했다.

조선 수군에 전염병이 돌아 1593년 2월부터 8월까지 6개월 동안 600여 명의 병사가 죽었다. 다음 해 1월부터 3월까지 전염병이 더욱 극성을 부려 병사하거나 앓는 수군이 수천 명에 달했다. 이로 인해 수군 병력의 부족이 심각했으며 군량 부족 또한 심각한 수준이었다. 이렇게 제대로 먹지를 못하니 병이 돌게 되고 병만 돌면 우수수 죽었다. 당시에는 전염병을 치료할 만큼 의술이 발달하지 못하였기 때문에 한 배에 전염병이 돌면 그 배에 소속된 인원 전체를 격리시키고 아울러 전선도 불태워버려야 했다. 적벽대전에서 위군 진영에 만연한 전염병 때문에 조조가 자신의 함대에 불을 질렀다는 설에 무게가 실리는 장면이다.

조정에서는 군량을 조달하기 위하여 온갖 묘책을 다 짜냈다. 곡식을 많이 거두어 바친 자에게는 벼슬을 올려주거나 면천을 시켜주었다. 또 관리들을 파견해 곡물 수집에 나섰는데 이들은 촌락에 들어가 민가의 항아리에 있는 곡물까지 인정사정 없이 싹쓸이 했다. 그러나 이렇게 거둔 군량의 공급 우선 순위는 명나라 군사들이었고, 조선군은 여전히 끼니를 제때 때울 수 없었으며, 길바닥에는 굶어죽은 백성들의 시체가 즐비했다.

이 때 명나라에서도 기근이 들어 원정군의 뒷바라지를 할 수 없게 되는 바람에 조선군의 군량 부족은 심각했으며, 이로 인한 심각한 체력 저하로 전염병이 만연해서 수군뿐만 아니라 수많은 백성들이 희생되었다.

8. 8차 출동 : 두 번째 패전인 장문포해전
(거제도 북쪽 포구, 1594. 9. 29.)

장문포해전은 조선 수군 최초의 수륙 합동작전으로 체찰사 윤두수와 도원수 권율이 육지에 있는 적을 바다로 밀어내면 수군은 해상에서 적을 섬멸한다는 작전이었다. 이 전투에 의병장 출신 김덕령과 곽재우도 참전했다.

그러나 마침 김덕령이 각기병을 앓고 있어서 수하 병사들의 사기가 매우 떨어져 있었다. 결국 수륙군 합동작전은 성과도 없이 흐지부지 끝났는데, 지휘관들의 보고와 사헌부의 보고, 그리고 경상도 관찰사 홍이상의 보고가 서로 달랐다.

11월 6일 사헌부에서는 "거제도에서 거사할 때 전라도의 전선 한 척이 해초에 걸려서 적에게 파괴되었습니다. 배에 탔던 1백수십 명이 전부 살해당하고 군기와 총포 등 모든 장비도 남김없이 빼앗겼습니다"라고 선조에게 보고했다. 선조는 이 때 이미 이순신으로부터 "사도첨사 김완의 배에 불이 붙었다가 이내 꺼졌다"라는 보고를 받은 후였다.

홍이상의 휘하 군관인 최입과 강효업 등이 당시의 전투 상황을 홍이상에게 보고했다.

"장문포에서 양측이 교전할 때 조선군의 수가 압도적으로 많았다. 10월 1일 오후쯤 적선 3척이 사도의 병선을 공격했다. 적들은 배 후미에 불을 지르고 군졸 한 명의 목을 베어갔다. 그 날 저녁 적선이 어둠을 타고 습격해 왔다. 우리 군사들은 당황해서 갈팡질팡했으며, 이 때 전라도의 사후선 3척이 실종되었고 그 배에 탄 군사들은 다 죽었다. 적은 다시 사도의 선박을 공격해 불태워 버렸으며, 수직 군졸 가운데 피하지 못한 자는 모두 적의 칼날 아래 쓰러졌다. 3일에는 이순신의 전령에 따라 군사 1백여 명이 뭍에 내려 위세를 보였다. 이 때 적의 기병과 보병 50여 명이 산을 넘어 돌진해 왔다. 아군은 급히 후퇴하여 배에 올랐으나 사상자가 많이 났다.”

이러한 홍이상의 장계로 조정은 발칵 뒤집혔다.

권율과 이순신, 곽재우 등 당대의 쟁쟁한 장군들이 모두 출전했는데도 전투는 지리멸렬한 데다가 조선 수군 수백 명이 죽었으며 별다른 전과도 없이 흐지부지 끝나고 만 것이다. 거기다 장수들의 보고가 허위로 드러나 조정을 아연케 했다. 웅포해전과 장문포해전은 이순신 장군의 불패 신화가 허구라는 것을 잘 드러내준다. 선조는 노기등등했으나 군 최고수뇌부를 한꺼번에 갈아 치울 수도 없었다. 전쟁 중이었고 또 마땅한 후임도 없었기 때문에 윤두수만 도체찰사에서 파면되었다.

324 조일전쟁

제2차 조일전쟁(정유재란, 1597. 1.)

1. 일군의 재침

1596년 9월 2일 오사카성에서 명 사신 심유경과 양방형은 히데요시에게 명나라 신종(명 14대)의 고명과 국서를 전달했다. 이 진짜 국서에는 히데요시 자신을 일본 국왕에 책봉한다는 내용 외에는 히데요시가 강화 조건으로 제시했던 어떤 조건도 들어있지 않았다.

이 내용을 미리 알고 있었던 심유경은 고니시와 짜고, '히데요시가 글을 모르니 조약 담당관인 승려 쇼타이 세이조를 잘 꼬셔서 히데요시 앞에서 국서를 읽을 때 적당히 보태서 읽도록 하면 강화를 맺는 데 별 문제가 없을 것이다'라고 합의한 후, 쇼타이에게 수많은 일인 병사들이 전장에서 죽어가는 비참한 상황을 설명하고 읽을 때 이러저러하게 읽어 달라고 신신 부탁했다.

히데요시가 심유경으로부터 받은 국서를 쇼타이에게 넘겨주며 "읽어 보아라" 하고 명하니, 쇼타이는 고니시에게 부탁받은 생각이 나자 진땀이 나며 머리가 하얘졌다. 국서를 읽어내려 가면서 쇼타이가 땀을 흘리고 떨기 시작하자 히데요시가 "어디 아프니? 왜 이렇게 부들부들 떠냐?" 히데요시의 말을 들으며 더듬거리면서 국서를 읽어내려 가던 쇼타이는 도저히 거짓말을 할 수 없어 있는 그대로 읽고 말았다. 하이고, 이제 벼락이 떨어질 차례다.

"아니 일본 왕이야 이미 내가 하고 있는데 무슨 빌어먹을 책봉이냐? 거기다 해달라는 건 하나도 안 해줘?"

불같이 화를 낸 히데요시는 조선통신사의 접견을 거부하고 당장 고니시를 처형하라 명했으나, 조선 사정을 고니시만큼 아는 자가 없으니, 공을 세워 속죄토록 하라는 장수들의 간청 때문에 고니시는 간신히 살아났으며, 가등청정 등 강경파들의 재출병 주장에 따라 재출병을 결심했다.

결국 강화회담은 1592년 9월 평양에서 시작된 지 4년 만에 아무런 성과 없이 결렬되고 말았다. 거의 300명이나 되는 통신사단을 이끌고 일본에 갔던 정사 황신은 히데요시를 만나보지도 못했으나, 분위기를 감잡고 수행 군관을 먼저 보내 일본이 재침략할 것이 확실하다고 조정에 보고했다. 강화가 실패하자 명 조정은 책임을 물어 심유경을 처형하고 병부상서 석성을 실각시켰다.

의병장 곽재우와 사명대사 유정은 다시 의병과 승병을 모집하여 전열을 가다듬었다.

사실 2차 조일전쟁(정유재란)은 히데요시가 조선을 다시 점령할 욕심 때문에 군대를 보낸 것이 아니고, 지난 1차 전쟁에서 승리를 못하여 속이 편치않은 데다가, 명이 열을 받게 만들자 홧김에 다시 쳐들어 온 것이다.

제2차 침공군의 병력은 121,000명이었고, 부산에 남아 있던 2만여 명을 합하여 141,400명으로 1차 침공군의 규모와 비슷했다. 히데요시는 다음과 같이 2차 침공군을 편성했다.

제1군 가또 기요마사	1만여명
제2군 고니시 유키나가	14,700명
제3군 구로다 나가마사	1만여명
제4군 나베시마 나오시게	12,000명
제5군 시마쓰 요시히로	1만여명
제6군 조소가베 모도지가	13,300명
제7군 와키자카 야스하루	11,100명
제8군 모리 데루모토, 우키다 히데이에	4만여명
	총 121,100명

히데요시는 전군을 좌우군으로 나누었는데, 우군은 제1군, 제3군, 제4군, 제6군, 제8군 일부로 편성했고, 사령관에는 모리 데루모토를 임명했으며, 좌군은 제2군, 제5군, 제7군, 제8군 일부로 편성했고, 사령관에는 제1차 전쟁 때의 총사령관이었던 우키다 히데이에가 임명되었다. 2차전의 총사령관은 소조천융경이었다.

선조는 1596년 11월 다시 명에 파병을 요청했다. 일본의 재침 소식을 들은 명나라도 이번에는 확실하게 손볼 작정으로 1597년 3월에 6만의 동정군을 새로 파병하여 기존 주둔군과 합쳐 약 8만의 대병력이 되었다. 병부좌시랑 형개가 경략, 산동우참정 양호가 경리, 마귀가 제독, 양원 등이 부총병이었다.

조선 측은 우의정 이원익을 체찰사로, 도원수에 권율, 경상우도 방어사 곽재우 등이 전군을 통솔하면서 전략을 숙의했으며, 경상도 방어군의 선봉으로는 정기룡을 임명했다. 어쨌든 진용이 1차 전쟁 때보다 훨씬 낫다.

2차 침공군의 진로는 1차 침공군의 진로와 달랐다. 1차 침공군은 경상도를 거쳐 바로 한양으로 입성했었는데, 2차 침공군은 히데요시의 엄명에 따라 부산진의 잔류 병력 1만여 명과 경상도 침공군 2만여 명을 남긴 나머지 전 병력이 전라도 쪽으로 먼저 진격하여 전라도를 철저히 유린했다.

1차 침공 시 전라도를 점령하지 못하여 일군은 군량 부족으로 고생한 대신 조선군은 전라도의 군량미를 사용할 수 있어서 전투를 계속할 수 있었던 것을 히데요시는 잘 알고 있었던 것이다. 재 침공군 총대장 소조천융경은 일군을 좌, 우로 나누어 우희다수가를 좌군대장, 모리수원을 우군대장에 임명하고 전주를 목표로 총공격 명령을 내렸다.

8월 16일 남원이 함락되고 전주가 떨어졌다. 남원성을 수성하던 명군 3천과 조선군 2천은 일군 5만이 공격하는 남원성을 방어하다 모조리 전사했으며, 부총병 양원만이 겨우 100여 기를 데리고 성을 탈출하여 혈로를 뚫고 살아나갔으나, 명 조정의 군법회의에 넘겨져 처형되었다.

히데요시의 명령에 따라 전라도로 진격한 2차 침공군이 얼마나 잔혹하게 전라도를 짓밟았는고 하니, 일 종군 승인 케이녠의 기록을 보자.

"가는 곳마다 불을 지르고 어린아이의 눈앞에서 부모를 베어죽였으며, 시체가 무수히 쌓여 있어 차마 눈 뜨고 볼 수 없었다."(케이녠의 《조선일일기》) 처들어온 일본놈 눈에도 처참해서 볼 수 없었다 하니 안 봐도 목불인견이었을 것이다.

더구나 2차 침공 때는 조선인의 귀를 베지 말고 코를 베라는 히데요시의 명령에 따라 대략 10만여 개의 코가 베어져 일본으로 보내졌으니, 그 참상은 표현하기 어려울 정도였다. 귀를 베면 살아남을 수 있었으나, 코를 베면 출혈이 멈추지 않아 대부분 죽었다. 이러니 한참 세월이 지난 지금도 일본놈들 생각을 하면 이가 갈리는 것이다.

남원을 함락하고 전주에 무혈 입성한 일군의 일대인 고니시 유키나가가 공주를 거쳐 천안 쪽으로 북상하기 시작하자 도성 사람들은 다시 짐을 싸느라고 분주해졌다. 선조 역시 도망갈 궁리에 정신이 없었다. 이렇게 모두들 도망칠 생각에 정신이 없을 때 상황을 안정시킨 인물이 유성룡이었다. 그는 각 도에서 훈련시키고 있던 병사들로 하여금 서울을 호위케 하니, 이르러 온 자가 수만 명이나 되었다. 도성은 점차 안정되었고 조명연합군과 수군이 반격에 나서기 시작했다.

9월 9일 세자 광해군과 왕비 일행이 묘사주를 받들고 일찌감치 피란길에 올랐으며, 조정도 피란 문제로 의론이 분분한 가운데 일부 관리들과 백성들이 피란길에 나서서 도성이 텅 비게 되었다. 그런데 선조가 또 도망치기 직전, 명군이 직산전투에서 승리하여 일군의 진격을 저지했다는 보고가 들어오자 선조는 싸던 짐을 도로 풀었다.

9월 7일 명군과 일군이 직산에서 대회전을 벌여 일본군이 크게 패했다. 직산전투는 일군의 북진을 저지하고자 출정한 명군의 부총병 해생이 2천여 기의 기병을 인솔하고 직산으로 향하던 중 일군 장수 구로다 나가마사(흑전장정)가 이끄는 보병 5천여 명과 직산 근처에서 우연히 조우하면서 벌어졌다.

놀란 일군이 채 전열을 갖추기도 전에 명군 기병이 일군을 공격하기 시작하여 백병전이 벌어졌고 마침 이 때 뒤따라 오던 명의 유격장 파새의 2천 기병이 합세하는 바람에 일군은 크게 패했다. 아무리 조총수가 많은 보병도 전열을 갖추고 발사 준비가 되어 있지 않으면 질풍 같은 속도로 쇄도하는 기병을 상대할 수 없는 것이다. 크게 패한 일군은 경기도 진입을 포기하고 도로 경상도로 회군하고 말았다.

이 직산전투는 승승장구하던 일군의 사기를 단번에 꺾어놓았고, 명군과 조선군의 사기를 크게 올려 놓았으며, 곽재우와 조종도가 이끄는 의병군이 화왕산성과 황석산성 전투에서 계속 승리함으로써 일군은 더 이상 진격에 대한 의욕을 잃고 말았다. 그간 실전 경험을 쌓은 조선군이 이제 밥값을 하기 시작한 것이다. 정유년 9월 경상도 방어를 맡고 있던 정기룡도 일군의 북진을 막은 공으로 경상우도병마사(종2품)로 승진했다.

그리고 한 달 후 명량해전이 벌어진다. 이 해전에서 일 수군이 조선 수군에게 박살이 나는 바람에 일군의 전라도, 서해를 잇는 보급로 구상에 중대한 차질이 생겼다. 전라도에서 머무는 일이 이제 무모한 일이 되어 버린 것이다. 전주에서 철수한 일군은 순천으로 퇴각하여 난공불락의 왜성을 쌓고 1년 정도 버티게 된다.

1차 조일전쟁이 소강상태에 들어간 1593년 후반부터 2차 침공 때까지 거의 4년 간 일군은 남해안 일대에 왜성을 쌓고 전쟁이 끝날 때까지 주둔했는데, 이러한 크고 작은 왜성은 모두 28개나 되었다.

정유재란이 발발한 다음 달인 1597년 2월 한양에서 의금부도사가 내려와 명령 불복종의 죄목으로 삼도수군통제사 이순신을 체포하여 한양으로 압송했다. 이순신은 국문을 마친 다음 간신히 죽음 직전에 석방되어 도원수 권율 밑에서 백의종군한 뒤 같은 해 8월, 칠천량해전에서 전사한 원균의 뒤를 이어 다시 삼도수군통제사로 복직되었다.

그로부터 한 달 후인 9월 16일에는 남해의 제해권을 쥐고 있던 일수군이 명량해전에서 이순신 함대에게 대패하는 바람에 다시 남해의 제해권을 조선 수군에게 빼앗기게 되어 일군은 수륙 양쪽에서 박살나 초상집이 되었다. 일군은 7월 16일 칠천량해전 승리 후 겨우 두 달 간 남해 제해권을 장악했다가 다시 뺏기고 만 것이다. 이순신은 명량해전 승리 후 전함 건조에 진력하여 조선 수군의 함대는 다시 판옥선 85척의 대함대가 되었다.

기세가 오른 조명연합군은 10월 하순 대반격에 나서기로 결정했다. 조명연합군의 병력은 제독 마귀 수하의 4만 명군과 도원수 권율이 이끄는 11,500명의 조선군으로 총 51,500 명이었다. 12월 23일 조명연합군은 가등청정이 수성하고 있는 울산 도산성을 공격했다. 며칠 동안 양측의 전사자가 12,000명이 넘을 정도로 치열한 전투가 벌어졌으나 일군의 원병 6만이 배후에 집결하는 바람에 울산성 함락은 실패로 돌아가고 조명연합군은 퇴각해야 했다. 비록 조명연합군이 울산성을 함락하지는 못했으나 일본군의 피해는 심각했다. 조선 점령은커녕 이제 점령 지역을 수성하기에도 바빠진 것이다.

전선이 다시 소강상태에 빠지자 명 조정은 양호를 경질하고 천

진순무 만세덕을 경리로 임명한 다음 병력을 증원하여 명의 총병력은 65,000명이 되었다. 조선군도 재정비하여 모두 25,000명의 군세로 명군과 합세하여 도산성, 사천성, 왜교성을 공격했으나 모두 실패했다.

1598년 7월 16일 명나라 수군이 도독 진린의 지휘하에 조선에 파병되었다. 명 조정이 1차전 때는 수군을 파병하지 않았으나, 2차전에서 수군을 파병한 이유는 조선 수군이 칠천량해전에서 크게 패했기 때문이었다. 서해가 뚫려 명의 본토가 직접 일본의 공격 위협에 노출되자 명은 수군을 파견해 조선 수군과 합동작전을 벌여 일 수군을 견제하려 했던 것이다.

명의 함대는 사선 25척(정원 100명), 호선(정원 30명) 77척, 비해선 17척, 잔선 9척으로 숫자로는 총 120여 척이었으나 전함의 크기도 작은 데다 수병들이 전의도 없어 실전에서는 조선 수군을 따라다니며 관전이나 하는 수준이었고, 전리품만 챙길 궁리를 하여, 마지막 노량해전을 제외한 여타 전투에서는 거의 도움이 되지 않았다.

이렇게 대치 상태가 계속되는 중이던 1598년 7월 17일 조일전쟁의 원흉 히데요시가 62세로 병사했다. 3월부터 몸이 시원찮아 앓아누웠던 히데요시가 병상을 지킨 지 6개월 만에 죽었는데, 죽을 때 남기고 가는 어린 새끼가 불쌍해서 제대로 눈을 감지도 못하고 죽었다. 나중에 그 새끼까지 이에야스에게 살해당하지만.

히데요시 죽음에 관한 다음과 같은 일화가 전해 온다.

히데요시는 여자를 엄청 밝혀, 처첩이 300명이 넘었는데, 이를 모두 관리하려니 몸이 강철이래도 감당할 수 없었다. 보셨잖아, 삼손보다 더 튼튼했던 철종(조선 25대)이 궁녀 관리 철저히 하다 서른셋의 나이로 코피 쏟고 죽은 거.

그런 와중에 강화 사절로 일본에 와 있던 심유경이 히데요시와 같이 밥을 먹고난 후 주머니에서 뭘 꺼내더니 입에 털어넣는 것이 아닌가. 호기심이 생긴 히데요시가 심유경에게 "그게 뭐요? 소화제요?" "예, 뭐 그냥, 소화제라기보다, 말하자면 회춘을 시키는 비약이지요." "아이구, 듣던 중 반가운 소리네. 그거 얼마요?" "태합께서 원하시면 제가 그냥 구해드리지, 무슨 돈을 받겠습니까?" "역시 대국 사람이라 통이 크시군, 사람 하나 살리는 셈치고 꼭 좀 넉넉히 구해주시오."

이렇게 해서 심유경이 그 귀한 환약을 아주 넉넉하게 구해주었는데, 환약을 왕창 받은 히데요시가 혼자 먹기 팔리는지 약 일부를 모리 데루모토, 마에다 도시이에, 겐소보오 등에게도 나누어 주었으나, 이 인간들은 나이도 젊은 데다, 첩은 3명도 되지 않고 또 슬그머니 의심도 생겨 약을 받을 때 고맙다고만 하고 몰래 화장실에다 버리고 말았다.

히데요시는 정력이 좋아지리라는 기대로 열심히 약을 때 맞추어 먹었으나, 예로부터 불로장수의 약이니 정력에 죽이는 약이니 하는 것들은 대개 돌팔이 도사들이 만든 단약이었고, 단약의 주성분은 중금속인 유황과 수은이었다. 그래서 히데요시도 수은 중독으로 죽은 것이 아닌가 하는 의혹이 있고, 또는 심유경이 정력제라고 속여 천천히 수명이 줄어드는 독약을 건넨 것이 아닌가 하는 의혹도 있다. 혹자는 히데요시가 너무 설치다, 아시지 그거? 바로 매독에 감염되어 죽었다는 등, 좌우간 주변에 여자가 많은 인간이 죽으면 여자 수만큼 말이 많은 법이다.

결국 히데요시는 무술년(1598) 7월 17일 경도의 후시미성에서 수하 다이묘들에게 외아들인 꼬마 히데요리를 신신 부탁한 후 세상을 떴다. 근데 죽을 때 물론 애새끼 때문에 정신이 없었겠지만, 조선 침공군의 처리에 대해서는 한 마디도 없었다.

히데요시가 죽자 일본에는 도쿠가와 이에야스를 중심으로 한 집단지도체제가 수립되었으며, 히데요시의 죽음이 주는 충격에 대한 우려 때문에 죽음을 당분간 비밀로 했다가, 한 달이 지난 8월 18일에 공포했으며, 그 때 지도부 연석회의에서 조선 침공군의 철수가 결정되었다.

히데요시의 죽음으로 전쟁 종결이 확실시되자 선조는 자신이 명으로 망명하겠다고 우길 때, 신하들 많은 데서 적극 말리는 바람에 엄청 쪽팔리게 만든 유성룡을 제거하기로 결심했고; 이를 간파한 이이첨을 비롯한 북인들이 적극 가세하면서 1598년 11월 19일 유성룡은 실각했다. 바로 그 날이 노량해전이 있었던 날이자 이순신이 해전 도중 전사한 날이었다.

선조는 명나라 제독 유정에게 이렇게 말했다.

"우리나라가 보전된 것은 순전히 모두 대인의 공덕입니다." 조선을 구한 것이 나라를 위해 목숨을 바쳐 싸운 이름 없는 병사들과 죽음을 무릅쓰고 기의한 의병들이 아니라, 도망만 다니다가 나중에 일군에게 매수되었던 양아치 유정의 덕이라는 것이다. 참으로 멍청하면서도 간교한 인간.

유성룡은 삭탈관직된 후 다시는 조정에 나가지 않았다. 선조 36년 부원군에 제수되었으나 그는 상소를 올려 사면시켜 달라고 요청했다. 초야에 묻혀 있던 유성룡은 66세로 생을 마감했다.

허목의 《서애유사》에는 시민들이 4일 간이나 시장 문을 닫고 "선생이 없었던들 우리들이 지금 어떻게 살아남았겠는가?"라고들 말했다한다. 장삿날 사대부와 유생들이 4백 명이나 모였고, 졸곡이 지나도록 술과 고기를 먹지 않은 자도 있었다.

2. 이순신의 삼도수군통제사 삭탈관직의 진상

앞에서 봐 오신 대로 조일전쟁사는 많은 부분이 왜곡되었으나, 그 중에서도 가장 왜곡된 부분이 이순신 장군이 삼도수군통제사 직에서 파직된 것이 원균의 모함 때문이라는 것이다. 그래서 원균이 천하의 간신이 되었는데, 그건 사실과 제법 거리가 있는 스토리다.

사실 이순신의 이미지에 대한 조정의 인식은 전쟁 발발 첫 해 이후 조금씩 나빠지고 있었다. 첫 해에 수많은 해전에서 승리한 이순신이 다음 해 강화회담이 시작되자 삼도수군통제사가 되었는 데도 불구하고 꼼짝도 않고 있는 것이었다. 조정에서는 이순신의 승전보를 기다리고 있었으나 이순신에게서는 아무런 연락도 없었다.

그 원인은 일군이 조선 수군을 고려에 넣지 않고 전쟁을 일으켰다가 계속 해전에서 깨지자, 히데요시가 명을 내려 조선 수군과의 전투를 회피하도록 하고, 대신 남해 요충지에 왜성을 쌓아 포구를 요새로 전환시켜 모든 배들을 안전한 포구에 정박시켜놓고 해전을 극력 기피했기 때문에 실상 싸울 기회가 거의 없었기 때문이었다. 거기다 명군 지휘부로부터 강화회담 중 일군과의 전투를 피하라는 명령이 있었기 때문에 사실상 전투를 계속할 수도 없었다.

이러다 보니 사헌부에서는 "이순신이 5년 동안 군사를 거느리고 있으면서 남의 공로나 빼앗고, 적을 토벌하지 않고 놓아두어 나라를 배반했다"는 요지로 이순신의 추국을 건의했고, 또 이덕형도 다음과 같이 이순신의 모함 사례를 부각시켰다.

"이순신이 당초 원균을 모함하면서 말하기를, '원균은 조정을 속였다. 열두 살짜리 아이를 멋대로 군공에 올렸다'고 했는데, 원균이 말하기를 '나의 자식은 이미 18세로 활 쏘고 말 타는 재주가 있다'고 했습니다. 두 사람이 서로 대질했는데, 원균이 바르고 이순신의 이야기는 궁색하였습니다".

이순신과 원균 사이에는 쟁공 말고도 이러한 감정이 쌓여 있었기 때문에 둘 사이는 좋을 수 없었다.

제2차 조일전쟁이 일어난 1597년 1월, 고니시의 진영에서 항왜로 서 이중간첩 노릇을 하고 있던 요시라가 경상우병사 김응서에게 엄청 난 정보 하나를 가져왔다.

침략군 장수 중 가장 악질이며, 두 왕자를 납치하여 일본군 장수 중에서도 조선 조정의 증오 대상 1위인 가또 기요마사(가등청정)가 일 본에 갔다가 병력을 이끌고 부산으로 되돌아오는데, 전쟁 강경파인 그 를 부산 앞바다에서 기다리다가 요격하여 죽이면 강화회담이 부드럽 게 진행되어 전쟁이 평화롭게 끝날 것이라는 정보였다. 요시라가 이러 한 결정적인 정보를 가져오면서 벼슬을 요구하자 김응서는 조정에 알 려 요시라를 정 3품 절충장군에 책봉케 하고, 은자까지 80냥을 주었다.

선조와 조선 조정은 이 정보에 엄청 흥분했다. 1월 21일 조정에서 는 즉각 도원수 권율을 통하여 이순신에게 명령을 내려 가또를 요격하 여 죽이라 했으나, 이순신이 간계에 빠질까 두려워 출전을 하지 않자 권율은 이순신을 명령 불복종으로 조정에 보고했다.

이순신은 이 정보가 조선 수군을 유인하려는 고니시의 간계라 의 심하고 조정의 명령을 무시했던 것이다. 그런데 나중에 확인 결과 고 니시군의 뒤를 이어 조선에 상륙한 가또 함대는 고니시가 가르쳐 준 바로 그 일시에 그 장소로 항행했다. 이로써 이순신의 명령 불복종이 명백해진 것이다.

고니시는 이순신 같은 강직한 장군이 적의 밀고를 믿을 리 없다 는 것을 짐작하고 실제로 정확한 정보를 주었으며, 이순신이 자신이 준 정보를 의심하여 출진을 거부하면 어떤 형태로든 조선 조정에서 말썽이 일어날 것을 예견한 것이었다.

일설에는 이순신이 가또의 도해 정보를 조정으로부터 입수한 때가 이미 가또가 부산항에 입항한 후라는 설이 있다. 이건 좀 의심스러운 것이, 만약 가또가 부산에 입항한 후 정보를 입수했으면 두 날짜를 비교해서 금방 착오를 확인할 수 있는 것인데, 이를 간과하고 삼도수군통제사의 중책을 맡고 있는 이순신을 파직한 후 체포했다는 것이 이해가 잘 안 되기 때문이다.

어쨌거나 그 외에도 부산 지역의 왜영 방화 사건 보고에서 이순신이 장계를 통하여 그 화재를 자신의 부하의 공으로 돌린 데 대한 허위 보고로 선조의 반감이 겹쳐서, 1597년 2월 26일, 이순신은 국문을 받으러 함거에 실린 채 한양으로 압송되었다.

이순신이 잡혀가게 된 데는 원균의 친척인 윤두수와 윤근수 형제 그리고 김응남의 입김도 작용했다. 명청이 선조가 "내가 순신이란 위인을 잘 알지는 못하나 이번 일은 하늘이 기회를 주었는 데도 나아가 잡지 않았으니, 이같이 군율을 범한 사람을 어찌 매번 용서해 줄 수 있겠는가?"라고 혈압이 올라서 펄펄 뜰 때, 윤두수가 옆에서 "이순신의 죄상은 전하께서 이미 통촉하시는 바이옵니다. 이번 일로 전국 민심이 통분해 하지 않는 이가 없사오며, 고니시가 가르쳐주었는 데도 불구하고 나아가 잡지 않았으니, 설사 전쟁 중이라도 순신을 잡아야 할 것 같사옵니다"라고 하면서, 타는 불에 휘발유를 확 끼얹었던 것이다.

선조는 이미 김덕령을 패죽인 것과 마찬가지로 이순신을 때려 죽이려고 마음먹고 있었다. 《선조실록》에 선조가 우부승지 김홍미에게 전교한 것을 보자.

"이순신이 조정을 기망한 것은 무군지죄(역적죄)이며, 적을 놓아주어 치지 않은 것은 부국지죄(국가반역죄)이며, 남의 공을 가로챈 것은 함인지죄(남을 함정에 빠뜨린 죄)이며 방자하지 않음이 없는 것은 기탄지죄(기탄함이 없는 죄)다. 이렇게 많은 죄가 있으면 용서할 수 없는 법이여서 마땅히 율에 따라 죽여야 할 것이다."

보신 대로 선조는 이순신을 죽이려고 독하게 마음 먹었었다. 당시 선조는 고니시를 '하늘이 보낸 사람'이라고 하면서 그를 신뢰하고 있었고, 이중간첩 요시라에게는 당상관의 벼슬을 내려줄 정도로 등신 짓은 골라가면서 하고 있었다.

1597년 2월 26일 이순신이 한산도에서 잡혀온 이후에 국문한 위관은 서인인 좌의정 윤근수였고, 그를 변호한 인물은 정탁과 이원익, 이덕형 등이었다. 유성룡은 이순신의 친구였으나 서인과 동인 정파 간의 예민한 문제가 돌출될까 봐 나설 수 있는 입장이 못 되어 아무런 변호도 할 수 없었다.

이순신이 한 차례 모진 고문을 받고 목숨이 경각에 달리자, 보다 못한 정탁이 나섰다. "이순신은 참으로 장재가 있고 해전과 육전에서 못하는 일이 없는데 이러한 인물은 쉽게 얻을 수 없습니다. 이순신도 사람인 이상 잘못할 수가 있으니 공을 세워 속죄하도록 해 주시기 바랍니다"라는 뜻이 담긴 간절한 장계를 올려 선조의 마음을 돌려놓음으로써 이순신은 겨우 목숨을 건질 수 있었다. 이순신은 정탁의 목숨을 건 구명 건의로 4월 1일 겨우 석방되었으며, 그 때부터 백의종군하게 된 그는 순천으로 내려와 도원수 권율 막하에서 군사 고문직을 수행하게 되었다.

이렇게 정탁은 이순신에게만 은혜를 베푼 것이 아니라, 1591년 즉, 전쟁 발발 전 해에 일본의 동향이 심상치않자 선조가 무재를 지닌 인물을 천거하라 했을 때도 곽재우, 김덕령 같은 인물들을 천거할 정도로 혜안을 가지고 있었던 인물이었다.

후에 김덕령이 이몽학의 반란과 연루되었다는 억울한 혐의로 추국을 받을 때 "적을 앞에 두고 명장을 죽인다는 것은 스스로는 망치는 일"이라고 강력히 구명을 호소했으나 김덕령은 결국 등신 선조에 의해 장살되고 말았다. 정탁은 수십 년 간을 조정에 봉직했으나 청렴하기 짝이 없었고 벼슬은 좌의정에 이르렀다.

정탁 말고도 이순신의 구명에 적극 나서서 간언을 한 인물이 오리 이원익이다. 이원익은 전란 중 우의정 겸 도체찰사로 전란을 극복하는 데 커다란 공을 세운 인물이다. 특히 이원익은 이순신을 매우 아껴서 선조가 이순신에 관하여 물을 때마다 감싸고 도는 등, 이순신의 인격과 능력을 알아주던 명 재상이었다.

이순신이 한양으로 압송되어 오자 "이 사람이 죄를 받으니 국사는 다 틀렸다"라고 개탄을 금치 못하였으며, 선조에게 이순신의 구명을 강력히 호소했다. 이원익은 광해군대에 영의정을 지냈고, 인조반정 후 인조 정권에서도 영의정을 맡아 인심 안정에 크게 기여했다. 이원익 역시 정탁과 마찬가지로 청렴하기 짝이 없어, 정승을 수십 년 지냈으나 세상을 뜬 후 장례를 치를 형편이 안 되어 관에서 제구를 보내줄 정도였다. 이렇게 좀 된 인물들은 하나 같이 재물을 하찮게 여긴다. 교훈으로 삼기 바란다.

사실 백의종군이란 도로 병사가 되어 종군하라는 말이 아니고, 그냥 보직 해임에 불과했으며 녹봉도 평소와 같이 나왔다. 단지 관리로서 관복을 입지 못하고 백의를 입음으로써 징계 효과를 보는 징벌이었다.

그런데 《난중잡록》에는 이순신이 삭탈관직되기 직전인 1597년 2월 조정에 보낸 장계가 실려 있다. "신이 힘을 다하여 바다를 건너오는 적을 막고자 했으나, 마침내 공격 기회를 놓쳐서 적이 상륙케 했습니다. 신은 죽어도 남음이 있습니다." 그렇다면 이순신이 가또가 부산으로 온다는 정보를 듣고 바다로 나아가 가또를 요격하려 시도했다는 말인가? 이순신은 가또를 요격하러 나가지 않았다.

3. 부산 대화재(1596. 12. 12.)

이순신이 삼도수군통제사 직에서 파직된 데는 다른 원인도 작용했다. 제2차 조일전쟁이 발발하기 직전인 1596년 말, 수군 군관 정희현이 한 사가에서 허수석 형제와 밀담을 나누고 있었다.

당시 부산포를 점령하고 본거지로 삼은 일본군은 그 곳을 자기네 영토로 생각하여 모든 것을 일식으로 꾸며놓고 살고 있었다. 그러나 어쨌든 먹고살려면 조선인들과 생필품 거래를 해야 했다. 조선인들도 자연히 왜영을 드나들면서 장사에 종사하는 자들이 적지 않아, 이순신의 《난중일기》를 보면 조총 값까지 왜 장사꾼에게 주었다는 기사가 있을 정도다.

허수석과 그의 동생도 이처럼 왜의 진영을 무상 출입하는 자들 가운데 하나였다. 그들이 계책을 냈다.

"부산포는 바람이 많은 곳인 데다, 왜인들의 집이 다닥다닥 붙어 있으니 만약 불을 지르면 엄청난 결과를 가져올 것입니다." "그래, 그것 참 좋은 생각이네. 내 도체찰사와 상의해서 이 거사를 실행하게 하도록 하겠네."

군관 정희현은 즉시 도체찰사 이원익에게 화공작전에 대하여 보고하고 재가를 얻어 허수석 형제에게 방화를 실행하도록 명했다.

바람이 거세게 불던 12월 어느 날 부산포 왜영에 큰 불이 일어났다. 이 불은 바람을 타고 크게 번져 가옥과 군기 등을 태우면서 맹렬히 타올랐다. 사방에서 화약이 터지는 소리가 천지를 울렸고, 도처에서 수많은 집들이 무너졌다. 창고에 있던 군량미 2만여 석이 불탔으며, 정박했던 함선 20여 척도 불타버린 초대형 화재였다.

우연히 이를 본 전라우수영 소속 군관 김난서는 불이 일어난 원인을 아무도 모르는 줄 알고 자신의 공으로 만들 생각으로 상관인 거제현령 안위에게 달려갔다. 수하 군관인 김난서가 불을 질러 부산포가 쑥밭이 되었다는 소식을 접하자 안위 또한 한 다리 끼지 않을 수 없었다. 다음 날 안위는 직속 상관인 이순신에게 달려가 자신이 화공의 계책을 내었으며 수하인 군관 김난서가 실행해서 부산포 왜군 본영이 쑥밭이 되었다고 고했다. 척후병을 보내어 부산포의 상황을 확인한 이순신은 안위의 말만 믿고 부산포의 화재를 자신의 부하들이 계책을 내고 실행한 것으로 선조에게 장계를 올렸다.

방화의 성과로 가옥 1천 여 채가 무너지고 두 개의 화약고가 폭발했으며, 군량미 2만 석에다 왜선 20척이 타고 왜인 34명이 타죽었다는 어마어마한 결과가 조정에 보고되었다. 이렇게 이순신이 공을 보고하고 상을 청한 장계를 받고 선조가 엄청 기꺼워하는 도중, 다른 데서 영뚱한 장계가 도착했다. 도체찰사 이원익 장하에 선전관으로 있던 이조좌랑 김신국으로부터 전혀 다른 장계가 도착한 것이다.

"지난날 부산 적군의 방화사건은 도체찰사 이원익이 군관 정희현에게 명을 내려 심복 허수석과 몰래 꾸며 일어난 일입니다. 그 때 마침 이순신의 군관이 그 방화사건으로 불타는 날 와서 보고 돌아가서 이순신에게 보고를 했습니다. 그러자 그 보고를 받은 순신이 스스로의 공이라 장계를 올린 것입니다. 순신은 처음부터 그간의 사정을 전혀 모르고도 그런 장계를 올린 것입니다."

이렇게 내용이 전혀 다른 장계가 올라오자 기꺼워하던 선조는 크게 노했다. 이순신은 안위의 말만 믿고 장계를 올렸다가 작살이 난 것이다. 안위가 이순신의 본영에 와서 석고대죄했으나 이미 엎질러진 물이었다. 이순신의 이 장계는 훗날 왕을 속였다 하여 '기망장계'라 불리었으며, 이 사건으로 이순신의 명예는 크게 실추되었다.

4. 조선 수군의 전멸, 칠천량해전
(거제도 북쪽, 칠천도 사이. 1597. 7. 16.)

1597년 2월, 제2차 조일전쟁이 일어나자마자 조정의 명령 불복종으로 이순신이 삭탈관직된 후 원균이 삼도수군통제사가 되었다. 원균은 통제사가 되자마자 이순신이 시행하던 군율을 모조리 바꾸어 버리고, 이순신이 신임하던 장수들을 쫓아내서 장수들과 군사들로부터 크게 인망을 잃었다.

이원익과 권율이 선조의 명을 받아 원균에게 부산의 일군 본진을 치도록 명령했으나, 원균은 육군이 안골포를 먼저 공격하여 일군을 바다로 내몰아내주면 바다에서 치겠다고 주장했다. 원균이 '부산 앞바다는 함대를 정박할 만한 곳이 없고 앞뒤로 일 수군에 의해 포위될 위험이 있다'라고 보고했는 데도 불구하고 비변사와 도원수 권율은 원균의 출진을 독촉했다.

이순신도 원균과 마찬가지로 이러한 위험을 잘 알고 있었기 때문에 부산 본진을 공격하지 못하고 대치만 하고 있었던 것이다. 사실 원균은 이순신이 삼도수군통제사로 있을 때 조정에 장계를 올려 만약 자신이 통제사라면, 이순신같이 뒤로 물러나 적과 대치만 하고 있지 않고, 함대를 이끌고 적의 본진인 부산을 칠 수 있다고 큰소리를 친 적이 있었다. 이 장계 때문에 원균이 이순신을 모함하여 삼도수군통제사 직에서 파직되도록 했다는 것인데, 원균이 실현하기 어려운 작전에 대해 큰소리 친 것은 사실이지만, 그 일은 이순신의 파직과는 관계가 없었다.

원균이 머뭇거리고 지체하자 도원수 권율은 원균을 불러다 만인 앞에서 곤장을 치고 진격을 명했다. 만인환시리(萬人環視裏)에 해군 사령관이 참모총장에게 곤장을 얻어맞고 돌아온 것이다. 직사하게 얻어맞고 돌아온 원균은 할 수 없이 모든 수군 병력을 총 출동시켰다.

총 134척의 대함대였다. 7월 3일 출진한 원균은 옥포에 도착하여 밤을 보냈다. 이미 일군은 조선 수군의 움직임을 샅샅이 살펴가며 지휘부에 보고하고 있었다.

당시 일 수군은 3년에 걸쳐 강화회담을 하는 동안 수군의 전력을 증강하기 위하여 많은 대선을 건조했고, 그간 조선 수군에게 박살난 경험을 살려 조선 수군에 대한 전략을 착실히 세워놓고 전술도 개발해 놓은 상태로 1차 조일전쟁 때의 수군과는 비교가 안 되게 전력이 증강되어 있었다.

1597년 7월 5일 옥포를 출발한 조선 함대는 다대포에서 일 함선 8척을 만나 이를 가볍게 격침시키고 부산 입구 절영도에 도착했다. 당일 바람이 몹시 불었고 파도가 거칠게 일었으나 딱히 정박할 곳이 없었다. 이순신이 우려했었고 또 원균도 출진 전에 우려했던 것이 바로 순천서부터 부산포까지 중요한 포구를 모조리 일군들이 장악하고 있었기 때문에 출정을 해도 중간에 정박할 곳이 없다는 것이었다.

원균이 통제사가 된 후 수군의 기강이 해이해지고 도망병이 많이 생겨 원래 척당 164명의 승무원이 90여 명 정도로 줄어 있어서, 자연히 노젓는 격군이 절반 정도로 줄었고, 거기다 하루 종일 노를 저어 와서 격군들은 지칠 대로 지쳐 있었다.

거기다 날이 어두워지면서 바람이 거세지자 강풍을 이기지 못하고 떠내려간 전함이 20여 척에 이르렀다. 할 수 없이 원균은 나머지 함선 100여 척을 수습하여 가덕도로 후퇴했다. 군사들이 가덕도에 배를 대고 물을 구하러 뭍에 내리자 매복하고 있던 일 육군이 조선 수군을 공격하여 순식간에 수백 명의 사상자가 생겼다. 조선 수군이 급히 함대를 뒤로 물려 칠천량 외줄포에 도착한 것이 9일 새벽이었다. 칠천량은 진해시 남단의 거제도와 칠천도 사이의 바다를 말한다.

어이없이 배를 잃고 돌아온 원균은 또다시 원수부에 끌려가 곤장을 얻어맞았으며, 재차 부산 출동을 명령받았다. 수군사령관인 입장에서 두 번이나 불려가 만인 앞에서 개망신을 당했으니 원균도 이판사판이었다.

7월 16일 밤 일군 쾌속 함정 5척이 기습해 와서 조선 수군 전함 4척에 불을 지르고 달아났다. 이날 밤 경상우수사 배설이 그의 휘하 전함 12척을 거느리고 함대에서 이탈했다. 그는 여러 차례 원균에게 안전지대로 이동하자고 건의했으나 묵살되자 겁도난 데다 조선 수군의 최후를 예감하고 이날 밤 탈출을 결행한 것이었다. 이 비겁한 배설의 탈출이 역으로 칠천량 패전 후 조선 수군을 재건하는 주춧돌이 된다.

16일 새벽이 되자 일군의 총공격이 시작되었다. 도도 다카도라가 지휘하는 일 수군은 600여 척에 이르는 대함대로 칠천량 포구에 밀집 정박해 있는 조선 수군 함대를 3~4겹으로 포위하고 공격을 시작했다.

이 것이 바로 일 수군이 새로 개발한 전략으로, 일 수군은 여러 차례 조선 수군에게 패한 후, 조선 수군과 전투를 할 때 적은 함선으로는 전투를 피하고, 전 함대를 동원하여 수륙으로 포위 협격을 하면 승산이 있다는 것을 깨달았고, 이 첫 번째 전술 시험에 걸린 것이 바로 원균이었다.

조선 함대는 일 수군의 공격에 같이 응전하면서 견내량으로 이동했으나, 한산도로 들어가는 견내량은 적함들에 의하여 이미 봉쇄되어 있었다. 포위되어 갈 곳이 없어진 원균이 육지에 배를 대고 도망치자 수많은 장수와 군졸들이 뒤를 따랐다. 결국 원균을 비롯한 대부분의 장수와 군졸들은 육지에서 대기하고 있던 일 육군에게 참살되었으나, 원균의 기함에 탑승했던 선전관 김식은 구사일생으로 살아 돌아와 패전의 경과를 조정에 보고했다.

조선 수군이 배를 놓고 육지로 도망치자 일군은 조선 전함에 뛰어올라 남아 있는 수군들을 제압하고 재빨리 배에 불을 질렀다. 전함에 불이 붙자 적재되어 있던 화약이 폭발하면서 칠천량 바다를 붉게 물들였다. 이로써 수 년 간 어렵게 전함을 건조해 대함대가 된 조선 수군의 주력이 하루 아침에 사라져 버렸다.

이 전투에서 전라우수사 이억기, 충청수사 최호, 조방장 배흥립이 전함과 운명을 같이 했다. 용장이었던 이억기가 전사하자 조정에서는 김억추를 전라우수사로 임명하여 내려보냈는데, 이 인물은 나이도 어린 데다 수전에 대하여는 아무것도 아는 것이 없는, 그냥 낙하산 줄을 타고 내려온 인물로 이후 전투 시 거의 도움이 되지 않았다.

칠천량해전 때 일군의 선단은 600척 가까이 되었고, 조선 전함은 134척이었으며 수군은 13,000명에 이르렀다.

사실 일 수군과 조선 수군의 함선 비율이 4.5대1 정도면 조선 수군의 열세라고 볼 수 없었으나, 원균의 지휘 통솔 능력의 부족, 장수들의 비협조, 병사들의 사기 저하 등의 문제에다, 수륙합동작전을 편 일군의 기습 포위 공격으로 조선 수군은 거의 1만 명이 전사하고 전함 모두가 불에 타 격침되는 대패를 당했다. 일군은 치밀한 작전하에 육군과 수군이 합동작전을 벌여 조선 수군을 제압함으로써 남해의 제해권을 장악하게 되었다.

당시 조선 수군은 3척의 거북선을 보유하고 있었다. 전라좌수영 거북선, 방답 거북선 그리고 순천 거북선이었다. 이 세 척의 거북선은 모두 칠천량해전에서 불에 타 침몰했으며, 이후 조선에서는 전쟁이 끝날 때까지 다시는 거북선을 건조하지 않았다.

칠천량해전에서 전사한 전라우수사 이억기는 전사 당시 37세의 젊은 장수로 이순신보다 16살이나 아래였다. 이억기는 어려서부터 무예에 남다른 자질이 있어 무과에 일등으로 합격한 후 1581년 21세 때 종3품인 경흥부사로 임명되었고, 32세 때 전라우수사가 되었다. 엄청 빠른 출세다.

이순신과 합동 작전으로 수많은 공을 세운 이억기는 칠천량해전에서 패색이 농후하자 수하 군관이 피신을 권고했는 데도 불구하고 깨끗한 죽음을 맞기로 작정하고 투신 자살하여 전함과 운명을 같이 했다. 이억기는 전사한 후 병조판서로 추증되고 선무이등공신에 책훈되었다.

전라좌수영 예하 사도진 첨사 김완은 칠천량해전에서 고군분투하다가 포로가 되어 일본으로 잡혀갔다. 그는 다음 해 4월 겨우 탈출하여 조선으로 돌아와 많은 일본에 관한 정보를 전했다.

전쟁이 일어난 지 정확히 400년이 지난 1992년 8월 18일 거북선에 장착되었던 별황자총통 1문이 한산도 앞바다에서 인양되었다. 총통의 몸체에는 그 총통이 거북선에 장착되었던 총통이었음을 밝히는 글이 선명하게 새겨져 있어 온 국민을 흥분의 도가니로 몰고갔다.

그런데 나중에 밝혀진 바에 의하면, 이 총통은 진짜가 아니고, 충무공 해저 유물 발굴단이 작업을 하던 중 발굴 단장인 황 대령이란 인간이 장난친 가짜로 밝혀졌다. 그는 골동품 업자와 짜고 가짜 총통을 만들어 한산도 앞바다에 빠뜨려놓고 제가 도로 건져냈던 것이다. 전 국민의 관심 속에서 유물 발굴 작업을 하던 황 대령이란 인간이 명예욕에 눈이 멀어, 조일전쟁 400주년에 맞추어 제법 밑천을 들인, 전 국민이 놀랄 만한 사기극을 연출했다가 들통난 것이다.

2009년 3월 거제도에서 2km쯤 떨어진 칠천도 앞바다에서 주한수중공사의 탐사선이 수심 12m의 해저에서 칠천량해전 당시 침몰한 판옥선과 거북선의 잔해를 찾아내기 위하여 수중 탐사를 벌이고 있었다. 칠천도 앞바다 일대는 검은색 펄로 덮여 있는데, 내해이기 때문에 조수 간만의 차가 거의 없어 일 년에 대략 1~1.5cm 두께의 펄이 쌓인다고 한다. 칠천량해전 때부터 지금까지 펄이 쌓인 두께를 계산하면 약 4~5m에 달한다. 펄의 두께가 그렇게 두껍지 않기 때문에 펄을 퍼내는 것은 가능하지만 과연 어디에 침몰선의 잔해가 묻혀 있는지가 관건이다. 최신 장비가 모두 동원되어 탐색에 나섰으나 침몰선이나 그 잔해를 찾을 수 있을지는 미지수다.

선조는 원균이 용감하여 매양 선봉에 섰고, 칠천량해전의 패전도 원균의 잘못이 아니라, 원균이 부산 앞바다를 공격할 수 없는 상황이라고 보고하였는 데도 불구하고 비변사와 권율의 독촉에 의하여 패전할 것을 뻔히 알면서 공격하다 전사했으므로 그 패전에 원균은 잘못이 없다는 논리를 폈다. 그러니 공신 책봉에서 원균을 2등이 아니고 1등으로 책봉하라는 비망기를 내린 것이다.

사실 칠천량해전의 패전 책임을 원균 혼자에게 지울 수는 없다. 당시 패전의 책임은 제일 먼저 상황을 알지도 못하면서 일 수군의 본진인 부산포를 공격하라는 명령을 내린 멍청한 임금 선조, 그냥 시키는 대로 명령만 하달한 무능한 비변사 대신들, 해전에 대하여 제대로 알지도 못 하면서 무조건 출전하도록 윽박지른 도원수 권율, 무책으로 피해 규모를 줄이지 못한 원균 등이 골고루 나누어 져야 할 것이다.

선조가 원균의 칠천량 패전에 대하여 언급한 기록을 《선조실록》에서 보자. "원균이 이순신을 대신하여 통제사가 되어서는 재삼 장계를 올려 부산 앞바다에 들어가 토벌할 수 없는 상황을 극력 전달했으나, 비변사가 독촉하고 원수가 윽박지르자 원균은 반드시 패전할 것을 알면서도 진을 떠나 왜적을 공격하다가 드디어 전군이 패배하자 그는 순국하고 말았다. 원균은 용기만 삼군의 으뜸이었을 뿐만 아니라 지혜 또한 지극했던 것이다."

조선 수군이 무너지자 일군은 이긴 기세를 타고 거침없이 서쪽으로 내달았다. 남해섬과 여수, 순천이 차례로 함락되었으며 남원성까지 포위하면서 일군은 처음으로 전라도 깊이 발을 디디게 되었다. 이렇게 일 수군이 남해의 제해권을 갖게 되자 명에서는 일 수군이 서해를 거쳐 명으로 직접 침공할 가능성을 우려하여 조선에 수군을 파견키로 결정했다.

초장에 조선과의 해전에서 거푸 깨지자 노한 히데요시는 우선 이순신과의 해전은 피하라고 명을 내려놓고, 그간 가까이 해왔던 스페인 선교사들과 표류해온 외국 선원들로부터 자문을 받아 대선 수백 척을 새로 건조하기 시작했다. 제2차 조일전쟁에 투입된 이 새로운 병선들과 새로이 수립된 해전 전략에 제일 먼저 박살난 것이 바로 원균이었다.

히데요시가 죽은 후 뒤를 이은 도쿠가와 이에야스는 조선에서의 해전 패전을 거울삼아 영국 조선 기술을 도입하여 해군력을 크게 증강시켰다. 결국 이순신이 일본의 해군력을 크게 키워준 셈이 되었다.

5. 9차 출동 : 세계해전사에 빛나는 승리, 명량대첩(1597. 9. 16.)

명량해전은 칠천량 패전이 있은 지 정확히 두 달 후에 일어났다. 칠천량해전 패전 소식에 경악한 조정은 병조판서 이항복의 건의에 따라 7월 23일 이순신을 다시 삼도수군통제사에 임명했다.

등신 같은 선조도 자신이 패죽이려던 이순신을 다시 삼도수군통제사로 임명한다는 교서를 내려보내면서 정말 팔리는지 "지난번 경의 벼슬을 갈아 죄를 쓰게 한 것은 사람의 생각이 부족하여 그리 되었도다. 그리하여 오늘 이 패전의 욕을 당하게 되었으니, 무슨 말을 할 수 있으며, 무슨 말을 하겠는가" 하며 약간 반성의 빛을 보였다.

이순신이 패전 상황을 살펴보니, 도망쳤던 배설은 전쟁공포증으로 제정신이 아니었고, 얼마 남지 않은 군졸들은 피로와 굶주림에 지쳐 있었다. 이순신은 주요 읍성들을 돌면서 흩어진 장수들과 군사들을 모으고 군량과 화포 등 전투 장비를 모아 다음 전투에 대비하면서, 복직된 이후부터 명량해전이 끝날 때까지 2개월 간 단 한 번도 갑옷을 벗지 않고 수군 전력을 재건하기 위해 동분서주했다.

그러는 동안 선조의 교서가 내려왔다. '수군이 약하여 적을 막아내지 못할 것임으로 수군을 해체하고 육전에 힘쓰라'라는 내용이었다.

"지금 신에게는 아직도 전선 12척이 있사온데 죽을 힘을 다해 항거해 싸운다면 오히려 해볼 만합니다. 전선의 수는 비록 적지만 신이 죽지 않는 한 적은 감히 우리를 업신여기지 못할 것입니다."

이순신 장군이 선조에게 보낸 장계에서 한 유명한 말이다. 대단한 오기 같지만 사실은 이순신 장군은 조선 전함의 위력을 정확히 파악하고 있었고, 또 조선 전함 열두 척의 화력을 극대화시키면 일군의 대함대와도 겨룰 수 있다고 판단했던 것이지, 무모하게 큰소리만 친 것은 절대 아니었다.

1597년 9월 16일, 드디어 운명의 날이 다가왔다. 명량해협에서 진을 치고 기다리는 이순신의 함대를 목표로 일 수군 사령관 와키자카 야스하루가 이끄는 거의 200척에 달하는 일군의 대함대가 몰려오고 있었다.

"아무리 이순신이 대단하다 할지라도 수군이 다 박살나고 겨우 12척이 남았다는데 걔가 우리 함대 200척을 무슨 수로 당하랴? 가서 마저 손을 보자." 이것이 일 수군 지휘관들의 똑 같은 의견이었다. 그러나 그들은 이순신이 진을 쳐놓고 기다리는 명량해협이 무슨 조화를 부릴 수 있는지에 대해서는 아무것도 모르는 상태였다.

전남 해남군과 진도군 사이에 있는 명량해협은 조류의 속도가 최대 11노트를 넘어 우리나라에서 조류가 가장 빠른 곳이자 세계에서 다섯 번째로 빠른 곳으로, 물살이 마치 우는 것 같은 소리를 낸다 해서 '울돌목'이라 부른다. 하루 네 번 밀물과 썰물이 번갈아 드나들며 밀물과 썰물이 뒤바뀔 때는 물결이 잠시 멈추는데, 밀물과 썰물의 속도가 보통 바다보다 3배 이상인 초당 5~6m의 속도로 흐른다. 홍수로 자동차가 떠내려갈 때의 물살이 초속 2~3m인 것과 비교하면 얼마나 거센 물살인지 감이 잡힐 것이다.

명량해협의 길이는 약 1.5km에 폭이 평균 500m 정도이나, 양쪽 해안에서 50여 m씩은 수심이 얕아 실제 배가 항해할 수 있는 폭은 400m 정도다. 그런 가운데서도 문제의 울돌목은 화원반도와 진도 쪽에서 바위가 50여 m씩 더 돌출되어 있어 폭이 300여 m로 더 좁아지고, 그마저 양쪽에 수심 1m 정도 깊이에 90여 m씩의 바위턱이 있어 조류 변동과 관계없이 배가 통과할 수 있는 폭은 겨우 120여 m에 그친다. 썰물로 물이 빠지면 중심 폭 120여 m를 제외한 바위턱이 수면 아래에 드러나 다리처럼 되는 곳이다. 조류가 급류로 흐를 때면 이 좁은 목의 물 밑 바위턱에 부딪쳐 소용돌이치면서 마치 해룡이 용트림하는 듯한 굉음을 내는 곳이었다.

이 조류는 하루에 네 번 바뀌고 물살의 속도도 수시로 변해 배를 제어하기가 아주 힘든 곳으로, 이 해협이 바로 한 사람이 막아지켜도 능히 천 사람을 두렵게 할 수 있는 절지였다.

이순신은 바로 이 곳으로 일 함대를 유인하기 위하여 그로부터 5km 떨어진 벽파진에서 진을 치고 15일 간이나 적을 기다리고 있었다. 이러한 절지에 아무것도 모르는 일 함대가 이순신의 유인 작전에 걸려서 들어왔다가 전 함대가 거의 다 박살 난 것이다.

명량해전에 참전한 조선 수군 병력은 판옥선 13척과 협선 32척이었다. 판옥선 한 척은 배에 태울 수군이 모자라 전라우수영에 정박하고 있었던 배였으며, 이순신은 함대의 수를 위장하기 위해서 어선도 100여 척 동원했다. 협선이란 5~6명이 타는 작은 배로 연락선으로 쓰는 배다.

이순신이 장수들을 불러놓고 다짐하기를 "병법에 이르기를 '죽으려 하면 살고, 살려고 하면 죽는다'라고 하였고, 또 '한 사람이 길목을 지키면 천 명의 사람이 겁을 낸다'는 말이 있는데 이는 모두 오늘의 우리를 두고 한 말이다. 너희 여러 장수들은 결코 살려는 생각을 하지 마라. 조금이라도 명령을 어긴다면 군법으로 다스릴 것이다"라고 몇 번이나 일러두었다. 이순신 장군의 이런 정성이 통한 탓인지, 이날 밤 이순신 장군의 꿈에 신인이 나타나서 "이렇게 하면 크게 승첩하고, 이렇게 하면 질 것이다"라고 전략을 일러주었다 한다.

9월 16일 낮 12시쯤 일 함선 200여 척이 해협을 가득히 메우며 그 위용을 나타냈다. 해협 통과가 어려운 대선 70여 척은 입구에서 대기하고 있고, 중·소선 130여 척이 해협 안으로 진공해 들어왔다.

바로 이 때 이순신은 전 함대에게 일 함대를 공격하도록 명령을 내렸다. 그런데 적의 군세가 너무 큰 데 겁을 먹은 휘하 장수들이 노를 저어 앞으로 나가지 않고 조류를 타고 뒤로 빠지는 것이었다.

그러자 이순신은 군사들을 독려하여 전투가 시작되었고 조선 함대에서 수십 문의 함포가 불을 뿜기 시작했다. 이순신은 초요기를 올려 장수들의 전함을 가까이 부른 다음 안위와 김응함 등을 질책하여 모두 공격에 나서도록 했다.

이후 안위의 활약을 보자.

"질책을 받은 안위의 전함이 포를 쏘면서 선두로 진공하자 일 함선 두 척이 일시에 안위의 배에 개미 붙듯 하여 서로 먼저 올라가려 하니 안위와 그 배에 탄 병사들이 죽을 힘을 다하여 혹은 모난 몽둥이로,

혹은 긴 창으로 또 혹은 수마석 덩어리로 무수히 치고 막다가 병사들이 기진맥진하므로 나는 뱃머리를 돌려 바로 쫓아 들어가서 빗발치듯 마구 쏘아댔다. 적선 세 척이 거진 다 엎어지고 자빠졌을 때 녹도만호 송여종과 평상포 대장 정응두의 배가 뒤쫓아와서 합력해 쏘아 죽여 적은 한 놈도 몸을 움직이지 못했다." 이순신 장군이 《난중일기》에 남긴 글이다.

일 함선들은 30~40척씩 4개 함대로 해협에 밀집대형으로 모여 있어서 조선군 함포의 좋은 탄착점이 되었다. 조선 수군 전함들의 함포는 계속 불을 뿜어 일 함선들을 격침시켜 나갔다.

그 때 기함에 타고 있던 항왜군 준사가 바다에 떠있는 일본군 시체 가운데 비단옷 입은 시체 하나를 보며 "적장 마다시다"라고 외쳤다. 군사들이 그 시체를 건져 올려 목을 베어 돛대에 높이 달아 매자 일군들의 사기는 크게 떨어지고 조선군의 사기는 크게 올라갔다.

전투 도중 조류가 방향을 여러 번 바꾸자 일 함선들은 자신들의 함대를 어떻게 제어해야 할 줄 몰라 우왕좌왕했고 조선 수군의 함포는 계속 불을 뿜어대 일군의 함선수는 점점 줄어들고 있었다.

시간이 지나면서 드디어 접근전이 시작되었다. 조선군 전함들은 닥치는 대로 일 함선과 충돌하여 11척을 충파했으며, 포격으로 20척을 격침시켜 모두 31척을 격침시켰다. 나머지 100여 척도 조선군의 집중 포격을 받아 만신창이가 되어가고 있었으며, 불타는 일 함선에서 뛰어내린 일 수군의 시체와 부서진 함선의 잔해가 울돌목을 메워가고 있었다.

드디어 더 이상 견디지 못하게 된 일 수군은 총 퇴각을 시작했고 조선군의 추격이 뒤따랐다. 130대 13의 싸움은 겨우 3~4시간 만에 끝났고 조선 수군 전함의 손실은 단 한 척도 없었으며, 이순신이 탄 기함의 전 사상자는 겨우 전사 2명, 부상 3명으로 모두 5명이었고, 조선 수군 전체의 희생자는 100명 미만이었다. 일본군의 손실은 31척의 함선이 격침되었고, 100여 척이 만신창이가 되어 적어도 3천 내지 5천 명 정도의 적병이 전사했을 것으로 추정된다.

이순신은 외로운 병력으로 일군 대함대를 물리쳐 명량해전을 승리로 이끌어 조선 수군을 재건할 수 있었고, 일 수군의 서해 진입을 저지하여 보급로를 끊음으로써 일군의 작전은 커다란 차질을 빚게 되었다.

이 전투의 승리는 다른 전투와 다르다. 한산도해전을 제외한 다른 해전들은 사실 어른이 아이 팔 비틀기나 마찬가지였다. 일 수군과 조선 수군의 전력 비교에서 조선 수군이 압도적으로 우세한 가운데, 일 수군의 반격도 거의 받지 않는 상황에서 일방적인 함포 사격으로 일 함선들을 격침시켜왔기 때문이었다. 그러나 명량해전은 겨우 13척의 전함으로 거의 열 배에 달하는 130여 척의 일 함선을 격퇴한 명실공히 대첩인 것이다.

앞에서도 여러 번 언급했으나 일 수군은 전함이 없는 데다 선상 육박전을 위주로 했으나, 조선 수군은 함포가 장착된 전함을 보유하고 있었으므로 비슷한 수의 함선끼리의 전투는 사실 전투다운 전투라고 볼 수 없다. 실제로 일 수군이 조선 수군의 판옥선 갑판 위에서 전투를 한 경우는 조선 수군의 패전인 칠천량해전을 제외하고는 거의 없었기 때문이다.

이처럼 치열했던 명량해전에서 이순신의 기함에서는 전사자가 겨우 2명, 부상자가 3명이 나왔다. 일 함대는 31척이 격침되었고, 100여 척이 피해를 입은 데다, 수천 명이 전사할 만큼 막대한 손실을 입은 것과 비교할 때 조선 수군의 피해는 거의 없는 것이나 마찬가지였다.

이 해전의 승리는 이순신이 일 함대를 배를 제어하기 어려운 울돌목으로 유인해서 탁월한 지휘 능력으로 일방적으로 공격한 것과, 이를 뒷받침한 조선 주력 전함 판옥선의 공이라 할 수 있다.

명량해전은 제2차 조일전쟁에서 조선과 조선 수군의 명운이 걸린 해전이었고, 그 해전에서 열 배에 달하는 일 함대를 격파한 이순신은 세계 해전사상 불멸의 영웅으로 추앙받아 마땅하다.

이순신 장군의 진면목을 알려면 명량해전에 대하여 알아야 한다. 그간 조일해전에서 있었던 자질구레한 충돌들을 부풀려서 포장을 하지 말고, 고교 역사 교과서에 명량해전에 대해 상세히 기술하라. 그리고 이순신 장군이 어떻게 해서 우리 모두의 영웅이 되었는가를 분명히 가르쳐라.

이렇게 어려운 싸움에서 승리한 이순신에게 비보가 기다리고 있었다. 아산 집이 일군들에게 약탈당하고 잿더미가 되었으며 그 와중에서 셋째 아들 면이 21세로 전사했다는 소식이었다. 이 소식을 들은 이순신은 사랑하던 자식의 죽음에 통곡을 금치 못했다.

명량해전의 승인 중에 바다 양안을 연결한 쇠사슬 전법 이야기가 나오는데, 이는 《난중일기》와 《이충무공행장》(정조, 1795)에 없는 스토리이므로 신빙성이 떨어진다.

이 기록은 전라우수사 김억추가 자신의 행적을 기록한 《현무공실기》에 "철쇄, 즉 쇠사슬과 철구로 전선을 깨뜨렸다"라는 기록이 나온다. 다른 해전에서도 쇠사슬 전법에 대한 언급이 없는데 김억추는 언제 철쇄작전을 썼던 것일까?

"어란진에서 출발한 133척의 일본 대선단은 우수영으로 흐르는 밀물을 타고 빠른 속도로 울돌목에 들어선다. 거침없이 몰려오던 일 함선들은 생각지도 않은 철쇄에 걸려 차곡차곡 쌓이며 서로 부딪쳐 여

지없이 부서진다. 오후 1시경 밀물이 끝나고 물길이 멈춘다. 그러나 일 수군들은 좁은 수로에 갇혀 오도가도 못 한 채 혼란에 빠져 있었다. 이 때 조선 수군이 전진하면서 각종 화포를 빗발처럼 퍼부어대며 맹렬한 공격을 가한다." 이것이 《KBS 역사스페셜》에서 방영한 확인 안 된 스토리다.

　　사실 일 함선의 배수량(排水量)이 백 톤 정도라 하더라도, 백 톤이나 되는 함선 수 척 내지 수십 척이 철쇄에 차곡차곡 걸리면 그 압력이 엄청나다. 그 압력을 감당하려면 울돌목을 가로지르는 철쇄가 엄청 두꺼워야 하고, 최소한 수 톤의 무게를 지녔을 철쇄를 팽팽하게 당길 수 있어야 한다. 또 철쇄가 끊어지지 않고 버티려면 육지에서 철쇄를 지탱해 주는 지주가 최소한 수백 톤의 압력을 견딜 수 있어야 한다. 당시 기술로 그런 시설을 만들 수 있었을까?

　　명량해전 후에 조선 수군은 다시 전함 건조에 박차를 가해서 판옥선 80척과 협선 200여 척의 대함대가 되었으며, 수군도 8천여 명으로 늘었다. 대함대로 재편성된 조선 수군은 다시 남해의 제해권을 확보하게 되었다.

　　2008년 5월 27일 진도대교 근처에 1,360톤짜리 거대한 철골 건조물이 바다에 내려져 해저에 고정되었다. 우리나라 최초, 그리고 세계 최대의 조류 발전 시설 철골 구조물인 것이다.

　　두 번의 실패 끝에 안착에 성공한 철골 구조물은 10층 아파트만 한 크기에 조류가 드나들 때 돌아가는 바람개비 모양의 수차가 달려 있으며, 발전 용량은 시간당 1,000kw로 연간 2.4기가와트를 생산하여 400가구 정도에 전기를 공급할 수 있도록 만들어져 있다. 조류 발전은 태양광 발전이나 풍력 발전 등에 비해 발전량이 많아 상용화될 수 있을 것으로 보인다. 우리나라 최초로 조류 발전 시설이 설치된 곳이 바로 명량해전이 벌어졌던, 우리나라에서 가장 거센 조류가 흐르는 울돌목인 것이다.

6. 육전의 최후 혈전, 울산성전투(1597. 12.)

제2차 조일전쟁 즉, 정유재란의 마지막 육전을 장식한 전투가 바로 울산성전투다. 이 울산성전투를 증거하는 그림이 일본 나고야성의 전쟁 박물관에 보존되어 있는 여섯 폭 병풍화인 《울산성전투도》다. 이 전투도에는 1597년 12월 23일부터 다음 해 1월 4일까지 13일 간 벌어졌던 울산성전투를 그리고 있는데, 이 전투는 양측에서 전사자가 12,000명이 넘는 대혈전이었다. 이 울산성전투에서 죽다 살아난 가또 기요마사와 이를 구원하러 왔던 일군 장수들은 이후 더 싸울 의욕을 잃고 남해의 왜성에 틀어박혀 소극적으로 방어전만 펼치다 히데요시가 죽자 잽싸게 철군하고 말았다.

재차 침공해온 일 육군이 충청도 직산에서 깨진 다음 남으로 퇴각하고, 일 수군은 명량에서 박살나서 제해권을 잃어 일군의 사기가 바닥을 칠 때인 1597년 막바지에 조선 조정과 명군은 가또 기요마사가 주둔하고 있는 울산성을 공격하기로 결정했다. 울산성은 축성의 대가인 가또가 직접 설계하고 축성한 성으로, 높이는 4~15m인 난공불락의 성채였다.

조명연합군은 울산성을 완전히 포위하고 외부에서 오는 구원군을 막을 방책을 세운 다음 공격하기 시작했다. 치열한 공방전이 며칠째 계속되면서 성안의 식량과 물이 떨어지자 살아남을 희망을 잃은 가또가 다른 성의 장수에게 보낸 서신이 남아있다. "나는 여기서 할복할

것이니 당신은 그 성에서 할복하시오."(《울산농성각서》)

종군 승 케이넨의 종군기인 《조선일일기》에도 "드디어 아군은 물도 식량도 떨어졌다. 성을 방어할 수 없게 되었다. 내일은 성이 적의 수중에 떨어질 것이다. 밤새 부처님의 자비에 감사드리고 그 마음을 읊는다"라고 기록되었으니, 당시 아무도 살아날 희망이 없을 정도로 가또는 막판까지 몰렸었다.

일군은 식량과 물이 떨어지자 전마(戰馬)를 잡아먹기 시작했고, 쌀은 조총수에게만 하루 한 홉씩 배급했다. 울산성은 견고한 대성이었으나, 우물이 없는 것이 치명적인 약점이었다. 일군은 물을 얻으려면 죽음을 무릅쓰고 밤에 몰래 성을 빠져나가 성밖 태화강까지 가야 했다. 이들은 태화강을 경비하던 조선군에게 맞아죽고 혹한에 얼어죽어가면서, 극심한 식량난과 급수난 그리고 추위와 싸워야 했다.

일군이 결사적으로 울산성을 방어하는 동안 드디어 사방에서 구원군이 도착하기 시작하여 일군 구원군 총병력은 거의 6만에 육박하게 되었다. 1598년 1월 4일 일군을 전멸 직전까지 몰아붙였던 조명연합군은 일군의 대규모 구원병이 배후에 집결하는 것을 보고 성의 포위를 풀고 퇴각한다. 13일 간의 울산성전투로 조명연합군 약 6천 명, 일군도 마찬가지로 6천여 명이 전사하여 총 12,000명 정도가 이 전투에서 전사했다.

이 울산성전투에 항왜인들이 참전하여 큰 공을 세웠다. 항왜인 중 사야가는 가또의 제 일대를 전멸시켰고, 오카모도 에치고노카미는 약 8천 명이나 되는 대규모 군대를 지휘하여 일군과 싸웠다. 항왜인 중 연대장, 사단장급의 장수도 있었던 것이다. 이렇게 공을 세운 항왜인들은 조정으로부터 벼슬과 이름을 받아 조선인으로 살았다. 그들 또한 일인인 것이 드러나는 것을 원치 않아 《모화당문집》을 남긴 사야가를 제외하고는 대부분 소리 없이 조선인으로 동화되었다.

구원군 도착으로 아사 직전의 포위에서 풀려난 일군이 "성주님이 나에게 배를 타라고 하신다. 너무 기쁘고 도대체 꿈인지 생시인지 구별할 수가 없다. 성을 내려올 때는 너무 기뻐서 눈물을 흘렸고 마치 공중에 떠있는 것 같았다"라고 기록을 남겼는데, 사람이 목숨에 대한 애착은, 사무라이 빼고, 조선군이나 일군이나 별 차이가 없다 하겠다. 결국 울산성전투 이후 전투 의욕을 잃은 가또는 울산성을 포기하고 남하하여 서생포에 주둔하면서 꼼짝도 하지 않았으며, 수성전으로 일관하다 히데요시가 죽자 바로 본국으로 철수하고 말았다.

7. 10차 출동 : 조명연합군의 절이도해전
(거금도, 고흥군 금산면, 1598. 7. 19.)

명은 1597년 9월 9일 진린을 부총병에 임명해 광동 수군 5천 명을 이끌고 조선 수군을 원조하도록 결정했으며, 진린은 다음 해인 1598년 7월 16일 수군을 이끌고 고금도에 이르렀다.

1598년 7월 18일 일 수군이 고흥반도의 녹도를 침공했다.

다음 날 이순신의 함대 85척은 절이도에서 적 함대를 공격하여 적함 50여 척을 격침시켰는데, 전투가 끝날 때까지 명 수군은 구경만 하고 있다가 조선 수군이 벤 수급 35개를 탈취하여 전공으로 삼았다. 제독 마귀는 절이도해전이 끝난 후 이를 선조에게 보고하는 자리에서 이순신의 능력을 다음과 같이 평가했다.

"이순신이 아니었던들 중국 군대가 작은 승리를 얻는 것도 어려웠으리라 하였습니다. 국왕께서는 조선의 여러 장수 가운데 누가 양장이라고 생각하십니까? 나는 이순신, 정기룡, 권율, 한명련 등이 제일이라고 생각합니다."

양장 중 이순신이 가장 첫 번째로 거론되었고, 그 뒤에 우리 역사에서 자취를 감추었던 상승장군 정기룡이 언급되었다.

8. 11차 출동 : 조명수륙연합군의 패전, 왜교성해전(1598. 9. 19.)

9월 19일 조명연합군과 조명수군연합군의 합동작전 속에 순천 왜성 공격이 시작되었다. 연합 함대는 판옥선 85척, 같은 수의 협선과 명 수군 전함인 사선 25척, 호선 77척으로 총 수백 척의 대함대였다. 그런데 왜교성 앞바다는 수심이 얕은 데다가 일 함선 500여 척이 육지 속으로 깊숙이 들어가 있는 신성포에 숨어 있었으며, 수로에 빽빽이 말뚝을 박아놓아 연합 함대의 진공이 매우 어려웠다.

10월 2일 연합군이 맹렬한 공격을 가했으나 일군의 기습으로 명군 800여 명이 전사했고, 조선 수군에서도 장수 둘이 전사하고 셋이 부상을 입었다. 다음날에는 공격하던 중 썰물이 되어 채 빠져나오지 못한 명군 사선 19척과 호선 20척이 피격되어 명 수군 수백 명이 다시 전사했다. 왜교성 공격에서는 일 함선 일부를 격침시켰으나 조선군과 명군도 많은 피해를 입어 별 소득 없이 철군하고 말았다. 연합군의 패전이었다.

9. 사천성전투

10월 1일 명군 장수 동일원은 조명연합군을 이끌고 시마즈 요시히로 (도진의홍)가 웅거하고 있는 사천성을 공격하다가 대패했다. 일본식으로 새로 지은 사천성은 난공불락이었고, 일군이 조총을 쏘아가면서 방어하도록 아주 적합하게 건축되어 있었다. 결국 공격하던 조명연합군은 거의 4만에 달하는 전사자를 내고 패퇴했고, 시마즈는 38,717급의 수급을 베었으며, 여기서 코를 베어 통에 넣고 절인 다음 일본으로 보냈다.

이 사천성전투는 칠천량해전, 남원전투와 함께 시마즈가 참전한 3대 승첩으로, 시마즈는 이러한 집안의 자랑을 자신의 참전 기록인《정한록》에 수록했는데, 명 측에서는 사천성 전투의 전사자가 3~4천에 지나지 않았다고 대폭 줄여 보고했고, 우리 사서에는 이 전투에서 7~8천 명의 전사자가 있었다고 기록되어 있다. 어느 게 맞는지, 하여간 이 사천성전투는 명 육군이 조선 원정 전투 중 가장 크게 깨진 전투였고, 반대로 시마즈 요시히로는 이 전투에서 대승함으로써 대대로 무명을 자랑하게 되었다.

10. 〈임진정왜도〉와 순천성전투

1999년, 400년 전의 조일전쟁 막바지 전투를 생생하게 담은 그림 한 장이 미국에서 입수되어 공개되었다. 이 그림은 종래의 다른 그림과 달리 후대에 그린 것이 아니라 400년 전 실제 전투가 일어났을 당시에 그려진 그림으로 전투 장면이나 병사들의 생생한 표정이 세밀히 묘사되어 있다.

이 전투도는 2차 조일전쟁이 끝나기 직전인 1598년 10월경에 있었던 순천 왜성 공격 장면을, 아마 명군의 한 종군 화가가 그린 것으로 짐작되는 그림이다.

이 전투도는 순천시가 미국의 한 개인 소장자에게서 입수했는데, 원본을 입수한 것이 아니고 원본을 찍은 사진을 입수한 것이다. 6.5m에 달하는 두루마리 원본은 중국계 미국인이 가지고 있는 것으로 보이는데, 현재는 행방을 알 수 없다 한다.

〈임진정왜도〉에는 고니시 유키나가가 주둔했던 순천 왜성 공격에 참전한 조명연합군과 방어군인 일군의 전투 장면이 세밀히 그려져 있다. 당시 고니시의 순천성에는 약 1만3천의 일군이 주둔하고 있었고, 이를 공격하는 조명수륙연합군은 이순신과 진린의 2만 수군, 유정과 권율의 2만 육군 등 모두 4만여 명의 연합군이 순천 왜성 공격에 참전했다.

두 달여를 성을 놓고 치열한 공방전이 계속되었으나 성은 난공불락이었고, 조명수군연합군이 바다로부터 공격에 가담했으나 대패하고 말았다. 조명연합군 총사령관인 명의 유정은 협상으로 전쟁을 종전할 의도를 가지고 있었기 때문에 일군과의 전투에 적극적으로 나서지 않았고, 조선 장수들만 애를 태웠다. 결국 조명연합군이 대군을 투입했던 순천성 공격은 무위로 돌아가고 말았으며, 이 순천성전투가 조일전쟁 육전의 마지막 전투가 되었다.

이 순천성전투를 계속하는 동안 일본에서 히데요시가 죽었다.

순천에 있던 고니시의 부대는 위험한 육로를 피하여 해로로 광양만에서 배를 타고 부산을 거쳐 일본으로 가야 했다.

사천에 주둔하고 있던 시마즈 요시히로가 고니시의 부대를 수송하러 수백 척의 선단을 거느리고 광양만으로 향했고, 이순신이 그 길목인 노량에서 이 시마즈의 구원 부대를 막으면서 벌어진 전투가 노량해전이다. 이 노량해전에서 이순신은 전사하고 이 해전이 조일전쟁 마지막 해전이 된다. 노량해전은 우리가 아는 것같이 부산에서 본국으로 철수하는 일군의 선단과 이를 막아선 이순신 함대와의 결전이 아닌 것이다.

11. 12차 출동 : 이순신 최후의 해전, 노량해전 (남해도 관음포와 하동 사이, 1598. 11. 19.)

1598년 7월 16일 명나라 수군도독 진린이 수군 5천 명을 거느리고 이순신의 군영으로 왔으며, 이순신은 그들을 위하여 성대한 연회를 베풀었다. 진린은 사납고 난폭한 데다 오만했으며, 명군들은 도착하자마자 점령군 행세를 하며 약탈을 일삼았다.

하여간 명나라놈들이 얼마나 왕싸가지인고 하니 원정 초장부터 빽하면 트집을 잡아 조정 신료들을 팼으며, 더구나 경주성을 수복한 육전의 명장 박진은 제2차 조일전쟁 직전에 병사했는데, 죽은 원인이 명나라의 하급 장수인 누승선에게 얻어맞아 가슴뼈가 부서져 죽었다 한다. 당시 박진은 황해도 병마절도사였으니, 이게 도대체 말이 되느냐고, 이렇게 명군은 못되게 굴었다.

꼴을 보다 못한 이순신은 진린에게 엄중히 항의하여 명군을 처벌하는 권한을 갖게 되었다. 이후 명군은 이순신을 도독보다 더 무서워하게 되어 겨우 온 진중이 편안해졌다. 나중에 이순신은 해전에서의 공을 진린에게 넘겨주어 둘 사이에는 우정과 신뢰가 싹트고 의리의 관계로 발전해 나간다.

명나라 수군도독 진린은 광동성 사람으로 자는 조작이다.

명 조정에서는 칠천량해전으로 조선 수군이 전멸의 타격을 입자 일군의 서해로의 침공이 우려되어 진린을 사령관으로 한 수군을 조선에 파병했다. 명 수군은 미리 도착하여 한강 근처에 정박해 있다가 남하하여 조선 수군과 합류했다.

진린은 성격이 포악하고 군공 욕심이 많은 인물이었다. 이 인간도 싸가지가 얼마나 없는고 하니, 자신이 한강에서 육지에 오를 때 신발에 물이 튀었다고 조선 관리를 새끼줄로 목을 매어 끌고 다닌 인간이 바로 진린이었다. 이런 양아치를 이순신이 달래고 어르어 길을 들였으니, 이순신은 참으로 대단한 장군이라 하겠다.

중국 청산도에 있는 진린의 비문에 다음과 같은 글이 있다.

"내가 밤이면 천문을 보고 낮이면 인사를 살피는 바, 동방에 대장별이 희미해가니 멀지 않아 공에게 화가 미치리다. 공이 어찌 모르리오, 어찌하여 무후(제갈량)의 기도로 예방하는 법을 쓰지 않소?'라고 하면서 이순신의 신변을 걱정했다. 이에 대해 이순신이 말하기를 "나는 충성이 무후만 못하고 덕망도 무후만 못하고 재주가 무후만 못하여 세가지가 모두 다 무후만 못하매 비록 무후의 기도법을 쓴다 한들 하늘이 어찌 들어줄 리가 있으리까"하였다.

결국 이순신은 진린의 우려대로 노량해전에서 전사하고 말았다. 진린은 임금에게 글을 올려 말하기를 "통제사는 경천위지지재 (經天緯地之才)와 보천욕일지공(補天浴日之功)이 있습니다"라고 할 정도로 이순신의 인품에 매료되었다. 노량해전 중 진린이 위험에 처하자 몸을 돌보지 않고 진린을 구하려다 적탄에 맞아 전사한 이순신의 소식을 듣자 진린은 몸을 구르며 통곡했으며, 귀국 후 명나라 황제에게 이순신은 경천위지지재라고 보고했는데, 이 보고를 들은 명나라 황제는 이순신에게 수군도독 벼슬과 팔사품을 내렸다.

지금도 아산 현충사와 이순신 장군 묘의 묘비에서 '명나라수군도독'이라는 직함을 볼 수 있다. 명 황제가 하사한 팔사품이란 도독의 '직인'과 칼 '독전기' 등을 말하는데, 현충사에 보존되어 있는 이순신 장군의 칼은 아마 이 때 명나라 황제로부터 하사받은 칼일 것이다. 팔사품은 지금도 통영시에서 관리하고 있고 복제품이 아산 현충사에 진열되어 있다.

본국의 철군 명령으로 일본으로 돌아가려는 일군들이 부산포에 집결했고, 이들을 수송할 배 약 500여 척이 포구를 꽉 메웠다.

당시 순천에 고립되어 있던 고니시 부대의 구원 요청을 받은 시마즈 요시히로와 소오 요시토시가 지휘하는 일 수군은 남해 창선도에 집결해 있었다. 그들은 11월 18일 밤을 틈타 5백여 척의 대함대를 이끌고 순천에 주둔하고 있는 고니시 부대를 부산으로 수송하기 위하여 순천으로 향했다.

이순신도 조명연합군 함대 4백여 척을 이끌고 남해 관음포 부근에서 시마즈가 지나갈 것으로 추정되는 길목을 지키고 있었다. 일 수군의 대함대가 노량으로 온다는 보고를 받은 이순신은 곧 노량으로 함대를 이동하여 일 함대를 기다렸다.

노량은 부산 앞바다가 아니라, 여수 동쪽에 위치한 남해도와 경남 하동군 사이, 지금 남해대교 부근의 해협이다.

이순신은 전투 전날 자정 무렵에 갑판에 올라 하늘에 기도를 올렸다. "이 원수들을 무찌른다면 지금 죽어도 한이 없습니다." 이렇게 기도를 마친 이순신은 일군 함대를 모조리 바다 속에 수장시키겠다는 결연한 의지를 가다듬었다.

드디어 밤 2시경이 되자 접전이 시작되었다.

노량해전은 아마 해전 중 가장 치열한 해전이었다. 서로 수백 척씩의 함대를 이끌고 맞붙다 보니 함포 사격을 할 겨를도 없이 뒤엉켜서 근접전이 되어버린 것이다. 양측의 함대를 모두 합치면 거의 천 척에 이르는, 우리나라 역사상 최대의 함대가 맞붙은 해전이 노량해전인 것이다. 지금까지의 해전은 칠천량해전을 제외하면 이런 대규모 근접전을 한 경우는 없고 일군의 조총 사정거리 밖에서 함포 사격으로 일 함선들을 격침해왔다. 그러나 노량해전에서는 근접전을 허용함으로써 이순신 장군을 비롯한 십여 명의 장수가 전사했고, 장졸들의 피해도 컸다.

다행히 조명연합군은 바람을 등지고 있어서 화공으로 일군을 공격할 수 있었다. 화공에 쫓긴 일 함대는 남해도 연안을 따라 관음포 쪽으로 이동했다. 어둠 속에서 관음포구 깊숙이 진입했던 일 함대는 날이 밝으면서 퇴로가 막힌 것을 알자 죽기로 탈출을 시도했고, 이를 막아선 조명연합군의 함대와 조우하여 역대 해전 중 가장 치열한 전투가 벌어졌던 것이다.

조명연합군의 화공과 함포 사격에 일 함선들이 계속 격침되자 일 함선들은 비교적 전력이 약한 명 수군 쪽으로 몰리기 시작했다. 그러다가 명 수군 사령관인 진린의 배를 발견한 일 함선들은 진린의 배를 포위하고자 떼로 몰려왔다. 진린의 배가 위험에 처하자 이를 보던 이순신은 즉각 함대들에게 진린의 배를 구하도록 명하고 자신도 급히 노를 저어 진린의 배 쪽으로 다가갔다.

조선 함대가 달려들자 일 함선들이 배를 뒤로 물릴 때, 배의 장대 위에서 함대를 지휘하는 이순신을 지켜보고 있던 일군 저격수 하나가 신중히 조총을 겨냥하여 방아쇠를 당겼으며 그 총알은 이순신의 가슴을 관통하고 등 뒤로 빠져나갔다.

당시 이순신 장군을 맞춘 조총은 성능이 월등히 개선되어 조일전쟁 초기의 조총과는 성능면에서 비교가 안 될 정도로 우수해져서, 유효사거리 내에서 사격했을 경우 조선 갑옷 두 벌을 한꺼번에 관통할 수 있을 정도였다.

"전투가 한참 급하니 조심하여 내가 죽었다는 말은 하지 말아라"라는 유언을 남기고 이순신은 54세로 숨을 거두었다. 그 때 곁에 있던 송희립이 이순신 장군의 아들의 울음을 그치게 하고, 이순신의 유해를 옷으로 가려 놓은 다음 계속 북을 치며 전투를 독려했다.

또 다른 이순신의 전사 장면은, 언제나 가장 가까이서 이순신 장군을 모시던 군관 송희립이 이순신과 같은 기함에 승선하여 독전하다가 적탄에 이마 옆부분을 맞아 잠시 기절하여 쓰러졌을 때, 이순신이 놀라 상반신을 높이 들어 그를 찾는 순간 적탄에 맞았다 한다. 놀란 병사들이 "사또, 사또"하고 소리치니 이 소리에 정신이 돌아온 송희립이 피가 흐르는 이마를 천으로 동여매고 장군의 시체를 방패로 가린 다음 장대에 올라 북을 치면서 독전을 계속했다 한다.

이분의《행록》에는 "이순신의 아들 회와 조카 완이 이순신의 죽음을 숨기고 독전했다"라고 했고, 유성룡의《징비록》에는 조카 완이, 조경남의《난중잡록》에는 아들 회가 독전했다고 기록되어 있다. 그러나 실제로 이순신 장군 전사 후 함대를 지휘한 인물은 손문욱과 송희립이었으며, 이는 권율의 장계에 나타나 있다.

명나라 기록에는 노량해전의 전공을 모두 진린에게 돌렸으며,《양조평양록》이나《동정기》에는 "이순신이 등자룡을 구하려다 죽고 말았다"라고 기록되었다.

이 조일전쟁 마지막 해전에서 일 함선 약 200여 척이 격침되었으며, 조명연합군의 피해는 60여 척 정도였다. 이순신 장군이 전사한 후 삼도수군통제사에는 충청병사 이시언이 임명되었다.

12. 이순신 전사의 의문

1598년 11월 19일 이순신은 조일전쟁 최후의 해전인 노량해전에서 적탄에 맞아 숨졌다. 그런데 이순신이 죽은 후 그의 자살설과 은둔설이 심심찮게 나돈다.

먼저 자살설의 배경은 '선조에 의해 역적의 누명을 쓰고 죽을 바에야 자신의 명예와 가문 그리고 측근의 안전을 위해 스스로 죽음을 택했다'라는 것이다. 즉, 이미 한 번 이순신을 죽이려고 작정했던 선조가 전쟁 중에 이순신이 죽지 않고 살아남으면 기필코 다시 잡아다가 역적의 누명을 씌워서 죽였으리라는 것이다. 그러면 이순신만 죽는 것이 아니라, 같이 대포를 마셨던 사람서부터 편지를 주고받은 사람들까지 모두 도매금으로 넘어갈 것이었다.

실제로 전쟁 중 문관으로는 가장 큰 공을 세웠다고 볼 수 있으며, 이순신과 가장 친했던 유성룡도 이순신이 죽기 한 달 전에 이미 영의정에서 파직되어 죄의 처분을 기다리는 처지였고, 이순신이 전사한 날 모든 관직을 박탈당하고 죄인이 되어 고향으로 쫓겨갔다.

이순신의 자결론을 본격적으로 거론한 인물은 17세기 숙종(조선 19대) 때의 문신인 이민서이다. 그는 저서 《김충장공유사》에서 "김덕령이 죽고 난 후 여러 장수들이 스스로 제몸을 보전하지 못할까 걱정했다. 곽재우는 마침내 군사들을 해산하고 산 속에 숨어 화를 모면했으며, 이순신도 바야흐로 전쟁 중에 갑주를 벗고 앞장서 나서서 스스로 탄환에 맞아 죽었다. 호남과 영남 등지에서는 부자, 형제들이 서로 의병이 되지 말라고 경계했다"라고 기록했다.

이렇게 후대에 들어서서도 조일전쟁 당시 선조가 무장들의 공을 격하시키거나, 때려죽이려 했다는 것은 공공연한 비밀이었다.

이순신 장군이 전사한 후에 그의 죽음에 대한 의문은 전사 당시의 상황이 정상이 아니었던 것으로 알려지면서 증폭되었다. 당시 기함의 지휘탑은 방패로 둘러쳐져 있었고 이순신 자신은 중무장 갑옷과 방탄조끼를 입고 있었을 것이었다. 당시 조선군 방탄조끼(환삼)는 매우 우수했던 것으로 전한다. 그런데 이순신을 맞춘 조총 탄환은 그의 가슴을 관통하여 등 뒤로 빠져나갔다.

노량해전 당시는 음력으로 11월 중순이었으니 양력으로는 12월이었고, 바닷바람에 엄청 추웠을 텐데도 '갑옷과 방탄조끼를 입지 않았을 것'이라는 결론이 나온다. 이러한 의문 때문에 후세인들은 이순신의 죽음을 자살로 추측했다. 전쟁이 끝난 후 30여 년이 지난 숙종 때 판서를 지낸 이민서뿐만 아니라 그와 같은 시대 영의정을 지낸 이여도 역시 《김충장공》에서 자살설에 동의했다.

이순신의 부하로서 제3대 수군통제사를 지낸 유형은 《유형행장》에서 이순신이 평소 "나는 적이 물러가는 그 날에 죽는다면 아무 여한이 없겠다"라고 말해 왔다고 전한다.

1598년 이덕형이 이순신에게 "공의 부하로서 공을 대신할 인물이 누구입니까?" 하자, 이순신은 "유형보다 나은 인물이 없습니다"라고 바로 유형을 후계자로 추천할 만큼 그를 아꼈다. 이순신 전사 후 유형은 경상우수사를 지낸 다음 3대 수군통제사가 되었는데, 그가 죽을 때 자식들에게 다음과 같이 말했다고 전한다. "이순신의 비가 서지 않거든 내 무덤 앞에도 비를 세우지 마라."

1609년 문관으로 관직에 있었던 이순신의 조카 이분은 이순신의 아들 회와 조카 완 등의 도움으로 이순신의 일대기인 《이충무공행록》을 출간했다. 은둔론은 바로 이분이 쓴 《행장》을 근거로 삼고 있다. 그런데 이분의 《행장》에는 이순신이 총에 맞아 죽을 때 곁에 아들과 조카 그리고 종 김이만 있었다고 기록되어 있는데, 해군총사령관 곁에 부하들이 아무도 없었다는 것은 있을 수 없는 일이다. 또 군인도 아닌 20세 전후의 아들과 조카가 몇 시간이나 깃발을 흔들어가며 지휘했다는 것은 말이 안 된다.

당시 실제 함대를 지휘한 사람은 측근 장수였던 손문욱, 송희립 등이었으며, 은둔 계획과 관련하여 송희립 등이 연루될까 봐 아들과 조카가 지휘한 것으로 대신했다는 설이다. 즉 은둔설은 "이순신은 노량에서 죽은 것이 아니라 방 안으로 들어간 후 나중에 모처에 은신했다"는 것이다. 그러나 이분은 이순신 사망 35년 후에 태어난 인물로 이순신의 죽음을 직접 목격한 것도 아니었다.

당시 전라좌수영의 기록에 의하면 대장선에는 항상 90명의 기를 든 병사가 배치되며, 이순신이 있던 쪽에도 60명의 군사들이 있었다 한다. 당시 상황을 지휘했던 권율은 "통제사 이순신이 죽은 뒤 손문욱 등이 지혜롭게 일을 처리하여 우리 군사들이 죽을 각오로 싸웠습니다. 손문욱이 친히 판옥선에 타고 적의 상황을 살펴보고 지휘 독전했습니다"라고 전황을 보고했다.

그렇다고 이상한 것이 전혀 없는 것은 아니다. 우선 그의 가족은 노량해전 말고는 전투에 참가한 적이 없었다. 또 이순신은 야간 해전을 한 일이 한 번도 없었는데 노량해전은 야간 해전이었다.

하기야 시마즈가 순천에 주둔하고 있었던 유키나가의 군대를 위험 요소가 많은 육상을 피해 몰래 해상으로 탈출시키기 위하여 순천으로 가던 시간이 야간이었으니 길목을 지키던 이순신이 야간 전투를 피할 수 없었겠지만, 당시 조선 수군은 거의 야간 전투를 하지 않았다. 우선 당시의 함포라는 것이 10발 쏘면 1, 2발 맞추기도 힘든 것인 데다가, 밤에는 피아의 구분도 잘 되지 않았고 또 눈으로 짐작해야 하는 거리 감각도 제로에 가까워 함포 사격의 효과가 형편없이 떨어졌기 때문이었다. 해전에서 함포의 명중률은 20세기가 되어서야 좀 개선되었다.

조일전쟁으로부터 300년이 지난 20세기 초 러일전쟁 때의 함포 적중률도 겨우 10~20% 정도였다.

노량해전은 대단히 치열했다. 조선 수군에서는 통제사 이순신 외에 가리포첨사 이영남, 낙안군수 방덕룡, 홍양현감 고득장 등 10여 명이 전사했고, 진린을 구하려고 달려갔던 진린의 아들과 좌선봉장 등자룡도 이 전투에서 전사했다. 그리고 일군의 함대 500여 척 중 살아 돌아간 배는 절반 정도인 200여 척이었다.

전투가 끝난 후 구명을 사례하러 이순신의 기함에 온 진린은 이순신의 전사를 알고 대성통곡하며 슬퍼했으며, 역시 이순신의 전사를 알게 된 모든 조선 병사들은 목을 놓고 울었다.

이순신의 전사를 보고받은 선조도 훌쩍였을까?

이순신 전사 닷새 뒤인 11월 24일 저녁 이순신의 전사를 보고받은 선조는 "오늘은 밤이 깊었으니 내일 비변사에서 알아서 처리하라"라고 하교하고는 들어가서 자빠져 잤다. 정말 싸가지라고는 눈꼽만치도 없는 인물.

부산과 거제도에 집결한 일군은 11월 말까지 모두 조선 땅을 떠났으며, 명군도 다음 해 초에 모두 철수했다. 7년 전쟁이 끝난 것이다.

이순신은 전사 후 좌의정으로 추증되고 덕풍부원군에 봉해졌으며, 그로부터 50년이 지난 인조 때 충무공이라는 시호를 받았고, 정조대에 들어서서야 영의정으로 추증되었다. 또 좌수영 근처에 사당을 세워 충민이라 사액하고, 기해(1599년) 2월에 아산에서 장사지내니 거기가 선산이다.

다른 이상한 것 중의 하나가, 장례를 전사한 날인 1598년 11월 19일에서 80일도 더 지난 1599년 2월에 치른 것이다. 아니 비록 겨울이었지만 당시 어떻게 시신을 거의 석 달이나 보존할 수 있었을까? 가매장을 했었나? 그의 실제적인 죽음은 16년 후인 1614년 묘지를 이장할 때였다는 설도 있다. 하여간 이거 저거 듣다 보니까 좀 이상하긴 이상하다.

이순신 장군은 조일전쟁 7년 동안 총 12차례 출동하여 16차례 해전을 치렀으며, 그 중 13해전을 승리한 것으로 판단된다. 해전으로 격침시킨 일 함선은 거의 6백 척에 달하고, 일 수군은 2만 이상이 해전에서 전사한 것으로 추정되는데, 대부분의 전투가 일군이 포구에 정박시켜 놓고 육지로 도망친 빈 함선을 격침시킨 데다가, 해전의 특성상 배가 포격으로 침몰해도 몇 명이나 타고 있다가 빠져죽었는지 확인키 어렵다.

큰 전투는 한산도해전, 명량해전, 노량해전 등 세 번 있었는데, 한산도대첩 때 약 60척, 명량해전 때 약 30척, 노량해전 때는 격침시킨 일 함선 수가 정확하지 않고 대략 200척 정도 되었다고 했으니 이 세 해전에서만도 일 함선 약 3백 척을 격침시켰고, 각 함선에 60명씩만 타고 있었다고 계산해도 일군 전사자는 거의 2만 명에 달한다는 계산이 된다.

어쨌든 이순신은 뛰어난 명장이었으며, 조일전쟁의 해전에서 연승하여 국난으로부터 나라를 지킨 동량이었다. 해전을 같이 치른 명의 도독 진린도 이순신을 "천하를 다스릴 만한 재주를 지녔고, 하늘의 해만큼이나 큰 공이 있었다"라고 극찬했다.

그는 전투에 있어 용감한 용장이었으며, 전투 전에 정보를 충분히 수집하고 충분히 준비를 갖춘 후에야 출병하여 거의 매번 이긴 지장이었다. 부하들과 백성들을 제몸같이 사랑한 덕장으로, 아마 우리나라 역사상 가장 뛰어난 장군 중 하나라고 할 수 있다.

《선조실록》에 기록된 이순신에 대한 사신의 평을 보자.

"사신은 논한다. 이순신은 사람이 충용되고 재략도 있었으며 기율을 밝히고 군졸을 사랑하니 사람들이 모두 즐겨 따랐다. 부음이 전파되자 호남 일도의 사람들이 모두 통곡하여 노파와 아이들까지 슬피 울지 않는 자가 없었다. 국가를 위하는 충성과 몸을 잊고 전사한 의리는 비록 옛날의 어진 장수라 하더라도 이보다 더 할 수 없다. 조정에서 사람을 잘못 써서 순신으로 하여금 그 재능을 다 펴지 못하게 한 것이 참으로 애석하다. 만약 순신을 병신년과 정유년 간에 통제사에서 체직시키지 않았더라면 어찌 한산의 패전을 가져왔겠으며 양호가 왜적의 소굴이 되겠는가. 아, 참으로 애석하다."

이항복은 《백사집》에서 다음과 같이 이순신을 평했다.

"사람을 접대함에 있어서는 온화하고 소탈하며 곡진하여 간격이 없었고, 일을 당해서는 과감하게 처리하여 조금도 굽히지 않았으며, 사람들에게 형벌을 주고 상을 주는 데 있어서는 일절 귀세나 친소를 가지고 자신의 뜻에 경중을 두지 않았다. 그 때문에 뭇 아랫사람들이 공을 두려워하며 사랑하였고, 가는 곳마다 치적을 올리었다." 이순신은 참으로 괜찮은 장군이었다.

참고로 이순신 장군의 초상은 후대 화가들의 창작이라는 것을 밝혀둔다. 유성룡이 《징비록》에서 "이순신은 말과 웃음이 적었다. 용모는 단아해서 마음을 닦고 몸가짐을 삼가는 것이 선비와 같았다"라고 적었고, 이것이 평생 가깝게 지냈던 인물이 평한, 이순신 장군의 용모를 짐작케하는 유일한 기록이다.

이순신 장군의 체격에 대하여는, 당시 키가 크고 체격이 크다는 표현인 '기골이 장대하다'는 기록은 어디에도 없고, 그는 맨날 아팠을 정도로 약골이었으나, 후대인들은 이순신 장군의 키에 대해서 '크다'라고 표현했는데, 이는 이순신 장군의 영웅 이미지에 맞추기 위한 것으로 보인다.

제
10
장

전후

꼭 조일전쟁 때문만은 아니겠으나, 동아시아 최대 국제전에서 조선을 위하여 대병을 파병했던 명은 46년이 지난 후 내우외환에 시달린 끝에 여진족의 나라인 청에 의하여 멸망했다. 명은 이 전쟁이 일어나기 전부터 이미 조정은 부패했고, 당쟁이 격화된 데다가 각지에서 반란이 잇따르고 있었는데, 거기에 조선 출병으로 막대한 전비를 소모하여 국력이 피폐한 끝에 농민반란인 이자성의 반란으로 무너지고 만 것이다.

일본에서는 히데요시 가가 몰락하고 도쿠가와가 새 시대를 열었다.

전쟁의 결과로, 조선은 백성이 거의 3분의 2정도로 줄어들었고 온 국토가 피폐해진 씻기 어려운 상처를 입었다. 조선의 멍청한 임금들과 신료들은 조일전쟁의 참혹함을 겪고나서도 정신을 못 차리고 군비를 제대로 못 챙겨 이후 두 번(1627년 정묘호란, 1636년 병자호란)이나 청의 침입을 막지 못하고 항복하여 평소에 오랑캐 또는 개 돼지라고 멸시했던 여진족의 청나라를 부모의 나라로 모시는 개꼴을 당했다.

전쟁 중에도 조선의 국체 이념인 성리학이 준 피해는 매우 컸다. 군역을 하다가도 상이 나면 군역을 쉬고 3년 상을 마쳐야 했고, 전쟁 중에도 국기일(역대 왕과 왕비가 죽은 날)이 되면 공무를 보지 않았으니 그 폐해가 얼마나 심했는지 알 수 있겠다. 오죽하면 명군 장수들이 주자학은 죽은 학문이니 더 이상 매달리지 말라고 충고했으나, 조선 조정에서는 주자학을 빼고나면 나머지는 모조리 이단의 학문인데 별소리 다 한다고, 돌아서서는 내뱉었다.

성리학은 고루하고 진부한 논리로 나라의 진취성과 역동성을 억누르고 쓸데없이 말만 앞세운 명분에 얽매이도록 하여 실리를 잃게 하고 개혁을 저지함으로써 조선의 발전을 가로막았다.

조선은 이후 312년을 더 존속하였으나, 1910년 나라가 쇠약해질 대로 쇠약해진 채 일본에 합병됨으로써 500년 역사를 뒤로 한 채 멸망하고 말았다.

　조일전쟁이 끝난 후 참전했던 명군과 일군이 철수한 후에도 그들이 끼친 영향과 남겨놓은 후유증은 작은 것이 아니었다. 이 장에서는 원병으로 파병되었던 명군이 조선에 끼친 경제적, 사회적 영향과 일군이 철수하면서 잡아간 포로들의 뒷이야기를 추적해보자.

1. 명군의 참전이 조선에 끼친 경제적인 영향

　명의 참전이 조선에 끼친 영향 중 가장 중요한 것은 은의 유통이었다. 당시까지 조선은 화폐를 쓰지 않고 물물교환을 했다. 즉, 돈 대신에 쌀이나 면포를 지고 다니면서 밥을 사먹고 대포를 마셨으며, 물화를 교환했다. 우리 생각에, 아프리카 미개인이나 할 것 같은 그런 거래를 조선은 17세기 중반 숙종(조선 19대) 때 상평통보가 본격적으로 유통될 때까지인 300여년 전까지 해왔던 것이다.

　이렇게 경제가 한심하게 된 것은 그 빌어먹을 성리학인지 뭔지가 신분 차별을 정해놓고 농사 이 외에 다른 직업을 천업으로 여겼기 때문이었다. 그래서 조선에서는 농업만 권장했고, 다른 직업 예를 들어 상업, 공업, 광업, 수산업 등에 종사하는 사람들을 천민 취급하여 조선은 가난을 면할 수 없었고, 시간이 갈수록 낙후되어 갔던 것이다.

　조선의 양반은 돈을 만지면 안 되었고 쌀값도 물어볼 수 없었다. 만약 양반이 한번 장사에 나서면 양반의 지위를 포기해야 했으며, 더구나 그 자식들도 과거를 볼 수 없었다. 그러니 말 다한 것이다.

　물론 조선에서 그 전까지 은에 대해서 몰랐던 것은 아니었다. 그러나 은으로 유통되는 것은 일부 사치 계층의 수요를 충족시키기 위하여 중국의 물화를 들여올 때만 결제 수단으로 사용된 것으로, 서민 경제와는 아무런 상관이 없었다.

그래서 조일전쟁 전까지는 많지는 않지만 조선의 은이 명으로 유출되었었으나, 조일전쟁 발발 이후부터는 명군의 월급과 군수물자의 조달 비용을 명 조정에서 은으로 결제하도록 했기 때문에 많은 은이 조선에서 유통되게 되었다. 당시 조선에서는 단천 은광산 하나만 개발하여 거기서 은이 나오고는 있었으나 미미한 양에 불과했다.

명군이 조선에 들어온 후 부딪친 가장 큰 문제는 조선에서는 은이 통하지 않는 것이었다. 더구나 조총의 탄환을 제조하려면 연철이 필요한데, 이는 은을 분리, 제련하는 과정에서 얻어지는 것으로, 조선에서 은이 나지 않으니 탄환을 제조하는 재료를 구하는 데도 문제가 생겼다.

상설 시장도 한양의 일부 지역에만 있어, 명군이 필요한 생필품을 구하는 데 애로가 엄청났고, 또 소, 말 이 외의 가축을 별로 기르지 않아, 육식을 좋아하는 명군이 제대로 된 음식을 구하기가 어려웠다. 가볍게 술 한잔 하려 해도 할 데가 없었고, 배고플 때 밥을 사먹을 수 있는 식당도 없었다. 이건 자기네 나라랑 너무 달라, 어디 미개국에 온 것이 아닌가 하는 느낌이 종종 들 정도였다.

경략 송응창의 토로가 기록되어 있다.

"우리 군대가 들어온 조선은 하나의 별세계입니다. 말이 통하지 않고 은전을 사용할 수 없으며, 푸줏간이나 술을 파는 가게도 없습니다. 더구나 왜놈들의 분탕질 때문에 집들은 한결 같이 텅 비었고, 군사들은 입술에 채소국물 한 숟갈도 적셔보지 못했으며, 염장을 먹어보지 못해, 말을 하자니 너무 서글퍼 눈물이 날 지경입니다. 제가 비록 누누이 염장을 풀고 고깃근을 마련하여 적당히 호상하려 했지만 끝내는 사소한 은혜도 베풀기가 어려웠습니다. 그래서 요양 사람들을 불러 장사하도록 달려오게 했지만 길이 멀어 온 자가 적었습니다.”

이 것이 조선에 처음 온 명군의 느낌이었다.

이러한 명군의 불편을 해결한 것이 바로 명나라 상인들이었다. 상인들이란 어디서 돈냄새만 나면 파리떼같이 꼬이는 습성이 있다. 조선에서 명군이 푸는 은이 막대하자 이 것을 노리고 명의 상인들이 대거 조선에 들어왔다.

명 조정에서도 15세기 중반부터 변방에 소요되는 군량이나 군수물자를 현물 대신 은으로 지급함에 따라 부대 근처에 잡상인들이 꼬이고 창녀촌이 형성되었는데, 이는 육이오전쟁 때 미군부대 근처에 나이트클럽과 창녀촌이 번창한 것과 똑 같았다. 생필품 구매에 애로를 느꼈던 명군은 조선으로 들어온 명 상인들을 각 부대에 소속시켜 물화를 구하도록 했다. 명 상인들은 은을 소지한 채 조선인들로부터 생필품과 가축 등을 사서 명군에 납품하면서 막대한 이익을 남겼다. 이렇게 명 상인들이 전국 방방곡곡을 돌면서 물화를 사들이기 시작하자 비로소 조선인들도 은의 가치를 알아 거래를 시작했고, 화폐 경제가 발붙일 터전이 일구어졌다. 하여간 명 상인들이 전국을 샅샅이 돌면서 가축을 사들였기 때문에 전국에 가축이 거의 없어졌다는 소리까지 나올 정도였다.

또 명 상인들은 물건을 구매한 것뿐이 아니고 들어올 때 중국의 물화를 가지고 들어와 조선인에게 팔았다. 명 상인들이 가져온 중국산 물화는 대부분 조선 사람들이 좋아하는 고급 명주였고, 이로써 전란 중에 사치품이 만연하는 폐해를 낳기도 했다.

이렇게 은이 유통되면서 은광에 대한 관심이 높아졌다. 명나라에서는 조선이 궁핍함에도 불구하고 은광을 개발하여 국부를 늘리지 않는 것을 도무지 이상하게 생각했다. 그들은 스스로 조사에 나서기도

하여 조선에 은의 매장량이 풍부한 것을 확인한 후 조선 조정에 개발을 요청했으나, 선조는 개발 후 폐해가 더 크다는 논지로 은광 개발을 막았다.

의병장 출신 정인홍과 영의정 유성룡이 적극적으로 은광 개발을 주장했으나 역시 먹혀들지 않았다. 이는 단천에서 은이 생산되고 있었으나 그 것이 국부로 연결되지 않았기 때문이었다. 은산지의 백성들은 조정의 수탈이 무서워서 일을 꺼렸고, 은광을 책임진 놈들은 은을 캔 후 막대한 양을 뒤로 빼돌려 조정 재정에 별 도움이 되지 않았기 때문이었다.

또 그간 명의 사신들이 조선을 드나들면서 올 때마다 막대한 양의 은을 요구해서, 은광에서 은을 채취해봤자 어차피 명 사신의 주머니로 들어갈 테니 힘든 일을 왜 하느냐 하는 피해의식도 깔려 있었다. 사실 당시 명 사신들이 조선에 왔을 때 최소한 수천 냥에서 수만 냥을 퍼주지 않으면 책봉이고 뭐고 되는 일이 아무것도 없었다.

어쨌든 이런 과정은 조선 사람들이 은의 가치를 인식하게 되는 계기가 되었고, 미포(쌀과 면포)를 대신한 화폐경제가 얼마나 편리한가를 경험하게 됨으로써 물물교환 대신 화폐가 유통되는 계기가 마련되었다.

명군이 조선에 들어와서 조정에 한 충고는 많았다. 둔전 개발, 은광 개발, 동전 유통, 상업과 무역 활성화 등을 조정에 권고했다. 또 다른 중요한 충고가 고루하고 진부한 주자학에 목매지 말라는 것이었다.

주자학은 실사를 도외시하고 비현실적인 관념론에만 빠져 있어, 사소하고 형식적인 것에만 집착하게 함으로써 쓸데없이 옛 것에만 집착하게 만들고 변통을 모르기 때문에 명에서는 이미 한물 간 학문이었다. 근데 조선에 와보니 지배층이라는 것들이 모조리 주자학을 종교처럼 모시고 있어 무비(武備)를 소홀히 함으로써 나라꼴이 개꼴이었던 것이다.

그러나 이러한 명군 지휘부의 충고도 아무 소용이 없었다. "남의 얘기 듣고 개종할 사람 있으면 나와 봐. 아무도 없으시지?" 똑 같은 것이다.

조선 사람들이 은의 유통을 지켜보니 사실 엄청 편했다. 그 전까지는 여관도 없고 대포집도 없는 데다 식당도 없었으며, 그저 있는 것이라고는 위의 모든 것을 겸한, 여행자를 위한 객주라는 것뿐이었다. 더구나 장거리 여행자는 짚신 외에도 무명을 잔뜩 지고 다녀야 잠도 자고 밥도 사먹을 수 있었던 것을, 은덩이 몇 개만 배낭 속에 넣어가지고 다니면 되는 것이었으니 얼마나 편했겠는가.

그러나 은은 작은 거래에는 매우 불편했다. 그래서 명군 지휘부는 조선 조정에 동전의 유통을 권유한 것인데, 선조는 구리의 부족을 이유로 이를 반대했다. 한 가지 일을 만드는 것은 한 가지 일을 더는 것만 못하다는, 괴상한 이론을 내세워 반대한 것이다. 그래도 신료들 중 이덕형 등이 당면한 재정의 어려움 극복을 이유로 계속 동전의 유통을 주장하자 신료들을 모아놓고 투표를 했는데 부결되어 흐지부지되고 말았다. 보시다시피 임금서부터 참으로 한심한 인간들이 조정을 장악하고 있었으니 조선의 쇠망은 불보듯 뻔했다.

이 머리 나쁜 인간들은 만약에 조선에 정말 극심한 가뭄이 들어 쌀 생산량이 대폭 감소하고 면 농사를 망쳤을 때 미포가 화폐로 쓰이는 현실에서, 화폐가 없는 나라로 추락하여 모든 거래가 중단될 것이라는, 누구나 생각할 수 있는 쉬운 생각을 하지도 못한 닭대가리들이었다.

사실 명군이 조선에 들어온 것은 조선에 많은 것을 배울 수 있는 기회를 부여했다. 얘네들이 들어왔으니 알게 된 것이지, 당시 조선 사람은 사신단에 끼지 않는 이상 외국의 문물을 접할 기회가 전혀 없었다.

명군 지휘부를 통하여 배울 수 있었던 것은 화폐 경제, 상업과 무역의 활성화, 상설 점포의 필요성, 운송 체제의 혁신, 광산 개발, 가축 사육 등 모두 국부를 증진시키는 데 꼭 필요한 것들이었으나, 왕서부터 신료들까지 고루하고 교조적인 성리학 이념에만 파묻혀 이런 것들은 모두 천한 것들이나 하는 것이고, 그냥 자기네들은 공자, 맹자만 열심히 외우면 된다는 수구꼴통들이었기 때문에 결국 아무것도 배우지 못했으며, 명군이 철수한 후 명군의 영향을 깨끗이 잊어버리고 바로 옛날로 돌아가고 말았다.

그래도 조선이 명군에게서 배우려고 노력한 것이 딱 하나 있었다. 바로 화약 생산과 화포 제작이었다. 조선 조정은 명군의 평양성 탈환을 보면서 거기서 결정적인 기여를 한 화포에 대한 관심이 매우 높았다. 더구나 독화, 신화 등 처음 보는 화약과 독화살에 대해서도 비상한 관심을 표명했다.

또 명군이 사용했던 병기 중 방패, 낭선, 여러 종류의 창, 전차 등의 무기 제작을 배우려 노력했다. 화포와 병기는 흉내를 내서 만들 수 있었으나, 독화나 독화살 제조 방법은 극비였기 때문에 결국 배울 수 없었다. 또 장수들이 병법에 무지하다는 판단하에 명의 척계광이 쓴 《기효신서》를 들여다가 번역해 각 진영에 배부해 병법과 진법 등을 배우도록 했다.

광해군대에 들어서서 각종 화포와 조총, 지뢰 등 군비를 착실히 준비했었으나, 인조반정으로 서인들이 광해군을 내쫓고 정권을 잡으면서 조선은 다시 옛날로 돌아갔고, 그냥 어영부영 지내다 조청전쟁을 맞아 맨날 개돼지라고 무시하던 여진족을 부모로 모시는 수모를 당하게 된다.

2. 명군의 참전으로 인한 폐해

　명군은 조일전쟁 때 조선에 파병되어 조선을 살렸다. 명군의 평양성 함락은 조선이 기사회생하는 계기가 되었고, 일군이 조일전쟁에서 패퇴하는 신호탄이 되었다. 명군은 조선을 살렸고, 또 선조를 살린 것이다.

　그러나 그들이 조선에 들어와서 끼친 폐단은 말도 못했다.

　평양성 함락 후 강화회담이 시작되고, 이게 결말도 없이 몇 년을 질질 끌자 전투도 없이 조선에 주둔하고 있는 명군의 민폐는 심각한 지경에 도달했다. 물론 명군 지휘부는 이러한 명군의 민폐를 허용하지 않았다. 특히 경략 송응창은 명을 내려 민폐를 끼치는 자는 참하겠다고 엄격히 명했으나, 명군 전체에 퍼져 있는 군기의 해이나 무료함 모두를 제어할 수는 없었다.

　명군은 평양성 탈환 시 수천 명의 전사자를 냈는 데다가, 풍토가 맞지 않아 각종 전염병이 도는 바람에 수많은 명군이 병사했다. 이러니 남의 나라 전쟁에 와서 이게 뭐하는 짓이냐 하는 생각에다, 자신들이 이 꼴이 된 것이 모두 조선의 탓이니 조선인에게 민폐를 좀 끼쳐도 괜찮다는 생각이 들었고, 더구나 조선 조정에서는 명군이 평양성 탈환을 해준 것이 조선을 살린 것이라 하여, 명군의 폐단을 호소하는 백성들의 말은 무조건 무시했고 귓등으로도 듣지 않았다.

　명군 지휘부서부터 선조 및 조정의 신료들을 우습게 알아 지방관리 정도는 그냥 밥이었다. 술 내라 밥 내라 해서 제대로 안 챙겨주면 지방 수령의 목을 올가미에 걸어 끌고다니면서 개 취급을 하다 때려죽이는 일까지 있었을 정도여서, 강화회담 후 명군 주둔지 근방에는 인적이 끊어진 곳이 있을 정도였다.

　이러한 명군의 폐해 말고도 조선은 그들의 군량과 마초를 대기 위하여 엄청 고통을 받았다. 나라 전체가 거지가 되어서 어디서 긁을 데도 마땅치 않았으나, 만약에 군량 공급이 늦거나 하면 대신들이 무릎꿇고 빌어야 하는 상황이었다.

이러한 상황이 악화된 때는 강화회담이 시작하여 모든 전선이 소강상태에 들어간 이후였다. 명군은 평양성 전투까지는 자신들이 소요할 군량을 자체적으로 조달했다. 그러나 이후 남하하여 영호남 등지에 주둔하면서 요동에서 운반 거리가 멀어지고 조선에서 군량을 공급해야 되는 입장에 처하면서 군량 문제가 말썽을 부리기 시작했다.

중국놈이나 조선놈이나 똑같이 수송 과정에서 군량을 뒤로 빼돌렸고, 또 개만도 못한 인간들은 쌀의 무게와 부피를 늘리기 위하여 물을 부어서 막상 배급할 때가 되면 이미 썩어버려서 내버려야 되는 양곡도 엄청나게 많았다.

이렇게 수송 과정에서 없어지거나 모자란 분량은 무조건 조선이 책임져야 했다. 더구나 조선은 운송이 발달하지 않은 데다 명군의 상인들이 마소를 쓸어가고 명군에게 약탈을 당하다 보니 운반 수단이 더 이상 남아있지 않았다. 결국 군량의 운반을 남부여대로 했으니 능률도 한심했고, 이렇게 날라봐야 돈을 주는 것도 아니었기 때문에 군량 운반에 동원되면 모두 도망치기 정신 없었다.

명군은 군량이 늦게 도착하면 철수하겠다고 위협했기 때문에 조선 조정의 신료들은 명군의 군량 공급이 모든 것에 우선한 일순위였다. 기일을 지키지 못했을 때 명의 호부의 주사가 군량 운반 책임자인 장관급 지중추부사 김응남과 호조참판 민여경을 데려다 곤장을 쳤으니 더 얘기 할 게 없었다.

다급해진 조정에서는 전국의 남녀노소 하다못해 의병들까지 동원하여 명군의 군량을 나르게 했다. 그런데 그 군량이 지천으로 있는 것을 나른 것이 아니라, 조선 백성들의 부엌에까지 들어가서 닥닥 긁은 것이었다. 이러니 조선군과 의병들은 제대로 먹지를 못해 허약해질 수밖에 없었고, 실제 이러한 군량 부족은 조선군과 의병의 전력에 심각한 타격을 안겨주었다.

이런 판에 군량뿐만 아니라 명군 지휘관들이나 명의 사신들에 대한 접대도 엄청난 고통이었다. 명에서 강화 사신이 왔을 때 수행원이 수백 명서부터 2천 명까지나 되었고 이들을 잘 처먹고 잘 마시게 하려면 조선인 수만 명이 굶어야 했다. 이렇게 해서 먹을 것이 완전히 바닥난 조선 백성들은 유리민이 되어 서로 잡아먹기 시작했고, 젊은 애들은 모조리 도적이 될 수밖에 없었다.

남해 일대에 주둔하고 있던 일본군과 마찬가지로 조선에 장기 주둔했던 명군은 조선 여자들을 취하여 같이 살았다. 부대 주변에 창녀가 들끓었고, 남자 중에서도 명군 부대에 들어가 잡일을 원하는 자도 많았다. 최소한 명군에 기대면 굶을 염려는 없었기 때문이었고, 이러다 보니 명군이 철수할 때 그들을 따라 같이 중국으로 들어간 사람들이 수천 명이나 되었다.

쉽게 얘기해서 우리 군이 월남에 파병되어 그 곳 현지 여자들과 같이 살아서 혼혈들을 양산한 것과 똑 같았던 것이다.

3. 일본에 끌려간 조선인 포로와 국교 재개

종전 후, 화친파였던 대마도주 소오 요시토모는 끊임없이 조선에 화의를 요청했다. 조선은 "포로를 모두 돌려보내면 화의하겠다"라고 통고했다. 요시토모는 몇 차례에 걸쳐 800명 이상의 포로를 구출하여 조선에 돌려보냈다. 조선에 명줄을 대고 있는 대마도주는 정말 성의

껏 포로를 찾아 돌려주면서 조선의 사신을 요청했던 것이다.

종전이 되고 6년이 지난 1604년 마침내 사명대사 유정이 일본에 강화사로 파견되었다. 그는 일본의 실정을 살펴보고 포로를 데려오라는 임무를 맡았다. 유정은 도쿠가와 이에야스를 만나 절대로 조선을 침공하지 않을 것이며, 영원히 우호관계를 맺고 싶다는 요청을 받았고, 포로 문제에 대하여는 3천 명을 송환해 주겠다는 대답을 들었으나, 실제 돌아올 때는 빈 손으로 왔으며, 일본이 이후 유정과의 약속에 따라 그로부터 2년 뒤 통신사 여우길이 돌아올 때 1,400명 가량의 포로를 돌려주었다.

민중들은 유정을 활인승으로 추앙해서 그의 행적에 관한 무수한 일화를 만들어냈다. 일인들이 그의 도력을 시험하느라 숯불을 벌겋게 피워놓고 불 가운데로 들어가라고 하자, 그가 아무렇지도 않게 숯불 가까이 가니 하늘에서 비가 쏟아져 숯불이 꺼졌다는 둥, 그가 잠을 자는 방에 밤새 군불을 때서 불구덩이로 만들어 놓았더니, '설'자 부적을 붙여 방을 오히려 춥게 만든 후 아침에 문을 열자 "왜 이렇게 방이 추우냐?"라고 호통을 쳤다는 둥 수많은 소설을 만들어냈다.

유정은 10개월 동안 일본에 체류하면서 정이대장군 이에야스와 새로 관백의 자리에 오른 그의 아들 히데타다에게 융숭한 대접을 받으며 성공적으로 두 나라 사이에 평화의 가교를 놓고 돌아왔다.

이후 이에야스가 조선의 요청에 따라 왕릉을 도굴한 범인이라며 사형수 두 명을 보내자 조선은 이를 확인도 않고 처형해버린 뒤 1607년 정사 여우길과 부사 경섬을 사절로 임명하고 500명의 사절단을 일본에 파견했다. 사절들은 일본에 줄 선물을 가지고 갔으며, 포로를 데리고 오는 쇄환사 역할을 겸하고 있었다. 사절을 맞은 이에야스의 아들인 29세의 젊은 관백 히데타다는 매우 공손하게 사절단을 대했고 융숭히 대접했다. 그의 이러한 은근한 태도는 두 나라 사이의 외교 재개에 밝은 길을 열어 주었다.

결국 1609년 일본과 기유약조를 맺어 부산에서 무역을 재개하기 시작했는데, 조선에서 이렇게 빨리 '불구대천지수'인 일본과의 관계를 정상화한 것은 당시 한참 뻗어나가는 후금의 성세가 두려운 데다, 북쪽의 후금을 견제해야 되는 입장에서 남쪽에 군사 강국인 일본을 배후에 두고 있다는 것이 영 찜찜해서였다.

또 일본의 집권자인 도쿠가와 이에야스가 조선 침공의 원흉인 히데요시 가를 멸문시켰으니, 조선 대신 원수를 갚아주었다는 생각도 일조를 했다.

조선은 전쟁 전까지 왜놈 어쩌구 해가면서 멸시해마지 않던 일본의 침략을 받고 전쟁을 치르어보니, 생각 외로 일본은 대단한 군사 강국이었고 결코 만만한 상대가 아니라는 것을 깨달았다. 그러면 전후라도 일본을 견제하고, 또 후금에 대항키 위하여 나라의 총력을 쏟아 부국강병에 매진했어야 함에도 불구하고 조청전쟁 후 청에게 항복하여 속국으로서 평화를 보장받고 난 후 재차 당쟁에 몰두함으로써 조선은 멸망을 향하여 줄달음칠 수밖에 없었다.

포로를 송환하는 일은 쉬운 일이 아니었다. 포로의 주인들이 포로들을 감추었고, 포로 자신들도 정착 생활을 편하게 여겨 돌아가려 하지 않았다. 《해사록》의 기록에 "지금 귀환하는 숫자는 아홉 마리 소 가운데서 털 한 개 뽑은 정도도 못 되니 통탄을 금할 수 없다"라고 했다.

1608년 선조가 죽고 광해군(조선 15대)이 즉위한 지 몇 달 후 일본의 객사(비공식 사절)가 수행원 324명을 거느리고 부산에 이르렀다. 다음 해 조선 조정은 일본 사절과 '기유약조'를 맺어 국교를 재개함으로써 일본은 다시 부산을 통해 무역을 하게 되었다.

아래 자료는 일본인 역사학자인 요네타니 히토시의 자료를 인용한 것이다. "원균의 군관이었던 제만춘은 임진년 9월 부산포해전 이후 웅천으로 적의 동정을 살피러 갔다가 영등포 앞바다에서 포로가 되어 일본 나고야로 끌려갔다. 이후 몰래 탈출하여 조선으로 돌아와서 그곳에서 보고 들은 것을 보고했다.

그의 기록에 의하면, 조선으로 도망쳐 올 생각으로 동지를 구하러 조선 사람이 사로잡혀 와 있는 곳을 찾아가 보았더니 큰 집에는 20여 명, 보통 집에는 8~9명, 작은 집에는 3~4명씩 조선인 노비가 없는 집이 없었다 했다. 포로 중에는 성심껏 승락하는 자도 있었고, 결혼해서 눌러 사는 자들도 있었다."

이순신의 장계에도 제만춘에 관한 이야기가 있다.

이순신은 그간의 해전에서 적의 정보를 얻기 위하여 척후를 활용했었다. 제만춘이 죽음을 무릅쓰고 일본에서 탈출하여 조선으로 돌아오자, 이순신은 그를 막하 군관으로 삼았으며, 제만춘을 통하여 많은 새로운 일본에 관한 정보를 획득할 수 있었다. 당시까지만 해도 히데요시의 본성인 일본 나고야성의 사정에 대해서는 아무도 모르고 있었는데, 제만춘은 이에 관한 정보뿐만 아니라 조일해전 때 일본군의 피해 상황이라든가, 조선 주둔 일군이 히데요시에게 조선 수군의 막강한 전력에 관하여 보낸 정보 등 많은 고급 정보를 이순신에게 전했다.

1655년 쓰시마섬의 번사 사고 시키우에몬이 동래부사에게 조일 관계의 추이에 대해 말한 부분의 기록을 보자.

"임진년, 다이코(히데요시)의 뜻에 따라 귀국에 군대를 보내, 나라 안의 사람들을 남김없이 공격했다. 그리고 여기저기 숨어 있던 수많은 남녀와 아이들을 본방으로 연행해 왔다. 그 결과 지금까지 하인이 없던 사람들까지 별안간 주인이 되어 기쁜 나머지, '또 다이코가 조선을 침략해 주면 더 많은 하인을 부릴 수 있을 텐데'라고 모두들 말했다"라고 기록했다.

조일전쟁 중 일군들이 잡아간 조선인 포로의 정확한 통계는 없으나 대략 5만 명에서 15만 명 사이로 추정되며, 그 후 반세기에 걸쳐서 자력이나 다른 사람의 도움을 받아 조선으로 귀환한 조선인 포로는 약 6천여 명뿐이다. 결국 거의 10만 명이 일본인이 되어버린 것이다.

일본으로 잡혀간 조선 포로들은 북으로는 도후쿠지방에서 남으로는 오키나와에 이르기까지 일본 전국에 광범위하게 분산되었으며, 그 중에는 중국, 동남아시아, 인도, 유럽에까지 전매된 자도 있었다.

히토시가 조사한 바에 의하면, 조선인 포로의 귀환 사례는 총 63건에 6,300명 정도로, 귀환 경위는 첫째, 피랍인의 자력 귀국 둘째, 쓰시마 소오씨 등을 매개로 한 송환 셋째, 조선 사절 내일 때의 송환 등 세 가지 유형이었다. 한꺼번에 대규모로 송환된 경우는 1606년 통신사 여우길 일행과 함께 본국에 귀환된 1,391명의 경우인데, 이 경우는 도쿠가와에게 재정적 지원을 받은 소오 요시토시가 일본 각지에서 모집한 포로들이었다.

일본을 방문한 조선 사절에게 포로 귀환 활동은 중요한 사명 가운데 하나였다. 조일전쟁이 끝난 후인 1607년부터 1643년까지 다섯 차례에 걸쳐 사신이 파견되었는데 1624년에 파견된 사신은 포로 송환이 주목적일 정도였다.

조선 조정의 예조에서는 사절 편에 조선인 포로들이 볼 수 있도록 초유문을 보냈다. 내용은 포로로 잡혀간 죄를 용서하고 천민은 면천해 줄 것이며, 양민은 부역을 면제해 줄 테니 본국으로 돌아오라는 것이었다. 그러나 이러한 초유문을 보고 사절을 따라 귀국한 포로들은 거의 모두 사람 대접을 받지 못했다.

어려서 잡혀가 출신지도 모르고 한국어도 서툰 사람들을 인계받은 수군들은 그들을 자신의 노비로 삼았고, 예쁜 여자 노비가 있으면 남편을 묶어서 바다에 처넣고 첩으로 삼았다는 기록도 있다.

당시에 무슨 포로수용소 같은 것은 없었겠으나, 대부분의 귀환 포로는 부산에 도착하는 대로 버려졌다. 이러한 포로에 대한 무책임한 처우가 소문이 나서 많은 포로들이 귀환을 원치 않게 되었다. "조선의 법은 일본보다 못하고, 생활하기 어려우며, 먹고살기도 쉽지 않다. 본국으로 돌아가도 조금도 좋은 일은 없다." 이것이 조선 포로들의 생각이었다.

"사절들이. 포로들과 함께 부산에 도착한 후 내버리고 한양으로 간다 하자 포로들은 모두 사신들을 바라보며 크게 소리내어 울었다. 그 심정을 생각하니 지극히 가련하여 사행 때 쓰고 남은 쌀을 내어 각각 닷새 분의 식량을 주었다." 강홍중의 《동사록》의 기록이다.

그럼에도 조선에서 포로 송환을 적극적으로 추진했던 것은 인도적인 면 때문이 아니라 단지 국가의 체면 때문이었다. 거기다 조정이 썩어빠지고 임금이 등신 같아 나라가 개판이 되고 전쟁에서 제 나라 백성을 보호하지 못해 수많은 백성들이 일군에게 포로로 잡혀간 것인데, 조정에서는 일군에게 잡혀간 것 자체를 무슨 큰 죄를 지은 것이라고 생각하고 있었다. 그래서 자력으로 탈출하거나 일인을 죽이고 온 자는 대우를 받았고, 힘이 없어 그냥 잡혀간 자는 일군에게 협력했을는지도 모른다는 의심을 받았던 것이다. 참으로 조선은 백성 편에서 볼 때 개 같은 나라였다.

포르투갈 상인들은 일본에서 조선 포로들을 싼값에 사서 유럽에 내다팔았다. 꽤 오래전 이탈리아에 코레아라는 성을 가진 인물이 있다는 기사가 신문에 난 적이 있다. 조일전쟁 직후 세계 여행을 하고 있었던 이탈리아 상인 후란시스코 칼렛티는 일본에 도착하여 10개월 정도 체류하면서 일본의 노예 시장에서 어린 조선인 포로 5명을 산 뒤 일본을 떠났다. 칼렛티는 인도의 고아에서 4명을 자유의 몸으로 풀어주고 1명만을 이탈리아로 데리고 갔다. 바로 이 조선 소년이 이탈리아에서 생애를 보내게 되었던 조선인 포로 안토니오 코레아다.

귀환한 여자 포로는 어떤 대우를 받았을까?

전쟁이 나면 여자는 승자의 전리품이 되는 것이 오랜 전쟁의 관행이었다. 조선에서라고 다를 것이 없어서 7년 간의 전쟁을 치르는 동안 일군들에게 현지의 처첩들이 합법적으로 허용되었다. 전국 각지에서 수많은 조선 여자가 일군에게 강간을 당하고 임신을 했다. 강간을 당하지 않기 위해 자살하거나 거부하다 칼 맞고 죽은 여자도 있지만, 물론 죽지 않은 여자가 훨씬 더 많았다.

《삼강행실도》에 의하면 400여 명이 일군에게 반항하다가 죽었다고 되어 있으니, 아마 100명에 하나 꼴이지 싶다.

힘이 없어 여자 하나 지켜주지 못하고 적에게 훼절하도록 해놓은 등신 같은 사내들은 여자들을 용서하지 않았다. 절개를 지키다 죽은 여자는 칭송을 받았고, 살아남은 여자는 손가락질을 받아 살 수가 없었다. 이런 여자들은 대개 집에서 쫓겨났다.

그들은 몰래 친정으로 가기도 하고 갈 데가 없으면 매춘을 했으며, 또는 거지로 살아가기도 했다. 일군의 아이를 임신하고 집에서 쫓겨난 여자들이 너무 많아 사회적으로 문제가 되자 조정에서는 그러한 여인들을 한 군데서 모여 살도록 했고, 그들이 생활할 수 있도록 재정적인 뒷받침을 해 주었다. 그 곳이 바로 '이태원'이고 '이태'란 '다른 태'란 의미이다.

더 개 같은 경우는 이런 여자가 있는 집안하고는 아예 통혼을 하지 않는 것이었다. 중매쟁이까지 그런 집안을 따돌리는 바람에 조선 천지에 과년한 처녀들이 넘쳐났다. 이것 역시 큰 사회 문제가 되자 임금이 나서서 금지하는 조치를 내렸으나 아무도 이를 지키지 않았다.

포로로 잡혀 갔다가 돌아온 여자는 더 했다. 당시 사족이나 벼슬 아치의 이혼은 나라의 허락이 있어야 했으나, 이 인간들은 그런 여자를 가차없이 내쫓고 내버렸다. 등신 같은 것들.

4. 선릉과 정릉의 도굴, 중종과 이순신의 키 비교

일본과 국교를 재개하면서 조선이 내건 조건 중의 하나가 왕릉을 파헤친 범인을 송환하라는 것이었다. 그런데 전쟁 중에 어떤 놈이 왕릉을 파헤쳐 부장품을 꺼내갔는지 이에야스가 어떻게 알랴? 그냥 대강 아무 사형수 두 놈을 골라, "너희들은 어차피 죽은 목숨이고, 남은 가족은 우리가 잘 돌보아 줄 테니 그 대신 조선에 가서 죽어라"라고 꼬셔서 조선에 보냈고, 조선에서도 이를 눈치챘으면서도 체면은 차렸으니 따지지 않고 그들을 처형한 다음 국교를 맺은 것이다.

조일전쟁 중 일군이 파헤친 왕릉은 성종(조선 9대)의 능인 선릉과 중종(조선 11대)의 능인 정릉이었는데, 사실은 지금도 이 능들은 속이 비어 있다.

이 능들은 일군이 한성에서 철수할 때 파헤친 것으로 알려졌는데, 도굴된 능의 부장품만 없어진 것이 아니라 아예 관까지 사라졌다. 능 안이 개판이 된 것은 말할 것도 없고 능 주위에 부장품 부스러기랑 수의 조각, 뼛조각 등이 여기저기 굴러다녔으니, 이를 본 왕과 신하들의 망극함이 어떠했으며, 왕은 죽은 다음 어떻게 얼굴을 들고 선조들을 볼 수 있는지 생각하면 아찔했다. 물론 죽은 다음에 꼭 먼저 죽은 선조들을 만난다는 보장은 없으나, 만약에 만난다면? 하이구, 효도가 기본인 성리학의 본고장, 아니 둘째 고장에서 얼굴을 들기는커녕 백 번 할복해야 될 일이었다.

선릉에는 무엇을 태웠는지 알 수 없는 잿더미만 남아 있었으나, 그래도 중종의 능인 정릉에는 거의 다 썩어가는 시체 한 구가 남아 있었는데, 문제는 이 시체가 중종의 시신인지 아닌지 확인할 방법이 없는 것이었다. 요새 같으면야 몇 푼 안 들이고 재깍 DNA 검사를 실시해서 알아낼 수 있겠으나, 당시 다 썩은 시신 한 구를 놓고 중종이냐 아니냐를 가려내는 것은 거의 불가능한 일이었다.

그래도 조선 조정에서는 가장 실증적인 방법으로, 그리고 경험적인 방법으로 이 문제에 접근했는데 그 과정을 추적해 보자.

자, 방법이라고는 육안으로 알아볼 수밖에 없는데, 한 사람보다는 여러 사람의 의견을 들어야 한다는 중론에 따라 왕을 비롯해서 중종 때 정무에 참여하여 중종의 얼굴이나 몸매를 아는 정승, 판서, 참판, 내시, 궁녀 등을 모조리 동원하여 시신의 신원을 확인하고 의견을 말하게 했다. 그러나 괜히 잘못 헛소리했다가는 골로 가는 수가 있다는 생각에 시신을 보고나서도 모두들 언급에 신중하기 짝이 없었다.

우선 신원 확인에 참여한 사람들은 생전 중종의 생김생김과 몸매의 특징을 떠올려야 했다. 당시는 중종이 죽은 지 약 50년이 지났을 때라 중종을 기억하고 있는 사람들은 모조리 노인네들뿐이고 그나마 몇 명 남아있지 않았다.

여러 사람의 증언을 종합한 결과 드디어 중종의 몽타쥬가 생전 모습에 가깝게 완성되었다. 중종은 얼굴이 갸름하고, 턱 끝이 약간 굽었으며, 약간 얽었다. 수염의 숱은 많지 않았지만 뿌리는 누렇고 끝은 검었다. 콧등이 높고 체격은 키가 크되 허리는 날씬하고 뚱뚱하지 않았다. 몽타쥬는 거의 정확히 그려졌으나, 문제는 시신이 거의 썩어버려 위의 특징을 아는 것이 시신의 신원 확인에 거의 도움이 되지 않는 것이었다.

시신의 상태를 기록한 것을 보면, "육체는 모발이 모두 빠졌고, 콧등은 이지러졌으며 면상의 피부도 모두 녹아 없어졌다." 이게 다다. 시신의 키는 대략 다섯 자(150cm)였는데, 그 키는 당시로는 큰 키였다.

자 이런 상태의 시신의 신원을 누가 알아볼 수 있었겠는가. 그러나 이 문제는 국가의 대사였다. 만약에 죽어서 중종을 만나면? 하이구, 끔찍해라. 모두들 손도 대기 싫었지만 할 수 없이 괜히 시신의 남은 살 이쪽저쪽을 눌러보고, 뼈를 이리 저리 들추어보고 아무리 머리를 짜내도 알 수 없기는 마찬가지여서, 모두 소감을 써내기는 써냈는데 그게 '기다', '아니다' 해서 결론을 낼 수가 없었다. 의견 중 '아니다'라고 소견을 표시한 사람이 많자 다수결의 원칙에 의하여 그 시신을 꺼내 다른데다 적당히 묻어버렸고, 할 수 없이 빈 능의 파진 곳을 메우고 다지고 하여 대강 허묘인 채로 놔두는 수밖에 없었다. 그래서 지금도 선릉과 정릉은 시신이 없는 허묘인 것이다.

중종과 비슷한 시대에 살다간 이순신 장군의 키는 얼마나 되었을까? 이순신 장군 당대에 살았던 사람들의 글 중에 이순신 장군의 키가 크거나 작다 또는 기골이 장대하다든가 하는 기록은 어디에도 없다. 죽마고우였던 유성룡의 글에도 용모에 대한 언급만 있고, 체격에 대한 얘기가 없다는 것은 이순신 장군의 체격이 특출하지 않았다는 것을 증거한다. 이순신 장군은 그리 크지 않은 키에 알맞은 체격을 가지고 있었던 것으로 보인다.

또 조선 중기 병사들의 군적부가 발견된 일이 있었는데, 그에 따르면 당시 병사들의 평균 키가 140~145cm 내외였다고 한다. 보통 키는 큰 키에 비하여 최소한 5~10cm 정도 작다고 볼 때, 키 큰 중종이 150cm 정도였으니, 작지는 않았던 것으로 보이는 이순신 장군의 키는 145~150cm 사이였을 것으로 추정된다.

이순신 장군 사후인 17세기에 살았던 윤전은 《통제사 충무공 유사》에서 "충무공은 키가 크고 정력과 용기가 있었으며, 수염이 붉고 담기가 있는 분이었다"라고 기록했는데, 이순신과 동시대에 살았던 사람들의 기록에는 어디에도 키가 크단 얘기가 없는 데도 불구하고, 다음 세대에 태어나 장군을 보지도 못한 사람들이 전해들은 말만 가지고 키가 크다고 표현한 것은, 이순신의 영웅 이미지에 맞추려고 한 것으로 보인다. 근데 이게 이렇게 상세히 밝혀지면 광화문의 동상은 어째야 하나?

근데 필자가 이순신 장군의 키를 145~150cm 정도라고 추정했더니 또 난리가 났다. "현충사에 보존되어 있는 이순신 장군의 칼 길이가 120cm는 되는데, 키가 150cm밖에 안 되는 사람이 그 긴 칼을 어떻게 휘두르냐, 최소한 160cm는 되었을 거다"라는 논리였다. 필자가 알아본 바에 의하면 현충사에 보존되어 있는 칼 중 국산은 자그마치 197cm나 되고, 중국에서 하사한 칼은 170cm다.

"키가 180cm 넘는 사람 다 앞으로 나와 봐. 거기 칼이 두 개 있으니까, 손에 맞는 것 찾아서 한번 휘둘러 봐" "선생님, 이런 칼 휘두르려면 키가 한 4~5m쯤 되야 되겠는데요" "4~5m 좋아하네. 야, 그런 정도의 칼을 휘두르려면, 광화문에 있는 이순신 장군 동상 알지? 동상이 칼 차고 있는 것 봤지? 동상의 키가 7m이고, 칼 길이가 2m야. 알아듣기 쉽게 얘기해서 2m짜리 칼을 휘두르려면 키가 최소한 7m는 되야 되는 거야, 알겠냐?"

현충사에 보존되어 있는, 이순신 장군의 칼로 알려진 두 칼은 전투용 칼이 아니라 장군의 상징용 칼로 왕이나 황제로부터 하사받은 칼인 것이다.

보시다시피 칼 길이 가지고 난리를 죽인 사람들은 역사를 잘못 배워서 이런 의문이 드는 것이다. 임진왜란 하면, 일군의 조총과 조선의 활과 칼, 창이 맞붙었던 전쟁이라는 고정관념 때문이다.

이순신 장군은 해군사령관이었다. 이순신 장군은 판옥선 함대의 기함에서 휘하 병졸들을 시켜 다양한 기를 신호로 함대를 지휘하면서 함포 사격을 한 것이지, 단병접전을 하면서 칼이나 창을 휘둘렀던 것이 아니었다. 아니, 함포 사격을 하면서 전투를 하는데 그 길고 무거운 칼이 왜 필요했겠는가? 이순신 장군의 칼은, 요새 대령이 장성으로 진급하면 대통령이 주는 장식용 또는 지휘용 칼이었던 것이다. 젊었을 때 북방에서 근무할 때야 칼을 썼을 수도 있었겠으나, 그건 녹슬어서 다 없어졌다.

5. 도자기 이야기

전쟁 중 일본에 포로로 끌려간 사기장이(도공) 얘기를 해야되는데, 그 전에 도자기에 대해서 좀 알아보자.

도자기란 도기와 자기의 합성어다. 도기란 우리가 생활에서 접하는 뚝배기나 장독 등 토기나 옹기를 말하고(700~800도로 구워냄) 자기는 도기와 다르게 다양한 기법을 사용하여 높은 열(1,200도 이상)로 구워낸, 말하자면 백자 같은 것을 말한다.

도자기 제조에는 흙과 불때기가 가장 중요한데, 이는 불때기를 통해서 고온에서 흙과 유약의 화학반응이 일어나 자기의 색이 결정되기 때문이다.

빚어진 도자기를 가마 안에 쟁여놓고 불때기를 하게 되는데, 한 번 불을 때기 시작하면 자그마치 20일 정도를 땐다. 그러니 엄청난 장작 값에다, 일년 내내 가마를 운용해도 불때기를 겨우 4~5번으로 그

친다니 도자기 값이 왜 싸지 않은지를 알겠다.

사실 필자는 도자기에 대하여 아는 것이 별로 없어서, 이 글을 쓸 때까지만 해도 도자기를 굽는 가마는 장작으로만 불을 때는 것인 줄 알고 있었는데, 알고 보니 가스 가마, 전기 가마도 있다 한다. 하기야 가마 불에 소용되는 엄청난 양의 소나무 장작 확보도 문제겠지만 연기도 역시 문제가 되어서 가스, 전기로 작동되는 가마를 만들었을 것이나, 이렇게 되면 모든 제품이 획일적이 되지 않을까 하는 우려가 든다.

도자기는 천지인의 조화로 빚어진다 한다. 불 때는 것은 바로 '천'이고, 도자기를 만드는 흙은 '지'를 뜻하고, '인'은 사기장이의 정성과 기술을 가리킨단다.

지금은 여성 도예가들도 많은데, 불땔 때 여자는 가마 근처에 오지 못하게 했다는 스토리는 어떻게 된 것일까?

옛날에는 도자기를 옥동자에 비유했고 도자기 굽는 가마를 잉태한 여인으로 생각하여, 여자가 가마 가까이 오면 가마가 질투할까 봐 출입을 막았다는데, 산모는 여자가 더 잘 돌보지 않느냐고 따지는 여자가 생기고나서부터는 할 수 없이 여자도 가마에 접근하는 것을 허용했단다.

이 사서의 제목인 '조일전쟁'을 일본에서는 '찻사발전쟁', 또는 '도자기전쟁'이라고도 부른다 한다. 전쟁 동안 숱한 조선 명장 사기장이(도공)들이 일본으로 납치되어 끌려가서 조선의 선진 도자기 기술을 일본 땅에 뿌리내려 일본의 차기 문화를 꽃피웠고, 다도 문화를 풍성케 했다. 당시 일본의 다이묘들과 무사들은 조선과의 전쟁에서 포로와 조선 사발을 최고의 전리품으로 여겼다.

조일전쟁 직후 납치되어 간 조선 사기장이들에 의하여 일본으로 자기 기술이 이전되기 전까지 세계에서 자기를 만들 수 있는 기술을 보유한 나라는 중국, 조선 그리고 베트남뿐이었다. 그러나 베트남의 자기 제조 기술은 중국과 조선에 크게 뒤졌고, 중국의 자기 제조 기술도 조선을 따라올 수 없어 조선은 당시 세계 제일의 도자기 기술 선진국이었다.

아깝다, 이런 기술을 사기장이들에 대한 신분 차별로 사장시켜 버렸으니. 어이없게도 조선에서 내리막을 탄 도자기 기술은 가장 늦은 16세기에 기술이 전래된 일본에서 크게 꽃피웠고, 안타깝게도 조선 명품 자기의 대부분은 일본에 소장되어 있다. 이는 일본에서는 전국시대에 다도가 정착되기 시작했고, 다도에 쓰이는 찻사발로 조선 자기를 최고로 쳤기 때문이었다.

18세기 들어 일본에서는 상세한 도자기 분류법을 도입하여 족보를 만들었고, 조선 도자기 중에서도 유명한 족보를 가진 즉, 과거에 어떤 유명인의 찻사발로 사용되었는가 하는, 도자기일수록 가격이 비싸게 되었다. 서양에서는 18세기 초가 되어서야 독일에서 최초로 자기를 생산하기 시작했으며, 백자를 과학적으로 연구, 분석하여 도자기를 대량 생산하는 요업 기술을 개발해냈다.

일본애들 다도 역사는 꽤 된다.

일본에서 다도가 확립된 때는 16세기 도요토미 히데요시가 일본 천하를 통일하던 시기 전후로, 다도의 원조는 당시 무역 도시 사카이의 상인이었던 센노리큐였으나 후에 히데요시의 명을 받들지 않은 죄로 할복했다. 센노리큐의 뒤를 이은 인물이 후루타 오리베인데, 원래 오리베는 무사이자 차인으로 도쿠가와의 다도 사범을 지냈으나, 1615년 반역 음모에 가담했다는 혐의를 받고 역시 할복했다. 뒤를 이어 고보리 엔슈가 도쿠가와 막부의 차선생이 되었으며, 현재 일본 다도계의 상징은 센노리큐의 대를 이은 오모데 센케와 무라 센케이다.

원래 차문화는 중국에서 유래되었다. 2세기 말 삼국시대가 개막 되기 직전 후한시대 때 효성이 지극했던 유비가 어머니에게 고급 차를 선물하고자 낙양에 가서 차를 구했으나 이를 노린 도적떼에게 쫓겨 죽 을 뻔한 일이 있었다.

이러한 중국의 차문화가 일본에 전해진 때는 10세기 중국의 송나 라 때였고, 그 당시 주로 마시는 차는 말차(가루차)였다. 당시에는 우 리나라와 중국에서도 말차를 마셨다. 처음에는 승려들을 중심으로 다 회가 있었으나 차차 무사 계급으로 전파되기 시작하여 전국시대에 들 어서면서 다도는 전성 시대를 맞게 된다.

일본에서 최초로 무사 계급에게 다도를 가르친 인물은 무라타 쥬 코로 그는 선을 다도의 기본 철학으로 정립한 사람이다. 그 뒤를 다케 노 쇼오가 이었고, 다케노 쇼오를 계승한 센노리큐 대에 와서 정의 다 도가 완성되었다.

일본이 조선의 사발에 눈을 뜨고 고가로 거래하기 시작한 것은 조일전쟁이 일어나기 20~30년 전쯤으로, 이는 그보다 조금 더 이른 시 기인 전국시대 초기에 일본에 다도가 정착하기 시작했기 때문이었다. 이 때 조선의 사발을 구하여 비싸게 팔기 시작한 인물이 바로 최초로 일본에 다도를 정착시킨 센노리큐이다.

무로마치 막부시대인 15세기경 일본에는 중국의 찻사발인 덴모 쿠 자완(건잔)이 최고의 찻사발로 대우받았으나, 조선의 자기가 일본 에 수입되고 조일전쟁을 거치면서 많은 사기장이들이 포로로 일본에 끌려가 조선 자기를 재현해냄으로써 중국 자기를 밀어내고 조선 자기 가 찻사발의 최고 명품이 되었다. 조선에서는 막사발로 불리던 일본 의 국보 '이도 자완(황태옥 사발)은 진주 지방의 민가용 제기로 파악되 며, 일본에 100여 점 정도가 보존되어 있다. 일본인들은 이 이도 자완 을 최고의 명품으로 치며, 명품 이도 자완의 가격은 큰 빌딩 한 채 값에 해당된다고 한다.

우리나라에서 최초로 생산된 자기는 고려시대의 고려청자로, 만들어진 시기는 11세기 초로 추정되고 있으나, 발해 도요지의 상감청자 파편을 분석한 북한 보고서에 의하면 이미 9세기부터 자기를 만들었다 한다.

고려의 비색(비취색) 청자는 당시 중국인들도 격찬하던 자기였으며, 고려인들은 이 비색 청자에 나전 칠기의 상감 기법을 이용해 상감청자를 창조해 냈다. 고려에서는 청자만 구운 것이 아니라 백자도 구워냈으나, 조선 백자가 경질백자인데 반해 고려 백자는 연질백자였다.

고려청자의 맥은 13세기 고려를 침공한 몽골군이 끊어 놓았다. 당시 청자의 가마터는 중국과 가까운 서해안, 특히 전라도 쪽에 몰려 있었는데, 몽골군이 쳐들어와 전국이 초토화되자 사기장이들은 모두 내륙의 성으로 들어가거나 산으로 피신해 버려 협동을 요구하는 청자를 제작하는 기법이 쇠퇴하기 시작했다.

내륙으로 쫓겨 간 사기장이들은 먹고 살기 위해 청자보다 질이 떨어지는 서민적인 도자기를 만들어 팔기 시작했다. 이 것이 분청사기며, 이 때부터 우리나라는 일반 평민들도 도자기를 사용하기 시작했다. 현존하는 고려청자들은 전해 내려오는 것들이 아니라 대부분 무덤에서 나온 부장품들이다.

고려 말부터 조선 중기 즉, 조일전쟁 전까지 사용되던 분청사기란 '분을 바른 청자'라는 의미로 백토로 만드는 백자와 달리 점토로 만든 도자기에 색을 입힌 것이다. 자기에다 색을 입혀 다양성을 추구한 기법으로 제작된 자기인데, 백자를 선호하는 경향에 따라 쇠퇴하기 시작하여 조일전쟁 이전에 사라졌다. 이후 조선의 자기는 모두 백자였는데, 1876년 개항이 된 후에는 일본 자기(왜사기라 부르며 대량 생산 체제로 만들어낸 도자기를 말한다)가 물밀듯이 밀려와 조선 자기를 몰아내고 곧 그 맥을 끊어버리고 만다.

　　이러한 우리나라의 자기가 최초로 일본에 건너가기 시작한 것은 15세기 초다. 15세기 세종(조선 4대)대에 왜구에 대한 회유책으로 삼포를 개항했다. 삼포란 제포(웅천), 부산포 (부산), 염포(울산)를 말하는데, 삼포에다 왜관을 지어놓고 일본과 무역도 하고 일인들이 거주하기도 했다. 그러다 보니 자연히 그들은 일상용품을 조선서 사 써야 했고, 이러한 용품들을 보부상이 납품했다.

　　그러다가 1510년 삼포왜란이 일어나자 삼포는 폐쇄되고 일인들의 국내 거주가 금지되었으며 눈감아주던 밀무역을 엄격히 단속하게 되었다. 그러다가 일본 측의 간절한 요청으로 1512년 임신조약을 맺어 다시 웅천에 왜관 설치를 허용했고 1521년 부산포를 재개항했다. 1544년 일인들이 사량진왜변을 일으키자 웅천왜관은 폐쇄되고 일본과 정미약조를 체결한 후 부산왜관만 조일전쟁이 발발할 때까지 존속하게 된다. 이렇게 일인들이 조선에 머무르면서 조선 사발을 접하게 되고 이를 일본으로 가져가 인기를 얻게 되자 16세기 중반 이후 조선서 만든 사발과 일인들이 주문한 주문품 사발이 대량으로 일본으로 유입되기 시작했다.

　　1603년 조일전쟁 직후 일인들의 간곡한 요청에 의하여 부산 왜관이 재개항했으며, 1609년 기유조약에 의하여 부산포를 개항하여 일본과의 무역이 재개되기 시작했다. 이에 따라 왜인들이 왜관 내에 가마를 만들어 운영하기 시작했으며, 이 왜관 내에서 만들어진 사발을 '고혼 자완(어본 다완)'이라 했다. 어본 다완이란 '일본이 디자인해서 주문한 사발'이란 의미이다.

6. 일본에 포로로 잡혀간 조선 사기장이(도공)들

　　제2차 조일전쟁(정유재란)이 발발한 후 일본군들은 조선에서 어중이떠중이 등 아무나 잡아가는 것보다, 일본에서 한참 붐이 일어난 다도에 필요한 다기를 만들 수 있는 도공을 잡아가는 것이 훨씬 경제성이 높다는 것을 알고 도공 사냥에 나섰다. 이렇게 해서 일본으로 끌려간, 본국에서는 그냥 상놈으로 대접받던 사기장이들 중 우수한 자들은 일본에서 대단한 대접을 받았다. 조선에서는 그냥 밥그릇이나 만들고, 옹기나 만드는 천한 인간들이 일본에서는 예능인으로 대접받았던 것이다. 더구나 일본이 전국시대를 거치면서 다도문화가 정착하는 바람에 다구의 수요가 엄청 늘어났고, 각 지역의 영주들은 좋은 다구를 갖는 것이 소원이었다.

　　상황이 이랬으니 우수한 도공들이 좋은 대우를 받는 것이 당연했다. 그러나 그 속을 들여다보면 사실 일본으로 끌려가 출세한 사무라이 도공은 기백 명 중 몇 명 정도에 불과했다. 이것이 후에 조선의 사기장이들에게 잘못 알려져 일본으로 가면 다 출세하는 줄 알고 부산포를 통해 스스로 일본으로 건너간 어리석은 사기장이들도 꽤 많았다.

　　일본의 번주들은 조선 도공들이 제작한 자기를 팔아 번의 재정에 큰 도움이 되자 조선 도공들을 자자손손 대우하게 되었다. 여기서도 조청전쟁 때의 백정같이, 조선의 짐승이 일본에 가니까 사람이 된 경우다. 조선에서는 도공을 그냥 그릇이나 만드는 상놈으로 알았고, 그들이 만들어낸 자기의 가치를 몰라 그냥 쓰고 버려 전혀 국부에 연결시키지 못했으나, 일본에서는 도공을 잘 대우했고, 자기의 가치를 알아 이를 일본화시킨 다음, 많은 자기를 유럽에 수출하여 국부를 키웠다. 19세기 후반 명치유신 때까지 일본의 국부에 기여한 물품 중 아마 백자인 아리타 야끼가 최상위권에 들 것이다.

지금도 좋은 자기는 일본에 소장되어 있는 것이 우리나라보다 훨씬 더 많을 뿐더러, 귀한 다구는 한 개에 20억 엔에서 백억 엔까지 천문학적인 액수의 가치를 지니고 있다 한다.

그런데 이렇게 조선이 원류인 명품 다기가 한국에는 단 하나도 남아있지 않다니, 참으로 한심한 인간들, 맨날 귀천만 따지다가 그 꼴이 된 것이다.

일본에 포로로 잡혀가 정착해서 이름을 날렸던 도공들은 이삼평, 또칠이, 이작광, 이경, 심수관, 존해, 김해, 백파선, 팔산, 거관 등인데, 그 중에서도 아리타 도자기의 시조 이삼평과 사쓰마 도자기의 심수관 그리고 가라쯔야끼의 종가 나가자또 마다히찌, 이작광, 이경 등이 지금까지도 가장 유명하다.

(1) 일본 백자의 원조, 아리타 야끼(도자기)의 이삼평과 종전
    그리고 백파선

'야끼'는 '도자기를 굽는다'는 뜻이나, 일본에서는 도자기를 생산하는 마을을 뜻하기도 한다.

조선에서 일본으로 전래된 도자기 기술은 여러 갈래로 퍼져나갔다. 그 중에서도 유명한 도자기 가문이 이삼평 가의 아리타 도자기와 심수관 가의 사쓰마 도자기다. 그러나 아리타 야끼의 다완은 별로 인기가 없으며, 생활도구인 항아리나 뚝배기 등이 인기다.

이삼평의 도자기는 나베시마번의 재정에 지대한 기여를 했으며, 이삼평이 자기 원석을 발견한 이즈미산은 원석(백자 원료인 백토)을 너무 캐어서 산은 없어지고 넓은 운동장이 되어버렸고, 지금은 그 터에 '이삼평 발견 자광지'라는 큰 기념비만 쓸쓸히 서 있다. 이삼평이 자기를 굽던 가마터는 국가 사적으로 지정되어 있으며, 그 가마터 아래쪽 냇가 공동묘지에 이삼평의 묘비가 있는데, 한글로도 비명이 씌어있다.

충청도 공주, 또는 금강 근처 어느 고장 출신인 이삼평은 선조 30년 왜장 나베시마 나오시게의 수하에 의하여 가족 18명과 함께 나베시마 지방으로 끌려갔다. 이삼평은 이후 아리타 지역을 중심으로 도자기를 구웠는데, 이것이 크게 번성하여 일본의 도자기 역사를 바꾸어 놓았다. 아리타 도자기는 메이지시대를 거쳐 외국으로 수출되어 일본 도자기의 대표적인 상품으로 남았다. 일본 도자기의 다른 한 맥인 심수관 가는 조선인 자치촌에서 살았으나, 이삼평 가는 모두 일본인과 결혼하여 현지에 동화되었다.

일본 아리타역의 역사 한 구석에는 도자기 공방을 소개하는 소책자들이 놓여 있다. '아리타 도자기 도매단지 협동조합'이 만든 소책자로, 《아리타 도자기의 역사》가 타이틀이다.

"1600년 초 조선의 도자기공 이삼평은 아리타의 이즈미산에서 자기의 원료인 자광(백토)을 발견했고, 이 것으로 그는 일본 최초의 자기(백자)를 굽는다. 아리타 자기는 17세기 중반부터 무역항 나가사키의 데지마를 통해 유럽으로 대량 수출되었다. 유럽의 왕실과 귀족들은 이 도자기에 매료되었고, 독일 작센주의 선제후이던 아우구스트 2세는 아리타 자기를 참조해 작센의 드레스덴 지역에서 도자기 생산을 시도하기도 했다. 이렇게 아리타에서 꽃핀 자기의 4백 년 전통을 지키고 갈고 닦아오면서 젊은 작가들과 크고 작은 공방들이 의욕있게 작품을 만들어내고 있다"라고 기록되어 있다.

1990년 아리타 주민들이 20억 원을 마련하여 계룡산에 이삼평 기념비를 세웠다. 그런데 비문의 표현 중 '일본에 건너간'이라는 문구가 말썽이 되었다. '일본에 건너간' 하면, 잡혀갔다는 얘기가 아니라 제 발로 건너갔다는 스토리가 되는 것이다. 그러니 비문을 바로 잡아야 한다는 얘기가 나올 수밖에.

그런데 일본 쪽에서 반론이 나왔다. 3대째에 작성한 이삼평 집안의 고문서를 보면 이삼평은 임진왜란 당시 "길 잃은 나베시마 나오시게 공을 만나 길 안내역을 맡고 군량 확보도 협조했는데, 전후 고향에 남아 있으면 보복을 당할까 봐 나베시마공이 설득해서 데려갔다"라고 적혀 있다는 것이다. 근데 제 발로 걸어갔거나 잡혀갔거나 지금 와서 그게 뭐가 중요하냐?

어쨌든 이삼평 가의 기예는 5대까지로 끝이었다. 6대부터는 요를 폐업하고 농사를 지었다. 이러다 보니 이삼평의 13대 자손의 유년시절은 가난하기 짝이 없게 되었다.

1975년 13대는 철도기관사가 되어 40년을 일한 다음 퇴직 후에 퇴직금을 털어 가마터를 닦았다. 나이 쉰여섯에 새출발을 한 것이다. 그는 그 때부터 도자기 굽는 법을 배우고 익혔다. 다시 가업을 일으키려고 차남에게는 규슈조형 단기대학의 도예 과정을 밟게 했고, 며느리는 그림을 배워 자기의 밑그림을 그렸다.

현재 이삼평의 후손들은 13대와 14대가 생존해 있다. 유명한 조선 도공의 후예들은 조상의 이름을 이어받고 거기다 대수만 붙임으로써 구별한다. 이렇게 가족끼리의 협업으로 잘 나가던 이삼평의 후예들은 1990년대 일본을 휩쓴 불경기의 여파로 지금은 겨우 입에 풀칠이나 하고 지내는 형편이라 한다.

아리타에는 이삼평 못지 않은 여자 사기장이 있었다. 그녀의 남편 이름은 종전이었고, 종전은 900명의 사기장을 수하에 둔 큰 사기장이었다. 그녀는 남편과 함께 김해에서 납치되었는데, 남편이 일찍 죽고 남편 밑에서 도자기 기법을 익힌 그녀가 아리타의 백자 제조에 커다란 기여를 했다 한다. 그녀의 일본 이름은 '머리가 센, 나이든 여신선'이라는 의미의 '백파선'이다.

이렇게 김해 일대에서 많은 사기장이들이 잡혀가게 된 것은 당시 김해에서는 궁중에 도자기를 납품했고, 지방 백자의 생산지로도 유명한 도자기 고장이었으며 또 그렇기 때문에 많은 도자기 명장들이 살고 있었기 때문이었다.

(2) 사쓰마 야끼의 종가 심수관 가와 김해 그리고 박팽의

시마즈 요시히로(도진의홍)는 조일전쟁 때 용맹했던 일군의 군단장으로 그리고 노량해전 때 일 측 수군사령관으로 활약한 인물이자, 일본 차 세계에서는 센노리큐의 제자로서 조선 사발을 엄청 좋아했던 인물이었다. 시마즈는 종전할 때쯤 김해, 박팽의, 심당길(심찬) 그 외 20여 개 성을 가진 70여 명의 조선 사기장이들을 무더기로 납치해 갔다.

이 사기장이들에 의하여 일본에 사쓰마 야끼가 탄생했으며, 히젠 야끼와 더불어 일본 도자기의 한 축을 이루게 된다. 심수관은 사쓰마 야끼의 종가이지, 처음 사쓰마 야끼를 빚은 도조는 아니다. 사쓰마 야끼의 도조는 김해에서 납치된 것으로 추정되는 성이 '김해'라는 사람과 박팽의란 인물이다. 이 중 '김해'는 일본 도자기사에서 매우 중요한 인물로, 끌려간 지 몇 년 후 사무라이로 책봉되어 최고의 대우를 받았다. 같이 납치된 박팽의도 아리타 야끼의 이삼평과 마찬가지로 백토를 발견하여 높은 계급의 사무라이에 임명되었으며, 이 때부터 사쓰마에서는 백자를 생산하게 되고 생산품을 수출하여 막대한 외화를 벌어들이게 된다.

처음에 잡혀간 도공 70여 명은 일본에 도착하자 마자 큐슈 서남단 해안에 내팽개쳐졌는데, 왜 거기다 내깔겼는지 이유는 알 길이 없다. 아마 요시히로가 일본 국내에서 벌어진 권력 암투에 휘말린 듯하다.

내버려진 도공들은 이슬을 피할 움막을 지은 다음, "할 게 뭐가 있냐, 아는 거라고는 도자기 굽는 것뿐인데, 도자기나 굽자." 그리고는 도자기를 구워 지고 다니면서 인근 마을에 팔아 생계를 꾸려나갔다.

당시 일본에는 자기가 없었고, 질그릇이나 나무그릇을 쓰던 후진 시절이었다. 시간이 지나면서 원주민들의 텃세와 방해로 더 이상 그 지역에 살 수 없게 된 도공들은 이리저리 쫓겨다니다가 나에시로가와라는 외딴 마을에 집단 정착하여 단군 사당을 짓고 단군을 섬기면서 자치촌을 이루었다.

이들의 얘기를 들은 가고시마 번주가 그들에게 어용 그릇을 생산하게 했고, 조선 도공들에 의하여 생산된 도자기의 품질에 반한 번주가 대량 생산을 주문하면서 도자기는 차츰 산업화되었고 번의 재정에 지대한 공헌을 하게 된다. 19세기에 이르러서 일본의 자기는 파리 만국박람회에서 세계적인 평판을 얻었고, 미국, 러시아, 오스트리아 등 서양 제국으로 수출하기에 이른다.

조선의 양반이란 멍청한 인간들아, 일본에 도자기 기술을 전래해 준 도자기의 원조인 조선의 도자기는 다 어떻게 됐니? 어째서 조선 사회에서 그 흔해 빠졌던 사발들이 재벌 집 벽장이나 박물관에 가야만 볼 수가 있냐?

이 것이 다 싸가지라고는 쥐뿔도 없는 양반들이란 것들이 사람을 사람으로 대접하지 않아 생긴 비극인 것이다.

결국 양반들이란 것들이 도공을 사람 취급하지 않는 바람에 조선의 도공들은 자식들에게 가업을 물려주려 하지 않아 조선 도자기는 수출은커녕 명맥마저 끊어지고 그저 몇 개가 남지 않아 박물관에서 눈요기하는 처지로 전락하고 만 것이다.

이 인간들 싸가지가 얼마나 없는고 하니, 조일전쟁이 발발한 후 각지에서 의병이 일어났을 때, 천민과 같이 의병 활동을 할 수 없다고 버티는 바람에 천민 의병들은 거기서도 눈물을 삼키고 저희끼리 따로 모이거나 아니면 열받은 김에 산적이나 강도로 변신하기도 했다.

심수관의 후손들은, 물론 따로 이름이 있겠으나, 공식적으로는 심수관 13대, 심수관 14대로 통한다. 심수관 13대는 일본 근대화 시기에 명문 가고시마고교(제7고)를 나와 교토대 법학과를 졸업한 수재다. 그는 졸업 후 향리에 돌아왔으며, 아들 14대를 와세다대 정경학부에 진학시켰다.

심수관 가 이야기는 일본의 대문호 시바 료타로의 《고향을 어찌 잊을까》라는 역사소설에 등장한다. 2004년 가고시마에서 한일정상회담이 열렸을 때는 노무현 대통령도 심수관요를 방문했다고 한다. 심수관요가 뜬 것은 순전히 일본의 대문호 시바 료따로 덕이었다. 시바의 소설 덕분에 국영 NHK TV가 여덟 시간짜리 특집 프로그램을 만들었고, 그 바람에 심수관 도자기가 일본 전역에서 명품으로 대접받는 계기가 된 것이다.

심수관 13대가 1964년 75세로 세상을 뜬 후 심수관 14대는 시바 료타로의 조언에 따라 후쿠오카에서 개인 전람회를 열었다. 료타로 부부가 전람회에 참석하여 홍보대사 노릇을 해주는 바람에 개인전은 대성공을 거두었고, 사흘 만에 전시한 작품 50점이 매진되었다.

1974년 심수관 14대는 서울대, 고려대, 부산대의 미술사 연구자들의 초청을 받아 처음으로 고국 방문길에 올라, 청와대에도 초청되어 박정희 대통령과의 만찬에도 초대되었다.

심수관 14대가 필생의 사업으로 추진한 일이 있었다.

1998년은 심수관 납치 400주년이 되는 해였고, 이를 기념해 400년 제를 여는 것이었다. 13대의 유언이 400년 제를 열라는 것이었고, 15대에게도 가업을 잇게 하라는 것이었던 것이다.

14대는 두 가지 이벤트를 기획했는데, 첫 번째가 심수관 가의 역대 작품들을 모아 한국에서 전시회를 갖는 일이고, 다른 하나가 한국 남원에서 불을 채화해다가 도자기를 굽는 것이었다.

이 두 이벤트를 성사시키려면 막대한 경비가 들었다. 자기를 운반하는 항공료에 보험료에 기타 경비가 7~8억 원이나 소요될 것으로 계산되었다. 14대가 망설이자 그의 부인이 우리들의 재산을 쏟아넣더라도 성사시켜야 한다고 남편을 격려했다 한다.

드디어 1998년 8월 '400년 만의 귀향, 일본 속에 꽃피운 심수관 가 도예전'이 서울에서 열렸다. 전시 작품은 모두 140점이었고, 첫날 김대중 대통령도 다녀갔다.

전시회는 성황리에 끝났으나, 채화가 문제였다. 요로에서 도와주어서 아무 문제가 없을 듯싶었는데, 남원 유림이 들고 일어났다. "일본 놈들이 도공과 농민들을 강제 납치한 지가 수백 년 전인데 지금까지 사죄 한번 하지 않았다. 사죄하는 말 듣지 않고는 불을 줄 수 없다"라고 버티기 시작한 것이다.

들고 본즉 별로 틀린 말씀이 아니라, 일본에서 사죄 사절로 미야마 의회 의장과 여성 대표가 날아와서, 정유재란 때 남원성을 지키다 목숨을 잃은 사람들의 무덤인 남원 향교동 만인의총에 배례하고 납치를 사죄한 뒤에야 겨우 불을 채화할 수 있었다.

심수관 가의 기예는 12대 때 완성되었다. 심수관 12대는 번에서 운영하는 도자기 공장의 공장장으로서 기술, 기예의 면에서 완성의 경지에 도달했다. 그는 일본 왕실의 그릇을 납품했고, 1873년에는 오스트리아 만국박람회에 높이 155cm의 대화병 한 쌍을 출품하여 절찬을 받았다. 12대의 성공으로 사쓰마 도자기는 수출품이 되었고, 전세계에 이름을 알리는 계기가 되었다.

심수관이 포로로 잡혀왔을 당시 번의 번주인 시마즈는 학문을 강조해, 도공의 윗대가 사망해도 무조건 아들에게 상속하지 않고, 도자기 만드는 기술과 학문을 시험해서 통과하는 자에게만 녹봉을 내리고 가문을 잇게 했다. 이러니 장남이라도 가업을 잇지 못하는 경우가 생졌으며, 이로 인해 면학 전통의 토대가 생겨났다.

시마즈의 보호를 받게 된 조선 도공 70명은 무사와 같은 대우를 받았다. 조선에서 상민이던 도공들이 일본에 포로로 잡혀와서 양반으로 출세한 것이다.

이들은 성밖에서 마을을 이루고 살았는데, 18세기 말인 1780년 다치바나 난케이라는 한의사가 이 마을을 들어가 보고 남긴 여행기가 있다. "온 마을이 고려인이다. 조선 풍속을 그대로 계승해 의복에서 언어에 이르기까지 모두 조선식이며, 날이갈수록 번창해서 수백 호를 이루고 산다. 처음 납치되어온 성씨는 17개 성으로, 신, 이, 박, 변, 임, 정, 차, 강, 진, 최, 노, 심, 김, 백, 정, 하, 주이다"라는 기록을 남겼다.

심수관 15대는 와세다대 교육학과를 나온 다음 가업을 잇기 위해 교토도공기술전문학교를 다시 마쳤다. 그 후 이탈리아로 유학가서 파엔차 국립도예학교를 졸업한 인텔리다. 그는 이탈리아에서 귀국한 지 2년 뒤에는 경기도 이천의 김일만 옹기공장에 들어가 김칫독을 만드는 공부를 한 적도 있다. 서른 살이 되던 1999년 15대 심수관의 이름을 얻는 습명 절차를 밟았다.

심수관요의 직원은 모두 25명인데, 이는 12대 때 정착된 것으로 더 늘리지도 않고 줄이지도 않는다. 이 인원이 딱 적정선이라는 것이다. 많으면 품질관리가 잘 안 되고, 적으면 생산량이 너무 적어서 운영이 안 된다는 것이다. 젊은 15대에서도 프로의 냄새가 물씬 풍긴다.

(3) 카라쯔 야끼의 또칠이

일본에 잡혀간 조선 사기장이들은 큐슈의 여러 지방으로 흩어졌는데, 그 중 히젠이라고 불리던 지방에 집중적으로 모여 살았고, 이 지역에서 조선 사기장이들이 만든 도자기를 히젠 야끼라 불렀다.

히젠 야끼 중에서 도기(분청 사기)는 카라쯔 야끼, 자기(백자)는 아리타 야끼가 유명하다. 카라쯔 지방은 지금의 후쿠오카 사가현에 속해 있는데 옛날부터 왜구의 소굴로도 유명했던 곳이다. 카라쯔 야 끼의 도조는 나가자또 마다히찌이며 현재 14대를 내려오고 있다. 마 다히찌가 바로 한국말로 또칠이이다.

현재는 13대인 나가자또 다로우에몽의 뒤를 이어 14대가 활약하 고 있는데, 13대 나가자또는 자기 조상이 조선인이라는 사실을 공식석 상에서 한 번도 밝힌 일이 없을만큼 완전한 일본인이 되었다.

(4) 하기 야끼의 이작광, 이경 형제
하기 야끼는 다완으로는 일본에서 두 번째로 유명한 도자기이다.
현 야마구치현에 속하는 하기 야끼의 도조는 이작광, 이경 형제다. 당시 하기 지방의 다이묘는 모리였는데, 모리는 이작광을 납치해다가 사무라이로 책봉하고 자기를 굽게 했다. 이작광은 아들 하나를 남기 고 죽었다는데, 그 아들은 숙부인 이경 슬하에서 성장해서 사무라이가 되었으나 일본 사무라이에게 원한을 사 죽임을 당했고, 그 아들의 후 손들이 나가토로 이주하여 자기를 굽다가 5대째에서 맥이 단절되었으 며, 이작광과 같이 잡혀온 사기장이의 후손들이 하기 야끼란 이름으로 도자기를 빚고 있다.

이작광의 동생인 이경의 후손들은 '고려 좌위문'이라는 이름으로 현재까지 하기 야끼를 빚고 있는데, 11대가 인간 국보로 임명되었으며, 12대는 11대의 사위였으나 요절하고 말았다.

(5) 다카도리 야끼의 팔산
다카도리 야끼의 도조는 조일전쟁 첫해에 경남 합천에서 끌려간 팔산이란 인물로 일본 이름은 다카도리 팔산이며, 구로다 나가마사(혹 전장정)에게 부부와 아들 셋이 모두 끌려가 사무라이로 책봉받고 자기를 빚었다.

그런데 이와는 상반된 다른 기록이 있다. 그 기록에는 구로다 나가마사의 점령지에서 자기를 굽던 팔산이 구로다가 귀국하게 되자 같이 가기를 원하여 그의 아내와 아들 셋 그리고 장인까지 데리고 왔다 한다. 즉 스스로 일본으로 가기를 원하여 데리고 왔다는 스토린데, 뭐 그게 중요한 것은 아니지만 자료가 빈약해 사실 확인이 불가능하다. 또 다른 기록도 있다. 그 기록에는 조일전쟁 후 조선에서 포로 쇄환사가 왔을 때 팔산이 그들을 따라 조선으로 귀환하려다가 다이묘인 구로다에게 벌을 받았다고 기록되어 있다.

(6) 아가노 야끼의 존해

아가노는 다카도리와 산 하나를 경계로 하고 있는 지방으로 영주는 호소가와였다. 호소가와 역시 시마즈와 마찬가지로 센노리큐의 제자인 유명한 차인이었다. 호소가와는 경남 사천 출신인 존해라는 조선 사기장이를 데려와 우에노 타카쿠니라는 이름을 주고 자기를 굽게 한다. 결국 존해는 아가노 야끼와, 호소가와가 나중에 차지하게 되는 영지인 구마모토 야끼의 도조가 된다.

근데 구마모토시의 관광안내서에는 다음과 같은 글이 있다. "조선 도공 존해는 주군 호소가와가 죽었을 때 그를 흠모하여 스스로 할복했다"라고. 진짜 스스로 할복했을까 아니면 할복을 강요당했을까?

일본 백성들도 조선 백성들과 마찬가지로 모두 성을 갖게 된 것은 명치유신 이후이다. 그러나 성이 없던 조선의 사기장이들은 일본에서 조선의 양반에 해당되는 사무라이로 책봉됨으로써 일본 성과 이름을 가질 수 있었다.

---

* 도자기 이야기와 포로로 잡혀간 사기장이 스토리는 신정희요를 운영하는 사기장이 신한균 저 《우리 사발 이야기》와 《신의 그릇 1, 2권》, 그리고 《KBS 역사 스페셜》을 참고했음을 밝혀둔다.

7. 일본 주자학의 아버지 강항(1567~1618)

조일전쟁 동안에 일본에 끌려갔던 조선인 포로들 중 선비 강항이 있는데, 그가 쓴《간양록》은 일본에 끌려가서 고향을 그리면서 쓴 일기 형식의 문집이며, 강항의 후손들에 의하여 보존되어 왔다.《간양록》에는 강항이 일본에서 산 생활상만 기록되어 있는 것이 아니라, 강항이 일본에 있으면서 조선의 왕에게 보낸 편지인 〈적중봉소〉도 있고, 또 일본에 있으면서 보고 들은 모든 것이 기록되어 있다. 강항의 일본에서의 생활상은《간양록》의 마지막 부분인 〈섭란서적〉에 실려 있다.

일본의 오오즈는 에히메현에 있는 작은 도시인데, 오오즈 시민회관 앞에는 조선 선비 강항을 기리는 현창비가 세워져 있다. 그 옆에는 강항을 소개하는 글이 있는데 일본어와 한글로 나란히 새겨져 있다. 그 안내문의 제목이 바로 '일본 주자학의 아버지 강항'이다. 강항은 이곳 초등학교 교과서 부교재에도 등장할 만큼 거기서는 유명 인사다. 일본에는 50여 명이 회원으로 가입해 있는 '강항연구회'도 있다. 강항 연구회에서는 강항의 문집과 강항에 관련된 여러 자료를 수집해 왔으며, 1999년 강항의 삶을 정리한 책을 발간하기도 했다.

강항이 도대체 누구인가?

강항은 제2차 조일전쟁 중 31세 때 일군의 포로가 되어 일본으로 끌려가서 그 곳에서 거주하는 동안 일인들에게 유교를 가르쳐 일본에 유교가 뿌리내리도록 한 공로자다.

강항이 가르친 제자들이 일본 주자학의 원조가 되어 도쿠가와 막부의 시강사가 됨으로써, 주자학은 도쿠가와 막부 260여 년 간 일본 학문의 주류로 자리잡게 된다. 그 결과, 도쿠가와 막부 내내 평화가 계속되고 유학이 뿌리내리면서 신분질서가 정착되었으며, 각 번의 상층부에서는 무를 소홀히 하는 풍조가 만연해졌다.

강항은 전남 영광에서 세조(조선 7대) 때의 문장가인 강희맹의 5대손으로 태어났다. 강항은 16세에 향시에 합격하고 27세에 과거에 합격할 만큼 문장이 뛰어난 인물이었다. 형조좌랑으로 있던 강항은 31세 되던 해에 휴가를 얻어 고향에 내려와 있다가 제2차 조일전쟁 (정유재란)이 일어나자 명나라 부총병 양원의 군량 운반 감독으로 영광에서 군량미를 모아 남원성으로 가지고 갔는데, 남원성은 이미 일군에게 함락된 뒤였고, 거기서 일군에게 잡힌 다음 배에 실려 일본으로 끌려갔다.

120여 년 간 피바람이 몰아쳤던 전국시대가 끝나고, 조선 침공 전쟁을 7년이나 치른 일본은 당시 대표적인 무신국가였다. 조선이 무신을 천시하고 무를 우습게 안 것과는 정반대로 일본에서는 무를 숭상하여 영주들도 문맹으로 글을 모르는 자가 있을 정도였으나, 이는 부끄러운 일이 아니었고 칼만 잘 쓰면 되었다. 일본에서는 칼로 싸운 흉터가 있거나, 원수를 죽인 사람이 대장부로 불렸으며, 칼을 잘 쓰는 자의 자손들은 존경받아 귀한 혼처를 얻었다. 이러니 어려서부터 남자라면 모조리 칼 잘 쓰는 검객이 되어 무사로 입신하는 것이 꿈이었고, 전국에는 검도 도장과 검도의 유파들이 우후죽순처럼 생겨났다.

이런 시대에 칼을 쓸 줄 모르면 사람 축에 들지 못했기 때문에 당시 일본의 유일한 식자는 살생을 멀리하는 승려들뿐이었다. 당시 일본의 승려들은 불교 경전 이 외에도 의술, 역술 등 다양한 학문을 연구했다. 그러나 주자학은 당시 아직 일본에 뿌리내리지 못하고 중국에 유학을 갔다온 일부 식자들만 알고 있었던 새로운 학문이었다.

강항이 머물던 오오즈에서 가까운 곳에 킨잔 슛세키사라는 절이 있고, 그 절의 승려 중에 카이케이라는 승려가 있었다. 이 카이케이가 조선의 선비 강항이 포로로 잡혀와 있다는 얘기를 듣고 찾아와 시 한 수를 부탁했고, 카이케이와 강항의 인연은 이렇게 시작되었다.

강항의 일본 생활은 별로 불편하지 않았던 것으로 보인다.

하인까지 딸려 있었으며, 행동거지도 제약이 없었다. 강항은 일본에서 포로로 지내면서도 선비의 의관을 갖춘 채 글읽기와 글쓰기로 세월을 보내며 고향을 그리워했다.

그러던 강항은 탈출을 결심하고 다른 조선인 포로와 함께 탈출을 감행하다가 일군들에게 체포되어 처형되기 직전 교유가 있던 승려들에 의해 간신히 살아난다. 당시 조선인 포로가 탈출하다 잡히면 극형에 처했다.

1598년 6월 오오즈성에 있던 강항은 성주 도도 다카토라에 의하여 교토로 옮겨지고, 거기서 학문에 뜻이 깊었던 후지와라 세이카라는 승려와 만나게 된다. 후지와라 세이카는 조선통신사가 일본에 왔을 때 잠깐 주자학을 접한 적이 있어 그 학문에 매우 목말라하던 중 강항의 이야기를 듣고 강항을 찾아와 스승으로 모시고 본격적으로 주자학을 공부하기 시작했다. 조선 선비들이야 다른 것에는 모두 깡통이지만 주자학이야 날고 기는 분야가 아닌가? 두 사람은 말이 서로 통하지 않아서 필담으로 공부했다.

후에 대유학자가 된 후지와라 세이카가 도쿠가와 막부의 실세들에게 주자학을 시강함으로써, 주자학은 막부 265년 간의 정체이념이 되었다. 주자학은 무를 숭배하던 히데요시가 죽고 도쿠가와가 새로운 막부를 창건하고 사회를 안정시키기 위한 새로운 학문을 찾던 중, 마침 강항의 주자학을 계승한 후지와라 세이카를 영입하여 일본에 유교문화가 뿌리내리게 된 것이다.

내려도 적당히 내려야지 조선같이 온 천지가 주자학으로 뒤덮이면 나라가 그냥 기력을 잃고 망하게 된다.

현재 일본의 국립 공문서관인 내각문고는 국보급의 중요한 자료들을 보관하는 곳이다. 거기에 강항이 쓴 21권의 책이 보관되어 있다. 사서오경 등 주자학의 기본 서책들로, 강항이 기억하고 있었던 것들을 되살려 책으로 엮은 것이다.

강항이 조선에 돌아온 것은 일본으로 끌려간 지 2년 8개월 만인 1600년이다. 강항은 교토 성주에게 석방을 탄원했으며, 그의 학문적 공로를 인정한 교토 성주가 이를 허락하여 드디어 고향으로 돌아오게 되었다. 조일전쟁이 끝나고 400여 년이 지나도록 조선에서는 잊혀진 인물인 강항은 지금도 일본에서는 주자학의 아버지로 추앙받고 있다.

강항만큼 유명하지는 않지만 유학자 정희득도 일군 장수 모리 다다무라에게 잡혀 일본으로 끌려왔으나, 문재를 인정받아 일본에서 편히 생활하다가 귀국하여 《월봉해상록》을 썼다. 또 유학자인 홍호연도 끌려갔으나 그는 조선에 돌아오지 못하고 일본에 뼈를 묻었다.

하여간 강항과 기타 조선 유학자들의 덕인지는 잘 모르겠으나, 무단국가였던 일본의 도쿠가와 막부는 15대 265년 만에 망했는데, 망할 당시 도쿠가와 막부의 중신들은 거의 모두 유학자들이었다. 강항의 덕으로 일본의 고위 관료들이 거의 모두 유학자가 되었고, 이들이 무를 멀리 하고 편안히 퍼져서 글만 읽다 보니 무기력해지고 현실에 안주하려는 경향이 농후해져서 막부는 쇠퇴하기 시작했으며, 결국 조선의 전철을 밟다가 역동성을 잃고 망한 것으로 보인다.

하여간 강항이 일본 가서 엄청 큰일 했네. 승냥이같이 날뛰던 애새끼들 기를 다 빼서 순한 양으로 만들어 놓았으니.

8. 일본 어린이 교육 헌장을 제정한 이진영, 이매계 부자

이진영은 강항과 마찬가지로 조일전쟁 때 포로로 잡혀갔다가 돌아오지 못하고 끝내 일본에서 숨을 거둔 선비로, 오사카 일대의 유학의 비조로 추앙받는 인물이다.

오사카에서 차로 한 시간쯤 거리에 와카야마성이 있으며, 성 바로 아래 오카 공원이 있는데, 공원 옆 큰 길에 이진영과 그의 아들 이매계를 기리는 비가 서 있다. 높이 2m가 넘는 큰 비이며, 뒷면에는 이만섭 전 국회의장, 이상희 전 건설부장관을 비롯한 합천 이씨 종친들의 이름이 줄줄이 써 있다.

1998년 7월 합천 이씨 종친들과 와카야마시가 협력해서 건립한 것이다. 와카야마성의 천수각에는 이진영의 아들 이매계의 가르침이 걸려 있다. 매계가 설파한 '부모장'(부모를 모시는 글)이다.

"어버이에게 효도하고 법도를 지키며, 염치와 겸손으로 제 일에 충실하고, 정직을 근본 삼아야 하는 것은 누구나 알지마는 좀 더 다짐하기 위하여는 항상 가르치고 타일러줌이 옳으니라." 이 짤막한 글이, 1890년 메이지시대에 '교육칙어'가 나오기 전까지, 에도시대 일본인들의 자녀 교육 지침이었다.

1571년 이진영은 경남 창녕군에서 진사 이공제의 아들로 태어나 어린 시절에 사서삼경에 이르기까지 두루 한학을 배웠고, 주역에도 몰두하여 나름대로 패를 보는 수준에 도달했다.

이진영은 21세가 되던 해 조일전쟁이 일어나자 의병장 곽재우의 수하에 의병으로 참여했으며, 제2차 진주성전투 때 진주성이 함락되면서 왜장 아사노 유키나가의 포로가 된 것으로 추정된다.

처음 일본군이 조선인 포로를 잡아갈 때는 두 가지 목적이 있었다.

물론 포로를 잡아가면 노예로도 부릴 수 있고 아니면 돈을 받고
팔 수도 있었으나, 당시 일본의 수송선이 배마다 가득 실은 병사들과
군수품을 부산에 내려놓고 빈 배로 가다가 풍랑으로 배가 뒤집힌 경우
가 흔했다. 풍랑으로부터 배를 안정시키려면 하부가 무거워야 한다.
결국 배 밑창에 돌을 싣는 것보다는 사람을 싣는 것이 경제학상으로
백 번 낫다는 진리를 깨달은 것이다.

　　그래서 처음에는 아무나 막 때려실었는데, 가만히 보니 포로들이
라고 모두 농투성이들만은 아니었다. 재주 있는 포로들도 섞여 있다
는 것을 알게 된 것이다. 포로들도 잡혀간 후 당연히 좀 더 나은 대우
를 기대하여, 아무거나 재주가 있으면 일인에게 재주가 있다고 말해
힘든 일을 피하려 했다. 그러다 보니 쓸모가 적은 농투성이보다 장인
이나 도공을 납치하는 것이 훨씬 수익성이 높다는 것을 깨달은 일군은,
제2차 전쟁 때는 도공이나 장인만 잡아 배에 실었다.

　　이진영은 오사카로 잡혀가서 전쟁이 끝날 때까지 농노 생활을 했
다. 농노 생활을 하던 이진영은 다른 지역으로 팔려가서 농사와 함께
나무도 해야 했다. 어느 날 산에 나무를 하러 갔다가 한 승려를 만났는
데, 이진영과 말을 하던 승려가 이진영의 이상한 일본어에 관심을 가
지기에 신세 타령을 하게 되었다. 이진영이 만난 스님의 이름은 사이
요이며, 어렸을 때 일본으로 건너와 가이젠지라는 절에 몸담고 있는
조선 사람으로, 말못할 사연으로 일본에 눌러앉아 승려가 되었다는데
자세한 경위는 밝혀지지 않았다.

　　이진영의 학문과 능력을 알아본 사이요는 절의 주지 스님에게 부
탁하여 이진영의 몸값을 물어준 후 절로 데려왔다. 가이젠지는 창건
된 지 500년도 넘은 절로서 돈 많은 큰 절이었다. 절로 오면서 이진영
의 삶은 전보다 훨씬 편해졌다. 이진영은 절의 일을 도우면서 불경도
공부하고 유학도 공부했다.

1605년 35세가 되었을 때 이진영은 사이요에게 자신을 보내달라고 청하여 오사카로 옮겨갔다. 그러다 9년 뒤 가이젠지로 돌아왔고, 죽은 뒤 그 절에 묻혔다.

2002년 한국과 일본의 월드컵 공동 주최를 기념해 이진영을 주인공으로 한《현해탄에 핀 매화》를 동아일보 후원으로 서울에서 공연했으며, 이 공연 때 가이젠지의 주지도 공연에 참석했다.

오사카로 진출한 이진영은 역학원을 차려 생계 방편으로 삼고 한편으로는 글을 가르쳤다. 이진영에 대해서는 "고금의 책을 널리 읽어 견식이 풍부하고, 역술에도 뛰어나다"라는 평이 돌았다. 그 때까지 이진영은 결혼을 하지 않았고, 일본 이름도 갖지 않았다.

1614년 이에야스와 히데요리 사이에서 오사카전쟁이 일어나서 오사카가 전쟁터가 되자 이진영은 와카야마로 돌아가서 절 근처 마을에 서당을 열고 아이들에게 글을 가르쳤으며, 서당은 번창했다. 포로로 잡혀온 지 25년째 되는 해인 1617년 이진영이 46세가 되었을 때 39세의 과부인 아리타군 토호의 딸과 결혼하여 다음 해 아들 이매계가 태어났다.

1619년 이에야스의 열 번째 아들인 요리노부가 와카야마의 새 다이묘로 부임했다. 이진영은 새 통치자 요리노부에게 1,336자에 달하는 정치 개혁 건의문을 올렸다. 이진영은 건의문에서 민본정치와 덕치 그리고 인화와 평화를 강조하고, 인사관리의 중요성을 갈파했다. 또 지도자의 대범하고 큰 도량을 강조하였으며, 매사에 신중하고 사심을 버릴 것을 건의했다. 이 건의문을 본 요리노부는 이진영에게 신하가 될 것을 요청했으나, 이진영은 조선 임금을 섬겼기 때문에 두 임금을 섬기는 것은 옳지 않다고 사양하고, 군주에게 경서를 강의하는 시강을 맡았다.

이진영은 요리노부의 시강으로 있다가 1633년 63세로 죽었다. 이

진영은 죽을 당시 두 아들이 있었으며, 큰아들 매계는 17세, 작은아들 입탁은 13세였다.

큰아들 전직(매계는 호다)은 어릴 때부터 아버지에게 글을 배웠다. 총명했던 매계는 교토에 유학을 간 적이 있는데, 번주 요리노부가 유학 비용을 대주었고, 이진영의 집에는 해마다 쌀 30석을 내려 주었다. 매계는 요리노부 수하에서 번의 유관 직을 맡았다. 매계가 나중에 일본의 교육헌장이 된 '부모장'을 지은 계기는, 요리노부가 통치하는 구마노라는 곳에서 자식이 아버지를 죽이는 사건이 발단이 되었다.

범행을 저지른 아들은 참회하는 빛이 조금도 없이 "방탕하여 가족을 괴롭히는 아버지를 죽인 것이 무슨 대단한 죄입니까? 남의 아버지를 죽였다면 모를까, 내 아버지는 죽을 짓을 했으니 나는 무죄요"라고 항변했다. 이에 대해 요리노부는 "짐승도 저지를 수 없는 대죄를 범하고도 뉘우침이 없는 것은 내 부덕의 소치요, 효도의 정신을 함양시키지 못한 내 탓이다"라고 탄식한 후, 즉각 처형하기보다 스스로 회개를 하게 한 후에 처형하는 것이 낫겠다고 판단했다. 요리노부는 이매계를 불러 그 아들을 가르쳐 깨우치도록 했으며, 결국 패덕한 아들은 자신이 얼마나 큰 죄를 지었는지를 깨닫고 크게 뉘우치게 되었다.

요리노부는 크게 기뻐하면서 "법은 법이니 형을 집행하라"고 명령한 뒤 매계에게 "이번 일을 계기로 백성들에게 인륜의 도를 담은 교훈이 될 글을 지어주시오"라고 청했다.

이렇게 해서 '부모장'이 만들어졌고, 이 가르침은 와카야마를 넘어 일본 전역의 자녀 교육 지침이 되었다. 조선이야 유학의 나라이니, 충효에 대해서는, 실행을 잘 안 해서 그렇지 말로 하면 모두 박사다. 그러나 일본은 조일전쟁이 지나서야 겨우 유교가 뿌리를 내렸기 때문에, 조선에서는 조선 개국 초부터 어린애들까지도 줄줄 외울 수 있는 '부모장'이 17세기가 되어서야 가르침이 되었던 것이다.

매계는 1692년 64세로 사망했으며, 후사가 없어 청헌이라는 일인 제자를 양자로 삼았고, 청헌도 유관으로 임직하다가 죽은 후 가이젠지의 선조 옆에 묻혔다.

9. 북관대첩비

일본 야스쿠니 신사의 유슈칸 앞에 '북관대첩비'라고 새겨진 돌비석이 서 있다. 북관이란 함경북도 마천령 이북 지역을 일컫는 말이다.

맨날 신문에 일본 총리가 참배를 하니, 안 하니 하고 말썽이 많은 야스쿠니 신사란 무엇인가? 야스쿠니 신사는 원래 메이지유신 때 막부에 대항하여 봉기했다가 죽은 지사들의 영령들을 위로하기 위하여 건립된 초혼사의 후신이다. 이후 전쟁에서 전몰한 병사들의 위패를 모시기 시작하여 현재 약 250만 명의 위패가 모셔져 있다.

쉽게 얘기하면 우리나라의 동작동 국군묘지 비슷한 것인데, 이 죽은 인물들이 나라를 지키다 죽은 것이 아니고 거의 다 다른 나라를 침략하다 죽은 원흉들과 그 졸개들이니, 그 침략을 당한 나라에서 볼 때는 원수들의 영령들을 모아놓은 곳이지만, 일본 애들이 볼 때는 일본의 영광을 위해서 전몰한 영웅들을 모신 곳이다. 그래서 서로의 시각차이 때문에 참배에 말이 많은 것이다.

북관대첩비는 히데요시의 제1차 조선 침략 때 함경북도 길주 일대에서 가또 기요마사(가등청정)의 군대와 접전하여 이를 격퇴한 의병장이자 함경북도 북평사였던 정문부 장군과 의병들의 공적을 기린 비로, 크기는 높이가 187cm이고 폭이 66cm이다. 그 것을 러일전쟁(1904) 후 이 지역에 주둔하고 있던 북한 진주군 제2사단장 미요시 나리유키 중장이 1905년 개선하면서 진천부(청일전쟁 및 타이완전투의 전리품을 진열하기 위해 황궁 안에 설치한 부서)에 헌상하기 위해 도쿄로 가지고 온 것이다.

그 것도 그거지만, 실상은 당시 동남아에서 일본의 위세를 당할 나라가 없는 오만방자한 입장에서 조일전쟁의 용맹한 다이묘였던 가등청정의 패전 기록을 철거하려는 의도였을 것이다.

하여간 일본놈들 본성은 고치기 참 힘들다. 이 비가 일본으로 건너가자, 가등청정이 정문부에게 깨진 일이 없다고 아우성이 난 것이다. 물론 그 후에 정문부의 장초 기록과 《조선왕조실록》의 기록이 북관대첩비와 동일한 것으로 밝혀져 조용해지긴 했다만.

이 비는 1978년 재일 한국인에 의하여 발견된 이후, 한국 정부에서 수 차례에 걸쳐 반환을 요구했으나 실현되지 못하다가 2003년부터 남북한과 일본 정부간에 반환 협의에 들어가, 2005년 10월 한국 정부에 반환되었으며, 다음 해에 북한으로 넘겨졌다.

10. 사당패

전쟁 뒤 조선에 떠도는 집단이 크게 늘어나 사회의 불안 요소가 되었는데 이들을 조직적으로 이끈 무리가 사당패다. 이들 유랑민들은 먹을거리가 없어서 유리걸식하는 사람들이 많았지만, 과중한 부역과 가혹한 조세에 시달리다 못해 살던 고향을 떠난 사람들도 많았다.

전쟁이 끝난 후 조정에서는 복구 작업에 나섰고 이를 위해 막대한 재정이 필요했다. 농사도 제대로 못 지은 농민들을 짜내다보니 이를 견디지 못해 유랑민으로 전락한 백성들이 넘쳐났으나, 어디 간들 먹을거리가 있을 턱이 없었다. 유랑민들은 한끼 밥을 얻기 위해 양반 부호의 집을 털거나 능묘를 파헤쳤으며, 관아의 물건을 도둑질했다. 이 시기 사당패들이 유리민을 끌어모아 무리가 수백, 수천이 되었으나 관가에서도 제대로 통제하지 못했다.

원래 사당패는 조선 초기 원각사를 지을 때 등장했다. 불교에서는 남자 신도들을 거사, 여자 신도들을 사당이라고 불렀다. 원각사를 지을 때 거사와 사당이 자금을 모으러 돌아다녔는데, 이들의 우두머리를 사장, 남자를 남사당, 여자를 여사당이라 했다. 원각사가 완성된 뒤에도 사당패는 전국을 돌며 절에 필요한 경비를 염출했는데, 낮은 구실아치와 천민들까지 합세해서 패를 이루었다. 이들은 중도 아니고 속인도 아니면서 생업을 폐하고 부역을 회피했다.

전후 이들은 전국을 돌면서 광대놀이를 벌이고 매음을 하기 시작했다. 여사당의 매음 행위는 처음에는 중을 상대로 했다가 차츰 일반인을 상대하는 방향으로 바뀌었다. 조정에서 민란이 일어날까 걱정하여 이들의 활동을 금지했으나 효과가 없었다.

금령이 발동되고 사당패를 수색하느라 전국이 들썩거렸으나 실효가 없었다. 사당패는 전국에 걸쳐 활동했는데, 이 무렵 경기 일대의 중심지는 안성의 청룡사였다. 이 사당패 중에 유명한 인물이 바로 숙종(조선 19대) 때의 장길산이다.

11. 코무덤(이총)

일본에 있는 코무덤에 가면 비문에 '귀무덤'이라고 써 있다. 조선인의 코를 수만 개나 잘라다가 묻은 코무덤을, 말 그대로 코무덤이라 하면 자신들의 잔악함을 후세에 명명백백히 드러내는 것이 되기 때문에 귀무덤이라 한 것이다.

코무덤 옆에 관광객을 위하여 세운 안내말의 기록을 보자.

"전쟁은 한반도 민중의 끈질긴 저항에 패퇴함으로써 막을 내렸다. 이 무덤은 전란으로 당한 한반도 민중의 수난을 역사의 교훈으로 전하고 있다."(1969년 사적 지정)

2차 출병(정유재란) 때 히데요시가 얼마나 열받았는고 하니, "사람은 귀가 둘이나 코는 하나다. 마땅히 조선인의 코를 베어 귀를 대신하라. 병사 한 사람이 한 되의 코를 벤 후에야만 조선인을 포로로 잡는 것을 허락한다"라고 전군에 명했다.

이 잔인하기 짝이 없는 명령으로 일군은 침공하는 전라도 지역 곳곳마다 조선 군사는 물론 백성들까지 닥치는 대로 코를 베어 죽였고 소금에 절여 본국으로 보냈다. 한 되의 코를 베어야 조선인을 포로로 잡는 것을 허락한다고 한 것은 그 무렵 일군은 조선인 포로를 잡아다 포르투갈 상인들에게 노예로 팔았기 때문에 조선인 포로는 일군들에게 귀중한 전리품이었다.

이렇게 벤 코는 소금에 절이고 통에 넣어 수집관에게 보내면 수집관이 수를 확인한 뒤 영수증을 부대장에게 써 주었고 절인 코는 일본으로 보내졌다. 일본에서는 히데요시가 이를 다시 확인하고, '받았다, 수고했다'라는 내용의 감사장을 조선의 부대장에게 보냈다. 금구 일대에서 벤 코만 3,367개를 받았다는 청취장(영수증)이 지금까지 남아서 전해지고 있다.

히데요시는 이렇게 받은 코를 모아 나고야 북쪽 10리쯤 떨어져 있는 대불사 곁에 묻었는데 그 무덤이 한 개의 구릉을 이루었다 하니 가히 그 참상을 짐작할 만하다. 지금의 정확한 위치는 교토시 히가시야마구 야마토오지 차야초의 조그만 공원 옆이며, 무덤 위에 석비가 얹혀 있다.

일본인들은 이 이총을 조일전쟁의 전승기념물로 여기고 있으며, 대략 10만 명 가량의 조선인 사망자의 코가 묻혀 있는 것으로 추정된다. 고-수전쟁(7세기 초) 때 고구려를 침공했던 수나라 병사들의 전사자를 모아 묻은 장지 위에 세운, 고구려의 전승을 기리는 경관대탑하고 비슷한 것이다.

2차 출병 때 남원성을 함락시킨 일군의 야스하루는 하루에 2,000개의 코를 베었다 했으니 얼마나 많은 조선인이 살해되었는지 알 수 있겠다. 이 이총과 풍국대명신인 히데요시를 모신 도요쿠니신사는 근대에 들어와서 관광과 수학 여행의 중요한 목적지가 되었다.

코를 베면 대개 죽지만 안 죽은 사람들도 꽤 있었다. 그리하여 그때부터 조선 사람, 특히 전라도 사람 가운데 코가 없는 사람이 많았다.

12. 세키가하라전투(1600년)

도쿠가와 이에야스는 지금의 미가와현의 작은 영주 출신이었다. 오다 노부나가의 수하로 세력을 확장해 나갔으나, 히데요시가 천하를 평정한 후 뒤로 물러나 실력을 기르며 때를 기다리고 있었다.

전후 일본으로 돌아간 히데요시 가신단의 이시다 미쓰나리, 고니시 유키나가, 우키다 히데이에 등은 조선 출정으로 인한 손실을 극복하지 못한 채 온전히 예비대로 남아 있던 도쿠가와 세력과의 세키가하라전투에서 패배하여 모두 처형되었고, 1615년 도쿠가와가 히데요시가의 본거지인 오사카성을 함락시킴으로써 에도 막부시대를 열었다.

1600년 10월 21일에 벌어진 세키가하라전투는 일본 역사상 가장 큰 내전이었고, 양측에서 거의 17만에 달하는 병력이 투입된, 격렬하기 짝이 없었던 전투였다. 일본 역사상 국내외 전투를 통틀어서 이 전투보다 규모가 컸던 전투는 13세기 후반에 있었던 2차 몽골의 침입과 16세기 후반의 조일전쟁, 20세기 초의 러일전쟁, 20세기 중반의 태평양전쟁 등 모두 네 차례뿐이었다.

세키가하라전투 당시 이에야스가 이끄는 동군은 약 90,000명이었고, 미쓰나리의 서군은 82,000명으로 외형적으로는 비슷했으나, 도쿠가와의 술책으로 눈치를 보는 영주들을 빼고난 서군의 실제 병력은 35,000명에 지나지 않았고, 반대로 전투가 끝나고 보니 이에야스의 동군 병력은 104,000명으로 늘어나 있었다. 결국 이에야스가 서군을 격파하고 천하를 쟁취했다.

3일 동안 계속되었던 이 유명한 전투는 얼마나 치열했던지 양측의 전사자가 7만 명을 상회하는 엄청난 내전이었다. 더구나 승자인 동군이 패자인 서군의 패잔병을 싹쓸이한 것으로도 유명한 전투다.

전투가 시작되기 전에 서군이 동군보다 많아 보이자 이에야스는 초조했다. 여러 영주들이 아직 편을 정하지 못하고 머뭇거리고 있는 판에 서군의 총수 미쓰나리의 숙적이었던 후쿠시마 마사노리(복도정칙)가 동군 가담을 선언했다. 이에 중간에서 눈치를 보고 있던 중소 영주들이 이에야스 편에 우르르 줄을 서는 바람에 이에야스는 우세한 병력으로 전투에 임할 수 있었다.

사실 전투가 시작되기 전에 이에야스는 적군의 전열을 흐트러놓기 위해서 자그마치 82명의 다이묘에게 180통 이상의 편지를 써 보내는 회유책을 구사했다. 이런 작전이 성과가 있어 서군의 결속은 흐트러졌으나, 양군이 격돌한 이후 이에야스 편에 가담하기로 약속한 영주들이 막상 전투가 개시되자 참전하지 않고 전세를 관망하고 있는 것이었다. 괜히 알지도 못하고 깨지는 편에 붙었다가는 목숨을 부지하기 어려울 테니 판세가 돌아가는 것을 보고 결정하려고 구경을 하는 것이었다.

　이를 보고 열받은 이에야스는 내응을 약속했으면서도 움직이지 않고 있던 고바야카와 히데야키(소조천수추)군을 상대로 공격 명령을 내렸다. 놀란 히데야키는 그때야 정신을 퍼뜩 차리고 이에야스 편에 서서 서군을 공격하기 시작해서 전세를 돌려놓았다. 세키가하라전투는 여러 가지로 아슬아슬한 전투였던 것이다. 결국 서군 영주들의 배신으로 새벽부터 시작되었던 전투는 오후 2시경 이에야스의 승리로 귀결되었다. 천하의 패권자가 결정된 것이다.

　전투가 끝난 후 히데요시의 심복이었던 사령관 이시다와 안코쿠치 에케이 그리고 고니시 유키나가는 처형되었고, 명목상의 사령관으로 군대를 투입하지 않았던 120만 석의 대영주 모리 데루모토의 영지는 거의 몰수당해 36만 석으로 줄었으며, 우키타 히데이에는 도망친 후 숨어 있다가 잡힌 후 유배되어 84세로 유배지에서 죽었다. 이들 모두 히데요시의 총신들로서, 조일전쟁 때 군단장으로 참전했던 인물들이다.

　그런데 이 전투에서 이에야스의 적인 서군으로 참전한 유명한 인물이 있다. 독자 여러분들 다 아시는, 바로 일본에서는 검성으로 추앙받고 있는 미야모토 무사시다. 당시 새파란 청년이던 무사시는 서군의 병사로 참전했으나 서군이 패배하는 바람에 도망쳐서 겨우 목숨을 건졌다. 아무리 칼을 귀신같이 써도 전쟁에서는 별 볼일이 없나보다.

　1603년 이에야쓰는 천황으로부터 세이다이쇼군(정이대장군)에 임명되어 에도 막부를 열었으나, 당시까지 히데요시의 아들인 히데요리는 건재하고 있었다. 결국 이에야스는 1615년 오사카전투를 벌여 히데요시 가문을 멸문시키고 긴 평화시대를 열게 된다.

　1868년 메이지유신이 일어나기 전까지 265년 간 존속한 도쿠가와 막부의 치세 시가 일본에서 가장 안정되고 평화로웠던 시기이며, 이 시기에 독특한 일본 문화가 발달하고 꽃을 피웠다. 그러나 이렇게 평화시대가 계속되면서 실업자가 엄청 양산되었다. 바로 칼잡이들 즉, 사람 죽이는 것이 직업이었던 사무라이들 수십만 명이 그냥 백수가 된 것이다.

사무라이들은 조선의 양반과 마찬가지로 일본에서 가장 상층 계급이었으나, 백수가 되면서 생계가 어려워지자 일부 자존심 강한 인간들을 빼고는 수공업에 종사하거나, 당시 사회에서 가장 천대받았던 장사꾼이 되어갔다. 오기가 있던 사무라이들은 조선이 망한 후 몰락한 양반들과 마찬가지로 자신들의 신세를 술로 달래다가 대개 알코올 중독으로 죽었다.

* '전후' 편의 여러 장은 《KBS 역사스페셜》을 참고했음을 밝혀둔다.

제
11
장

일본

1. 일본이라는 나라와 천황

동아시아에서 일본에 관한 최초의 기록은 중국 사서에 기원전 1세기인 전한시대부터 조공을 바치는 수십 개의 분열된 소국으로 묘사되면서 처음 등장하며, 일본 고대사의 시작은 대략 5세기 21대 천황인 유라쿠 천황 때부터로, 그 때부터 왜(야마토)국이라는 나라가 성립되었다.

지금이야 일본 왕들에게 모조리 천황 칭호를 붙여놓아 무슨 천황 무슨 천황 하지만, 실상 천황이라는 명칭은 왜가 일본이라는 국호를 쓰기 시작한 7세기에 들어서면서 그 때까지 지배자의 칭호였던 왕을 천황으로 간판을 바꾼 것이다. 이 때부터 일본에는 중앙집권체제를 갖춘 실질적인 지배자가 등장했으나 이는 채 200년도 가지 못하고 정권은 외척인 후지와라 씨의 손으로 넘어갔다. 후지와라 외척 정권은 약 150년 간 세도를 누렸으며, 이 시기에 일본의 독자적인 문화가 정착되기 시작했다.

후지와라 세가 퇴조한 후 다시 천황이 정치 전면에 등장했으나, 중앙집권체제가 이루어지지 않고 장원을 중심으로 한 호족들이 대두했으며, 이들은 각자의 생명과 토지를 지키기 위하여 무장을 하기 시작했다. 이런 과정을 통해 9세기 중반부터 사무라이(무사)가 등장하게 된 것이다.

일본의 중앙집권체제 정착의 실패는 일본의 지리적인 구성이 하천과 높고 험한 산 등 여러 지역으로 분리되어 있어 상호간의 소통이 매우 불편한 데다, 특별히 외부의 침입이 없어 결속할 별 필요를 느끼지 않았기 때문이다.

하여간 일본애들은 영국과 마찬가지로 섬에서 사는 바람에 건국 이후 외침은 2차 세계대전 후 미군이 진주한 것을 빼면 몽골이 두 번 쳐들어 온 것이 다일 정도로 편안한 세월을 살았다.

　12세기 중반 무신정권인 가마쿠라 막부(미나모토 요리토모 정이대장군부, 150여 년 존속) 체제가 등장하자 실권을 뺴앗기고 별 볼일 없어진 천황은 무로마치 막부(아시카가 다카우지 정이대장군부, 전국시대 포함, 250여 년 존속)를 이은 전국시대를 거쳐, 에도 막부(도쿠가와 이에야스 정이대장군부, 265년 존속)가 천하를 통일한 후, 1868년 메이지유신이 일어나 에도 막부가 몰락하고 다시 실질적인 통치자가 될 때까지 무신정권 시기 약 700년 간 집에서 손자를 보시면서 푹 쉬셨다.

　팩션인 《일본서기》에 의하면 걔네들이 쓰는 기원은 기원전 660년에 시작하며, 금년(2009)은 일본 연호로 황국기원 2669년이다. 금년이 우리 단군기원으로는 4342년인 것과 같은 것인데, 보시다시피 우리 기원에 비하면 한참 하수다. 멍청한 것들, 조작하려면 우리같이 통 크게 조작해야지 쫀쫀하게 기원전 660년이 뭐냐?

　근데 희한한 것은, 역사상 일본이라는 나라에서는 황기 2669년 동안 역성혁명이 단 한 번도 일어난 적이 없었다는 것이다. 한 번도 왕조가 바뀌지 않아 그들 스스로 천황가를 만세일계라 부르고 있는데, 걔들 고대의 기록이라는 게 거의 소설이어서 믿을 바가 못 되지만, 어쨌든 좀 보탰다쳐도 지금 130대 천황쯤 될 테니 세계에서 가장 긴 왕조임에는 틀림없어 보인다.

　하여간 애들 공항에서 깃발 밑에 줄 서는 것을 봐도 권위 아래 순종하는 것이 몸에 배인 족속들이다. 하기사 그렇게 말 잘 들어야 선진국 국민이 되는 것이지, 제 분수도 모르고 잘 알지도 못하면서 아무 데서나 나서거나, 상대의 말이라면 말이 채 끝나기도 전에 시비부터 걸고 나오는 한국 국회의원 같은 인간들은 선진국 국민 소리를 들으려면 본인 당대에는 어림 반푼 어치도 없다.

《고사기》(일본 고대 역사서)나 《일본서기》를 보면 아시겠으나, 최초에 천황의 출현이라는 것이 신화와 소설로 도배되어 있어서, 나중에 학교에서 천황에 대하여 교육받는 일본애들은 천황이 신인지 사람인지 구분하는 데 엄청 애로가 많았다.

물론 학교에서는 일본 사람 모두가 천신의 후손이라고 가르친다. 사실 천손 하면 우리도 어느 누구한테 빠지지 않는다. 아시다시피 우리 모두는 하늘에서 직접 내려온, 정말이다, 환웅(단군의 아버지)의 자손이 아니던가?

일본 개국 신화의 요점은 천황가의 시조신이며 천상에 있던 여신 아마테라스 오미카미(천조대신, 태양신)가 일본을 다스리고 있던 신인 오쿠니누시에게 너네 나라는 자신의 자손들이 다스려야 될 나라이니 헌상하고 나가라고 협박하자 겁먹은 오쿠니누시가 자신이 다스리던 일본을 아마테라스에게 바치고 영계('젊은 닭'이 아니라, '저승'을 말한다)의 신으로 은퇴했다는 것이 주된 스토리다.

근데 일본애들은 자기네들의 조상이라는 아마테라스가 태양신이라고 우기는데, 원래 태양신은 아마테라스보다 하늘 같은 대선배인 그리스의 아폴론이고, 또 아폴론의 직계 후배는 로마의 미트라인데, 아마테라스가 언제 그 문하에 들어가 의발전인 (衣鉢傳人)이 되었는지 모르겠다.

하여간 일본애들 어떤 일에건 완벽한 것은 알아주어야 한다.

자신들이 신의 자손이라는 것을 만천하에 알리기 위하여 천신 아마테라스의 자손인 니니기노미코토라는 일본인 조상신의 무덤이 미야자키현의 사이토시에 있는데, 출입금지 지역일 뿐만 아니라 학술적 조사 내지 발굴도 엄격히 금지하고 있다. 하긴 신성한 신의 무덤이니까 잘못 건드렸다가는 벼락을 맞든지 천벌을 받을 테니까 그럴 것이다. 근데 무덤이 있는 것을 보니까 일본 신은 죽나보지? 아니면 트로이전 쟁의 영웅 아킬레우스같이 신과 사람의 혼혈이어서 죽은 건가?

일본에는 신의 능 말고도 천황의 능들이 많다. 그런데 그 능들 중 주인이 밝혀진 것은 거우 2~3개 정도밖에 안 되는데, 이상하게도 황실을 관리하는 궁내청에서는 능의 주인이 누구인가 밝힐 생각은 전혀 하지 않고, 어떠한 능에나 엄격한 출입금지를 실시하고 있다.

만약에 능을 발굴했다가 자신들이 천손이 아니라는 것이 들통나거나, 혹시 천황 가계가 신에서 비롯된 것이 아니고 한반도에서 건너왔다는 증거라도 나오면 일본 땅이 뒤집어질 우려가 있어서 그런 것으로 추측된다.

지금까지 살펴본 것이 바로 일본 천황이 신의 자손이라고 우기는 근거인데, 천황이란 양반이 뭘 몰라도 한참 모른다. 사실 천손이라는 것은 한동네 사는 돌쇠나 언년이네 자식이 아닌, 어디서 왔는지 잘 모르는 인간을 표현할 때 쓰는 상투어다. 어디서 온 개뼈다귀인지 출신을 전혀 모르는 인간이 와서 힘으로 먼저 살던 인간들을 쥐어박고 지배자가 된 다음 몇 대쯤 지나 동네사람들이 그 지배자가 딴 데서 이사온 것을 잊어버릴 때쯤이면 그의 후손들이 자신들의 선조를 하늘에서 내려왔다고 소설을 쓰는 것이 상례다.

그건 우리도 마찬가지다. 딴 동네에서 이사온 해모수는 자신이 하늘의 아들이라 우겼고, 그 동네에 살던 유화까지도 하백의 딸이니 뭐니 하고 설친 적이 있다.

알이나 궤짝에서 튀어나온 것도 마찬가지다. 한동네 살던 누구네 새끼면 아무리 사기를 쳐도 이웃들 눈이 있어서 절대 '알' 출신이란 소리 못 한다. 어디서 온지도 모르는 날깡깽이들이 남의 본토에 들어와서 터잡고 목에 힘주고 살면 천손이 되든지 알 출신이 되는 것이다.

결론적으로 천황은 딴 동네에서 온 것이 틀림없고, 딴 데라 그래 봐야 건너올 데가 대륙밖에 없었고, 대륙에서 건너오려면 십중팔구 한반도를 거쳐야 했을 것이다. 이제 뭔가 감이 좀 잡히시지?

일본 고대사는 소설이 하도 많이 섞여서, 역사와 소설의 구분이 쉽지 않은 데다가, 일본애들 이름 외우기가 왜 이렇게 어려운지 일본사를 들여다보면 우선 이름 때문에 골치가 아파온다. 자랑은 아니지만 필자의 기억력은 보통이 약간 넘어, 고대 그리스신화의 신들이나 트로이전쟁의 영웅들 이름을 지금도 줄줄이 외우는데 아, 이 일본애들 이름은 너무 길어서 그런지 영 외워지지가 않는 것이다. 그나마 탈고할 때쯤 되니까 이제 겨우 감이 좀 잡힌다.

하여간 이렇게 등장한 천황이 12세기 말 미나모토노 요리토모의 가마쿠라 막부가 들어서면서 뒤로 밀려나더니, 그저 동네에서 내기 장기나 내기 바둑으로 소일하는 신세로 전락하고 말았다. 그 후 가마쿠라 막부를 이은 14세기 말의 무로마치 막부, 그리고 전국시대 120여 년을 거치면서 멸망한 무로마치 막부에 뒤이어 탄생한 17세기 초의 에도 막부 아래서 265년의 세월을 보낸 후 1868년 메이지유신이 일어나고 나서야 천왕은 겨우 두던 장기알을 걷으시고 전면에 나서시게 된다.

원래 '막부'란 중국에서 기원한 용어로, 원정 중인 장군의 막사를 막부라 했고, 일본에서는 근위대장의 거처를 막부라 했는데, 정이대장군의 거처로 천황을 대신해서 통치하는 무신정권 수장의 본거지를 막부라 부르게 되었다.

이렇게 일본에서 무신정권이 존속한 기간이 자그마치 7백 년 간으로, 우리나라 고려 때 출현한 무신정권 백 년과는 게임도 안 되는 긴 기간인 데다가, 이 기간 동안에 천황들은 막부로부터 월급을 받아 고스톱 판돈이나 내기 장기의 밑천으로 쓰는 시절을 보내야 했다. 더구나 쇼군에 질 나쁜 애들이 들어서면 월급도 제때 주지 않아 천황들은 비어 있는 쌀독을 들여다보며 내일을 걱정해야 하는 한심한 세월을 보냈다. 당시 일본의 대영주로 250만 석에 봉해진 인물도 더러 있었는데, 막부에서 천황에게 주는 연봉이 한 3만 석 정도 되었으니, 그 돈으로 고스톱 밑천밖에 더 할 수 있었겠는가. 그래도 그나마 그 후부터 연간 인플레 수치에 따라 천황의 연봉이 조금씩 올라서 메이지유신 직전에는 12만 석이나 받았다.

'석'이란 일본의 전통적인 곡물 계량 단위로, 쌀 180리터에 해당하며, 1석이란 한 명을 1년 동안 먹일 수 있는 분량을 말한다. 여기서도 보다시피 당시 일본애들은 하루에 겨우 반 되밖에 먹지 않았다. 조일전쟁 때 일본의 쌀값 기록이 있는데, 당시 은자 1매로 쌀 8석을 살 수 있었다. 은자 1매란 은 160그램을 말하니, 당시 쌀 한 석의 시세가 은 20그램 정도였다.

천황은 충성의 대상이 아니었다. 일본인들의 충성의 대상은 자신들의 영주인 다이묘나 아니면 다이묘를 다스리는 쇼군이었지 천황이 아니었던 것이다. 천황은 고립된 궁정에 유폐되어 있었고, 궁정의 의식이나 행사에도 쇼군이 정한 규정에 따라 엄중한 제한을 받았으며, 학문과 시가에 몰두하도록 강제되었다. 때문에 아무리 신분이 높은 다이묘라도 쇼군의 허락 없이 천황에게 경의를 표하는 것은 쇼군에 대한 반역으로 간주되었다.

이렇듯 독자들이 신의 친척이라고 알고 있는 천황은, 실제로는 참으로 오랫동안 별 볼일 없는 존재였다가 메이지유신 후 막부의 반대파인 근왕파에 의해 뜬 것이다. 이 인간들은 그 때까지 별 볼일 없던 천황을 띄우기 위하여 별 수단을 다 동원했다. 이 인간들이 천황을 대강이나 띄우지, 교육, 군대, 신사 등 동원할 수 있는 모든 것을 동원해 포장한 다음 무슨 신이라고 주접을 떨다가 태평양전쟁에서 깨지고 나서 "사실은 신이 아니고 사람인데요"라고 천황이 고백하게 되면서 그만 본전이 들통나버린 것이다. 이렇게 일본 역사는 우리나라 역사와 함께 왜곡의 넓이나 깊이에 있어서 전 세계 역사 중 쌍벽을 이루고 있다.

근데 일본애들 앞에서 천황을 촌놈이라 하거나 내기 장기의 도사라는 등 사실대로 얘기하다가는 작살나는 수가 있다. 얘네들은 천황이 신의 후손이라고 초등학교 때부터 교육을 받아놔서 진짜 그런 줄 안다. 참 이상도 하지, 아니 대학 교육 제대로 받고 집안에 정신질환 유전자도 없는데, 어째서 천황을 사람이 아니고 신의 친척이라고 믿을까? 화장실 가는 것을 못 봤나? 이렇게 멍청하기 짝이 없는 일본애들이 세계 제2위의 경제 대국을 이룬 것을 어떻게 설명해야 하나? 하여간 일본의 천황은 타국인들이 이해할 수 없는 존재다. 천황이 바로 일본이고 종교인 것이다.

김일성, 김정일이 아시잖아. 걔네들의 나라도 국가가 아니고 종교 집단이다. 왜, 남한에 왔던 북한 여자 선수들인가 하는 애들이 김정일 초상화 포스터가 비 맞는다고 끌어안고 울었다던가 원. 하여간 알고보면 개뿔도 아닌데 나라고 종교고 한 번 세뇌되면 곁에서 벼락이 쳐도 모른다.

어쨌든 그렇게 교육 받은 일본애들은 일본과 천황을 동일시하여 절대 비판의 대상으로 여기지 않는다. 천황을 비판하면 일본을 비판하는 것이고, 또 신을 비판하는 것이다. 일본애들 앞에서 말조심 하기 바란다.

그래서 제2차 세계대전이 끝난 후에도 전쟁에 모든 책임을 져야 하는, 전범 중에서도 왕전범인 천황을 재판정에 세울 수 없었던 것이다.

2. 전국시대(1467~1590)

전국시대는 오닌의 난에서 비롯되었다.

오닌의 난이란, 1467년 전국의 수호다이묘(영주 중 그래도 끗발이 있는 영주)들이 호소카와 씨를 중심으로 하는 동군과 야마나 씨를 중심으로 하는 서군으로 갈라져 막부의 권력을 놓고 11년 간에 걸쳐 싸운 내란을 말한다. 이 내란에서 양측은 수만의 병사를 동원한 대전투를 여러 번 치렀다. 이 내란으로 무로마치 막부의 권위는 땅에 떨어졌고, 하극상 풍조가 전국에 만연되어 영주들 간에 서로 죽고 죽이는 백여 년 간의 난세인 전국시대가 개막된 것이다.

전국시대는 오닌의 난(1466~1467)이 평정된 후 쇼군이 허약해져서 통제력을 잃게 되자 각지의 영주들이 수하 병력을 이끌고 자신의 영지를 넓히는 데 혈안이 되어 서로 각축하던 시대로, 약한 자는 강한 자에게 가차없이 먹히던 약육강식의 비정한 시절이었는데, 120여 년 간이나 지속되다가 1590년 도요토미 히데요시가 일본을 통일하면서 막을 내린다.

역사상 가장 긴 전쟁은, 영국이 대륙에서 경영하던 영토를 뺏으려는 프랑스와 벌인 백년전쟁을 꼽는데, 백년전쟁은 사실 말이 백년전쟁이지, 전쟁을 하다가는 쉬고, 쉬다가는 하고 해서 실제 전쟁에 돌입해 있던 기간은 얼마 안 되는 전쟁이다. 그런데 일본의 동시다발적 내란인 전국시대는 자그마치 쉬지도 않고 거의 120여 년을 갔는데, 아마 이런 전쟁은 세계에서 유례를 찾을 수 없을 것이다.

전국시대에 일본을 움직일 만한 힘을 가졌던 대영주는 에치고의 우에스기 겐신, 가이의 다케다 신겐, 주고쿠의 모리 모토나리였고, 후에 일본 전국의 거의 절반을 통일했던 오다 노부나가는 그들과는 비교도 안 되게 미천한 집안 출신의 신출내기 소영주였다.

난세가 영웅을 낳는 법이지만, 전국시대 120년 동안에 일본을 대표하는 전쟁 영웅 세 명이 동시에 출현했다. 바로 일본 제일의 천재로 일컫는 오다 노부나가와 조일전쟁의 원흉이자 잔머리의 도사인 도요토미 히데요시 그리고 소설 《대망》의 주인공이자 '참을 인'자의 대명사인 도쿠가와 이에야스이다. 그 중 일본 전국을 통일한 히데요시가 국제적인 망상을 품고 대륙으로 쳐들어온 전쟁이 바로 조일전쟁인 것이며, 이 전쟁을 통해서 우리나라 해군 역사상 최고의 스타인 이순신 장군이 출현한 것이다.

이들 세 사람은 지금도 일본에서 가장 인기 있는 인물들로, 일본 역사상 가장 유명한 인물 10인 안에 언제나 들고, 이순신 장군도 언제나 우리나라 역사상 가장 유명한 인물 상위에 꼽히고 있는 인물이다. 만약 이 인물들이 조일전쟁 시대에 출현하지 않았더라면, 전쟁 자체도 엄청 썰렁했을 것이고, 또 일본의 문학계와 연극 · 영화계 그리고 우리나라의 소설계나 연속극 등에서는 주인공으로 내세울 마땅한 인물을 찾지 못해 애로가 많았을 것이다.

또 이 시대에 독자 여러분들 귀에 익숙한 단어인 '사무라이'와 '낭인'이 무더기로 쏟아져 나왔다. 사무라이란 아시는 대로 한국의 선비 또는 양반에 대비되는, 주군을 모시는 무사를 지칭하는 말이고, 낭인이란 주군이 없는 떠돌이 무사를 말한다.

말하자면 주군이 전투를 벌이다가 패배하여 죽어서 적에게 영지를 점령당하거나, 아니면 쇼군에게 밉보여 영지를 몰수당하면 다이묘는 그냥 백수가 되는데, 그에 따라 그 밑에서 월급을 받던 무사들도 같이 백수가 되어 길에 나앉게 되며, 이들이 바로 낭인이다. 당시는 내일이 어떻게 될지 알 수 없는 혼돈의 약육강식의 시대로 부침이 엄청 심해서 낭인이 대량으로 배출될 수밖에 없는 상황이었다.

무사들은 주종관계가 칼 같아, 다이묘(1만 석 이상의 영지를 가진 영주로 세습했으며, 막부 말기에는 약 270명의 다이묘가 있었다)를 주군이라 부르며 철저히 복종했고, 다이묘는 자신을 따르는 무사들에게 응분의 대우를 해주는 것이 상례였다.

　　그러다가 주군이 남에게 모욕을 당하거나 또 전투에서 죽거나 암살이라도 당하면 무사들은 주군과 같이 할복하거나, 주군의 원수를 갚아야 사람 대접을 받을 정도로 걔네들은 주군에 대한 충성이 대단했고, 죽는 데 전혀 두려움이 없었다. 이런 애들이 죽는 거라면 말만 들어도 벌벌 떠는 조선에 쳐들어 왔으니, 싸움이 될 리가 없었던 것이다

　　우리나라 사람들이 칼을 기피하고 칼 쓰는 것을 천히 여기는 바람에, 칼 잘 쓰는 백정이 짐승과 동격이라는 거 아시잖아, 현재 전해지고 있는 조선의 칼은 민간 소장품까지 합쳐 겨우 300여 자루뿐인데, 일본에서는 에도시대의 칼만도 수십만 자루가 전해지고 있다.

　　참고로 일본 글인 가나는 9세기 후반에 만들어졌고, 이로 인해 문학을 꽃피웠으며, 《고금와카집》, 《겐지모노가카리》 등의 일본 고대 문학을 대표하는 작품들이 출현했다. 가나가 만들어지기 이전에는 일본에서도 한문을 썼는데, 이를 일본에 전해준 사람이 4세기경 백제의 왕인 박사로 알려져 있으나, 이 사실은 우리 사서에는 없고 일본 사서의 기록에만 있다.

3. 메이지유신(명치유신, 1868. 1.)

　　메이지유신이란 도쿠가와 막부 즉, 일본의 봉건사회를 혁파하고 천황제의 근대 국민국가를 수립한 혁명을 말한다. 원래 유신이란 '예

전의 낡고 더러운 풍속을 더불어 새롭게 한다'라는 의미로, 박통의 10월 유신은 장기 집권책이었으나, 차라리 5.16혁명이 유신과 유사한 이미지를 가지고 있다.

서구의 프랑스혁명이나 미국의 독립혁명, 러시아의 노동자혁명 등을 제외하고 동양에서 비슷한 류의 혁명은 메이지유신이 처음이었으며, 대표적으로 근대화에 성공한 혁명이었다. 바로 이 메이지유신을 벤치마킹하려다 실패한 혁명이 김옥균의 갑신정변이고, 성공한 혁명이 5.16혁명이다. 서구의 혁명들은 시민혁명이나 노동자혁명이었으나, 일본의 메이지유신은 역사상 최초로 무사들이 주동한 혁명이었다.

일본은 메이지유신 이후 급속히 서구 문물을 받아들임으로써 단기간에 부국강병을 이루어, 청일전쟁, 러일전쟁에서 잇달아 승리하고 아시아의 패자가 되었다.

1853년 7월 미국의 동인도 함대 사령관인 페리제독이 이끄는 4척의 함대가 에도(도꾜)만 부근 우라가에 나타나 일본이 개항하게 되었고, 조선은 1876년 열강의 개항 강요 수법을 그대로 빼닮은 일본의 강요에 의하여 개항하여 두 나라의 개항 시기는 겨우 23년의 차이밖에 없었으나, 일본은 아시아의 패자가 되었고, 조선은 일본의 식민지로 전락하고 말았다.

이렇게 천당과 지옥으로 두 나라의 운명을 가른 것은 지배층의 자질 차이였다. 일본의 메이지유신을 성공시킨 인물들은 다양한 문물을 경험한 데다 역동성이 넘쳐나는 젊은 애국자들로 확고한 개혁 의지와 비전을 가지고 혁명을 성공시켰고, 조선 개항 시의 인물들은 제 당파, 제 집구석, 제 배때기만 생각하는 썩어빠진 관료들과 멍청한 왕, 그리고 돈과 권력에 환장한 민씨 척족들이 지배층을 이루고 있었기 때문이었다.

메이지유신의 주역들은 사쓰마, 조오슈, 도사 등의 번(소자치국)

에 소속된 하급 무사들이었다. 그들은 오랜 평화시대를 겪었음에도 불구하고 무를 숭상하고 무사도를 중시하는 무사의 기풍을 그대로 간직하고 있어서 역동성과 활기를 잃지 않고 있었다. 당시의 무사들은 자존심이 대단했고, 일구이언하는 법이 없었다. 그들에게서 '좋다, 하겠다'라는 대답이 나오면 자신의 목숨을 걸겠다는 의미였다. 이러한 젊은 무사들의 기백이 메이지유신이라는 대사극을 연출한 것이다.

메이지유신 전 일본에는 막부의 통제를 받는 다이묘들이 통치하는 번이란 소자치국이 300개 가량 있었고, 규모는 수백만 석부터 몇천 석까지 다양하기 짝이 없었다. 무사들은 모두 번에 속해 있었고 허가 없이 번을 떠나는 것은 금지되어 있었다. 다른 번으로 여행을 하려면 영주의 허락을 받아야 했고, 다른 번에서도 입국자에게 허가증을 발급했으며, 장기 체류를 허용하지 않았다. 말하자면 말만 같이 쓰지, 서로가 외국이나 마찬가지였다.

이들 번 중 메이지유신의 성공을 뒷받침한 사쓰마, 죠오슈, 도사 번 등이 바로 300년 전 도요토미 히데요시의 잔여 세력과 도쿠가와 이에야스의 일본 쟁패 전인 세키가하라전투 때 도쿠가와군의 적군인 서군으로 참전했다가 패배하여 숨도 못 쉬고 수백 년을 엎드려 있던 번들이다.

특히 이 번들 중 극단적인 파격파는 모두 죠오슈 번에 소속되어 있었다. 죠오슈 번이 바로 세키가하라전투에서 도쿠가와의 적군인 서군의 명목상의 총사령관이었던 모리 데루모토(모리석원)의 봉지였던 것이다. 전투에서 패한 데루모토는 170만 석의 대영주의 신분에서 겨우 36만 석의 중급 영주로 추락했고, 이 원한을 대대로 잊지 않은 향사(하급 무사)들이 토막파(도쿠가와 막부 타파를 목표로 하는 파)의 선봉이 된 것이다.

일본에도 유교가 정착하면서 신분 차별이 심해져 하급 무사들은 상급 무사와 같이 앉을 수도 없었고, 자신들이 속한 번의 행정에도 참여할 수 없었다. 장남이 아니면 봉록도 세습되지 않았고 농사나 장사를 할 수도 없어 해먹을 것이 없었다. 기껏 검술이나 열심히 연마해서 시골에 작은 도장이나 하나 차리거나, 아니면 학문이라도 열심히 닦아 서당을 열어 호구를 해결할 처지로 전락하고 말아 조선의 서자와 비슷한 입장이 되고 말았다.

그래도 어쨌든 일본의 사무라이는 조선의 양반과 거의 같은 특권을 누린 계층이었다. 무사는 언제나 칼을 차고 다녔으며, 일반인이 무사에게 무례를 범하면 베어도 용인되었다.

이러한 신분 차별 아래서 앙앙불락(怏怏不樂)하던 하급 무사들은 서양 선의 위협으로 일본이 개항하게 되자 자신들이 속한 번 즉, 막부를 뒤엎고 천황을 중심으로 한 새 세상을 꿈꾸었던 것이다.

이렇게 일본의 무사들 사이에 존왕양이(尊王攘夷) 사상이 광범위하게 퍼진 데는 '신국사상'이 밑바닥에 깔려 있었다. 즉 신의 후손들인 자신들의 영토에 서양 오랑캐들이 발을 디뎌 더럽히려 한다는 데에 대한 거부감이 팽배했던 것이다. 이러한 신국사상은 그 후로도 면면이 이어져내려와 일본인의 사상을 지배하게 되었고, 일본을 군국주의로 몰고가 태평양전쟁을 일으키게도 했으나, 당시 서양 세력의 압력 속에서도 일본을 꿋꿋이 지킨 원동력이 되었다.

메이지유신 직전까지도 에도 막부는 해금령(쇄국령)을 내려 자국민들의 해외 여행을 금하고 있었으나, 천주교 포교를 목적으로 하는 나라의 배를 제외한 외국 배가 들어오는 것은 막지 않았고, 또 나가사키에 거주하는 중국인들 그리고 기왕 설치되어 있던 네덜란드 상관을 통하여 무역도 하고 서양 서적도 쉽게 접할 수 있어서 시야가 트인 인물들이 많았다. 그들은 조선의 고루한 유학자들과는 달리 실학을 중시했고, 공리주의적 사고와 자유로운 발상을 가진 젊은 지식인들이었다.

비록 도쿠가와 막부의 정체이념이 주자학이었으나 이는 사회질서와 신분질서를 유지하기 위한 방편이었을 뿐, 일본에는 신도(神道)도 있었고 국학도 있어 조선이 주자학을 종교처럼 신봉하던 것과는 많은 차이가 있었다. 즉 일본은 다양성이 존재하던 사회였던 것이다.

이럴 때 서양의 압력으로 개항을 피할 수 없게 되어 막부와 서양 제국 사이에 불평등조약이 맺어지자 이에 반발하여 국민 통합의 기운이 일어나기 시작했고, 하급 무사들에게는 자신들이 소속된 번과 번을 통치하는 막부가 아닌, 일인들의 정신적 궁극에 존재하는 천황(당시 121대 고메이 천황)이 쇼군을 대신한 구심점으로 떠오르게 되었다.

도쿠가와 막부가 말기에 들어서면서 허약해져서 번을 통제할 기력을 상실하기 시작했을 때 서양 선들이 개항을 요구해오기 시작했다. 당시 막부의 쇼군은 13살짜리 꼬마인 14대 도쿠가와 이에모치였고, 천황은 121대 고메이 천황이었다. 몇 년 후 쇼군인 도쿠가와 이에모치가 병사하자 고메이천황도 천연두로 곧바로 뒤를 따랐으며, 뒤를 이어 막부의 마지막 쇼군으로 15대 도쿠가와 요시노부가 뒤를 이었고, 메이지유신이 있기 1년 전인 1867년 122대 천황으로 15살짜리 꼬마 메이지천황이 즉위했다.

마지막 쇼군인 도쿠가와 요시노부는 머리가 특별히 나쁘지는 않았으나 결단력이 없었고 우유부단한 인물로, 당시 격변하는 국제, 국내 정세를 감당하기에는 한참 모자란 인물이었다. 하기야 어느 나라고 망할 때 보면 마지막 왕이 똑똑해서 망한 경우를 보지 못 했다.

존왕양이 지사들의 압력이 점점 커지자 요시노부는 '대정봉환(막부가 누려오던 권력을 천황에게 반납함)'을 했는데, 이에 대한 수하들의 반발이 엄청났다. 당연한 것이 지금까지 막부에 붙어서 수백 년 간을 호의호식해왔는데, 막부의 권력이 몽땅 적대 세력인 천황 측으로 넘어가면 모조리 길에 나앉게 되기 때문이었다.

1868년 1월, 할 수 없이 요시노부는 전열을 정비하고 천황군과 대회전을 결심했다. 그런데 이 멍청이는 개전 직후 선발대가 천황군에게 깨지자 전쟁을 결심한 지 겨우 3일 만에 본성인 오사카성을 포기하고 밤에 몰래 도망치고 말았다. 이걸로 그냥 종 쳤다.

그 뒤로 막부 추종자들과 천황 반대파들의 봉기가 몇 번 있었으나 우수한 화기를 보유했던 관군에게 패하여 모두 진압되었고, 결국 모든 권력은 천황에게 돌아갔다. 그건 말이 그렇다는 것이고, 천황이 원래 꼬마이다 보니 실제 권력을 행사한 인물들은 유신 성공에 앞장 섰던 젊은 지사들이었다. 이 때의 전투에서 처음으로 초기 기관총인 가드링건이 선을 보였다.

보따리를 싼 마지막 쇼군 요시노부는 그냥 거지가 된 것은 아니고, '대정봉환'을 기특하게 여긴 황실에 의하여 400만 석의 영지에서 330만 석을 몰수당하고 70만 석의 중간 영주로 밥을 먹게 되었다.

메이지유신 연대에 사무라이들의 사상 정립에 지대한 영향을 끼친 인물은 김옥균의 스승뻘인 사상가이자 교육자인 후쿠자와 유키치와 마쓰시타촌숙(사설 학교)을 연 요시다 쇼인이다.

유명한 '탈아입구(脫亞入歐)'론을 주장한 후쿠자와 유키치는 메이지유신 연대의 젊은 지사들에게 지대한 사상적 영향을 끼친《서양사정》을 저술했으며, 이 책은 20만 부 이상 팔렸다. 이 때부터 수십 년이 지난 20세기 초 조선의 신문 발행부수가 채 2만 부가 안 되었으니, 두 나라 백성들의 계몽의식의 차이가 얼마나 큰지 알 수 있겠다.

또 요시다 쇼인의 마쓰시타촌숙에서는 이또 히로부미(이등박문), 야마가다 아리도모 등 수많은 정치가들과 지사들이 배출되었다

메이지유신 때 주동적으로 활약한 인물은 사쓰마 번의 사이고 다

카모리, 오쿠보 도시미치와 이와쿠라 도모미 등이고, 바로 그 다음 세대의 선두주자가 일본 제1차 내각의 총리를 지내고 초대 조선 통감을 지낸 이또 히로부미와 주 조선 공사를 역임하면서 민비 시해 프로젝트를 기안해 성공시킨 이노우에 가오루 등이다.

후에 안중근 의사에게 살해되는 이또 히로부미는 메이지연대를 주름잡은 거물 정객이었다. 이또는 1841년 조오슈 번의 구마게군에서 태어났는데, 그의 집안은 가난하고 미천해 볼 것이 없었다. 원래의 성은 하야시였는데, 열네 살 때 사족 집안인 이또 가에 양자로 가는 바람에 성이 이또가 되었고 청년이 되면서 몇 년 간의 영국 유학 생활을 했다.

이또는 평생 도요토미 히데요시를 숭배했는데, 결국 도요토미가 실패했던 조선 병탄을 성공시킴으로써 그의 유지를 받든 셈이 되었고, 내각의 수상을 자그마치 네 번이나 지냈다.

메이지유신을 성공시킨 인물들은 모두 20~30대의 똑똑하고 젊은 애국자들로 비록 권력욕이 없다고는 볼 수 없었으나, 모두들 나라를 위해 목숨을 아끼지 않았던 청년 지사들이었다. 이들 중 가장 연배였던 사이고 다카모리는 죽마고우였던 오쿠보 도시미치와의 권력 투쟁에서 패배하고 낙향했다가 서남전쟁을 일으킨 후 실패해 할복했고, 사이고를 제치고 최고 실권자로 등극했던 오쿠보는 반대파에게 암살당해 생을 접었다.

왕정복고는 1868년 1월에 이루어졌는데, 이 과정에서 무진전쟁, 서남전쟁 등 두 번의 내전이 있었고, 반대파에 대한 암살이 횡행했으나 그래도 대체적으로는 큰 유혈 충돌 없이 마무리되었다.

메이지유신은 정치, 경제, 사회, 문화, 제도 등 각 영역에 대전환을 가져왔고, 이 때 비로소 번이 폐지되고 중앙집권제가 확립되기 시작했으며 무사들의 패도(칼을 차고 다니는 것)와 할복이 금지되어 사무라이들이 사라지기 시작했고, 그와 함께 사무라이의 전통적인 죽음의 미학도 동시에 사라지게 되었다.

평민들도 비로소 성을 갖게 되었고, 봉건제도가 사라짐에 따라 사유재산제가 도입되었으며, 상인들의 영업 활동의 자유가 허용되었다. 또 일본 각지에 군수 공장이 설립되었고, 전신, 우편 사업과 철도가 개설되었다.

1889년 대일본제국 헌법이 공포되었고, 이 신헌법에 의하여 천황은 유례 없는 대권을 갖게 되었으며, 신도를 국가 종교로 만들어 천황의 종교적 상징성을 강화했고 신격화 교육이 뒤따랐다.

일본은 이렇게 강력한 천황제 국가를 이룩하는 데는 성공했으나, 천황이 강력한 권한을 갖게 되고 이를 신격화시키는 과정에서 나라가 전제주의 국가로 흘러가는 가능성이 대두되었으며, 결국 제국주의를 추종하다가 제2차 세계대전을 일으키게 된다.

메이지유신을 돌이켜보면서 우리가 배워야 될 교훈이 있다.

거의 비슷한 시기에 개항을 했으면서 조선은 가랑잎같이 열강에 휘둘리다가 결국 일본의 식민지로 전락했고, 일본은 열강의 별 간섭 없이 성공적으로 메이지유신을 마무리하여 세계 열강 대열에 합류했는데, 그 차이는 어디서 왔을까?

첫째는 물론 당시 양국 지배층의 자질 차이다.

두 번째는 바로 일본의 사무라이 정신이었다. 물론 영, 미, 독, 프, 네델란드, 러시아 등 열강 사이에서 서로간의 견제가 주효하긴 했으나, 열강이 개입을 꺼린 것은 일본의 사무라이들 때문이었다.

당시 에도(도쿄)의 인구가 거의 백만에 가까웠는데, 이들 중 칼을 차고 다니는 사람이 거의 50만 정도나 되었다. 에도에만 검술 도장이 수백 개가 있었고, 큰 도장에는 수련생이 천 명이 넘었다. 이러니 일본 전국에 잠재적인 적대세력이 도대체 얼마나 되는지 도무지 감이 잡히지 않은 것이다.

서양인들은 일본에 들어와서야 할복이라는 끔찍한 자결 방법도 있다는 것을 처음 알게 되었고, 자신들이 볼 때는 별 것 아닌 일로도 일본인들이 태연하게 배에 칼을 꽂은 다음 옆으로 그어서 개복하고 가까운 친지가 뒤에서 긴 칼로 목을 자르는 것을 보고는 며칠씩 밥맛을 잃었다. 그런데 이런 끔찍한 자결을 어른들만 하는 것이 아니라 십대 소년들도 했다. 일본인들은 이렇게 죽는 것을 영광스럽게 여겼고, 죽음에 대한 아무런 두려움이 없었다. 이런 꼴을 본 서양인들은 일본인의 독함을 피부로 느끼게 되었고 그 독함에 진저리를 쳤던 것이다.

제2차 세계대전 때도 마찬가지였다.

서양애들은 전투하다가 불리하면 손들고 나오고 상대편도 손들고 나온 애들에게 밥도 주고 담배도 주는 일이 서로간에 당연한 일이었으나, 일본애들하고 전쟁을 해보니 손들고 나오는 놈은 한 놈도 없고 '옥쇄'인가 뭔가를 하면서 모조리 '천황폐하'를 부르면서 죽어가니 도대체 감당할 엄두가 나지 않았다. 그걸 과달카날과 유황도에서 겪어본 미국애들이 일본 본토에 상륙할 경우 연합군의 희생이 엄청날 것을 우려해 상륙을 포기하고 원자탄을 떨어뜨린 것이다.

결국 메이지유신 성공의 밑거름은 바로 일본의 사무라이 정신이었던 것이다.

일본의 세 전쟁 영웅의 생애와 인연

1. 일본 역사상 제일의 천재, 오다 노부나가

16세기, 일본 역사상 가장 혼돈의 시대이던 전국시대에 태어나서 일본 열도의 거의 절반 이상을 통일했던 오다 노부나가는 49세 때 부하인 아케치 미쓰히데의 반란으로 혼노사에서 자결함으로써 생을 마쳤다.

노부나가의 가신이였던 히데요시는 배신자 미쓰히데를 죽이고 노부나가를 계승하여 일본 전국을 통일한 후 대륙 정벌 전쟁인 조일전쟁을 일으켰으나, 목적을 달성하지 못하고 병사하자, 이에야스는 히데요시 가를 멸문시키고 무신정권인 에도 막부를 열어 일본을 265년 간 지배했다. '노부나가는 떡쌀을 앉히고, 히데요시는 떡을 만들었으며, 이를 먹은 사람은 이에야스'라는 말이 지금까지도 일본에서 회자되고 있다.

전국시대에 출현한 일본의 전쟁 영웅들인 이 세 인물은 위에서 보시다시피 서로 따로 떼어 설명할 수가 없는 동시대인들이며 서로 끈끈하게 연결되어 있다. 이 세 인물 중 가장 선배인 오다 노부나가의 생애부터 먼저 살펴보기로 하자.

오다 노부나가는 1534년 오다 노부히데의 장남으로 태어났으며, 히데요시보다 세 살 위고 이에야스보다는 여덟 살이 많다. 결국 히데요시는 이에야스보다 다섯 살이 많은 것이다. 노부나가의 아버지 노부히데는 수호 다이묘의 가신으로 작은 성의 영주였다. 수호 다이묘란 강한 영주로 각 지방의 치안 유지를 담당했던 대영주를 말한다.

오다 가는 대대로 미남미녀의 혈통을 자랑했다. 노부나가는 얼굴이 길고 피부가 희며, 가늘고 길게 찢어진 눈매는 날카로운 결단력과 총명함을 드러냈다. 그는 평생 많은 말을 하지 않았고, 같은 말을 두 번 하는 것을 아주 싫어했다. 말을 할 때 앞뒤를 자르고 핵심 몇 마디

만 했으며, 이를 못 알아듣는 인간을 혐오했다. 그래서 그런지 그는 평생 가까운 친구가 없었다. 천재는 고독했던 것이다.

노부나가는 상식을 뛰어넘는 인물로 '일본 역사상 최고의 천재', 또는 '일본 역사상 유일한 혁명가'로 불린다. 노부나가는 당시 아무도 생각지 않았던 '시대의 변혁'과 '기득권 타파'를 신조로, 새로운 이상 사회를 열 목표를 가지고 치열한 생을 살다 간 인물이었다.

그는 쉰 살 이상 살 것을 기대하지도 않았고, 아닌게 아니라 딱 알맞게 49세 때 부하의 반역으로 자살했다. 큰 이상을 품고 짧은 인생길을 달리는 노부나가에게는 추상 같은 엄격함이 있었다. 그는 자신의 이상 실현에 방해가 되는 사람을 가르치거나 교화할 시간이 없었기 때문에, 걸리적거리면 용서없이 처단했다. 그래서 노부나가의 이미지는 잔인하다.

이런 노부나가가 어렸을 때는 좀 이상한 애로 싹수를 의심받았다. 하는 짓이 보통 애들하고 좀 달라서 말도 못하는 개구장이인 데다가, 난폭하기 짝이 없었던 것이다. 오죽하면 별명이 '오와리의 꼴통'이었으랴. 어린 시절 노부나가는 체구가 그렇게 크지도 않았고, 얼굴도 계집애같이 예쁘게 생겼는데, 이렇게 약골같이 보이는 애가 깡다구 하나만은 확실해서 말썽을 부리는 데는 타의 추종을 불허했다.

아버지인 노부히데가 죽었을 때, 노부나가는 상복도 입지 않고 반바지 차림으로 장례식장인 절에 나타나 아버지의 영전에 말향(향의 종류)를 휙 뿌리고는 뛰쳐나가 밖에서 기다리는 친구들하고 푸러 갔다. 좌우간 노부나가는 예의라고는 쥐뿔도 없는 애였다.

이랬던 노부나가가 일본의 위대한 전쟁 영웅이 되었으니, 독자 여러분, 애새끼가 공부 안 하고 학교서 맨날 싸움만 해서 정학이나 맞고, 매맞은 애네 집에 사죄하러 다니면서 치료비 물어주는 부모들은 사실 크게 낙심할 것은 없다. 애가 자랄 때 조금 이상해야 나중에 크게 될 확률이 많다. 물론 그 반대로 깡통 찰 확률도 크지만, 어차피 인생은 '도' 아니면 '모'가 아니겠는가.

노부나가는 커가면서 조금도 달라지지 않았다.

동네 깡패 새끼들하고 놀러 다니면서 술이나 퍼마시고 노름이나 하면서 세월을 보냈는데, 머리는 별로 나쁘지 않아 무엇이든지 하면 금방 터득했고, 또 무예에 몰두하여 창검술을 배웠으며 병법을 익히는 데도 열심이었다.

이랬던 노부나가가 마음을 돌린 것은 신하인 히라데 마사히데의 덕으로 보인다. 물론 커가면서 철이 들었을 수도 있었겠으나, 노부나가 가의 가신이었던 마사히데는 망나니 노부나가가 정신 차리도록 수차례에 걸쳐 충언을 했으나 씨가 먹히지 않자, 노부나가에게 간언하는 장문의 편지를 써놓은 다음 할복하고 말았다. 이 때 노부나가의 나이가 스무 살이었는데, 당시 오죽하면 노부나가에게 데인 노부나가의 어머니와 동생 노부유키까지 노부나가에게 등을 돌리고 있을 때였다. 이 마사히데 사건으로 노부나가는 제정신을 찾은 것으로 보인다.

노부나가는 22세 때 첫 전투를 경험한 이래 크고 작은 전투를 치러오다가, 1560년 27세 때 대영주인 이마가와 요시모토의 4만 대군을 10분의 1밖에 안 되는 4천의 병력으로 기습하여 승리한 다음부터 일본 전국에 알려지기 시작했다.

이 때, 후에 도쿠가와 이에야스가 되는 마쓰다이라 모토야스를 동맹자 겸 수하로 두게 되는데, 당시 이미 노부나가 수하에는 나중에 도요토미 히데요시가 되는 기노시타 도키치로가 무사로 활약하고 있었다. 이로써 향후 수십 년 간 애증을 같이 할 셋의 인연이 시작된 것이다.

노부나가를 끔찍이도 존경했던 히데요시는 머리가 비상했고 순발력 또한 매우 뛰어나 노부나가의 총애를 한 몸에 받았다. 노부나가는 인물은 딱 원숭이같이 생겨서 볼 것이 없었으나 눈치가 귀신인 히데요시를 '원숭이' 또는 '대머리 쥐'라고 부르며 귀여워했고, 히데요시는 그런 노부나가에게 충성을 다 했다. 히데요시는 생긴 꼴이 지적인 면하고는 담을 쌓아서 천박하고 야비해 보였으나, 머리를 쓰는 것은 비범했고 또 말하는 것이 밉지 않아서 누구나 쉽게 친해졌다. 꼭 조선의 7대 왕 세조의 책사 한명회와 노는 꼴이 비슷하다.

당시는 누가 언제 망하고 언제 죽을지 내일을 모르는 험한 시대였기 때문에 영주들간에 정략 결혼이 크게 유행했다. 즉 강한 상대와 혼인으로 결속해 두면 배후 세력을 만들 수 있고 또 전쟁이라도 벌어지면 도움을 받을 수도 있어, 그냥 애새끼들이 일곱 여덟 살만 되면 여기저기 주어 끈을 맺는 바람에 애가 없는 집안은 엄청 손해였다. 그래서 이런 집안은 유행에 뒤떨어지지 않기 위해 양자와 양녀를 왕창 두었다. 친자식 대신 양자, 양녀로 결속을 맺은 것이다.

노부나가도 가장 두려운 상대였던 다케다 신겐에게 양녀를 보내 신겐의 아들인 가쓰요리와 혼인을 시켰고, 여동생인 당시 일본 최고의 미인 오이치를 오미, 오타니의 성주인 아사이 나가마사와 결혼시켜 배후를 든든히 했다.

또 당시 29세의 청년이자 작은 성의 영주였던 이에야스와도 혼약을 맺어 자신의 딸 도쿠히메를 이에야스의 장남인 노부야스의 아내로 주었다. 그런데 나중에 노부나가는 이에야스의 큰아들이자 자신의 사위인 노부야스에게 할복을 명하게 된다.

당시의 천황은 106대인 오기마치 천황 시절이었는데, 하여간 그간 천황도 더럽게 많았다, 막부가 허약해지면서 월급도 제대로 주지 못하여 천황가는 궁핍하기 짝이 없이 살고 있었다.

이렇게 일본 천황이라는 사람들은, 아니 신들은, 원래 별 볼일 없이 한심하던 인물, 아니 신들이었다. 거 되게 헷갈리네. 이렇게 쨰지게 궁한 천황가의 형편을 잘 아는 노부나가는 수시로 돈과 선물을 퍼줘서 천황가를 밀어주었고, 천황가에서는 노부나가 얘기만 나오면 칭찬하느라고 입에 침이 마를 지경이 되었다.

전국시대 당시 일본이라는 나라는, 나라를 상징하는 천황과 실제 통치를 해나가는 쇼군이라는 두 기둥이 받치고 있던 이상한 나라였다. 어쨌거나 이런 전통이 수백 년을 내려오고 있었고, 비록 명목상이기는 하나 천황이란 인물들이 하도 오래 버티고 있다 보니 그들을 존중하여 주는 것은 인심을 얻는 첩경이었다. 노부나가는 천황네 집에 수시로 퍼주는 한편, 쇼군 집안의 권력 싸움 와중에 있던 무로마치 막부의 아시카가 요시아키를 밀어주어 제15대 쇼군이 되도록 했다. 양쪽에다 인심을 팍팍 쓴 것이다.

그러나 1573년 결국 무로마치 막부의 마지막 쇼군인 아시카가 요시아키는 노부나가에게 쫓겨남으로써 무로마치 막부는 멸망하고 만다. 요시아키는 도대체 분수를 모르는 인간이었다. 애가 특별히 멍청하지는 않았지만 똑똑하지도 못하여 주제 파악을 통 못 했다. 노부나가가 어디 기댈 데도 없는 저를 데려다가 쇼군을 시켜준 것만 해도 팔자를 고친 일인데, 분수도 모르고 막부를 재건하고 실질적인 권력을 쥘 욕심을 냈던 것이다. 자신의 원모(遠謀)를 노부나가가 귓등으로 듣자, 요시아키는 노부나가의 적들에게 연락하여 반노부나가 전선을 구축하다가 들통나서 그냥 쫓겨난 것이다.

노부나가가 전국시대 수많은 영주들을 물리치고 뜨게 된 것은 자신의 천재성도 있지만, 사실은 눈이 밝아서였다. 노부나가는 남들이 크게 주목하고 있지 않은 오사카 근처의 무역항인 사카이시를 재빨리 접수했다. 사카이시는 당시 일본 제1의 무역항으로 서양의 모든 문물이 이 항구를 통해서 들어오고 있어 무역으로 부를 쌓아가던 도시였다.

그런데 노부나가가 그 도시를 그냥 먹은 것은 아니었다. 사카이는 쌓아놓은 부로 무사들을 고용하여 자체 방어에 나선, 말하자면 이태리의 베네치아나 제노바와 마찬가지로 하나의 도시 국가였다. 노부나가가 이 상업 도시 사카이를 위엄으로 굴복시킨 일은 이후 노부나가가 천하를 제패하는 데 결정적인 계기가 된다. 당시 사카이를 통하여 서양의 유리잔이나 포도주만 들어온 것이 아니라 화약과 총포도 들어와서 노부나가의 철포대를 무장시킬 조총을 모두 사카이에서 공급했던 것이다.

사카이에서는 서양의 총포를 수입하는 한편 조총 공장을 세워 총포를 생산하여 일본 전국에 공급했으나 다른 영주들은 총포 채용에 그리 적극적이지 않았다.

당시 총포는 한 번 쏘고 재발사하는 데 시간이 너무 걸리는 데다가, 가격이 엄청 비쌌다. 거기다 일본에는 칼을 숭상하는 전통이 남아 있어서, 철포는 비겁한 자의 무기라는 인식이 철포의 채용을 망설이게 했고, 또 총탄과 화약의 필요량을 제때 구하는 것도 쉬운 일이 아니었다. 그래서 산간 벽지의 시골뜨기 영주들은 총포에 대하여 말만 들어봤지 총포의 효용을 제대로 아는 자가 별로 없었다.

사카이는 비록 노부나가의 세력권에 들어 있었으나, 근본적으로 어느 누구와도 적과 아군이 없고, 철포나 창검 같은 무기에서부터 군장, 의류 등 모든 물자를 수송하여 판매하는 자유 도시였다. 만약 그들의 상품 유통망을 저지하거나 상권을 침해하는 세력이 있으면, 그들에게는 즉시 물자 공급을 중단했기 때문에 누구도 감히 사카이 상인을 함부로 건드릴 수 없었다.

노부나가는 기독교 포교를 용인하고 선교사들은 우대했다. 노부나가가 기독교를 허용한 것은 서양 문물을 보고나서였다. 그는 이미 지구의, 망원경, 시계 등을 가지고 있었으며, 그 시대 사람으로는 드물게 서양인들이 가르쳐주는 지구구체설과 지동설 등을 거부감 없이 받아들일 정도로 합리적인 인물이었다. 조선에 들어왔던 기독교가 얼마나 박해 받았는가를 생각하면, 노부나가가 얼마나 깨인 인물인가를 알 수 있을 것이다.

노부나가는 종교를 갖지 않았으나, 그의 시대에는 어느 종교도 억압받지 않았다. 노부나가의 종교관은 간단했다. 종교는 형이상학적인 논리에 지나지 않으므로 형이하학적인 정치에 간섭만 하지 않으면 특별히 통제할 필요가 없다고 생각했고, 기독교에 대해서는 서양문명을 전해들은 다음 배울 것은 배워야겠다고 생각할 만큼 노부나가는 생각이 앞선 인물이었다.

노부나가는 서양의 로마에 대해서도 들었다. 그는 선교사들에게 로마에 관하여 물어보고, 로마의 역사를 강의해 주도록 요청했으나 당시 일본에 있던 선교사인 오르간티노나 루이스 프로이스는 노부나가에게 역사를 강의할 만큼 아는 것이 많지 않았다. 결국 노부나가에게 로마 역사를 강의하기 위하여 로마 교황청에서 사절인 발리니아노가 파견되었다. 어설픈 통역을 앉혀 놓고 강의를 시작했으나, 노부나가의 강의 듣는 자세는 엉망이었다. 강의를 듣다가 말고 코를 풀거나 아니면 물수건을 가져다가 목덜미를 닦지 않나, 자리에서 일어나 크게 하품을 하거나 정원을 멍하니 바라보곤 했다. 학생의 자세가 이렇게 개판이면 강사는 강의할 의욕이 사라진다. 강사가 입을 다물면 노부나가의 호통이 떨어진다. "계속 떠들어." 이것이 노부나가의 습관인지 아니면 천재성의 발로인지는 분명치 않다.

사실 천재는 한 마디 들으면 그 다음 다섯 마디 열 마디를 짐작한다. 두말 할 필요가 없는 것이다. 즉 강사가 앞으로 무슨 얘기를 할지 미리 감을 잡아버리니 시원찮은 강사의 강의가 재미있을 턱이 없는 것이다.

하여간 선교사들은 당대 최고의 영주를 기리시단(기독교)으로 귀의시키기 위해서 전력을 다해 강의했으나, 노부나가는 처음부터 종교적인 신앙에는 전혀 관심이 없었다.

단지 로마라는, 수명이 천 년이 넘는 제국이 어떻게 번영했고 왜 쇠퇴했는가를 분석해서 거기서 교훈을 얻으려 했을 뿐이었다. 이렇게 씨가 전혀 먹히지 않는 한심한 학생에 대해 선교사들은 '결코 노부나가같이 지식에 탐욕스런 사람을 본 적이 없다'고 증언했다. 어쨌든 노부나가는 기독교 포교를 허용했고, 교회 건립을 허가했으며, 신학교 설립을 인가했다.

그런 노부나가가 반노부나가 기치를 든 정토진종의 본산인 혼간지나 천태종의 총본산인 엔랴쿠지를 공격하여 수만 명의 신도들과 승병들 그리고 무사들을 모조리 죽이고 불을 질러 싸그리 태워버려 엄청 비난을 받았다. 노부나가가 세력을 키워가는 승병들에게 절을 비우고 해산하라 하자 절에서는 노부나가의 요구를 거절하면서 전투를 결정했고, 오랜 전투 끝에 절을 점령한 노부나가가 중들을 싹쓸이 해버렸던 것이다.

노부나가의 이시야마 혼간지 공격은 1570년부터 거의 10년에 걸쳐서 진행되었다. 물론 계속 싸운 것은 아니고 몇 번의 휴전과 전투를 거듭했으며, 노부나가의 후반 인생 10년이 혼간지 정벌에 바쳐졌다.

당시 신흥 종교인 정토진종은 대중들 사이에서 절대적인 인기를 누리고 있었다. 그랬기 때문에 절에는 수많은 추종자가 있었고 그 중에는 많은 사무라이들도 끼어 있었으며, 수천의 승병까지 보유하여 절은 강대한 세력을 형성하고 있었다. 거기다 신앙으로 결속된 승병들은 매우 용감했다. 노부나가의 대군을 맞이하고도 전혀 겁을 내지 않고 저항했으며, 또 노부나가군이 승병 대부대와 전투를 벌이면 반노부나가 영주들이나 절에 줄을 대고 있는 영주들이 노부나가군의 뒤를 공격하여 노부나가의 전력을 분산시켰기 때문에 승군을 쉽게 제압할 수 없어서 많은 시일이 소요되었던 것이다.

특히 전국시대를 사는 무장들은 매일 삶과 죽음의 경계를 넘나들어야 했기 때문에 세상사를 무상하게 생각했다. 그 때문에 모든 죄를 사해주고 내세의 안락과 자손의 번영을 보장해 준다는 불교에, 아니 이거 얘기하다 보니 기독교 얘기 아냐? 귀의하여 재가승이 많게 되었다. 우에스기 겐신과 다케다 신겐 등 많은 영주들이 승려의 신분으로 전장에 참전했다.

근데 노부나가는 인생 50이 끝이라고 생각하고 있었고, 생이란 죽음과 함께 사라진다고 믿어 불교의 주장을 믿지도 않았고 귀의할 생각은 더더구나 하지 않았다.

당시 일본은 불교 국가였고, 고래로부터 '국왕은 불법을 침범할 수 없다'라는 불문율이 있어 천황이라 해도 산문의 권위에는 간섭하지 않았다. 이러다 보니 난세에 편승한 승려들의 타락은 절정에 이르렀으며, 절에서는 어떤 경우에도 자신들이 보유한 기득권의 침해를 허용하지 않았다. 승려들의 타락은 극에 달해 고기를 먹고 술을 마시며 여자를 안았으며, 부처를 멀리하고 학문을 등한시하는 등 파계 생활을 즐기고 있었다. 불교 국가인 고려 말기에도 이와 비슷했다.

노부나가가 혼간지를 공격하자 혼간지는 전국의 신도들에게 일제히 봉기를 명했다. 일종의 종교 전쟁이 벌어진 것인데, 수많은 신도가 절의 명령에 복종하여 무장을 하고 전투에 참가했다. 드디어 노부나가는 5만 군을 동원하여 절을 철저히 파괴했고, 도망치는 승려나 속세인 가릴 것 없이 모조리 살해했다. 하루낮 하룻밤 동안에 승속 3천이 살해되고 당탑 5백 이상이 불에 탔다.

이렇게 노부나가가 승승장구하고 있을 당시 히데요시는 노부나가의 중요한 가신의 하나로 38세 중년의 나이에 이미 12만 석의 영주가 되어 있었다. 히데요시는 딱 노부나가의 입 안의 혀같이 굴어서, 노부나가는 가신들 앞에서 "무사라면 히데요시를 본받아야지"라고 수시로 칭찬을 아끼지 않을 정도였으며, 히데요시는 비범한 두뇌로 전투를 쉽게 풀어가는 재주가 있었다.

이 히데요시가 전투에서 발군의 능력을 발휘하도록 뒤에서 도운 인물이 다케나카 시게하루다. 유비의 제갈공명에 상응하는 시게하루는 비상한 전략가로 히데요시의 수하에 있으면서 전투 때마다 뛰어난 전략을 구사하여 전투를 승리로 이끌도록 했던 인물이다. 노부나가의 또 하나의 유능한 가신이었던 아케치 미쓰히데는 히데요시가 시게하루를 데리고 있는 것을 항상 부러워할 정도였고, 둘은 서로 견제하며 경쟁을 해나갔다.

노부나가군이 강한 것은 무엇보다도 뛰어난 기동력과 잘 훈련된 병사들 때문이었다. 노부나가의 병력 이동은 언제나 상대의 의표를 찔렀고, 상대의 계산보다 언제나 빨랐다. 노부나가의 병력은 농민들이 아니고 용병들이었기 때문에 전투 시기를 마음대로 선택할 수 있었고, 또 충성심을 유도하기 위해 강도 높은 훈련을 시켰다. 이러한 용병을 지탱하는 힘은 직할지의 생산물과 각종 세금이었다. 전투에서 공을 세운 무장들은 노부나가로부터 상으로 금을 받거나 다구를 받았다. 노부나가는 수하들에게 가능한 한 영지를 내려주지 않고, 금, 은이나 다른 상으로 대신했다.

1575년 드디어 다케다 신겐이 무적의 기마대가 포함된 3만의 병력을 동원하여 노부나가의 동맹자인 이에야스를 공격했다. 당시 31

세인 이에야스는 적은 병력을 가지고 전력을 다하여 신겐과 맞섰으나 결국 전군이 궤멸되고 말았다. 이에야스는 전투에서 대패하고 간신히 성으로 도망쳤으나, 상대적으로 열세였으면서도 이 전투에서 보여준 이에야스군의 용맹이 영주들 사이에서 알려지면서 이에야스는 잃은 것보다 얻은 것이 더 많았다.

신겐이 이에야스를 공격했을 당시 이에야스의 동맹자인 노부나가는 멀리 떨어진 지역에서 전투를 벌이고 있었기 때문에 이에야스에게 원병을 보낼 수 없었다.

이렇게 이에야스가 신겐에게 몰리는 와중에, 이에야스가 살고 또 노부나가가 살려니까, 신겐이 평소의 지병인 폐결핵이 악화되어 53세로 덜컥 죽고 말았다. 전략의 귀재이자 막강한 기마병단을 거느렸던 신겐이 노부나가와의 대회전을 앞두고 허망하게 병사하고 만 것이다. 천하 쟁패를 앞두고 죽게 된 신겐은 죽으면서 "나의 죽음을 삼 년 간 알리지 말라"라고 유언하여 한 때 그의 죽음에 대한 의문이 증폭되었으나, 신겐의 용병에 걸맞지 않는 다케다 기마군단의 움직임이 신겐의 죽음을 드러내고 말았다.

반노부나가의 구심점이던 신겐의 죽음으로 기회의 여신은 노부나가 편에 섰다. 신겐의 막강한 라이벌이었던 우에스기 겐신은 거의 14년 간이나 다케다 신겐과 전쟁을 벌여왔다. 하지만 겐신은 신겐이 병사했다는 소식을 듣자 "비록 적이긴 했지만 매우 훌륭한 자였다"라며 그의 죽음을 아쉬워했다.

신겐의 뒤를 이어 그의 아들인 가쓰요리가 영주가 되었으나, 신겐이 없는 다케다군이 전과 같을 수는 없었다. 신겐의 유능한 장수들은 가쓰요리의 모든 것을 신겐과 비교했다. 하지만 신겐의 능력은 가쓰요리와 비교할 수 없을 정도로 탁월했고, 이에 젊은 가쓰요리는 아버지의 유신들이 빨리 늙어 죽기만을 기다리고 있었다.

신겐이 죽고 몇 년이 지난 후 신겐의 아들 가쓰요리와 노부나가가 아루미하라에서 대회전을 벌이게 되었다. 노부나가는 이에야스와 연합하여 4만 대군을 동원했고, 가쓰요리군은 1만 5천으로 병력에서는 열세였으나, 모두 고르고 고른 정예 기병으로, 전투에 앞서 젊은 가쓰요리는 자신만만했다.

드디어 양군 사이에 전투가 벌어져 다케다군이 자랑하는 무적의 기마대가 노부나가의 진영으로 쇄도했을 때 목책 뒤에서 천지를 울리는 총포소리가 나며 다케다의 기병들이 추풍낙엽처럼 말에서 굴러 떨어졌다.

당시 일본에서는 조총이 상당히 보편화되었을 때라 가쓰요리는 그 정도 희생은 각오하고 있었으나 노부나가가 새로 개발한 전술인 연속 사격 전술에 대해서는 아무것도 모르고 있었다. 처음 충돌에서는 당연히 서로 철포를 쏘았고 그 다음부터는 총을 내려놓고 창과 칼의 격돌이 이어지는 것이 당시 전투의 정석이었다. 그런데 다케다군 기병의 제2대가 제1대의 뒤를 이어 노부나가 진영으로 쇄도했을 때, 노부나가군이 창칼을 들고 뛰쳐나오는 것이 아니라 다시 수천 발의 총성이 울렸고, 다시 기병들이 우수수 말에서 떨어졌다. 제3대, 제4대가 뒤를 이었으나 어느 지대도 조총수가 숨어있는 방책을 넘지 못하고 방책 앞에서 모조리 말에서 떨어지고 말았다.

"아니, 이게 어찌된 일이야?" 놀란 가쓰요리가 옆의 가신에게 물었을 때 가신들의 얼굴도 새파랗게 질려 있었다. 결국 이 나가시노전투에서 무적의 다케다 기마군단은 노부나가의 조총부대에게 전멸을 당하고 말았다.

1만 2천이었던 기마군단의 생존자는 2천도 되지 않아, 1만 이상의 기병이 전사하여 들에는 말과 사람의 시체가 산을 이루었고 개울은 다케다군이 흘린 피로 붉은 색으로 변했다. 튼튼한 3중 방책 안에서 발포

제12장 일본의 세 전쟁 영웅의 생애와 인연 **459**

만 한 노부나가의 조총부대는 거의 손실이 없이 그대로 보존되었다.

노부나가는 당시 3천 명의 조총수를 양성했다.

노부나가는 철포대의 전술을 개발하여 한꺼번에 3천 명이 철포를 발사하는 것이 아니라, 천 명씩 교대로 발사하게 했다. 그 전에는 철포대가 3천 명이면 한꺼번에 3천 발을 발사한 후 재장전하는 데 시간이 많이 걸렸기 때문에 철포를 내려놓고 모조리 창칼을 들고 뛰쳐나와 백병전에 들어갔었는데, 노부나가는 교대로 사격을 하게 한 것이다.

먼저 제1대가 발사하고 재빨리 앉아서 재발사 준비에 들어가면 다음 순서대로 제2대가 발사하고 또 그 다음 제3대의 발사가 끝나는 순간 제일 먼저 발사하고 재장전을 끝낸 제1대가 다시 발사를 할 수 있도록 시간차 전술을 개발한 것이다. 그러니 노부나가의 철포대는 잠시도 쉬지 않고 총을 쏘아댈 수 있었고, 가쓰요리의 덩치 큰 기마대는 좋은 표적이 되어 모조리 말에서 떨어졌던 것이다.

당시 가쓰요리군의 철포대는 노부나가 철포대의 6분의 1 수준인 겨우 5백 명 정도였고, 이 정도 숫자로는 노부나가의 전술을 흉내낼 수도 없었다. 결국 이 전투에서 가쓰요리가 대패하여 전군 1만 5천 중에서 거의 1만 명이나 죽는 참패를 당하고 할복함으로써, 다케다 가문의 천하를 제패할 꿈은 일장춘몽이 되고 말았다.

이러한 조총수의 신전술은 지금 보면 아무 것도 아니지만 500년 전 조총이 새로 선보였을 때는 혁신적인 발상의 전환이었다. 노부나가는 머리도 좋았고, 새 문물에 대한 거부감도 없었던 깨인 인물이었기 때문에 이러한 신전술을 가장 먼저 개발할 수 있었던 것이다.

노부나가의 천하 경영에는 능력 외에 운도 많이 따라주었다. 원래 크게 되려면 재주뿐 아니라 운이 따라 주어야 한다.

유비 봐라. 시골에서 돗자리나 짜고 있던 촌놈이(한 왕실 누구누구의 후손 어쩌구 하는 것은 거짓말일 확률이 90%다), 다른 재주는 없고 울기만 잘 해서 우는 것으로 천하를 삼분하여 중원을 쟁패한 인물로 성장한 것을 보면 잘 알 수 있다. 유비는 엄청 운이 좋은 인물이었으며, 특히 여자 운은 기가 막혔다.

노부나가가 천하를 쟁패하던 경쟁자들 중 가장 두려워했던 다케다 신겐이 지병으로 죽는 바람에 신겐 가는 몰락하고 말았으며, 또 신겐 가가 몰락한 얼마 후 호박이 넝쿨째 굴러들어오느라고 남아 있는 대영주 중 가장 강력한 라이벌이었던 우에스기 겐신이 49세로 급사했다.

가장 강력했던 두 경쟁자가 저절로 사라지자 남은 대적은 모리 데루모토 정도였고, 노부나가의 천하 경영은 현실로 다가왔다. 당시 일본에서 노부나가와 천하쟁패를 다툴 정도의 인재는 다케다 신겐과 우에스기 겐신 정도였는데, 묘하게도 둘 다 전운 속에서 급사하고 만 것이다.

일본 최초의 철갑선은 노부나가가 건조했다.

노부나가는 수군도 양성했는데, 창설한 신생 수군이 모리의 수군과 해전을 벌여 참패하자, 노부나가는 패인을 분석한 후 엄청나게 큰 배 3척을 건조하여 함포를 설치하고 선체를 철판으로 쌌다.

이미 한 번 박살낸 노부나가의 수군을 우습게 본 모리의 함대가 재차 공격했을 때 세 척의 철갑 전함이 해전에 실전 배치되어 있었다. 모리의 함대에서 총을 쏘고 철환을 쏘았으나 탄환은 거함을 감싸고 있는 철판에 의해 모조리 도로 튕겨나갔으며, 유유히 접근한 철선에서 대포를 쏘아대자 모리의 수군은 삽시간에 궤멸되고 말았다.

노부나가는 모리의 함대를 궤멸시킨 후 다시는 거함을 전투에 투입한 일이 없었다. 거함은 너무 느렸고 방향 전환이 어려운 데다가, 상부 구조가 너무 무거워 바람에 약했으며, 장거리 이동이 불가능했다.

당시 일본의 배 건조 기술로는 거함을 건조한다는 것이 무척 어려운 일이었고, 또 건조한다 하더라도 위에 지적한 문제점들을 해결할 수 있는 기술이 없었다. 그러니 당시 수십 문의 함포가 설치된 막강한 판옥선을 백 척 이상 보유하고 있던 조선의 배 건조 기술은 해양국가인 일본을 훨씬 능가했던 것이다.

　강력한 라이벌이었던 다케다 가문을 격파한 노부나가와 노부나가로부터 스루가국을 하사받은 이에야스가 아즈치성에서 겸사겸사 축하 회동을 할 때, 접반사로 아케치 미쓰히데가 임명되었다.
　미쓰히데는 히데요시와 함께 노부나가의 가신을 대표하는 인물로, 당시 오미, 사카모토를 영지로 하는 30만 석의 영주였다. 그런데 노부나가가 미쓰히데에게 소속된 영지를 자신의 3남 노부타가에게 넘기고 대신 아직 정복하지도 않은 모리의 영지인 이즈모, 이와미로 전봉하라는 명령을 하자, 택도 없는 좌천에 열받은 미쓰히데가 노부나가에게 기어올랐다가 직사하게 욕을 먹고 앙앙불락하고 있었다. 더군다나 일이 안 되려니까 접반사를 맡은 미쓰히데가 준비한 생선 중에 상한 생선이 있어 미쓰히데는 노부나가에게 다시 한 번 직사하게 깨진 다음 접반사는 다른 사람으로 바뀌었다. 당시 본주에는 모리라는 강력한 다이묘가 버티고 있어, 노부나가는 히데요시에게 명을 내려 모리를 치도록 했다.
　히데요시는 병력을 이끌고 모리가 웅거하고 있는 다카마쓰성을 치러 가고 미쓰히데는 혼간사에 남아서 뒤를 받치기로 했다. 히데요시가 다카마쓰성을 맹렬히 공격하자 곤경에 빠진 모리가 다른 다이묘들에게 구원을 청했다. 모리를 돕기 위해 동맹군들이 달려오자 히데요시도 노부나가에게 원병을 요청했으며, 노부나가는 히데요시를 지원하기 위해 수행원 약간 명만 데리고 미쓰히데가 이끌고 있는 병력이 주둔하고 있는 혼간사로 갔던 것이다.

노부나가는 남의 별명을 짓는 재주가 남달랐다. 히데요시는 '원숭이', 아케치는 대머리인 데다가 혈색이 좋으며 이마가 번쩍 번쩍하다 하여 '감귤', 쇼군인 요시아키는 생긴 대로 '달랑무'라고 불렀다. 이렇게 별명을 붙여 그들을 부르면서 노부나가는 친밀감을 표시했다. 그러나 모든 부하들이 노부나가의 이런 태도를 친밀감의 표시로 받아들이는 것은 아니었고, 그 중 일부는 자신을 부르는 별명을 모욕으로 생각하지만 억지로 참고 있는 자도 있었을 것이었다.

1582년 6월 혼노지(혼노사)에 머문 노부나가는 큰 다회를 개최했으며, 수많은 영주들이 노부나가에게 신겐군을 무찌른 것에 대한 축하 인사를 하러 줄을 이어 방문했다. 손님들이 돌아가고나서 피곤한 몸을 자리에 눕히고 잠이든지 얼마 지나지 않았을 무렵, 노부나가는 밖에서 나는 시끄러운 소리에 잠이 깼다. 수하를 시켜 내다보게 했더니, 꿈에서도 생각지 않았던 일이 현실이 되어 일어나고 있었다. 수하 영주인 아케치 미쓰히데가 반란을 일으킨 것이다. 노부나가를 수행한 무사들은 겨우 수십 명에 지나지 않았고, 아케치가 거느린 군사는 자그마치 1만 3천 명이었다.

"설마, 미쓰히데가?" 하던 노부나가는 반란군이 쏟아져 들어오자, "내 목을 넘기지 마라"라고 수하에게 말하고는 한 방으로 들어가 문을 잠근 다음 불을 지르고 배를 갈라 자결하고 말았다. 그 때 노부나가의 나이는 49세로, 정말 한창 때였다.

노부나가는 머리 회전은 빨랐으나, 매우 잔인한 인물이었다. 성격이 거칠고 난폭하여 노부나가에게는 아무 일이 아닌 것도, 학자풍의 아케치에게는 모욕으로 느껴질 때가 많았을 것이다.

혼노사의 변은 그간 노부나가를 벼르던 아케치가 어이없게도 노부나가를 죽이고 자신이 천하제패의 꿈을 잠깐 꾼 사이에 일어난 사건으로 보인다. 그러나 현재까지도 미쓰히데가 노부나가를 배신한 정확한 원인과 배신하기로 마음먹은 시기는 미궁에 쌓여있다. 여러가지 설만 분분할 뿐 납득이 갈 만한 계기는 알려지지 않은 것이다.

일설에는 가신들과 지인들이 모인 술자리에서 약간 취한 노부나가가 천하통일 후에 기존의 기득권을 모두 타파하고, 영주제를 없앤 뒤 일종의 통령으로 다스리는 나라 체제를 세우겠다는 의향을 내비치자, 기득권을 잃을까 염려한 가신들을 대표하여 미쓰히데가 반란을 일으켰다는 얘기도 있다.

가까운 곳에 있다가 혼노사의 변을 들은 노부나가의 장남 노부타다는 수하병 5백 정도를 데리고 혼노사로 달려왔으나, 대군이 혼노사를 포위하고 있는 것을 보고 퇴각했다가 결국 아케치의 군대에게 쫓겨 할복하고 말았다. 부자가 한꺼번에 아케치로 인해 죽은 것이다.

노부나가는 혼란의 극치인 전국시대에 통일의 서광을 비춘 무장으로, 최초로 총포대 전술을 개발하여 구시대 전술을 혁파하고 처음으로 근대 전술 개념을 도입했으며, 또 여러가지 새로운 개혁을 과감하게 실시했다. 구체제, 구관습의 타파, 금은 광산의 경영, 화폐의 주조, 도로·교량의 정비, 새로운 인물의 등용 등 노부나가는 도래하는 새 시대를 예비한 인물이었다. 노부나가의 뒤를 이은 히데요시는 이러한 노부나가의 개혁의 성과에 힘입어 쉽게 전국을 통일할 수 있었던 것이다.

전국시대 당시 자유무역항으로는 사카이시가 유일했고, 사카이의 유력 상인들은 전국 상권을 쥐고 흔들었다. 이상적인 사회 실현을 위하여 기득권 타파에 주력하던 노부나가는 그런 사카이시의 독단을 견제하기 위하여 유력한 상인들의 독점 시장 개설권을 폐지하고 새로운 상인에게 자유롭게 상 행위를 할 수 있도록 자유시장체제를 도입했다.

이 때가 16세기 중후반인데, 이 체제는 상인을 천시하는 조선에서는 18세기 후반 정조(조선 22대) 때 신해통공으로 나타났다. 조선이 일본보다 상업 발전이 약 200여 년 가량 늦었던 것이다.

2. 아시아 대제국을 꿈꾸었던 과대망상증 환자, 도요토미 히데요시

히데요시는 아케치 미쓰히데와 함께 노부나가가 가장 신임하는 두 가신 중의 하나이자 영주였다. 히데요시가 아케치보다 훨씬 먼저 노부나가를 주군으로 모셨으나, 출세는 아케치가 빨라 2년 정도 먼저 영주가 되었다.

전국시대의 무장들에게 영주가 된다는 것은 꿈이자 최고의 영광이었다. 영주가 되어서 영지를 갖게 되면 세금징수권을 행사할 수 있을 뿐 아니라 상속시킬 수도 있었으며, 신하를 거느릴 수 있고, 군사를 징집할 수도 있었다. 말하자면 조그만 나라의 왕이 되는 것과 마찬가지였다.

비록 명령에 절대 복종하는 신하의 몸이라도 영지를 갖게 되면 일국을 거느리는 다른 영주들과 아무 차이도 없었고, 주군과의 관계도 동맹자 비슷하게 되는 것이니, 어느 무장이건 영주가 되는 것이 꿈이었다. 영지가 없는 무장은 주군을 위하여 큰 공을 세우면 성을 하사받아 영주가 될 수 있었다.

아케치는 노부나가와 달리 사무라이로서는 드물게 학문이 깊고 교양이 뛰어난 무장이었고, 히데요시는 그런 것하고는 거리가 먼 무식한 무장에 지나지 않았으나 뛰어난 지장이었다. 히데요시는 수하에

다케나카 시게하루라는, 삼국지의 공명이나 주유에 필적하는 전술의 귀재를 참모로 두어 거의 매번 전투를 승리로 이끌었으나, 시게하루는 아깝게도, 역시 주유와 비슷한 생을 살고 36세의 젊은 나이에 병사하고 말았다.

히데요시가 혼노사의 변을 들은 것은 그로부터 이틀 후였다. 다카마쓰에서 모리군과 대치하고 있던 히데요시는 혼노사의 변을 듣자마자 즉시 모리 측과 강화하고, 하루에 매일 2백 리씩 달려서 5일 후에 아케치군 진영에 도착하자마자 전투 준비에 들어갔다.

당시는 장마철이라 억수 같은 비가 쏟아지고 있었고, 이런 상황에서 다카마쓰에 있는 히데요시가 혼간사까지 군대를 이끌고 오려면 거의 한 달 가까이 걸리는 길이었다. 그런데 히데요시는 말 위에서 졸아가면서 밤낮을 가리지 않고 달려왔다. 그는 다른 병단들에게 소식을 알리고 협력을 요청한 결과 거의 5만으로 불어난 군세를 이끌고 단 5일 만에 혼간사에 도착했으며, 설마하고 방심하고 있던 미쓰히데의 허를 찔러 어렵지 않게 승리할 수 있었다.

히데요시는 전투가 시작하기 전에 성의 창고를 열어 안에 쌓여있던 금은과 쌀을 모두 부하들에게 나누어 주었다. 그 며칠간 아케치는 자신이 오다를 죽인 것을 천하에 공포하고 사신들을 보내 뭇 영주들에게 자신의 편에 서달라고 요청했으나, 모두 상황이 돌아가는 꼴만 보고 있었지 병력을 동원해 아케치를 돕겠다고 나서는 영주는 한 놈도 없었다. 아직 노부나가의 가신들과 병력이 멀쩡하게 보존되어 있는데, 노부나가가 없다고 나서서 설치다가 아케치가 깨지기라도 하면 같이 도매금으로 넘어갈 것이었기 때문이었다.

아케치와 히데요시의 결전은 노부나가가 죽고 11일이 지난 후에 치러졌다. 5만 군을 끌고 온 히데요시에 비하여 아케치군의 총병력은 1만 6천에 지나지 않았다. 병력도 압도적으로 열세인 데다가, 공격하는 히데요시군의 명분이 뚜렷하여 병사들의 사기가 높아 아케치군은 금방 몰리기 시작했다.

전세가 불리해지자 도망치던 아케치가 어둠을 뚫고 숲을 지나가는데, 어둠 속에서 별안간 창이 튀어나오더니 아케치의 배를 쑤셨다. 어이없게도 부근에 돌아다니는 무뢰배들에게 습격을 당한 것이다. 당시 낭인들 중 전쟁이 일어나면 전쟁터 부근에 잠복해 있다가 도망치는 패잔병들을 죽이고 그들의 무기와 갑옷 투구 등을 빼앗아 팔아먹는 일을 하는 지저분한 자들이 많았다. 아케치는 도망치다가 재수없게도 그런 양아치들에게 걸려서 죽은 것이다.

아케치를 죽이고 상전인 노부나가의 원수를 갚은 히데요시는 이 일로 인해 노부나가의 계승자로 인정되었으며, 이 때 히데요시의 나이는 46세였다.

히데요시는 1537년 지금의 나고야에서 태어났다.

아버지는 기노시타 야에몬으로 군대의 잡일꾼이었는데, 전쟁에서 부상을 입고 퇴역하여 시골에 틀어박혀 농사를 지어서 먹고사는, 진짜 별 볼일 없는 막장 인생이었다. 히데요시가 일곱 살이 되었을 때 야에몬은 전쟁의 상처가 악화되어 죽었으며, 야에몬이 죽은 뒤 히데요시의 어머니는 오다 노부히데의 다도 책임자인 지쿠아미와 재혼하여 두 아이를 두었다.

히데요시는 어렸을 때부터 생긴 것이 원숭이와 구분하기 힘들어, '새끼 원숭이'로 불렸다. 도대체 애새끼가 기품 비슷한 것은 찾아볼래야 벼룩 등짝만큼도 없었으나, 생긴 거와는 달리 말하는 것이 밉지 않은 아이였다.

근처 절에 애기중으로 보내졌는데, 얘도 노부나가가 자랄 때와 마찬가지로 순 말썽꾸러기여서, 일을 시키는 스님 말은 쥐뿔도 안 듣고

땡땡이만 치는 데다가 뻑하면 불상이나 목탁을 부수어 절에서 쫓겨나 대장간의 사환으로 보내졌다가 거기서도 풍로나 엎는 등 말썽만 부려서 또 쫓겨났다.

하여간 여기저기 보내지는 데마다 얼마 버티지 못하고 쫓겨나기 여러 번에 나이 열 다섯이 되자 히데요시는 청운의 뜻을 품고 고향을 떠났다. 꿈만 컸지 해먹을 게 없었던 히데요시는 생각 끝에 바늘 장사가 되어 바늘을 팔면서 겨우 밥을 먹고 지냈다 하기도 하고, 혼자 돈도 없이 타향을 떠돌았으니 아마 좀도둑질도 하고 날치기도 하고 뭐 별 짓 다 했겠지.

다음 해부터 군대를 따라다니기 시작한 히데요시가 노부나가를 모시기 시작한 것은 19세가 되었을 때다. 히데요시가 맨 처음 노부나가 밑에서 얻은 직업은 사무라이가 아니고 마구간 지기였다.

노부나가는 승마를 좋아했고, 히데요시는 노부나가의 말을 정성껏 돌봤다. 결국 그 정성을 인정받아 신발 담당 비서가 되었는데, 다 들어서 아시는 얘기로, 겨울이 되면 히데요시가 노부나가의 신발을 품에 끼고 자서 매일 아침 따뜻한 신발을 대령했다는 스토리는 유명하다. 하여간 히데요시가 성미가 급한 데다 날카롭고 난폭하면서도 잔인했던 노부나가의 마음에 꼭 들었다는 것은 그가 보통 인물이 아니었다는 증거다. 어쨌든 노부나가의 가신이 된 히데요시는 다이묘로 성장하기 시작한다.

노부나가와 아케치가 죽은 바로 그 달 말에 노부나가의 가신 회의가 열렸다. 노부나가의 아들 셋 중 장남인 노부타다는 노부나가와 같이 죽었고, 남은 두 아들이 차남 노부가쓰와 삼남 노부타카였다. 거기다 오다 가를 이을 다른 후보자 하나는 죽은 장남 노부타다의 아들인 세 살짜리 삼보시라는 어린애가 있었다. 당시 오다의 가신들 중 가장 말발이 센 인물은 히데요시와 시바타 가쓰이에 등 두 명이었다. 노부나가의 아들 둘 다 오다 가를 잇고 싶어했으나, 히데요시가 삼보시가 정통이고 훌륭하게 키워 오다 가를 잇도록 하자고 우기자 모두 반대를 못 하고 마지못해 히데요시의 주장에 따랐다. 이미 히데요시의 말발은 상당히 세져 있었고 명분 또한 그럴 듯했기 때문에 모두들 히데요시가 어린 삼보시를 업고 천하를 욕심낼 것이라는 응큼한 의도를 잘 알고는 있었으나, 반대하기에는 힘이 모자랐던 것이다. 삼보시는 오미국 중 30만 석을 부여받고, 가신들의 보호를 받게 되었다.

다음 해 4월 이러한 가신회의 결정에 불만을 품은 시바타 가쓰이에가 군대를 일으키자, 히데요시는 오미의 시스가다케에서 시바타 가쓰이에와 일대 결전을 벌이게 되었다. 시바타군의 병력은 약 2만이었고, 히데요시의 병력도 비슷한 수준이었다. 이 전투는 노부나가의 후계자를 둘러싼 가신들끼리의 전투로, 이 전투에서 패한 시바타는 자결하고 승리한 히데요시는 천하통일에 한 걸음 더 가까이 가게 되었다.

아케치 미쓰히데와 시바타 가쓰이에를 격파한 히데요시는 20여 개 소국을 통제하에 두어 동원할 수 있는 병력이 거의 20만으로 늘어났으며, 당시 도쿠가와 이에야스도 5개국 138만 석의 대영주가 되어 있었다. 피할 수 없는 두 영웅의 대결은 점점 가까이 다가왔다. 드디어 전투 시기를 저울질하고 있던 양측의 군대가 고마키산 부근에서 서로 진을 치고 대치하게 되었다. 서로의 힘을 알고 있는 둘은 경솔하게 공격을 하지 못하고 봄부터 가을까지 대치만 하고 있었다. 그간 작은 전투가 몇 번 있었고 도쿠가와군이 유리했으나 전세에 별 영향은 주지 못했다.

드디어 히데요시가 먼저 화해의 손짓을 하고 나섰다. 예의를 다한 히데요시의 요청에 이에야스도 동의하여 양군은 평화롭게 철군했다. 이 때 화해의 증표로 히데요시는 이에야스의 11살짜리 차남 오기

마루(후에 유키 히데야스)를 양자로 들였으며, 이에야스에게는 여동생 아사히히메를 주어 둘은 처남, 매부지간이 되었고, 거기다 효행이 깊다고 소문난 히데요시가 어머니 오만도코로를 이에야스에게 인질로 보내면서 오사카에 한 번 오도록 이에야스를 초청했다.

이렇게까지 히데요시가 이에야스를 대하자 이에야스도 할 수 없이 오사카를 방문했고, 회합에서 이에야스가 히데요시에게 복종을 약속함으로써 둘은 굳게 동맹을 맺게 되었다. 이에야스와 동맹을 맺어 천하에 두려울 것이 없어진 하시바 히데요시는 50세가 된 1586년 관백이 되었고, 이 때부터 하시바라는 성을 버리고 도요토미로 성을 바꾸었다.

드디어 1590년 히데요시가 54세가 되던 해, 남은 영주 중 가장 세력이 컸던 관동의 호조 가를 굴복시키고 천하를 통일했는데, 이 때가 오다 노부나가가 죽은 지 8년 만이었다.

일본 천하를 통일한 히데요시는 오사카에 거대한 성을 건축하고 군을 현대화하여, 히데요시의 군에는 조총병만 수만을 헤아리게 되었다. 이로부터 2년 후인 1592년 히데요시는 조일전쟁을 일으키는데, 전쟁이 발발하고 얼마 지나지 않아 동생인 히데나가가 죽고 또 50이 넘어서 얻은 하나뿐인 세 살짜리 아들 쯔루마쓰까지 병사하자 슬픔에 잠긴 히데요시는 7일 간이나 음식을 입에 대지 않을 정도로 상심했다 한다.

이거 저거 다 잊기 위해 히데요시는 관백의 지위를 누이의 아들이자 양자인 히데쓰구에게 넘겨주고 태합(은퇴한 관백)이 되어 전쟁에만 전념하기로 했다. 히데요시는 출신이 너무나 미천해 관백, 태합의 지위까지는 올랐으나, 죽을 때까지 쇼군(정이대장군)이 되지는 못했다.

히데요시가 조선 정벌을 명령했을 때 이에야스는 "다이코 (섭정) 전하는 정신이 돌아버린 것 아닌가?"라고 했을 정도로 조선 파병을 반대했다가 결국 히데요시의 비위를 맞추기 위해 정벌 찬성론자가 된다.

히데요시가 파견한 조선 정벌군이 초장에 승승장구하자, 신이 난 히데요시는 "나도 조선에 건너간다. 그리고 명나라도 항복시켜 천황을 명의 수도 북경으로 모셔서 명을 천황의 소유지로 만들겠다. 더욱이 류쿠(오키나와), 고산국(대만)도 정벌하겠다"라고 하늘 높은 줄 모르고 큰소리를 쳤다.

실제로 히데요시는 조선에 건너오려 했는데, 일 함선들이 이순신 함대에게 계속 깨지고 있다는 보고를 받자 바다에서 돌아가실까 봐 겁을 먹고 포기했다 한다. 히데요시는 그뿐만 아니라 필리핀이나 인도에까지 서신을 보내 "일본에 복종하라. 일본은 신의 나라이고, 이곳을 통치하고 있는 나는 태양이 점지한 사람이다"라고 헛소리를 내쏟을 정도로, 과대망상증 증세가 매우 심각해져 가고 있었다.

이렇게 초장에 잘 나가던 조선에서의 전쟁이 여섯 달쯤 지나자 점점 별 볼일 없어지고 소강상태에 들어갔을 즈음, 첩실인 요도기미가 아들 히로마루(히데요리)를 낳았다. 나이가 거의 60이 다 되어서 아들을 얻은 히데요시는 너무 좋아서 울음을 터트렸다 한다. 친자인 히로마루가 태어나자 양자인 히데쓰구의 입장이 아주 거지같이 되었다.

히데쓰구는 관백이 되자 주제 파악도 못 하고 되지도 않게 권력을 휘두르면서 멋대로 횡포를 부려 진작부터 히데요시의 눈 밖에 나 있었다. 히데요시는 친자가 태어나자 눈에 가시가 된 히데쓰구에게 명하여 할복하게 했다. 히로마루가 태어나지 않았으면, 늙은 히데요시가 죽기를 기다렸다가 한건 크게 할 수 있었던 히데쓰구는 멍청하게 히데요시의 비위를 건드렸다가 애꿎은 28세의 젊은 나이로 배를 갈랐다.

히데요시도 나이가 먹어가면서 점점 몸이 시원찮게 되었다. 히데요리는 겨우 여섯 살밖에 안 되었는데, 한창 예쁠 때다, 몸이 점점 아파오자 히데요시는 자신이 히데요리가 클 때까지 도저히 살아있을 수 없음을 깨달았다. 히데요시는 심복 중 다섯 명의 다이로(우두머리 가신)를 정하고, 다시 다섯 명의 부교(행정 사무를 담당한 각 부처의 장관)를 임명하여, 이들의 후원에 의해서 아들 히데요리와 도요토미 가의 영원한 번영을 꾀하려 했다.

다섯 다이로는 도쿠가와 이에야스, 마에다 도시이에, 우키다 히데이에, 모리 데루모토, 우에스기 가게가쓰이고, 다섯 부교란 아사노 나가마사, 마에다 겐이, 이시다 미쓰나리, 나쓰카 마사이에, 마스다 나가모리이다. 이 중 우키다 히데이에는 제1차 조일전쟁 때 일군 총사령관을 지낸 인물로 히데요시의 양자이고, 모리 데루모토와 이시다 미쓰나리 또한 조선 침공군의 군단장을 지낸 인물들이다.

이렇게 가신들을 임명하면서도 히데요시가 가장 크게 믿은 인물은 매부인 도쿠가와 이에야스였다. 이에야스는 당시 관동 6개 국의 영주로 250만 석의 대영주였다.

히데요시는 더 이상 살 가망이 없게 되자 이에야스를 후시미성으로 초청하여 "당신의 손녀딸 센히메와 내 아들 히데요리와는 부부가 될 약속을 하였소. 그러므로 당신도 히데요리를 친손자처럼 생각해 주시오. 잘 부탁하오"라고 유언을 했으며, 이에야스가 "알았습니다. 신경 끄십시오"라고 대답하자, 히데요시는 이에야스의 손을 잡고 간곡히 호소하면서 결국 1598년 62세의 나이로 죽었다. 이 때 이에야스의 나이는 56세였다.

그런데 후에 이에야스의 손녀사위이자 친손자 같은 히데요리가 제대로 커서 멀쩡한 청년이 되자 후환이 두려웠던 이에야스가 오사카 전쟁을 일으켜 승리한 후 히데요리에게 할복을 명함으로써 도요토미 가는 멸문되고 만다.

히데요시 사후 이에야스를 중심으로 한 집단지도체제가 조선 침공군에게 철군 명령을 내려 침공군은 1598년 말까지 모두 철수했다. 히데요시는 죽을 때 철군 명령을 내리지 않고 죽었는데, 어린 자식새끼 부탁에 딴 정신이 없었겠지, 이게 뭐 중요한 것은 아니고 하여간 히데요시가 죽는 바람에 칠 년 전쟁은 끝났다.

3. 인내의 화신이자 최후의 승리자가 된, 도쿠가와 이에야스

'능구렁이 영감, 살쾡이 영감', '인내의 화신'이라는 다양한 별명을 갖고 있는, 소설《대망》의 주인공 도쿠가와 이에야스 (본명 : 마쓰다이라 다케치요)는 1542년 12월 미카와의 오카자키성에서 태어났다. 이에야스의 아버지 마쓰다이라 히로타다는 미카와의 작은 영주로 이에야스가 태어났을 때 겨우 17세였다. 마쓰다이라의 주변에는 힘 좋은 영주들이 많았기 때문에, 히로타다는 아들 이에야스가 6살이 되자 이마가와 요시모토에게 인질로 보냈다. 당시에는 약한 영주가 강한 영주에게 자식을 인질로 보내는 일이 다반사였는데, 인질을 보내는 것은 '결코 당신을 배반하지 않고 따를 것이며, 그렇지 못할 때는 내 자식을 죽여도 좋습니다'라는 약속이었다.

그런데 도대체 여섯 살짜리 꼬마가 뭘 알겠는가?

이 때부터 이에야스의 불행은 시작되었다. 이에야스가 인질로 간 직후 아버지 히로타다가 23살의 나이로 부하에게 살해되었다. 당시는 친형제라도 믿을 수 없는 전국시대였다.

인내의 화신인 이에야스의 죽을 때 유훈도 "인생은 무거운 짐을 지고 먼 길을 가는 것과 같다. 그러니 서두르지 말지어다"로, 이 유훈은 인내로 점철된 그의 생을 잘 대변하고 있다. 이에야스의 인내는 여섯 살 때부터 시작한 그의 10년 간의 인질 생활에서 자연히 터득되었다.

아버지 히로타다가 오다 가로부터 공격을 받게되자 좀 더 세력이 큰 영주인 이마가와 요시모토에게 구원을 청했고, 이마가와는 이에야스를 인질로 보내도록 명했다. 그런데 이에야스가 인질로 가는 도중 적들이 이를 눈치채고 인질인 이에야스를 납치해 버렸다. 꼬마 이에야스는 적의 수중에 진짜 인질로 떨어진 것이다.

이렇게 적의 수하에서 3년 간의 인질생활을 한 이에야스는 아홉 살이 되어 겨우 그들로부터 풀려났으나, 다시 이마가와 가로 보내져 또 다시 6년 간 인질 노릇을 했다. 이렇게 거의 10년 간의 인질 생활을 하면서 주제 파악을 못 하면 바로 사망이라는 진리를 깨우치게 되었고, 그 것이 인내로 나타난 것이다. 이에야스에게 선천적으로도 인내의 성품이 좀 있었을 수도 있었겠지만, 이렇게 이에야스의 인내심은 순전히 환경에 의하여 후천적으로 길러진 것이다.

이에야스의 인내에 관한 유명한 일화가 있다.

이에야스가 영주이자 노부나가의 동맹자로 있던 1579년, 노부나가로부터 서신이 왔다. 이에야스의 아내 즈키야마와 큰아들 노부야스가 숙적 다케다 가쓰요리와 내통한 혐의가 있으니 알아서 조치하라는 내용이었다. 이에야스는 고뇌에 휩싸였다. 그러나 노부나가의 양보를 모르는 성격과, 또 당시 노부나가에 대항할 힘이 없었던 이에야스는 결국 처에게 자결을 명했고 아들에게는 할복을 명했다.

1566년 오다 노부나가가 천하 통일을 추진하는 와중에서 이마가와 요시모토가 죽자 25세가 된 이에야스는 노부나가를 주군으로 모시게 되었으며, 그 때까지 쓰던 마쓰다이라라는 성을 버리고 도쿠가와로 바꾸었다. 하여간 도요토미도 마찬가지지만 일본애들은 조금만 뜨면 성부터 바꾼다. 거참 이상한 놈들이다.

이렇게 여섯 살 때부터 남의 집에서 인질의 삶을 산 이에야스는 참는 것에는 도가 트이게 되었다. 그는 노부나가가 죽었을 때도 참았고, 히데요시가 죽었을 때도 참았다. 그냥 무조건 참았다. 이러다 보니 이에야스는 결코 배반하지 않을 인물이 되었고, 성실하기 짝이 없는 사람으로 보이게 되었다.

이에야스는 일본에서는 역사상 최고의 정치가로 꼽히는 인물이다. 그는 백수십 년 간의 전란시대를 마무리하고, 한 왕조의 창건이나 마찬가지인 도쿠가와 막부를 열어 자그마치 265년 간의 평화시대를 개막했다. 도쿠가와 막부는 265년 존속 후 메이지 유신이 일어나면서 종언을 고했다.

노부나가의 수하로 동맹자였으며 다이묘였던 이에야스는, 혼노사의 정변으로 주군인 노부나가가 자살하고 노부나가의 일개 가신이었던 히데요시가 배반자 미쓰히데를 죽이고 후계자로 부상한 후 서로 대치하다가 강화를 맺으면서 히데요시에게 복종을 맹세했고, 히데요시가 죽을 때까지 이를 지키면서 다시 인고의 세월을 보내야 했다.

세 일본 전쟁 영웅 중 이에야스의 자질이 가장 떨어졌다.

사실 이에야스는 전투에서도 그리 뛰어난 능력을 보이지 못한 별 볼일 없는 장군이었으나, 대국적인 판세를 읽는 눈이 있었고, 자신보다 강한 자에게는 겸손하고 굽히는 지혜가 있었으며, 남의 장점을 빨리 배우는 능력을 가지고 있었다.

이에야스의 성공기를 보면 별 볼일 없는 자식을 가진 부모들도 크게 실망할 것 없고, 그저 자식이 무슨 능력이라도 한두 가지를 가지고 있는지만 잘 살피면 되겠다.

'인내' 즉, 그냥 버티기만 해도 수가 나는 것이다. 사실 이게 아무것도 아닌 아주 쉬운 일 같지만, 잘 들여다보면 자신의 주제 파악을 할 수 있는 능력이기 때문에 뭘 좀 알긴 알아야 한다.

그랬던 이에야스는 히데요시가 죽을 때 250만 석의 일본 최대의 영주였고, 히데요시가 조선 정벌전을 치르면서 수많은 부하들을 잃은 것과는 달리 휘하의 병력을 온전히 보전하고 있었다.

상황이 이런데 천하 경영을 꿈꾸지 않으면 사내도 아니다. 드디어 이에야스는 천하 경영에 들어갔다. 당시 이에야스의 라이벌은 히데요시 가신단의 우두머리이자 조선 정벌군의 군단장이었던 이시다 미쓰나리(석전삼성)였다.

드디어 1600년 9월 15일 암암리에 세력을 결집시켜오던 두 세력이 세키가하라에서 맞붙었다. 이에야스는 동군의 총사령관이었고, 적군인 서군의 총사령관은 모리 데루모토였으나, 그는 명목상일 뿐이었고 실질적인 사령관은 이시다 미쓰나리였다.

이에야스는 3만의 직속군을 이끌고 전장인 세키가하라로 진군했다. 서군 사령관인 미쓰나리는 실전 경험은 풍부했으나, 대전투의 사령관감은 못 되었다. 미쓰나리는 머리 회전이 빠른 데다 성격이 너무나 세심하고 날카로워 너무 많이 생각하는 바람에 과감한 작전을 펼 수 없었다. 말하자면 머리를 너무 굴리는 바람에 우유부단하게 처신했던 것이다.

미쓰나리가 작전을 결정 못 하고 계속 머뭇거리자 미쓰나리와 친밀한 사이였던 고니시 유키나가(소서행장)조차 그에게 실망했고, 역시 서군의 지휘관인 시마즈 요시히로 (협판안치), 우키다 히데이에(우희다수가) 등도 미쓰나리를 불신하게 되었다. 이로써 지휘관들 사이에 일사불란한 작전을 펴는 것이 어려워졌을 뿐만 아니라, 조일전쟁 때 전우이던 가또 기요마사 (가등청정)도 이런 이시다의 싸가지에 정나미가 떨어져 등을 돌리고 이에야스 쪽으로 붙고 말았다.

비는 계속 오고 있었고, 양군은 전투 준비에 바빴다. 드디어 전투가 벌어지는 날 비는 멎었으나 온 세상은 안개로 가득 덮혀 백 척(300m) 앞이 잘 보이지 않을 정도였다. 전장인 세키가하라는 사방 2km 정도의 평원으로 넓지는 않지만 전투를 벌이기 좋은 지형을 갖추고 있었다.

드디어 양군이 격돌하기 시작했으나 동군과 서군으로 참전했던 많은 영주가 휘하의 군대를 움직이지 않았다. 구경을 하다가 강한 쪽에 붙으려고 전세를 살펴보고 있었던 것이다. 전체적인 판세가 이에야스의 동군에게 유리해 보이자 서군으로 참전했던 와키자카 야스하루(협판안치), 구쓰키 모도쓰나, 고바야카와 등이 모두 서군을 배신하고 등을 돌린 채 서군을 공격하기 시작했다. 이 공격으로 이시다의 서군은 급속히 무너지기 시작했다.

전투가 싹수가 없어 보이자 이시다는 전장에서 도망쳐서 사와야마성으로 들어갔으나, 성은 이에야스에게 함락되었고, 다시 도망친 이시다는 결국 동군에게 체포되어 고니시 유키나가(소서행장), 안코쿠치 에케이 등과 함께 처형됨으로써 이에야스의 천하 평정은 마무리되었다. 이시다의 휘하 지휘관들은 용맹하고 훌륭했으나, 이시다의 능력이 그들로 하여금 최선을 다 하게끔 하는 데 실패하여 전투에서 패배했던 것이다.

1603년 이에야스가 62세가 되었을 때 쇼군이 되었다. 무로마치 막부가 멸망하고 30년 만에 에도 막부가 세워졌고, 다시 새로운 쇼군이 탄생한 것이다.

일본을 통일했던 히데요시는 출신이 너무나 미천해서 쇼군이 될 수 없었으나, 이에야스는 자신도 히데요시 짝이 날까 봐 진작 위조 족보을 만들어 놓았기 때문에 무난히 쇼군이 될 수 있었다.

이에야스는 몸이 비대해 거대한 스모선수처럼 보였고, 비싼 비단으로 만든 옷을 입고 다니는 것을 보면 그의 몸은 이동 비단 천막같이 보였다 한다. 오죽하면 허리띠가 맞는 것이 없어서 특별히 제작해야 했고, 혼자 말을 탈 수 없어서 꼭 곁에서 두 명이 부축해야 탈 수 있었다. 엄청 비만이었다. 그래서 주위에서는 이에야스가 성인병 합병증으로 일찍 죽을 것을 기대했으나, 기대에 어그러지게도 73세까지나 살았다.

에도 막부는 그 때로부터 메이지유신으로 멸망할 때까지 265년 간 일본을 지배하게 되는데, 말이 265년 간의 무신정권이지 실제로는 한 나라가 건국했다가 멸망할 만큼 긴 세월이다. 명이나 청도 그 정도 의 수명만 누리다 멸망했다.

1614년 11월 오사카성에 있던 히데요시의 일점 혈육인 도요토미 히데요리와 도쿠가와 이에야스간에 전투가 벌어졌다.

이에야스는 히데요리가 주조하라고 지시한 종에 새겨진 명문이 자신을 모욕했다고 주장하고 군사를 일으켰지만 이는 순 생떼고, 사실 이 전투가 벌어진 원인은 1611년 니죠성에서 총명한 데다 헌헌장부가 된 히데요시의 아들 히데요리를 본 이에야스가 도쿠가와 가에 위기감 을 느끼고 죽일 결심을 했다는 것이 정설이다. 히데요리가 제 자식보 다 똑똑해 보이니 걱정이 확 된 것이다.

이에야스는 히데요리의 성세가 걱정되어 히데요리에게 오사카성 을 비우고 다른 곳으로 옮기라고 명했으나, 히데요리는 이에야스의 명 을 듣는 대신 한 판 붙을 생각으로 병력을 결집시키기 시작했다. 원래 오사카성은 히데요시가 건축했고 또 도요토미 가의 본가였기에 이에 야스에게 도저히 양도할 수 없었던 것이다. 오사카성은 길이가 3km, 성벽의 높이가 대략 30m에 달하는, 당시 일본 최고의 요새였다.

히데요리 편인 오사카성의 총병력은, 히데요시에게 은혜를 입은 다이묘들과 그간 막부로부터 탄압받았던 기독교도들이 모여든 바람 에 10만을 헤아렸고, 천하를 손에 넣은 이에야스의 병력은 20만이 넘 었다. 전투가 벌어질 즈음 이에야스는 이미 70을 넘어 73세의, 오늘 내

일 하는 노인네가 되어 있었다.

병력도 두 배가 넘었지만 오사카전투에서 이에야스가 승리할 수 있었던 것은, 히데요리 쪽의 병력은 이에야스의 병력과 달리 직속이 아니고 여기저기서 모여든 떠돌이 무사들의 병력으로 서로가 작전에 대한 의견이 달라서 말들이 많았으나, 이를 조정하고 통솔할 뛰어난 인물이 히데요시 진영에 딱히 없었기 때문이었다. 이에야스를 적대시 하던 인물들 중 쓸 만한 인물들은 세키가하라전투에서 패하는 바람에 전사했거나 아니면 후에 이에야스에 의하여 모조리 처형되었기 때문이었다.

그러나 오사카성을 함락하는 일은 결코 쉽지 않았다. 성은 높았고 해자는 깊었으며, 양식은 넉넉했다. 오사카성은 난공불락이었고, 성을 함락시키려면 포위한 채로 최소한 2년이고 3년이고 버텨서 성안의 식량이 떨어지기를 기다리는 수밖에 없었다.

결국 그 해 12월 지친 이에야스가 먼저 화의를 제의하여 양군은 강화회담을 맺고 휴전에 들어갔다. 그런데 강화의 조건 중에는 오사카성의 방어시설을 무력화시키고 해자를 메우는 조항이 있었다. 히데요리 측도 지친 데다, 군소 영주들 간에 협조가 잘 되지 않고 지리멸렬해지는 바람에 사기가 좋지 않아 이에야스의 아량을 믿고 화평조건을 받아들이는 수밖에 없었다. 강화회담이 끝난 후 이에야스군이 해자를 메우고 방어시설을 헐어버리자 오사카성은 천수각만 남고 그냥 깡통이 되어버렸다.(오사카 여름전쟁)

다음 해인 1615년 4월이 되자 이에야스는 오사카성에 남아 있는 무장들을 모두 내쫓으라 했다. 23세가 되어 세상 돌아가는 꼴을 어느 정도 알게 된 히데요리는 이에야스의 시커먼 속셈을 짐작하고 그의 요청을 거절한 다음 마지막 전투 준비에 들어갔다. 이에야스의 요청을 들어주어 봤자 또 다른 억지를 부릴 것이 뻔했기 때문이었다.

결국 양군 사이에 다시 치열한 전투가 벌어졌다. 히데요리군도 더 물러날 데가 없자 죽기살기로 싸웠다. 한때는 사나다 유키무라군의 용맹에 몰린 이에야스군이 불리하여 본진이 무너지면서 이에야스가 할복할 생각까지 했고, 쇼군인 이에야스의 아들 히데타다도 도망쳤을 정도로 몰렸을 때도 있었으나, 수하 무장들의 분발로 간신히 구명도생(求命圖生)했다.

치열한 전투 끝에 양군의 전사자는 3만에 달했고 결국 오사카성은 함락되었다. 이에야스의 외손녀 사위이자 도요토미 가의 마지막 혈육인 히데요리는 마지막 전투에서 패배함으로써 어머니인 요도기미와 함께 자살로 생을 마감했다. 이 때 히데요리와 함께 자결한 히데요시의 측근은 30여 명에 이르렀으며, 그로부터 며칠 후 8세가 된 히데요리의 어린 아들 구니마츠까지 이에야스에게 살해됨으로써 도요토미 가는 이에야스에 의하여 멸문되고 말았다(오사카 겨울전쟁).

딴 동네에서 히데요시가 이 꼴을 보고 이에야스에게 이를 갈았을 텐데, 어째서 너구리 이에야스네 집구석이 그렇게 잘 나갔지? 원래 죽은 다음에는 제까짓 게 아무리 원한을 품어도 아무 소용이 없나보네.

도요토미 가를 멸문시키고 히데요시의 본거지였던 오사카성을 점령한 이에야스는 전국에 '일국일성령'을 내렸다. 일국일성령이란 '모든 소국에 다이묘가 거주하는 성 하나만 남겨두고 나머지 성은 모조리 파괴하라는 명령'이었으며, 이는 다이묘들의 군사력을 약화시켜 막부에 대항치 못하게 하는 조처였다. 이 일국일성령 이후에는 성을 수리할 일이라도 있으면 막부의 허가를 받아야 했다.

다음 '무가제법도'도 반포했는데, 이 법은 다이묘간의 자유 통혼을 금하고, 다이묘들을 일 년을 교대로 영지와 에도에서 번갈아 거주하게 했으며 처자들은 인질로 에도에서 살게 했다. 이 법을 지키느라고 다이묘들은 매년 막대한 경비를 지출해야 했고, 이 법 또한 다이묘들의 세력을 약화시키는 데 크게 기여했다.

이에야스는 노부나가나 히데요시에 비하여 팔자가 핀 인물이었다. 75세까지나 살았는 데다, 자식이 16명이나 있었고 죽을 당시에는 2대 쇼군인 아들 히데타다가 38세의 장년으로 후계 걱정도 할 필요가 없었으며, 히데타다의 아들인 다케치요(이에마쓰)로 3대 쇼군까지 내정해 놓은 상태였다.

노부나가가 채 뜻을 펴지 못하고 부하의 반역으로 49세로 자결한 것과 그리고 히데요시가 죽을 때 늦게 얻은 외아들인 6살짜리 히데요리가 불쌍해서 눈을 못 감고 여러 다이묘들에게 히데요리의 장래를 신신 부탁하며 눈물을 흘리면서 죽던 것과는 비교도 안 되게 좋은 팔자였던 것이다.

오사카전투 다음 해인 1616년 4월 이에야스는 순푸성에서 75세로 세상을 떠났다. 이후 도쿠가와 막부는 265년 간 일본을 통치하다가 마지막 쇼군인 15대 도쿠가와 요시노부 치세 시인 1868년 메이지유신으로 막을 내리게 된다. 일본에서는 이 기간 동안 즉, 250년이 넘는 기간 동안 아마 세계에서 유일하게 전쟁이 없는 긴 평화가 이어져, 산업이 발달하고 인구가 늘었으며 일본의 고유한 문화가 발달했다.

조선은 17세기 중반 조청전쟁 때 청에게 깨져서 청의 속국으로 남아, 1876년 강화도조약으로 개항할 때까지 일본과 마찬가지로 약 250여 년 간의 긴 평화시대를 누렸다.

그러나 조선은 그 250년 간 나라가 쇠퇴해가는 것에는 관심이 없이 권력의 화신이 된 관료들과 당파끼리 서로 죽고 죽이는 당쟁에 몰두하여 거의 모든 국력을 소진시켰다. 말하자면 쓸 만한 인물들은 모조리 역모로 몰려 죽거나 유배되었고, 또 그런 꼴을 보고 못 사는 인물들은 시골에 파묻히고 말았다. 그 험한 와중에서 살아남아 나라를 끌고가는 인간들은 거의 권력과 재물에 환장했거나 그렇지 않으면 지극히 교활하거나 처세의 귀재만 남아 조선에는 더 이상 아무 희망이 없었다.

거기다 한술 더 떠서, 조선 말기 80여 년 간이나 권세를 쥐고 흔들었던 안동 김씨네와 민비의 집안인 여흥 민씨네가 모조리 매관매직과 가렴주구에 나서서 전국을 갈퀴로 긁어대는 바람에 민생은 말할 수 없이 피폐해지고 나라는 낙후된 채로 뒤처지고 있었다. 반면에 일본은 무인정권인 쇼군의 통치시대를 거쳐 메이지유신에 성공하고 서양 문물을 빠르게 받아들여 아시아의 패자가 되었고, 당쟁으로 피투성이가 된 데다 부패 세도정치에 물든 조선은 결국 일본의 식민지로 전락하고 만 것이다.

4. 세 영웅의 개성

노부나가는 잔인한 성품을 가지고 있어서, 숙적 아사쿠라 요시카게와 아사이 부자를 격파했을 때, 그들의 해골로 금박의 잔을 만들어 술을 따라 부하들에게 돌려가면서 마시도록 했다. 또 혼간지를 포위 공격했을 때는 기아와 병으로 다 쓰러져가는 사람들을 포함하여 2만여 명을 모조리 죽여 16세기 일본 최대의 학살을 연출하기도 했다.

반대로 히데요시는 무력을 써서 전투를 한 경우보다는 정략으로 상대를 굴복시킨 경우가 더 많았다. 주로 정치, 외교의 수단을 써서 상대를 설득하거나 위협한 것이다. 병력을 동원하여 전투를 할 때도 백병전보다는 성을 포위한다든가, 수공을 쓴다든가 하여 병력 손실을 최소화하는 전략을 구사했다.

히데요시의 잔머리가 얼마나 뛰어났는고 하니, 1581년 돗도리성을 포위 공격했을 때, 포위 기간이 길어지자 성안에서는 기아가 덮쳐 인육을 먹는 지경에 이르렀다. 이런 상황을 감잡은 히데요시는 성밖에다 교토와 오사카의 술집 분점을 크게 차린 다음 기생들을 왕창 불러다 놓고 뚱땅거리면서 병사들로 하여금 술판을 벌이게 했다. 성 위에서 이를 내려다보던 놈들은 환장을 했고, 결국 참지 못하고 뛰어나온 놈들은 모두 총알 밥이 되었다.

포위 4개월 만에 할 수 없이 성주인 기쓰카와 쓰네이에 그리고 중신들이 할복하고 성문이 열렸는데, 성안의 병사들과 주민들은 거의 반 이상 아사했거나 병사했고 남은 사람들은 거의 유령 수준이었다. 어쨌든 안됐는지 히데요시는 살아남은 유령들에게 죽을 끓여서 배급하라 했는데, 배고팠다가들 한꺼번에 너무들 처먹어서 배탈로 죽은 유령이 지천이었다. 히데요시의 전투 방식은 이런 식이었다.

이에야스는 이와 달리 야전파였다. 총을 선호하고 검술을 시원찮게 보았던 노부나가나 히데요시와는 달리 이에야스는 검술을 좋아해서 사범을 채용해 검도를 배웠고 직접 조총술도 익혔다. 그의 전투 방식은 적을 성밖으로 끌어내어 주로 야전을 했으나, 자신이 별 시원찮은 장수였기 때문에 패배한 전투도 여러 번 있었다. 이에야스보다는 히데요시가 전투에서는 훨씬 탁월한 면모를 지니고 있었다.

그러나 운이 좋았던 이에야스는 자질구레한 전투에서는 여러 번 패했으나, 결정적인 전투인 세키가하라전투에서 승리함으로써 천하의 패자가 될 수 있었다. 세키가하라전투에서 승리한 이에야스는 90명의 다이묘를 폐하여 약 440만 석을 몰수했으며, 감봉분까지 합하면 거의 700만 석을 손에 넣었다. 그는 이 중 200만 석을 직할지로 하고 나머지는 전쟁에서 공을 세운 다이묘들에게 모두 나누어 주었다.

이에야스가 세키가하라전투에서 승리하고 히데요시 가를 멸문시키기까지는 다시 16년이라는 세월이 걸렸다. 천하를 제패하고 나서도 이에야스는 눈에 가시인 히데요시의 아들 히데요리를 바로 죽이지 않고, 사람들에게 잊혀지고 저절로 몰락할 때를 기다렸다. 대륙을 정벌할 목적으로 조선을 침공한 데다 수많은 포로들을 잡아와, 일본에서는 전쟁 영웅이었던 히데요시의 아들을 바로 죽이면 인심을 크게 잃을 것이고, 또 당시까지 반이에야스파로서 히데요시 가를 따르는 영주들의 세력이 만만치 않았기 때문이었다.

결국 이에야스는 오사카전투를 끝내고 성을 함락한 후 히데요리와 농성하던 떠돌이 무사들을 모조리 죽였는데, 그 때 죽은 사람이 5만 명이 넘는다 했다.

노부나가는 철포대 양성에 돈을 다 쏟았는지 죽을 때 별 돈을 남기지 못했으나, 히데요시는 돈도 많았고 또 돈에 관해서는 통이 매우 컸다. 더구나 당시 일본은 금은 광산이 여러 군데 개발되어 금은 생산이 활기를 띠었을 때로, 일본 전국을 장악한 히데요시가 가진 돈은 지천이었다. 당시 일본의 금은 생산은 전세계 생산량의 30%에 육박했을 정도였다.

히데요시는 노부나가를 죽인 아케치군을 칠 때도 창고를 열어 있던 재물을 모조리 병사들에게 나누어주었을 뿐만 아니라, 1585년 다이묘들에게 금 5,000매와 은 30,000매(지금 돈으로 약 2,000억 원 상당)를 나누어주었으며, 1598년에는 금 6,000매와 은 25,000매를 나누어줄 정도로 돈도 많았고, 펑펑 써댔다. 그가 죽을 때는 오사카성에 금 9만 매, 은 16만 매, 그리고 금화를 수만 매 제조할 수 있는 지금(地金)

과 금덩어리가 쌓여 있었다 한다. 1615년 히데요시의 본토인 오사카 성이 함락된 후 성안에서 금 28,000매, 은 24,000매가 발견되었다.

이에 비하여 이에야스는 엄청 구두쇠였다.

그는 근검 절약했으며, 죽을 때 무려 600만 냥(약 20조 원 상당)의 유산을 남겨, 도쿠가와 막부 265년 통치의 재정적인 뒷받침을 만들어 놓았다.

전국시대와 도쿠가와 막부시대를 통하여 남색(男色)이 유행했다.

대부분의 영주들은 잠자리 대상으로 미남 소년들을 데리고 있었으나, 여자 또한 멀리 하지 않아 양성애가 당시 보편적인 관습이었다. 노부나가도 양성애자로 란마루란 시동과 동성애를 하면서도 자녀를 22명이나 두었다.

히데요시는 원래 호색한으로 10대 영계들을 좋아했는데, 오사카 성에만 300여 명의 첩을 두고 있었다. 히데요시가 비록 천하를 제패하고 있었으나, 체구가 왜소하고 인물은 원숭이와 구분하기 힘들어, 그를 거부하는 여자들이 없는 것은 아니었다. 히데요시는 자신을 거들떠보지 않는 여자들을 톱으로 썰어죽이거나 꼬챙이로 찔러죽였다 한다.

이에야스는 첩이 20명쯤 있었는데, 그 중 6명이 과부일 정도로 영계 취향이 아니었다. 그러던 이에야스가 나이 50이 넘더니 히데요시 취향을 닮기 시작하여 영계에 손을 대기 시작해 68세 때 들인 측실인 오로쿠는 열세 살로, 둘의 나이 차이는 겨우 쉰다섯 살이었다. 영조(조선 21대) 생각이 난다.

세 인물은 취미도 서로 달라, 노부나가와 히데요시는 다도를 즐겼고, 이에야스는 사냥을 즐겼다.

일본의 다도는 무로마치시대 무라다 슈코를 시조로 시작되어 센 노리큐로 계승되었고, 전국시대에 널리 퍼져 각지의 무장들 사이에 유행하게 되었다.

아니, 필자가 뭐 약간 무식해서 그렇겠지만, 바둑도 아니고 차 마시는 게 뭐 그리 대단하다고 도까지 들추는지 모르겠다. 허나 당시 다도는 무도와 함께 무사의 기본 교양이었다. 노부나가는 잔인한 성품과는 달리 명품 다기를 모으는 것을 좋아했고, 이를 수하들에게 나누어 주곤 했다. 다도도 취미 정도가 아니고 달인의 경지에 들어갔다는데, 아마 어느 놈이 아부하느라고 꾸며냈겠지. 노부나가는 다도 외에도 춤과 노래를 좋아했으며, 사무실에는 지구의가 있었고, 세계 지도가 걸려 있었다.

노부나가의 소지품 중에는 망원경이 있었고, 시계도 이미 갖고 있었다. 또 총포를 들여온 서양인들을 존중하여 예수교 포교를 인정하고, 교회 설립을 허가했으며 신학교 개설도 인정해 주었다. 노부나가는 드물게 깨인 인물이었다.

당시 조선에서는 상업과 공업을 천시하여 농사밖에 모를 때였고, 그러한 산업의 구조적인 결함으로 20세기 중반 이후에야 겨우 밥을 먹게 되었으나, 이미 16세기의 노부나가는 상업의 중요성을 깨닫고 상업에 힘을 기울여 거기서 군자금을 조달했으며, 자유무역 도시 사카이시를 재빨리 손에 넣어 전국 최강의 철포대를 양성할 만큼 생각이 앞섰다. 그는 이런 경제력을 바탕으로, 다른 영주들은 꿈도 못 꾸던 전문 용병 집단을 만들어서 전투에 활용했던 것이다.

다른 영주들의 군사들은 모두 자신의 영지 안에 사는 농민들로, 농사철이 되면 모두 고향에 돌아가 농사를 지어야 했으므로, 효과적인 전투를 수행할 수 없었다. 그러나 노부나가는 전문 용병 집단을 고용하였으므로 시기를 가리지 않고 전투를 수행할 수 있었던 것이다.

17세기 초 인조(조선 16대)의 큰아들 소현세자가 청나라에서 볼모로 지내다가 귀국할 때 노부나가가 갖고 있던 그런 서양 문건을 가지고 귀국했다가 인조에게 벼루로 머리통을 얻어맞았다는 일화와 비교하면 노부나가의 사고는 조선의 멍청이 통치자들보다 최소한 50년은 앞서 있었다고 볼 수 있다.

히데요시는 다회를 이용한 요정 정치를 즐겼으며, 온천욕을 좋아해 아내인 네네와 여러 번이나 온천에 동행했다.

이에야스는 다양한 취미를 가지고 있어 사냥 이 외에도 꽃꽂이, 바둑 등을 즐겼고, 약초를 재배하여 직접 약을 조제하여 복용하곤 했다. 그래서 이에야스가 그렇게 오래 살았나?

참고문헌

1. ≪조선왕조실록≫
2. ≪한국사전 1-5≫, KBS, 한겨레출판
3. ≪하룻밤에 읽는 한국사≫, 최용범, 페이퍼로드
4. ≪이야기 한국사≫, 교양국사연구회, 청아출판사
5. ≪살아있는 한국사≫, 이덕일, 휴머니스트
6. ≪한국사는 뜨겁다≫, 이희근, 거름
7. ≪밖에서 본 한국사≫, 김기협, 돌베개
8. ≪질문하는 한국사≫, 내일을 여는 역사재단, 서해문집
9. ≪뜻으로 본 한국역사≫, 함석헌, 한길사
10. ≪뜻밖의 한국사≫, 김경훈, 오늘의 책
11. ≪한국사 미스터리≫, 조유전·이기환, 황금부엉이
12. ≪한국사 X파일≫, 남경태, 다림
13. ≪한국사는 없다≫, 이희근, 사람과사람
14. ≪100년전 한국사≫, 김재엽, 살림
15. ≪다시 발견하는 한국사≫, 이한, 뜨인돌
16. ≪위풍당당 한국사≫, 박선식, 베이직북스
17. ≪영토한국사≫, 안주섭·이부오·이영화, 소나무
18. ≪한국사 상식 바로잡기≫, 박은봉, 책과함께
19. ≪우리 역사를 의심한다≫, 강만길, 서해문집
20. ≪조선왕조사≫, 김경수, 수막새
21. ≪친절한 조선사≫, 최형국, 미루나무
22. ≪하룻밤에 읽는 조선사≫, 신병주, 랜덤하우스중앙
23. ≪노희찬과 함께 읽는 조선왕조실록≫, 일빛
24. ≪한 권으로 읽는 조선왕조실록≫, 박영규, 웅진
25. ≪엽기 조선왕조실록≫, 이성주, 추수밭
26. ≪매천야록≫, 황현, 서해문집
27. ≪왕의 투쟁≫, 함규진, 페이퍼로드
28. ≪다시 쓰는 간신열전≫, 최용범·함규진, 페이퍼로드
29. ≪세종, 조선의 표준을 세우다≫, 이한우, 해냄
30. ≪세종, 실록 밖으로 행차하다≫, 박현모, 푸른역사

31. ≪나는 세종대왕의 아버지다≫, 고사리, 일월문학

32. ≪한글에 대하여 알아야 할 모든 것≫, 최경봉 · 시정곤 · 박영준, 책과함께

33. ≪우리 말의 수수께끼≫, 박영준 · 시정곤 · 정주리 · 최경봉, 김영사

34. ≪문자이야기≫, 앤드류 로빈슨, 사계절

35. ≪말≫, 박기용, 규장각

36. ≪제왕의 책≫, 윤희진, 황소자리

37. ≪소설 훈민정음≫, 박춘명, 이가서

38. ≪책사 한명회≫, 이수광, 작은 씨앗

39. ≪성종≫, 이한우, 해냄

40. ≪연산군을 위한 변명≫, 신동준, 지식산업사

41. ≪조광조≫, 정두희, 아카넷

42. ≪사화와 반정의 시대≫, 김범, 역사비평사

43. ≪당쟁과 정변의 소용돌이≫, 이이화, 한길사

44. ≪광해군≫, 한명기, 역사비평사

45. ≪국가 재건과 청의 침입≫, 이이화, 한길사

46. ≪통한의 역사≫, 한민족공동체발전협회, 집사재

47. ≪조선인 60만 노예가 되다≫, 주돈식, 학고재

48. ≪심양장계≫, 소현세자 시강원, 창비

49. ≪남한산성≫, 김훈, 학고재

50. ≪영조와 정조의 나라≫, 박광용, 푸른역사

51. ≪사도세자의 고백≫, 이덕일, 휴머니스트

52. ≪정조와 철인정치의 시대 1-2≫, 이덕일, 고즈윈

53. ≪정조, 조선의 혼이 지다≫, 이한우, 해냄

54. ≪이산 정조대왕≫, 이상각, 추수밭

55. ≪문화군주 정조의 나라 만들기≫, 이이화, 한길사

56. ≪나의 아버지 박지원≫, 박종채, 돌베개

57. ≪열하일기≫, 고미숙, 그린비

58. ≪정약용과 그의 형제들 1-2≫, 이덕일, 김영사

59. ≪정약용 살인사건≫, 김상현, 랜덤하우스

60. ≪산해관 잠긴 문을 한손으로 밀치도다≫, 홍대용, 돌베개

61. ≪숙종≫, 이한우, 해냄

62. ≪문벌정치가 나라를 흔든다≫, 이이화, 한길사

63. ≪홍경래전≫, 이명선, 범우사

64. ≪조선의 문을 두드리는 세계 열강≫, 이이화, 한길사

65. ≪제국 그 사이의 한국≫, 앙드레 슈미드, 휴머니스트

66. ≪녹두 전봉준 평전≫, 김삼웅, 시대의 창

67. ≪민중의 함성 동학농민전쟁≫, 이이화, 한길사

68. ≪그래서 나는 김옥균을 쏘았다≫, 조재곤, 푸른역사

69. ≪명성황후 시해의 진실을 밝힌다≫, 최문형, 지식산업사

70. ≪오백년 왕국의 종말≫, 이이화, 한길사

71. ≪조선의 르네상스인 중인≫, 허경진, 랜덤하우스

72. ≪하늘에 새긴 우리 역사≫, 박창범, 김영사

73. ≪우리 역사를 바꾼 귀화 성씨≫, 박기현, 역사의 아침

74. ≪한국사의 천재들≫, 김병기 · 신정일 · 이덕일, 생각의 나무

75. ≪조선을 구한 13인의 경제학자들≫, 한정주, 다산초당

76. ≪조선을 뒤흔든 최대 역모사건≫, 신정일, 다산초당

77. ≪정감록 역모사건의 진실게임≫, 백승종, 푸른역사

78. ≪미쳐야 미친다≫, 정민, 푸른역사

79. ≪세기를 넘나든 조선의 사랑≫, 권현정, 현문미디어

80. ≪옛사람 72인에게 지혜를 구하다≫, 김갑동, 푸른역사

81. ≪불멸의 15인 시공 초월 맞장 인터뷰≫, 윤명철 외, 서해문집

82. ≪조선왕 독살 사건≫, 이덕일, 다산초당

83. ≪왕이 못된 세자들≫, 함규진, 김영사

84. ≪한국사 제왕열전≫, 황원갑, 마야

85. ≪조선최강상인 역발산≫, 이용선, 동서문화사

86. ≪조선최강상인 파천황≫, 이용선, 동서문화사

87. ≪조선기담≫, 이한, 청아출판사

88. ≪조선잡기≫, 혼마규스케, 김영사

89. ≪한국대표 야사전≫, 김길형, 아이템 북스

90. ≪발칙한 조선 인물 실록≫, 이성주, 추수밭

91. ≪조선왕조 500년 야사≫, 박찬희, 꿈과 희망

92. ≪조선의 협객 백동수≫, 김영호, 푸른역사

93. ≪중국을 뒤흔든 우리 선조 이야기≫, 이수광, 일송북

94. ≪조선의 아웃사이더≫, 노대환, 역사의 아침

95. ≪암행어사 열전≫, 김원석, 문학수첩

96. ≪잡인열전≫, 이수광, 바우하우스

97. ≪이덕일의 역사사랑≫, 이덕일, 랜덤하우스

98. ≪모반의 역사≫, 한국역사연구회, 세종서적

99. ≪패자의 역사≫, 구본창, 정한 PNP

100. ≪전환기를 이끈 17인의 명암≫, 이희근, 휴머니스트

101. ≪조선의 노래≫, 이은식, 타오름

102. ≪조선왕조 충의열전≫, 최완수, 돌베개

103. ≪조선의 선비 귀신과 통하다≫, 장윤선, 이숲

104. ≪명장일화≫, 이상비, 우성출판사

105. ≪한국 역사의 미인≫, 이수광, 영림카디널

106. ≪대업 1-3≫, 김성한, 해와비

107. ≪뿌리깊은 나무 1-2≫, 이정명, 밀리언하우스

108. ≪외규장각 도서의 비밀 1-2≫, 조완선, 휴먼 앤 북스

109. ≪영원한 제국≫, 이인화, 세계사

110. ≪왕의 밀사≫, 허수정, 밀리언하우스

111. ≪전란의 소용돌이 속에서≫, 박희병 · 정길수, 돌베개

112. ≪바람의 칼 1-2≫, 이원호, 팬덤

113. ≪조선선비 살해 사건 1-2≫, 이덕일, 다산초당

114. ≪검계 1-2≫, 이수광, 오벨리스크

115. ≪황진이 1-2≫, 전경린, 이룸

116. ≪어을우동 1-2≫, 김경민, 눈과 마음

117. ≪난중일기≫, 노승석, 동아일보사

118. ≪난중일기≫, 이민수, 범우사

119. ≪임진대전쟁 1-2≫, 양재수, 고려원

120. ≪이순신과 임진왜란 1-4≫, 이순신역사연구회, 비봉출판사

121. ≪이순신 평전≫, 박천홍, 북하우스

122. ≪이순신≫, 남천우, 역사비평사

123. ≪이순신 수국 프로젝트≫, 장한식, 행복한나무

124. ≪이순신 파워 인맥≫, 제장명, 행복한 나무

125. ≪이순신과 히데요시≫, 가다노 쓰기오, 우석

126. ≪이순신 최후의 결전 1-3≫, 배상열, 눈과 마음

127. ≪임진왜란 해전사≫, 이민웅, 청어람미디어

128. ≪임진란의 기록≫, 루이스 프로이스, 살림

129. ≪임진왜란 동아시아 삼국전쟁≫, 정두희 · 이경순, 휴머니스트

130. ≪임진왜란과 한중관계≫, 한명기, 역사비평사

131. ≪정묘, 병자호란과 동아시아≫, 한명기, 푸른역사

132. ≪화염 조선≫, 박재광, 글항아리

133. ≪조선 무사≫, 최형국, 인물과 사상사

134. ≪우리 역사 과학 기행≫, 문중양, 동아시아

135. ≪우리 역사의 수수께끼 1-3≫, 이덕일 · 김병기, 김영사

136. ≪KBS 역사 스페셜 1-7≫, KBS, 효형출판

137. ≪무기의 역사≫, 촬스 바우텔, 가람기획

138. ≪세계 사대 해전≫, 윤지강, 느낌이 있는 책

139. ≪소설 이순신 1-2≫, 박성부, 행림출판

140. ≪원균 1-2≫, 고정욱, 산호와 진주

141. ≪유성룡≫, 이덕일, 역사의 아침

142. ≪나를 성웅이라 부르라 1-2≫, 박상하, 일송북

143. ≪일본 전국을 통일한 3인 영웅전≫, 이케나미 쇼타로, J & C

144. ≪오다 노부나가 1-2≫, 이케미아 쇼이치로, 중심

145. ≪도요토미 히데요시의 조선 침략≫, 기타지마 만지, 경인문화사

146. ≪미야모토 무사시≫, 시바 료타로, 창해

147. ≪오륜서≫, 미야모토 무사시, 미래의 창

148. ≪책사들의 이야기≫, 이수광, 일송북

149. ≪논개 1-2≫, 김별아, 문이당

150. ≪바다의 가야금≫, 고사카 지로, 인북스

151. ≪칼의 노래 1-2≫, 김훈, 생각의 나무

152. ≪우리 사발 이야기≫, 신한균, 가야넷

153. ≪신의 그릇 1-2≫, 신한균, 아우라

154. ≪메이지유신≫, 장인성, 살림

155. ≪제국의 칼 1-3≫, 하근찬, 고려원

156. ≪제국의 아침 1-8≫, 시바 료따로, 하늘출판사

이 외에도 많은 책을 참고하였습니다.

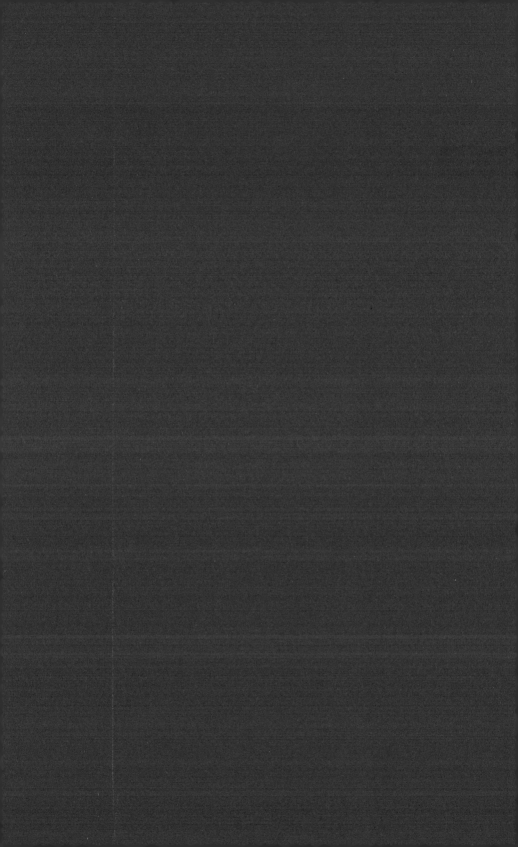